GÉOGRAPHIE

HISTORIQUE

DES CÔTES-DU-NORD.

LKA
2050.

GÉOGRAPHIE

HISTORIQUE

DES CÔTES-DU-NORD

RÉDIGÉE PAR

J. RIGAUD (O. I.)

INSPECTEUR DES ÉCOLES PRIMAIRES

Avec le concours de M. HÉLARY, Agent-Voyer en Chef
et de plusieurs Instituteurs du Département.

Les Cartes ont été dressées par M. BELHOMME, Inspecteur du Service vicinal.

SAINT-BRIEUC

IMPRIMERIE FRANCISQUE GUYON, LIBRAIRE-ÉDITEUR

Rues Saint-Gilles et de la Préfecture

—

1890

GÉOGRAPHIE HISTORIQUE

DU

DÉPARTEMENT DES CÔTES-DU-NORD.

APERÇU GÉNÉRAL

I.

Dénomination. — Le département des Côtes-du-Nord, l'un des cinq formés par l'ancienne province de Bretagne, tire son nom de sa position sur la côte septentrionale de cette province. Cette dénomination, qui lui a été attribuée à défaut de quelque rivière, montagne ou forêt remarquable, convient à la disposition de ses côtes, exposées au nord sur la Manche.

Situation géographique. — Étendue. — Division par arrondissement. — Villes principales. — Situé entre le 48e et le 49e degré de latitude nord et les 4e et 6e degrés de longitude ouest, le département des Côtes-du-Nord est borné au nord par la mer de la Manche et une petite portion du département d'Ille-et-Vilaine, au sud par le Morbihan et l'Ille-et-Vilaine, à l'ouest par le Finistère et à l'est par l'Ille-et-Vilaine. Sa configuration est celle d'une éclipse échancrée sur l'un de ses côtés, et son étendue en superficie est de 687,603 hectares 24 ares ; sa plus grande longueur, à vol d'oiseau, est de 140 kilomètres d'Evran à Plestin, et sa plus grande largeur, de l'extrémité du sillon de Talberg, en Pleubian, à la limite de Mellionnec, est de 84 kilomètres.

Il est divisé administrativement en cinq arrondissements, comprenant 48 cantons et 389 communes. Les chefs-lieux de ces arrondissements sont : Saint-Brieuc, qui est aussi le chef-lieu du département ; Dinan, Guingamp, Lannion et Loudéac.

Après ces cinq chefs-lieux, les principales villes sont : Lamballe, Paimpol, Quintin et Châtelaudren, dans l'arrondissement de Saint-Brieuc ; Plancoët, arrondissement de Dinan ; Pontrieux, arrondissement de Guingamp, et Tréguier, arrondissement de Lannion.

Géologie. — Le sol des Côtes-du-Nord est presque entièrement composé : 1° de terrains cristallisés, vulgairement appelés primitifs et formés par les roches désignées sous les noms de granit, syénite, gneiss micaschistes, etc.; ces roches se trouvent presque partout ; 2° de terrains de transition inférieurs (système cambrien), composés presque exclusivement de schistes luisants, et de terrains de transition moyens (système silurien), partagés en deux groupes, les quartzites et les antraxifères, ces deux derniers genres également très répandus ; 3° de terrains tertiaires moyens, comprenant les faluns ; on les trouve seulement dans les communes de Saint-Juvat et circonvoisines, arrondissement de Dinan ; 4° enfin, de roches ignées qui ont donné naissance aux terrains primitifs ; on les rencontre dans un grand nombre d'endroits.

Climat. — Quant au climat, il est d'ordinaire un peu triste et plutôt pluvieux que brumeux, ce qui tient sans doute au voisinage de la mer. Le ciel est souvent couvert et il serait très humide si des vents assez forts, qui règnent fréquemment dans la direction du sud-ouest, ne chassaient les nuages et ne venaient ainsi éclaircir l'horizon. C'est peut-être à cette cause que l'on doit d'être préservé de froids rigoureux en hiver et de chaleurs accablantes en été. Les variations de température sont, du reste, très fréquentes, aussi la neige, quand elle vient à tomber, reste-t-elle fort peu de temps sur la terre, surtout dans la zone du littoral.

Montagnes. — Le département des Côtes-du-Nord est traversé dans sa plus grande largeur par la chaîne des montagnes d'Arrez, qui s'étend sur toute la Bretagne, de l'est à l'ouest. La ligne de faîte de cette chaîne commence, sur les Côtes-du-Nord, à la limite du Finistère, sur la commune de Loguivy-Plougras ; traverse la forêt de Beffou, en cette commune ; passe sur les communes de Lohuec, Calanhel, la Chapelle-Neuve et Plougonver ; limite celle de Callac, au nord ; passe près de Bulat-Pestivien ; s'étend sur la commune de Maël-Pestivien, au nord du bourg ; remonte vers le nord jusque Saint-Houarneau, en Bourbriac, passe près la chapelle Saint-Jean, en Kerrien, au bourg de Magoar ; sépare Kerpert de Saint-Nicolas ; passe au bourg de Saint-Gilles-Pligeaux ; traverse le sud des communes de Vieux-Bourg et Saint-Bihy, celles de La Harmoye et de Lanfains ; traverse la forêt de Lorge, en l'Hermitage ; passe au nord de Plœuc et de Plémy, au sud de Moncontour et de la commune de Trébry, près de Collinée ; traverse les communes de Saint-Gouéno, Saint-Gilles-du-Méné, Saint-Vran, Saint-Launeuc, la forêt de La Hardouinaye ; passe au sud de Lanrelas et de Plumaugat, et se termine, sur les Côtes-du-Nord, à la limite d'Ille-et-Vilaine, entre Saint-Jouan-de-l'Isle et Saint-Méen.

Son développement est d'environ 140 kilomètres.

Cette chaîne de montagnes est aussi appelée Montagnes du Méné, à partir de Moncontour jusqu'à la limite d'Ille-et-Vilaine.

Les Montagnes-Noires du Finistère se prolongent dans les Côtes-du-Nord jusqu'à cette chaîne principale, par une ramification dont la ligne de faîte prend naissance à Tréogan, passe sur les communes de Plevin, Paule et Glomel, traverse le bois de Kergrist-Moëlou, passe sur les communes de Saint-Nicodème et Maël-Pestivien, et se soude aux montagnes d'Arrez en cette commune. Cette chaîne secondaire se prolonge encore par une ramification des montagnes d'Arrez vers le nord, commençant sur la commune de Bourbriac, passant à Belle-Vue, en Pont-Melvez, au bourg de Gurunhuel, traversant la forêt de Coat-an-Noz, passant sur Louargat et Pédernec, et se terminant à Bégard. Son développement est d'environ 65 kilomètres.

Les points les plus élevés des montagnes d'Arrez sont, en allant de l'est à l'ouest : Goariva, en Plougras, 316^m ; sommet de la forêt de Beffou, 326^m ; Ménez-Kérespers, en Plougonver, 321^m ; Kermarc'h, en Pestivien, 300^m ; Leindivet et Kerdavidou, en Bourbriac, 306 et 312^m ; Saint-Jean, en Kerrien, 303^m ; Saint-Urnan, en Kerpert, 300^m ; Kerdaniez, en le Vieux-Bourg, 308^m ; Porte-Allinto, source du Gouët, en Saint-Bihy, 315^m ; Kerchouan, source de l'Oust, en La Harmoye, 320^m ; les Landes, en Lanfains, 325^m ; château de la Cuve, en Trédaniel, 320^m ; Montagne de Bel-Air, en Trébry, 340^m, point le plus élevé du département, Tombalon, en Saint-Gouéno, 314^m. A partir de là, l'élévation du faîte diminue d'une manière très sensible jusqu'à la limite.

Dans la ramification des Montagnes-Noires, les points les plus élevés sont, en allant du sud au nord : le Ménez-Du, en Plévin, 304^m ; Toul-Hallec, en Paule, 298^m ; Kersaint-Eloy, en Glomel, 255^m ; Crec'h-Moëllou, en Kergrist, 303^m.

Dans la ramification des montagnes d'Arrez, vers le nord, nous citerons Pors-Dréo, en Gurunhuel, 305^m, et la montagne de Bré, en Pédernec, vaste cône de 3 kilomètres à sa base et dont le sommet est à 301^m seulement au-dessus du niveau de la mer. Mais, par son isolement à l'extrémité de la ramification et son élévation au-dessus des terrains les plus voisins, c'est de tous les monticules des Côtes-du-Nord celui qui a le plus l'aspect d'une montagne.

Le département se trouve donc divisé par les montagnes d'Arrez en deux versants principaux, l'un regardant le nord et déversant directement ses eaux dans la Manche, l'autre tourné vers le sud et déversant ses eaux dans l'Océan, après qu'elles ont traversé les départements voisins. Ces montagnes donnent naissance à une foule de petits cours d'eau peu importants, vu leur rapprochement de la mer. Les rivières les plus notables sont :

Rivières du versant Nord, ou bassin de la Manche, en allant de l'Ouest à l'Est. — 1° Le *Léguer*, qui prend sa source au village de Pen-Léguer, en Bourbriac, passe près de Pont-Melvez, traverse la forêt de Coat-an-Noz, passe à Belle-Isle, près de Trégrom, Tonquédec et Buhulien, à Lannion, et se jette dans la Manche au-dessous de cette ville et entre les villages du Yaudet, en Ploulec'h, et de Bec-Léguer, en Servel. (Nota). Le Léguer est désigné à Lannion seulement sous le nom de Guer. Cette désignation n'est pas exacte, ainsi que l'indiquent bien les noms bretons de Pen-Léguer et Bec-Léguer, qui signifient tête et embouchure du Léguer.

Cette rivière reçoit plusieurs affluents, dont le principal est le Guic, qui prend naissance près de Plougras, reçoit le fort ruisseau de Saint-Emilion, passe au-dessous de Locquenvel où il reçoit le Scalon, traverse Belle-Isle et se jette dans le Léguer, au-dessous de cette ville.

2° Le *Jaudy*, qui a sa source au village du Chap, en Gurunhuel, passe au pont Jaudy, près de Tréglamus, près de Saint-Laurent et Brélidy, près de Coatascorn, où il reçoit le ruisseau de Théoulas, puis celui de Poulloguer, traverse La Roche-Derrien, passe à Tréguier et se perd dans la Manche à 6 kilomètres au-dessous de cette ville. Son affluent principal est le Guindy, qui sort de Louargat, près la montagne de Bré, passe près Pluzunet, de Caouënnec, de Lanmérin et de Langoat, et se jette dans le Jaudy, à Tréguier. Au-dessous de cette ville, la rivière importante formée par la réunion du Jaudy et du Guindy prend le nom de rivière de Tréguier.

3º Le *Trieux*, qui a sa source principale en la commune de Kerpert, passe aux étangs de Kerpert et du Trieux, en cette commune ; tombe dans l'Étang-Neuf, en Saint-Connan, où il se grossit de deux petits affluents ; reçoit ensuite le ruisseau de Senven ; passe entre les communes de Plésidy et Senven-Léhart ; reçoit le ruisseau du Moulin-du-Bois, venant de Saint-Gildas ; passe sous le bourg de Saint-Péver, où il reçoit le ruisseau du Sulé, venant de Bourbriac, et celui d'Avaugour, venant de Lanrodec. Il longe ensuite les communes de Saint-Adrien et Coadout, et reçoit le ruisseau de Bois-de-La-Roche, formé de ceux de Dour-Du et Dour-Lan, provenant de Pont-Melvez et Gurunhuel ; traverse la ville de Guingamp, reçoit, en face de Trégonneau, le ruisseau du Frout, venant de Saint-Agathon ; passe dans la ville de Pontrieux et reçoit au-dessous de cette ville son principal affluent, le Leff ; passe sous Lézardrieux et se jette dans la mer près de l'île de Bréhat.

Le *Leff*, principal affluent du *Trieux*, prend sa source au Leslay, passe à Cohiniac, à Châtelaudren, près Lanvollon et Lanleff et se jette dans le Trieux au village de Friandaoudour (nom breton dont la signification est : nez dans deux eaux).

Le *Gouët*, qui a sa source dans la commune du Vieux-

Bourg, passe à Quintin, entre Plaine-Haute et Saint-Julien, près La Méaugon et Trémuson, entre les communes de Plérin et Saint-Brieuc, et se jette dans la Manche sous la tour de Cesson, dans la baie de Saint-Brieuc.

5° Le *Gouessant*, qui a sa source en Trébry, passe à Lamballe, traverse l'étang des Ponts-Neufs et se perd dans la Manche dans la grève de La Grandville, entre Hillion et Morieux.

6° L'*Arguenon*, qui prend sa source dans la commune du Gouray, passe près Plénée-Jugon, à Jugon, où il reçoit le ruisseau de la Rosette alimentant le grand étang de Jugon, traverse la ville de Plancoët et se jette dans la Manche à Notre-Dame-du-Guildo, après avoir reçu, près de là, l'affluent le Guébriant.

7° La *Rance*, qui prend sa source près Collinée, se dirige d'abord vers l'est, en passant à Lanrelas; remonte vers le nord, en passant près Saint-Jouan-de-l'Isle, à Saint-André-des-Eaux, à Evran, où elle se confond avec le canal d'Ille-et-Rance; reçoit le ruisseau de Guinefort, passe à Léhon, Dinan, Taden, Saint-Samson, Plouër et Pleudihen, et rentre dans le département d'Ille-et-Vilaine, où elle se jette dans la mer entre Dinard et Saint-Servan.

Dans les cours d'eau indiqués ci-dessus se trouvent les seules portions de rivières du département dans lesquelles la mer remonte assez loin pour les rendre navigables à marée haute; ce sont :

1° Le *Léguer*, navigable depuis son embouchure au Yaudet jusqu'au port de Lannion, sur 8 kilomètres;

2° Le *Jaudy*, navigable depuis son embouchure près l'île d'Er, jusqu'au petit port de La Roche, en passant par le port de Tréguier, sur 15 kilomètres;

3° Le *Trieux*, navigable depuis son embouchure, près

Bréhat, jusqu'au port de Pontrieux, en passant par le port de Lézardrieux, sur 20 kilomètres ;

4° Le *Gouët*, navigable depuis son embouchure jusqu'au port du Légué, Saint-Brieuc, 3 kilomètres ;

5° L'*Arguenon*, navigable depuis son embouchure au Guildo jusqu'au port de Plancoët, sur 17 kilomètres ;

6° La *Rance*, navigable depuis son embouchure jusqu'à l'écluse du Châtellier, où elle rencontre le canal d'Ille-et-Rance.

D'autres cours d'eau moins importants se jettent aussi directement dans la mer de la Manche ; les principaux sont : le *Douron*, qui sort du département du Finistère et le sépare des Côtes-du-Nord sur une partie de son parcours (il a son embouchure à Toul-an-Héry, en la commune de Plestin) ; le *Lézouen*, qui se jette dans la mer à Paimpol ; l'*Ic*, qui se jette dans la mer à Binic ; l'*Urne*, qui passe à Yffiniac et se perd dans la baie de ce nom ; le *Frémur*, qui se perd dans la baie de La Frénaie, au Port-à-la-Duc, et le *Frémur* (autre ruisseau du même nom), qui sépare les Côtes-du-Nord de l'Ille-et-Vilaine au nord-est, et se jette dans la mer entre Lancieux et Saint-Briac.

Rivières du versant Sud, ou bassin de l'Océan. — 1° L'*Aulnes*, qui prend sa source à Lohuec, longe la limite des Côtes-du-Nord et du Finistère jusqu'à Rospélem, en Carnoët, et rentre dans ce dernier département, où il se jette dans le canal de Nantes à Brest. Un canal dérivatif de cette rivière, appelé *Canal-de-la-Mine*, conduit ses eaux à la mine de plomb-argentifère de Poullaouën, dont l'exploitation est actuellement abandonnée. Ce canal a son origine sur la commune de Plourac'h, longe celle de Carnoët à l'ouest, et rentre ensuite sur le Finistère ;

2° L'*Hyères*, qui a sa source en Pestivien, passe près

de Callac, reçoit de nombreux affluents, entre autres les ruisseaux de *Kerdréquen*, du *Plessix*, de *Kersault* et rentre dans le département du Finistère au pont Sainte-Catherine, en Treffrin. Il passe ensuite sur ce département, près de Carhaix, et se jette dans le canal, non loin de là ;

3° Le *Blavet*, qui prend sa source au Felhand, en Bourbriac, traverse l'étang du *Blavet*, passe entre Maël-Pestivien et Kerrien, près de Trémargat, où il reçoit le ruisseau de *Coz-Milin* ; passe près de Saint-Nicolas et de Sainte-Tréphine, où il reçoit le ruisseau du *Sulon* ; passe à Gouarec, où il tombe dans le canal de Nantes à Brest.

Le *Sulon*, principal affluent du *Blavet*, prend sa source sur le Haut-Corlay, traverse l'étang de Corlay, passe au-dessous de Saint-Nicolas, où il reçoit le ruisseau de *Pellinec*, passe près Sainte-Tréphine et se joint au *Blavet* un peu avant son arrivée à Gouarec ;

4° L'*Oust*, qui prend naissance près de Corlay, passe entre Uzel et Merléac, à Saint-Thélo, Saint-Caradec, longe les communes de Hémonstoir, Loudéac et Saint-Maudan, et rentre dans le département du Morbihan.

C'est sur cette rivière qu'est établi le barrage de Bosméléac, en la commune de Merléac, formant un vaste étang destiné à l'alimentation du canal de Nantes à Brest, auquel il envoie ses eaux par la rigole alimentaire, qui a une étendue de 45 k. 791 m. sur les Côtes-du-Nord, et se continue ensuite sur le Morbihan. Le réservoir de Bosméléac a 4 k. de longueur et peut, lorsqu'il est rempli à 15 mètres de hauteur, contenir 3,498,500 mètres cubes d'eau ;

5° Le *Lié*, qui sort de la forêt de Lorges, passe à Plouguenast, au Vaublanc, en Plémet, à La Prénessaye, La Chèze, et limite à partir de là les Côtes-du-Nord et le Morbihan jusqu'à la forêt de La Nouée, où il rentre entièrement sur ce département. Il est tributaire de la Vilaine ;

6° Le *Ninian*, qui a sa source à Saint-Gilles-du-Mené, passe près de Laurenan, à l'est de Plémet, sépare les communes de Coëtlogon et Plumieux du Morbihan et rentre dans ce département à la Trinité-Porhoët ;

7° Le *Meu*, qui sort de Saint-Vran, traverse la forêt et l'étang de La Hardouinaye, puis l'étang de Loscouët-sur-Meu, et rentre dans le département d'Ille-et-Vilaine au sud de cette commune.

Etangs. — Les principaux étangs du département sont :

1° Dans l'arrondissement de Dinan, l'étang de Jugon, qui se déverse dans l'Arguenon ; l'étang de Guébriant, en Pluduno, se déversant dans le ruisseau de ce nom, tributaire de l'Arguenon ; l'étang de Beaulieu, en Languédias ;

2° Dans l'arrondissement de Guingamp, l'étang du *Poirier*, d'où sort le ruisseau de ce nom qui se jette dans celui de *Théoulas*, tributaire du Jaudy ; l'étang de *Poulloguer*, au nord de la commune de Bégard, et d'où sort le ruisseau de Poulloguer, affluent du Jaudy ; l'étang du *Corong*, ou barrage de Glomel, qui alimente le canal de Nantes à Brest (sa surface est de 76 hectares et sa contenance de 2,770,000 mètres cubes) ; l'étang du *Blavet*, en Maël-Pestivien, se déversant dans le Blavet ; l'étang du *Pellinec*, en Canihuel, se déversant dans le Sulon ; l'étang de *Saint-Connan* et l'étang *Neuf*, en Saint-Connan, se déversant dans le Trieux ;

3° Dans l'arrondissement de Lannion, l'étang de *Beffou*, en Loguivy-Plougras, se déversant dans le ruisseau de Saint-Emilion, affluent du Guic et du Léguer ; l'étang de *Lez-Moal* ou *Bon-Voyage*, en Plounérin, d'où sort le ruisseau de Pont-ar-Yar, qui se jette dans la Manche au milieu de la baie de Saint-Michel ;

4° Dans l'arrondissement de Loudéac, l'étang barrage de *Bosméléac*, qui alimente le canal de Nantes à Brest ;

l'étang du *Vaublanc*, traversé par le Lié ; les étangs de la *Hardouinaye* et du *Loscouët*, traversés par le Meu, et l'étang des *Salles*, se déversant dans le ruisseau de Mérousse, allant au canal ;

5° Dans l'arrondissement de Saint-Brieuc, l'étang de Châtelaudren, en cette commune, traversé par le Leff ; l'étang des *Ponts-Neufs*, en Coëtmieux, se déversant dans le Gouëssant, ainsi que celui de la *Touche*, en Trébry ; l'étang des *Quellennec*, en Saint-Gildas, d'où sort le ruisseau de Quellennec, affluent du Trieux, et l'étang de *Grande-Ile*, en Saint-Bihy, et l'étang de Quintin, se déversant dans le Gouët.

Canaux. — Le département des Côtes-du-Nord ne possède que deux canaux :

1° Le *canal de Nantes à Brest*, qui rentre dans le département, à l'ouest, à la limite du Finistère, près de Carhaix. Il passe près de Glomel et de Rostrenen, à Plélauff, à Gouarec, près Caurel et Mûr et rentre dans le Morbihan, après un parcours d'environ 52 kilomètres sur le département, en traversant les cantons de Maël-Carhaix, Rostrenen, Gouarec et Mûr ;

2° Le *canal d'Ille-et-Rance*, qui commence sur le département à la limite de l'Ille-et-Vilaine, près d'Evran, et passe à Evran, Tressaint, Léhon et Dinan. Ce canal occupe la rivière de Rance depuis Evran jusqu'à l'écluse du Châtellier, au-dessous de Dinan, où il rencontre la mer. Sa longueur sur le département est d'environ 20 kilomètres.

Il a été question de canaliser l'Arguenon entre Plancoët et Jugon et le Trieux, entre Guingamp et Pontrieux ; l'exécution de ces travaux aurait rendu d'immenses services à l'agriculture, en permettant d'introduire à bon marché les engrais marins dans l'intérieur du département.

Mer, Côtes, Iles, Baies, Promontoires. — Le littoral des Côtes-du-Nord offre un grand nombre de baies, d'anses, de pointes ou caps, presque partout hérissés de rochers et parsemés d'îlots. Le développement des sinuosités formées par les falaises qui la bordent peut être évalué, au minimum, à 240 kilomètres, depuis la limite de Lancieux jusqu'au port de Toul-an-Héry ; mais les îles de quelque importance sont rares. Parmi ces dernières, nous citerons en allant de l'ouest à l'est :

Iles. — 1° L'île Milliau, en Trébeurden ; l'île Grande, en Pleumeur-Bodou, qui a plus de 300 habitants employés presque tous à l'extraction des belles pierres de taille qui se trouvent dans cette île ; le groupe des Sept-Iles, dont la principale, l'Ile-aux-Moines, a une petite garnison et un phare ; l'île Tomé, dans la rade de Perros ; le groupe des îles d'Er, à l'embouchure du Jaudy ; l'île de Bréhat, près de l'embouchure du Trieux, qui forme une commune de 1,172 habitants ; l'île Harbour, près Saint-Quay-Portrieux, et le groupe des Ebihens, en face Saint-Jacut.

A part l'Ile-Grande et Bréhat, tous ces îlots sont inhabités.

Baies. — Les baies principales sont celles de Saint-Michel-en-Grève, entre Plestin et Saint-Michel, appelée communément lieue de grève ; l'anse de Perros-Guirec ; la baie du Pellinec, en Penvénan ; la baie d'Enfer, en Plougrescant ; la baie de Beauport, près Paimpol ; la baie de Bréhec, près Lanloup ; la baie de Saint-Brieuc, qui forme un enfoncement considérable de la Manche dans les terres et s'étend depuis Saint-Quay jusqu'à Erquy ; la baie de La Frénaye, entre Plévenon et Saint-Cast ; l'anse du Guildo, à l'embouchure de l'Arguenon, et la baie de Beaussais, en face de Trégon.

Caps. — Les principaux caps ou pointes sont : la

pointe de Bihy, en Trébeurden ; celle de Bec-ar-Vilin, en Plougrescant ; le sillon de Talberg, en Pleubian ; les pointes de Ploumanac'h et du Château, en Perros ; celle de l'Arcouëst, en face l'île de Bréhat ; celle de Minard, en Plouézec ; la pointe de Pordic, en cette commune ; celles de Roselier, en Plérin ; de Larmor, en Hillion ; de Pléneuf, en cette commune ; la pointe d'Erquy, le cap Fréhel, en Plévenon ; la pointe de l'Isle, en Saint-Cast. et celle de Saint-Jacut-de-la-Mer.

Ports de Mer. — Les principaux ports de mer sont, en allant de l'ouest à l'est :

Arrondissement de Lannion. — Toul-an-Héry, commune de Plestin ; Lannion ; Perros-Guirec ; Port-Blanc, commune de Penvénan ; Tréguier ; La Roche-Derrien ; Lézardrieux.

Arrondissement de Guingamp. — Pontrieux.

Arrondissement de Saint-Brieuc. — Bréhat ; Loguivy, commune de Ploubazlanec ; Paimpol ; Le Portrieux ; Binic ; Le Légué-Saint-Brieuc ; Dahouët, commune de Pléneuf ; Erquy.

Arrondissement de Dinan. — Le Port-Nieux, commune de Pléhérel ; Plancoët ; Le Guildo ; Saint-Jacut-de-la-Mer ; Plouër, sur la Rance ; Dinan, sur la Rance ; Mordreuc, commune de Pleudihen, sur la Rance.

Eaux minérales. — Des sources d'eaux minérales ferrugineuses existent sur un grand nombre de points, notamment à Dinan, à Saint-Brieuc, à La Guévière, en Maroué, au Quillio, à Lannion, etc.

Minéralogie. — Parmi les minéraux précieux qu'on rencontre dans les Côtes-du-Nord, nous nous bornerons à signaler les gisements de galène de plomb-argentifère de Châtelaudren, qui se ramifient jusque dans les communes de Plélo, Plouvara, Trémuson et Plérin (mine des Boissières), ceux de la forêt de Coat-an-Nos, de Carnoët et de Plusquellec. A Quénécan, en Carnoët, on trouve un filon de minerai de cuivre. Il existe des minerais de fer à Gouarec, à Carbilan, dans le Menez, à Catenoy, en Saint-Launeuc, à l'Hermitage. Parmi les roches intéressantes, nous citerons le beau quartz amétyste qui se trouve entre Plouaret et Trégrom ; le quartz hyalin de la forêt de La Hunaudaie ; les schistes maclifères de l'étang des Salles, en Perret, etc. On trouvera aux articles concernant chaque commune séparément, des renseignements spéciaux au point de vue géologique.

Bois et forêts. — Le département possède un très grand nombre de bois taillis ou de fûtaie et plusieurs forêts importantes. Nous citerons :

1° Dans l'arrondissement de Dinan, la forêt de La Hunaudaye, commune de Plédéliac, et le bois de Coëtquen, commune de Saint-Hélen ;

2° Dans l'arrondissement de Guingamp, la forêt de Coat-an-Noz et Coat-an-Ney, dans les communes de Belle-Isle et Louargat ; la forêt de Duault, en la commune de Saint-Servais, et le bois de Malaunay, sur Ploumagoar et Saint-Jean-Kerdaniel ;

3° Dans l'arrondissement de Lannion, la forêt de Beffou, en Loguivy-Plougras ;

4° Dans l'arrondissement de Loudéac, la forêt de Loudéac, communes de Loudéac et La Motte ; la forêt de La Hardouinaye, communes de Merdrignac, St-Launeuc et Saint-Yram, et le bois de Bosquen, commune du Gouray ;

5° Dans l'arrondissement de Saint-Brieuc, la forêt de Lorge, commune de L'hermitage-Lorge.

La forêt de Fréau (Finistère), appartenant à l'Etat, et celles de Conveaux, Quénécan et La Nouée (Morbihan), sont atténantes au département des Côtes-du-Nord, la 1re touche à la commune de Carnoët (arrondissement de

Guingamp) ; la 2ᵉ se trouve au sud de Tréogan, sur le sommet des Montagnes-Noires ; la 3ᵉ borde le canal de Nantes à Brest, entre Gouarec et Mûr, et la 4ᵉ, longe la limite de la commune du Cambout (arrondissement de Loudéac).

Règne animal. — Outre les quadrupèdes et les oiseaux domestiques, qui sont répandus dans les Côtes-du-Nord comme sur les autres points de la France, on a constaté qu'il s'y trouvait, à l'état sauvage, cent quarante-sept espèces, tant de mammifères que d'oiseaux et vingt-trois espèces de reptiles. La mer y est riche en poissons, qui sont pêchés à une faible distance du littoral. On compte près de cent cinquante variétés de coquilles marines ou fluviales et terrestres. Les annélides, les radiaires et les crustacés, vivent en très grand nombre dans les rochers des grèves, ainsi que les zoophites ou polypiers. — La classe des insectes est très riche en coléoptères ; les lépidoptères, diurnes ou nocturnes, sont moins variés que dans les départements qui se trouvent plus au sud.

II.

Divisions administratives. — Le département des Côtes-du-Nord, ainsi que nous l'avons dit au début de cet ouvrage, renferme 389 communes, réparties entre cinq arrondissements, dont les chefs-lieux sont : Saint-Brieuc, Dinan, Guingamp, Lannion et Loudéac. La première de ces villes est en même temps le chef-lieu du département. Le préfet y fait sa résidence. Sous sa direction immédiate, les sous-préfets, qui habitent les quatre autres villes, administrent l'arrondissement confié à leurs soins.

Indépendamment de ces cinq arrondissements, le département est encore divisé en quarante-huit cantons, qui constituent le ressort de l'autorité judiciaire du degré inférieur, la justice de paix. De plus, l'administration se base sur les circonscriptions cantonales dans certaines circonstances, notamment pour les mesures relatives au recrutement de l'armée, pour les élections départementales, pour la liste du jury, etc.

A côté du préfet, qui agit seul dans un grand nombre cas, siège un conseil de préfecture, dont il est le président et qui forme tribunal administratif, jugeant les affaires qui doivent lui être soumises d'après la loi.

Un conseil général, formé d'autant de membres qu'il y a de cantons et nommé par le suffrage universel, se réunit près du préfet deux fois par an. Il vote le budget et les dépenses affectées aux services départementaux ; il émet son avis sur les diverses mesures à prendre dans l'intérêt du département.

Une commission départementale, que le conseil général choisit parmi ses membres, se réunit au moins une fois par mois, à la préfecture, pour régler les affaires qui lui sont renvoyées par le conseil ou déférées par la loi.

Des conseils sont également institués aux chefs-lieux de chaque arrondissement et adjoints aux sous-préfets ; ils sont, comme les conseils généraux, nommés par le suffrage universel ; ils donnent leur avis sur toutes les questions intéressant leur circonscription, en ce qui concerne les délimitations de communes, le classement des chemins de grande communication ou d'intérêt commun, l'établissement ou la suppression de foires et marchés, etc.

Les communes sont administrées par les maires, aidés ou suppléés par des adjoints et assistés d'un conseil municipal.

III.

Administration religieuse. — Évêché. — Le siège épiscopal de Saint-Brieuc, auquel a été réuni celui de

Tréguier, par le concordat du 3 décembre 1801, à l'exception de vingt-six paroisses comprises dans le département du Finistère, a reçu, par cela même, un grand accroissement, ainsi que par l'adjonction d'une notable partie des anciens évêchés de Cornouailles, de Saint-Malo et de Dol. Il a hérité, en outre, de quatre paroisses de l'évêché de Vannes : Lescouët, Mellionnec, Perret et Plélauff, qui font partie du canton de Gouarec ; mais il en a perdu deux ; Bréhand-Loudéac et Saint-Samson, qui ont été jointes au canton de Rohan (Morbihan). Le nombre des paroisses du diocèse de Saint-Brieuc et Tréguier est de 402.

L'église cathédrale de Saint-Brieuc a été élevée à la dignité de basilique mineure par le pape Pie IX, en 1875.

L'évêque est aidé dans son administration par deux vicaires-généraux, agréés du gouvernement ; le chapitre était primitivement composé de 8 chanoines titulaires qui recevaient une allocation de l'Etat ; en 1860, ce nombre fut porté à 9, y compris le curé archiprêtre ; depuis le 29 décembre 1883, le gouvernement a supprimé toute allocation par voie d'extinction.

Le grand séminaire est dirigé, depuis la rentrée de 1887, par des prêtres du diocèse. Il existe deux petits séminaires, à Plouguernével et à Tréguier.

Un certain nombre de congrégations religieuses ont pris naissance dans le diocèse à une époque plus ou moins reculée. Ce sont :

Arrondissement de Saint-Brieuc. — SAINT-BRIEUC. — *Filles de Saint-Vincent-de-Paul.* — Elles tiennent le bureau de bienfaisance, la salle d'asile, un orphelinat et soignent les prisonniers et les malades nécessiteux de la ville. — Appelées à Saint-Brieuc en 1711, par Mgr Frétat de Boissieux, elles s'installèrent dans une modeste maison de la rue Madeleine, tout près de leur établissement actuel. Aujourd'hui, elles ont trois maisons dans le département : à Saint-Brieuc, Lamballe et Erquy.

Religieuse de N.-D. de Charité du Refuge (Montbareil). — Cet établissement, approuvé par décret du 10 octobre 1811, est situé rue Notre-Dame. — En outre d'un pensionnat pour les jeunes filles, il possède un *Refuge* pour lequel le Conseil général vote chaque année une allocation. Cette maison fut fondée, vers 1706, sous l'épiscopat de Mgr de Boissieux.

Filles du Saint-Esprit. — Approuvé par décret du 13 novembre 1810, cet ordre fut fondé à Plérin, en 1706, par la veuve Marie Balavoine et Renée Burel, qui renonça aux Ursulines pour se vouer à l'œuvre des petites écoles. Ces deux femmes furent secourues dans leur sainte entreprise par M. Allenou de La Ville-Angevin, recteur de Pordic, et par M. Leuduger, chanoine scolastique de Saint-Brieuc, et leur ordre, après s'être maintenu à Plérin jusqu'en 1835, vint s'établir à Saint-Brieuc, rue des Capucins. Depuis, il s'est considérablement développé, car, en outre de sa splendide maison principale et de son magnifique pensionnat de la côte Saint-Pierre, il compte près de trois cents fondations et plus de treize cents religieuses dans les cinq départements de la Bretagne. — Le but de ce charitable institut est d'instruire ses jeunes postulantes pour en faire des institutrices, tenir des ouvroirs, des salles d'asile, et visiter les malades de la campagne à domicile.

Filles de la Providence. — Fondée en 1635, par un chanoine de Chartres, la congrégation des filles de la Providence se dévouait exclusivement, dans le principe, à l'éducation gratuite des pauvres orphelins. La maison principale de cet ordre fut fondée à Saint-Brieuc par M. l'abbé J.-M. de La Mennais. — Cette congrégation a fondé de nombreuses maisons dans le diocèse et dans l'Ille-et-Vilaine, sans compter le magnifique pensionnat de Rennes.

Religieuses de Saint-Thomas-de-Villeneuve. — Les religieuses de Saint-Thomas sont chargées non seulement des soins à donner, à l'hospice, aux malades civils et militaires, mais encore des enfants trouvés, des aliénées et des incurables. Elles possèdent des maisons à Lamballe, Moncontour, Quintin et Dinan.

Dames du Sacré-Cœur de Jésus. — Ce couvent possède à Saint-Brieuc un fort bel établissement ; avec ses dépendances, il renferme tous les immenses terrains des Calvairiennes, qui, achetés nationalement, furent longtemps occupés par le tribunal civil, la manutention, le cercle du jeu de boules et les bureaux de recrutement. — Les religieuses du Sacré-Cœur tiennent un pensionnat pour les enfants des familles aisées et un externat gratuit pour les jeunes filles pauvres.

Les Religieuses Carmélites de Saint-Joseph. — Ces dames possèdent, dans l'un des faubourgs de Saint-Brieuc, à la Corderie, un un bel établissement.

Maison de Nazareth. — Situé rue de Brest, cet établissement tient un orphelinat très considérable. On y confectionne de la lingerie, des trousseaux, des ornements d'église.

Sœurs de Notre-Dame de Bon-Secours (de Troyes). — Les religieuses de Bon-Secours prennent soin des malades à domicile et les veillent de nuit et de jour.

Maison de la Sainte-Famille. — Fondée par Mlle Bagot, rue Notre-Dame, cette maison, tenue actuellement par les filles du Saint-Esprit, reçoit les jeunes filles pauvres et délaissées. — Cet orphelinat, qui compte près de cent enfants, reçoit du département une subvention ; il renferme dans ses dépendances la magnifique fontaine de Saint-Brieuc, l'un des monuments anciens de la cité.

Religieuses missionnaires de Marie. — Cette congrégation, dont la principale maison est aux Châtelets, ancienne résidence de plaisance des évêques de Saint-Brieuc, donnée à l'hospice de cette ville par un de nos représentants de 1848, M. J.-M. Houvenagle, et revendue depuis quelques années aux Missionnaires de Marie, possède deux autres maisons, à Rome et à Marseille. Cette congrégation envoie des religieuses aux missions et fondations étrangères.

Frères de l'Instruction chrétienne. — Cette école, située rue Vicairie, est communale ; elle reçoit un grand nombre d'enfants de toutes les classes. Reconstruite il y a peu d'années, elle a pour chapelle l'élégant sanctuaire construit en souvenir de MM. Latimier du Clésieux père et fils, le premier ancien trésorier général du département ; le second, capitaine de la garde mobile, blessé mortellement à la bataille du Mans. Dans le chœur de cette chapelle, à droite, on aperçoit le tombeau du brave capitaine.

Établissement des Sourds-Muets. — Fondé par feu l'abbé Garnier, de sainte et vénérée mémoire, qui, du petit bourg de Plestan, près Lamballe, obtint un premier gîte pour ses chers sourds-muets au château de Lamballe. Cet établissement, grâce aux démarches, au courage, au dévouement de son regretté fondateur, est venu se fixer depuis longtemps déjà à Saint-Brieuc. — Il y possède de beaux édifices, dans lesquels, grâce à la générosité départementale, aux pensions privées ou municipales, il abrite un grand nombre d'enfants des deux sexes dont la situation physique et les progrès sont remarquables.

LAMBALLE. — *Religieuses Ursulines* (rue Saint-Martin). — Fondé en 1837, cet établissement considérable reçoit des pensionnaires et possède un internat et un externat. Il a de plus trois autres maisons dans le département : à Dinan, Quintin et Tréguier.

MONCONTOUR. — *Filles de la Providence*, Pensionnat et externat, — et *Religieuses de Saint-Thomas* (hospice).

PAIMPOL. — *Dames de la Providence de Ruillé.* — Cet ordre, fondé par Mlle du Roscoat, a sept succursales dans le département, savoir : à Paimpol, Pleudihen, Pléhédel, Quemper-Guézennec, Saint-Jean-Kerdaniel, Bourbriac et Plésidy.

PLAINTEL. — *Filles de la Sagesse.* — Fondé par M. et Mme Digaultray, de Quintin, dans l'ancien manoir de Saint-Quihouët. Cet établissement sert d'asile aux orphelines des communes voisines; il est tenu par les filles de la Sagesse et possède quatre autres maisons dans le département.

QUINTIN. —. *Religieuses Ursulines.* — Cet établissement, fondé en 1707, possède un pensionnat très renommé et une école gratuite pour les jeunes pauvres.

SAINT-QUAY-PORTRIEUX. — *Filles des Saints-Cœurs de Jésus et de Marie.* — Approuvé le 17 janvier 1829, cet établissement donne des retraites, reçoit des pensionnaires des deux sexes pendant l'été et la saison des bains de mer. Il a maintenant deux succursales : une sur la belle plage du Val-André, en Pléneuf, et l'autre sur la plage non moins belle de Trégastel.

Arrondissement de Dinan. — DINAN. — *Religieuses Ursulines.* — Cet ordre, fondé en 1615, reçoit des pensionnaires.

Filles de la Sagesse. — Cette communauté, fondée en 1750 par M. le comte de La Garaye, fait des classes et tient la salle d'asile.

Petites Sœurs des Pauvres. — Fondé par une pauvre servante, Jeanne Jugan, cet ordre, très aumônieux, très utile pour les vieillards pauvres et infirmes, est aujourd'hui en voie de prospérité, après avoir subi toutes les péripéties des besoins et de la misère.

BROONS. — *Filles de Sainte-Marie.* — Cette maison principale, autorisée par ordonnance du 30 mars 1839, a eu pour fondateur M. l'abbé Fleury, ancien curé de Broons. Elle tient un pensionnat et un externat pour les jeunes filles, donne des retraites, porte des secours à domicile aux malades, et plusieurs religieuses de cet ordre sont employées dans des établissements d'instruction publique laïques ou religieux. Il compte plus de 407 membres et possède près de 60 maisons dans le département et ceux d'Ille-et-Vilaine, du Morbihan, de la Seine, du Cher et de l'Indre.

CRÉHEN. — *Filles de la divine Providence.* — La maison principale eut pour fondateur M. l'abbé Homery, ancien recteur. Comme sa voisine de Broons, cette congrégation tient des écoles, donne des retraites, porte des secours à domicile aux malades. Elle compte près de 400 religieuses et possède 73 maisons, dont 65 dans le département, 1 dans le Morbihan, 2 dans l'Ille-et-Vilaine et 5 dans le Finistère.

PLANCOET. — *Dames Trinitaires*. — Ces religieuses, dont les statuts, imprimés en 1867, forment un volume in-8°, tiennent un pensionnat, font l'école et visitent les malades.

SAINT-JACUT-DE-LA-MER. — *Sœurs de l'Immaculée-Conception*. — Comme la communauté de Saint-Quay-Portrieux, celle-ci reçoit des voyageurs et des pensionnaires pendant la saison des bains. Elle possède deux autres maisons dans le département, à Saint-Jacut et à Le Loscouët.

LÉHON. — *Frères de Saint-Jean-de-Dieu*. — Cette maison, plus connue sous le nom de *Bas-Foin*, fut fondée en 1836, pour servir d'asile aux aliénés hommes de tous pays. Située à la porte de Dinan, dans une belle position, elle est remarquable par sa tenue, ses aménagements, les soins qu'on y prodigue aux infortunés malades, parmi lesquels notre département en entretient un nombre trop considérable, hélas ! — Elle possède une magnifique chapelle dont la rosace est splendide. — Renfermant près de 600 ndividus.

Arrondissement de Guingamp. — GUINGAMP. — *Filles de la Croix* (Montbareil), et *Filles de la Sagesse*. — Ces dames tiennent des classes et un ouvroir.

BÉGARD. — *Filles du Bon-Sauveur de Caen*. — Asile pour les aliénées et pensionnat pour les jeunes filles. — Cet établissement occupe l'ancien abbaye.

MAGOAR. — *Filles de la Croix*. — En 1842, ces dames furent détachées de la communauté de Montbareil de Guingamp et installées à Coat-Piquet (bois de la Croix).

Arrondissement de Lannion. — LANNION. — *Religieuses de la Retraite*. — Ce magnifique établissement, situé sur la colline de Crechaven, au milieu d'un beau parc, tient un pensionnat de demoiselles.

Religieuses hospitalières de Saint-Augustin. — Cette maison reçoit des pensionnaires.

PLESTIN. — *Filles de la Croix*. — Elles ont classes et ouvroir.

TRÉGUIER. — *Religieuses hospitalières de Saint-Augustin*, et *Filles de la Croix*. — En 1667, la sœur Hélène Vorès, auvergnate, fonda cette dernière maison et une autre à Saint-Brieuc. Les religieuses de la première, obligées de la quitter en 1820, furent s'établir à Guingamp. — Elles tiennent classes et ouvroirs.

Dames Ursulines. — Elles arrivèrent à Tréguier en 1625.

Arrondissement de Loudéac. — LOUDÉAC. — *Filles de la Croix.* — Classes et ouvroirs pour les orphelines.

ILLIFAUT et LE LOSCOUET. — *Sœurs de l'Immaculée-Conception.*— Ecoles pour les jeunes filles.

SAINT-ETIENNE-DU-GUÉ-DE-L'ISLE et LA CHÈZE. — *Filles de Jésus*, du diocèse de Vannes. — Classes pour les petites filles.

MERDRIGNAC. — *Filles de la Croix.* — Classes et ouvroirs.

GOAREC. — *Religieuses hospitalières de Saint-Augustin.* — Cet établissement, fondé vers 1825, est remarquable par ses constructions, son étendue et sa tenue. Il possède un pensionnat et des classes pour les filles pauvres.

PLOUGUENAST. — *Sœurs Saint-Joseph de l'Apparition.* — Cette congrégation a une autre maison à Trémorel.

Saints Personnages. — Depuis plusieurs siècles, on rend un culte public à un certain nombre de saints personnages qui sont nés ou ont vécu sur notre territoire. M. Gauthier du Mottay, en a dressé la liste suivante :

Sainte Azénore, comtesse de Goello, mère de saint Budoc, archevêque de Dol, vivait au XVIe siècle ; — sainte Guen, ou Blanche, épouse de saint Fracan, vivait à Ploufragan, au cinquième siècle ; — saint Briac, abbé au cinquième siècle, est le fondateur de Bourbriac, où se trouve son tombeau ; — saint Brieuc a donné son nom à la ville bâtie près de son monastère ; — saint Cieux, son disciple, est patron de Lancieux ; — sainte Clervie était fille de sainte Blanche ; — saint Donan a laissé son nom à la paroisse qu'il a habitée ; — saint Efflam, prince d'Hibernie au Ve siècle, est patron de Plestin, où se trouve son tombeau ; — sainte Eléobanne, mère de saint Gonery, est patronne de Plougrescant ; — saint Elouan, abbé contemporain de saint Tugdual, a son tombeau à Saint-Guen ; — saint Envel, solitaire du Ve siècle, est patron de Locquenvel, où il a demeuré ; — saint Fracan, prince breton, qui vivait au Ve siècle, a donné son nom à Ploufragan ; — saint Gonery, prêtre au VIe siècle, a son tombeau à Plougrescant ; — saint Guénolé, abbé de Landevennec, et frère de sainte Clervie et des saints Jacut et Guténoc, est né à Ploufragan ; — saint Guillaume Pinchon, ou Pichon, le plus illustre des prélats qui ont occupé le siège de Saint-Brieuc, est né à Saint-Alban, au douzième siècle ; — saint Hernin, solitaire au cinquième siècle, a son tombeau à Locarn ; — sainte Honore, épouse de saint Efflam, a demeuré à Plestin ; — sainte Jeune, sœur de saint Envel, a sa chapelle à Plounévez-Moëdec , — saint Jorhant, missionnaire, a son tombeau à Plouëc ; — saint Loévan, disciple de saint Tugdual, a plusieurs chapelles sous son vocable ; — saint Mieu ou Mioc, disciple de saint Méen, a donné son nom à Coëtmieux et Plumieux ; — saint Maurice de Carnoët a vécu près de Loudéac, dont il est le deuxième patron ; — sainte Osmane, morte à Saint-Brieuc ; — saint Pergat, évêque de Tréguier ; — sainte Pompée, princesse d'Irlande, a son tombeau à Langoat ; — saint Tugdual a été évêque de Tréguier, ainsi que saint Ruellin ; — enfin, saint Yves, le plus illustre de tous, qui mourut le 19 mai 1303. On vient de publier les *Monuments originaux* de son histoire, comprenant l'enquête de canonisation édifiée à Tréguier en 1330, les rapports des cardinaux sur cette enquête, la bulle de Clément VI, l'office primitif du saint, etc. Le manuscrit unique de l'enquête de canonisation appartient à la bibliothèqne de la ville de Saint-Brieuc.

IV.

Voies de communication. — I. CHEMINS DE FER. — Les lignes livrées à l'exploitation sont les suivantes :

1° *Ligne de Paris à Brest.* — Cette ligne, arrêtée définitivement par la loi du 11 juin 1859, a été terminée en 1867. Son parcours dans le département n'est pas moindre de 125 kilomètres. Les villes de Saint-Brieuc, Guingamp et

Lamballe sont desservies directement et ont une gare spéciale ; d'autres stations, placées à Caulnes, Broons et Plénée-Jugon (arrondissement de Dinan) ; à Yffiniac et Chatelaudren (arrondissement de Saint-Brieuc) ; à Belle-Isle-Bégard (arrondissement de Guingamp) ; à Plouaret et Plounérin (arrondissement de Lannion). Une halte pour voyageurs a été établie récemment à Plouvara-Plerneuf (arrondissement de Saint-Brieuc). La commune de Plestan, entre Lamballe et Plénée-Jugon, est en instance pour en obtenir une également.

2° *Ligne de Saint-Brieuc à Pontivy*. — Elle a été ouverte complètement en 1874 et passe à la halte de Saint-Julien, à la station de Plaintel, à la gare de Quintin, à la halte du Pas, aux stations de Plœuc-l'Hermitage et Uzel, à la halte de La Motte et à la gare de Loudéac, puis rentre dans le département du Morbihan.

Cette ligne est très importante au point de vue agricole, parce qu'elle facilite l'introduction des engrais marins dans le centre de la Bretagne. Sa longueur, dans le département, est de 58 kilomètres.

3° *La ligne de Lamballe à Lison* passe à Landébia, Plancoët, Corseul, Dinan, la Hisse (halte) et Pleudihen, et s'étend ensuite sur le département d'Ille-et-Vilaine.

4° Embranchement prenant naissance à la gare de Plouaret, passant à la station de Kerauzern et se terminant à Lannion ;

5° *Ligne de Dinan à Dinard* (Ille-et-Vilaine), prenant naissance à Dinan, sur la ligne de Lamballe à Lison, desservant la halte de Saint-Samson, la station de Pleslin-Plouër, sur les Côtes-du-Nord, et celle de Pleurtuit, sur l'Ille-et-Vilaine, où elle se termine à la gare de Dinard.

Cette ligne doit être complétée par celle de Dinan à La Brohinière, station de la ligne de Paris à Brest, située entre Caulnes et Montauban, et formera ainsi la ligne de La Brohinière à Dinan.

6° *Ligne de Saint-Brieuc au Légué*. — Cette petite ligne, reliant Saint-Brieuc au bassin à flot du Légué, a été ouverte en 1886 au service des marchandises seulement. Elle ne mesure que 5 kilomètres.

Les lignes de Carhaix à Paimpol, par Guingamp et Pontrieux, et de La Brohinière à Carhaix, par Merdrignac, Loudéac, Mûr, Gouarec et Rostrenen, ne sont encore qu'à l'état de projets, dont l'exécution rendrait de grands services au département, surtout par la portion de ligne de Guingamp à Paimpol.

II. Routes Nationales. — Sept routes nationales, entretenues aux frais de l'Etat, traversent le département des Côtes-du-Nord. Ce sont :

1° *Route nationale N° 12, de Paris à Brest*. Elle entre dans les Côtes-du-Nord près de Saint-Jouan-de-l'Isle, passe à Broons, Lamballe, Saint-Brieuc, Châtelaudren, Guingamp, Belle-Isle-en-Terre, Plounévez-Moëdec et Plounérin. Au-delà, elle entre dans le Finistère, après un parcours de 121 k. 268 m., suivant direction très rapprochée de la ligne ferrée de Paris à Brest.

2° *Route nationale N° 164, d'Angers à Brest*. Elle n'a qu'un développement de 32 k. 120 m. et traverse seulement les communes de Gouarec, Plélauff et Rostrenen.

3° *Route nationale N° 164 bis, de Rennes à Brest*. Commence à la limite d'Ille-et-Vilaine, près Saint-Méen ; passe à Merdrignac, Loudéac, Mûr, Gouarec, Rostrenen et Le Moustoir, près duquel elle se termine à la limite du Finistère, non loin de Carhaix, après un parcours de 89 k. 273 m.

4° *Route nationale N° 166, de Vannes à Dinan*. Son parcours sur le département est de 26 k. 400 m. Elle commence à la limite de l'Ille-et-Vilaine, près Saint-

Jouan-de-l'Isle, passe dans cette localité, à Caulnes, près Le Hinglé et se termine à Dinan.

5° *Route nationale N° 167, de Vannes à Lannion.* Commence sur les Côtes-du-Nord, à la limite du Morbihan, passe à Mûr, Corlay, Guingamp et Bégard, et se termine à Lannion, après un parcours de 78 k.

Les côtes excessivement rapides de cette voie, surtout entre Mûr et Guingamp, en rendent la circulation difficile et impossible pour le gros roulage.

6° *Route nationale N° 168, de Quibéron à Saint-Malo.* Commence à la limite du Morbihan, passe à Loudéac, Plouguenast, Moncontour, Lamballe, Plancoët et Ploubalay, et se termine un peu au-delà, à la limite d'Ille-et-Vilaine, après un parcours de 80 k. 600 m.

7° *Route nationale N° 176, de Caen à Lamballe.* Commence à la limite d'Ille-et-Vilaine, près de Miniac-Morvan; passe à Dinan, où elle traverse la Rance sur un magnifique viaduc, passe ensuite à Jugon et se termine sur la route N° 12, à Noyal, près Lamballe.

III. Routes départementales. — Il n'y a plus de routes départementales dans les Côtes-du-Nord; elles ont été déclassées et réunies aux chemins de grande communication en 1874.

IV. Chemins vicinaux. — Les chemins vicinaux, dans les Côtes-du-Nord, comprennent encore trois catégories de voies de communication, savoir : 1° les chemins de grande communication, au nombre desquels ont été rangées les anciennes routes départementales ; 2° les chemins d'intérêt commun ; 3° les chemins vicinaux ordinaires. Les deux premières catégories n'en forment pour ainsi dire qu'une seule, car les chemins d'intérêt commun sont administrés et subventionnés par le département, avec prélèvements sur les ressources spéciales des communes, absolument comme ceux de grande communication. Les conditions de largeur et de pentes pour leur établissement sont également les mêmes. Les chemins vicinaux ordinaires sont exclusivement à la charge des communes, au moins comme entretien. Pour leur construction seulement, ils peuvent recevoir, comme ceux des deux premières catégories, des subventions de l'État, en vertu de la loi du 12 mars 1880, et quelquefois, mais dans des cas extraordinaires, des subventions du département.

Chemins de grande communication. — Le réseau de grande communication comprend 59 chemins, ayant ensemble un développement de 2,135 kl. 739 m. Cette longueur est entièrement terminée et à l'état de bonne viabilité.

Chemins d'intérêt commun. — Le réseau de cette catégorie comprend 87 chemins, ayant ensemble un développement de 1,510 kl. 533 m. Sur cette longueur, 1,466 kl. 698 m. sont terminés et 43 kl. 844 m. restaient encore à construire au 31 décembre 1887. Ces lacunes vont disparaître sous peu d'années.

Chemins ordinaires. — Le réseau de cette catégorie comprend une foule de chemins ayant ensemble une longueur de 3,573 kl. 864 m., sur lesquels 270 kl. environ restent encore à construire.

L'ensemble de la vicinalité du département des Côtes-du-Nord comprend donc une longueur totale de 7,220 kl. 136 m. Cette longueur augmente chaque année, au fur et à mesure des nouveaux classements que les ressources permettent d'opérer.

V. Chemins ruraux. — On comprend sous cette dénomination tous les chemins des campagnes desservant les fermes ou hameaux, et que leur peu d'importance n'a pas pu faire classer dans le réseau des chemins ordinaires. La grande étendue du département et l'extrême dissémination des habitations rurales font que ces chemins y ont un développement d'une longueur presque incalculable. Les communes n'étant pas tenues à leur entretien, ils sont, sauf quelques rares exceptions, en mauvais état, et presque, sinon complètement impraticables en-hiver. L'humidité du climat contribue beaucoup aussi à ce fâcheux état de choses, que l'on ne peut espérer voir prendre une fin prochaine, malgré les moyens mis à la disposition des intéressés par la loi du 20 août 1881 sur les chemins ruraux.

Ponts suspendus. — Viaducs. — Ponts importants. — Il n'y a plus dans les Côtes-du-Nord qu'un seul pont suspendu, celui de Lézardrieux, situé entre cette localité et Paimpol, au passage du chemin de grande communication N° 1er (ancienne route départementale), sur la rivière du *Trieux*.

Ce bel ouvrage, construit en 1840 par une compagnie, moyennant un péage supprimé depuis, a une partie libre suspendue de 150^m de longueur et sa hauteur au-dessus des marées est suffisante pour permettre aux bateaux de remonter jusqu'à Pontrieux.

Le pont suspendu de Tréguier, au passage du même chemin sur la rivière du Jaudy, a été remplacé, en 1886, par un pont fixe à 4 travées métalliques, plus une travée tournante donnant un passage de 12^m de largeur, qui permet aux bateaux de remonter la rivière jusqu'au port de La Roche. Ce pont a 120^m de débouché linéaire.

Nous ne mentionnons que pour mémoire la passerelle suspendue de Saint-François, située sur le Guindy, aux portes de Tréguier.

Au passage du chemin de grande communication N° 13, sur la rivière de l'Arguenon, se trouve le pont du Guildo, à travée tournante comme celui de Tréguier, pour permettre aux bateaux de remonter jusqu'à Plancoët. Son débouché linéaire est de 142^m.

Les chemins de fer du département présentent de magnifiques ponts ou viaducs, parmi lesquels nous citerons : 1º Le viaduc de La Méaugon, près Saint-Brieuc, sur la ligne de Paris à Brest, au passage de la rivière de Gouët. Cet ouvrage, tout en pierres, est à deux rangs d'arches superposées. Sa hauteur est de 59^m, et sa longueur de 227 ; 2º — Le pont de Lessart, au dessous de Dinan et au passage du chemin de fer de Lison à Lamballe, sur la rivière de la Rance. Il se compose d'une principale travée métallique, d'une portée libre de 90^m. de longueur. Sa hauteur au-dessus de la rivière (25^m) permet aux bateaux de passer dessous pour remonter jusqu'à Dinan.

Le pont de la Fontaine-aux-Eaux, près Dinan, est dans le même genre que ce dernier, mais moins important comme dimensions.

Le viaduc de Dinan, au passage de la route nationale Nº 176 sur la rivière de la Rance, est à un seul rang d'arches ; sa hauteur est de 40^m et sa longueur totale de 260^m.

V.

Commerce. — Industrie. — Le commerce maritime du département consiste principalement dans l'expédition d'un certain nombre de navires employés au grand et au petit cabotage, parmi lesquels figurent les bâtiments expédiés aux pêches de Terre-Neuve et d'Islande, et dans l'arrivée de navires, de faible tonnage, qui apportent, dans les ports ouverts à l'importation, les matériaux et les denrées dont le pays peut avoir besoin. La navigation au long-cours y est peu pratiquée. De toutes les industries maritimes de notre pays, la pêche d'Islande est celle qui emploie le plus de bras ; les difficultés et les fatigues inhérentes à cette navigation, jointes à une vocation innée chez nos hommes du littoral, ont pour effet de rendre les nombreux matelots qui y sont occupés les plus robustes et les plus courageux de notre flotte. Le Gouvernement encourage par des primes un commerce dont l'effet principal est d'augmenter cette précieuse pépinière de marins.

La pêche côtière, la coupe de goëmons sur les rochers éloignés en mer et le dragage des sables marins occupent aussi un *nombre considérable de bateaux*.

Les huîtrières de la baie de Saint-Brieuc ont complètement disparu, malgré les efforts faits il y a quelques années pour les repeupler. Cet excellent mollusque se trouve en assez grande abondance dans le Trieux, entre Pontrieux et Lézardrieux, et dans la rivière de Tréguier. Tous les deux ans environ la pêche a lieu.

Le commerce des huîtres à Tréguier et à Pontrieux a une certaine importance.

Phares et fanaux. — Pour guider les navigateurs à l'entrée et à la sortie des ports, en même temps que pour leur indiquer les passes les plus favorables et les écueils à éviter à l'approche des côtes, l'Etat entretient sur notre littoral un certain nombre de fanaux de hauteur et de puissance variables ; indépendamment de ceux qui existent déjà, plusieurs autres sont en voie de construction ; nous nous bornerons à indiquer les premiers : cap Fréhel, port du Légué, port de Binic, port du Portrieux, île de Bréhat, les Héaux, Sept-Iles.

Chambre de commerce de Saint-Brieuc. — Elue par une assemblée de commerçants notables de tout le département, dont la liste est dressée par l'autorité préfectorale, la Chambre de commerce de Saint-Brieuc a pour mission de soumettre au Gouvernement, soit sur sa demande, soit d'office, son avis et les observations sur les mesures que lui paraît réclamer l'intérêt du commerce et surtout du commerce maritime.

Industrie. — Le département des Côtes-du-Nord n'est point industriel dans le sens propre du mot ; cependant, il a fait sous ce rapport, depuis plusieurs années, de notables progrès.

On trouve dans les Côtes-du-Nord des carrossiers en tous genres, des ébénistes, des tapissiers habiles, une fabrique de pianos dont les produits se répandent par toute la Bretagne.

L'orfèvrerie, la gravure sur métaux, la confection des ornements d'église sont exercées avec succès, et la surprise a souvent été réelle pour des étrangers de voir figurer, dans nos expositions départementales et régionales, des vases, des objets précieux, de bons instruments conçus et exécutés dans les ateliers du pays.

Le département possède treize imprimeries, dont plusieurs importantes, et au chef-lieu deux établissements pour la lithographie.

La tannerie, la corroierie et la mégisserie sont pratiquées assez en grand et donnent de bons produits.

La fabrication des toiles de Bretagne ou de Quintin, bien que déchue de son ancienne splendeur, fait encore vivre un certain nombre de personnes. Les centres de cette industrie sont Quintin, Loudéac et Uzel, pour les toiles fines. Sauf quelques exceptions, le travail du tissage s'effectue à domicile dans cette région et tend même à devenir un accessoire de l'agriculture. Il en est ainsi dans le pays de Tréguier, qui fabrique des toiles d'un autre genre que celles de Quintin. A Dinan, où se font les toiles à voiles, la fabrication aurait peut-être un caractère manufacturier plus spécial.

Généralement le tisserand ne travaille pas sur commandes. Il achète son fil, que le pays lui fournit préparé à la main, confectionne une pièce, puis l'expose au marché ou la livre directement aux négociants de la localité la plus voisine de son domicile. Tel est le mode d'opérer et tel il fut à l'époque où les toiles de Bretagne jouissaient d'une réputation universelle.

Quintin, Lamballe et quelques autres localités fabriquent aussi des tissus spéciaux pour le vêtement de nos paysans.

L'extraction et le piquage du granit dans les carrières de Saint-Brieuc et de La Méaugon et dans celle de l'Ile-Grande surtout, constituent une véritable industrie qui, en dehors de la consommation locale, expédie ses produits par la voie de mer au Havre, Rouen et Paris.

On trouve aussi des ardoises à Caurel, à Mûr et sur quelques autres points du département.

Les grès d'Erquy, situés au bord de la mer, sont *très appréciés* ; ils sont exploités sur une vaste échelle et expédiés à Paris et dans nombre de départements : l'exploitation en est très facile.

L'industrie la plus importante du département est la fonte des minerais de fer et la fabrication du fer. Elle est pratiquée dans plusieurs usines que nous croyons devoir citer. Ce sont : les forges et aciéries de Saint-Brieuc et celles du Pas, commune de Lanfains.

Parmi les autres industries du département, nous mentionnerons non seulement les fabriques de machines et instruments aratoires, qui se créent et se développent depuis plusieurs années avec des succès qu'on était loin de prévoir, mais aussi une très importante fabrique de papier à Belle-Isle, et deux fabriques de papier de paille à Châtelaudren et à Quintin.

Une magnifique cartonnerie a été créée en 1887 à Pontrieux, par MM. Huet frères.

Une importante usine existe encore à Tréguier, pour la fabrication de l'huile de colza.

Nous terminerons en appelant l'attention sur les usines

à préparer le lin que l'on trouve à Pontrieux et à Lannion, usines dont les produits s'écoulent facilement et qui sont susceptibles du plus grand développement, la matière première ne pouvant jamais leur manquer dans un pays où, comme sur notre littoral, elle forme une branche importante de l'industrie agricole.

Enfin, le département possède un nombre considérable de moulins et de minoteries installés sur les divers cours cours d'eau.

Commerce. — Le commerce du département, comme son industrie, a pour objet principal de satisfaire à la consommation locale. Des maisons de commerce importantes y existent cependant, mais quelques-unes seulement étendent leur action sur une assez large zone. Les produits agricoles, les farines, grains, graines et bestiaux sont, avec le papier, le carton, les chiffons, les os, les suifs, les cires, les miels et les cuirs, les articles livrés par nous en quantités notables à la sortie ou à l'exportation proprement dite.

Les îles anglaises reçoivent nos bestiaux, nos pommes de terre ; et nos grains et farines sont expédiés en Angleterre, ainsi qu'aux départements du nord et du midi de la France, au moyen du cabotage.

VI.

Agriculture. — Le département des Côtes-du-Nord, très accidenté, fournit des productions agricoles des plus variées, suivant l'altitude, la nature et la fertilité du sol, sa proximité ou son éloignement de la mer ou des voies ferrées. Il résulte de l'ensemble de ces conditions culturales et économique, trois zones distinctes :

1° *Zone du littoral.* — Cette zone, naturellement très fertile, à sol et sous-sol perméables, comprend tout le pays limité par la mer et la voie ferrée reliant Guingamp, Lamballe et Dinan. Ses cultures principales sont : le froment, la pomme de terre, le trèfle et le lin.

La mer offre à cette belle contrée une mine inépuisable d'engrais qui lui permettent une culture intensive et l'exportation de produits abondants et rémunérateurs, tout en augmentant la richesse initiale du sol : les sables coquilliers et la tangue lui fournissent le calcaire indispensable à la production des trèfles, dont la culture améliorante a remplacé avantageusement les anciennes jachères, les guérets blancs et crée une alimentation riche et abondante pour le bétail. La mer lui fournit en outre des varechs, dont la valeur comme engrais égale celle du fumier. Ces plantes marines lui procurent la potasse, exportée sur une vaste échelle par la vente des pommes de terre et du lin. — Pour compléter ces richesses et augmenter sensiblement cette luxuriante production, qui jadis a valu à cette zone le nom de ceinture dorée, il suffirait d'importer un peu de phosphate et de nitrate de soude.

Les labours se font en planches et à plat, sauf dans le canton sud de Saint-Brieuc et les cantons de Lamballe et de Pléneuf, où les billons sont restés en usage avec la moisson à mi-hauteur, pour conserver la partie inférieure du chaume, le glé, comme litière ou couverture. C'est à cette routine impardonnable qu'est dû, dans ces cantons, l'envahissement de toutes les cultures par les mauvaises herbes, et l'abaissement des rendements.

Cette zone produit des races beaucoup plus fortes que celles du centre et de la montagne. Les chevaux de Tréguier et de Lamballe sont connus du monde entier comme excellents chevaux de trait ; les vaches de Guingamp, au large bassin, au pis volumineux et aux courtes jambes, sont appréciées comme très bonnes laitières ;

les moutons de la côte sont recherchés pour leur viande délicate et succulente.

L'exportation comprend surtout des blés, de la vesce, de la graine de trèfle et des pommes de terre, dont les principaux centres sont Tréguier et Bréhat. La culture du lin a beaucoup perdu de son importance, les prix de vente ayant baissé de 40 0/0. Cette culture peut être avantageusement remplacée dans toute la presqu'île par celle du pommier, où la profondeur du sol lui assure un plein succès.

Le littoral présente en outre de riches cultures maraîchères : Saint-Brieuc, Yffiniac et Langueux se livrent à à une production de choux, d'oignons et de carottes qui n'a pas d'égale.

2° *Zone du centre.* — Cette zone a pour limite, au sud, une ligne sensiblement parallèle à la voie ferrée de Brest à Paris et passant par Bourbriac, Plœuc, Moncontour, le Gouray et Trémorel. Le sol est moins riche que le précédent, mais la différence des deux zones, très tranchée autrefois, tend à disparaître par l'apport des engrais, la culture du pommier et l'élevage du bétail. Les cultures sont très nombreuses : le blé, l'avoine et le blé noir sont les principales céréales ; la prairie naturelle, le trèfle, la vesce, le foin, la betterave, le chou et l'ajonc constituent la production fourragère. L'élevage des poulains, la fabrication du beurre et du cidre, avec l'exportation des céréales, sont la base de la richesse de cette contrée. Avec un outillage plus complet et des soins apportés à la conservation des fumiers, on réalisera des progrès sensibles dans toutes les productions.

3° *Zone de la Montagne.* — Cette vaste contrée, à sol généralement léger et à sous-sol granitique, comprend les cantons de Callac, Maël-Carhaix, Rostrenen, Saint-Nicolas-du-Pélem, Gouarec, Corlay, Mûr,

Uzel, Plouguenast, Loudéac, La Chèze, Collinée, Merdrignac et le sud des cantons de Bourbriac, Quintin et Moncontour. Toutes les parties élevées sont dénudées et n'offrent que de faibles ressources aux maigres troupeaux qui les pâturent. Les semis de pins sylvestres et autres essences forestières rustiques utiliseraient avantageusement ces surfaces improductives et condenseraient les brouillards qui refroidissent cette contrée. Ses nombreuses landes se défrichent et s'améliorent progressivement par la chaux, les sables coquilliers et le phosphate fossile. La terre est généralement pauvre, mais le cultivateur, actif et intelligent, veut arriver à surpasser ses voisins privilégiés de la nature. Son outillage se perfectionne, on y trouve des charrues brabant-doubles, des semoirs, des trieurs, enfin des batteuses à vapeur. Malheureusement, l'apport du calcaire et des phosphates ne lui a pas encore permis de remplacer partout le seigle par le blé, mais ses cultures soignées de choux et de rutabagas lui permettent l'engraissement du bétail. Loudéac et Corlay fournissent des chevaux légers, demi-sang, de toute beauté; Maël-Carhaix élève et engraisse d'excellents durham-bretons; Plœuc et Quintin se distinguent par l'engraissement des veaux; enfin, toute cette zone produit de bons porcs gras, améliorés par le craonnais.

Le seigle, le blé-noir et l'avoine sont les cultures principales. Le canal de Brest à Pontivy permet le transport économique des engrais calcaires indispensables à cette contrée granitique et facilite l'exportation de toutes les denrées.

Cette zone de la montagne accomplit des progrès rapides sous l'impulsion de syndicats cantonaux nouvellement créés pour l'achat des engrais et la vente des produits. Ces syndicats, qui fonctionnent à Loudéac, La Chèze, Merdrignac, Bourbriac, Uzel, St-Nicolas-du-Pélem,

Mûr, Rostrenen, Corlay et Maël-Carhaix ne tarderont pas à entraîner dans cette bonne voie les cantons voisins.

Le département des Côtes-du-Nord possède une chaire départementale d'Agriculture ; le professeur est chargé de faire des conférences dans chaque canton, déjà stimulé dans la voie du progrès par un comice subventionné par l'Etat et le Conseil général. En outre, un vérificateur des engrais fait gratuitement les analyses des engrais commerciaux que lui envoient les cultivateurs par l'intermédiaire de leurs maires. Enfin, l'agriculture est soutenue dans sa production chevaline par le dépôt d'étalons de Lamballe (240 étalons), qui se répartissent chaque année, au printemps, dans les différentes stations. L'administration des haras, en outre, approuve et prime les meilleurs étalons appartenant à des particuliers. Des hippodromes nombreux sont subventionnés par l'Etat et le département : Saint-Brieuc, Lamballe, Paimpol, Dinan, Matignon, Rostrenen, Corlay, Pontrieux, Saint-Michel-en-Grève, Loudéac et Plouguenast.

L'art vétérinaire est pratiqué par 23 vétérinaires diplômés.

En résumé, d'après la statistique décennale de 1882, le département des Côtes-du-Nord présente :

458,376 hectares en terres labourables.
56,742 — en prairies et herbages.
33,587 — en bois.
99,834 — en landes.

La culture du froment donne une moyenne de 1,730,952 h.
— du méteil — 213,690
— de l'avoine — 240,000
— du sarrasin — 1,299,947
— de l'orge — 80,000
— du seigle — 65,000
— de la pomme de terre 1,743,831 q.

L'espèce chevaline comprend :
        65,056 têtes au-dessus de 3 ans,
        30,776 — au-dessous de 3 ans.

L'espèce bovine : 48 têtes 0,6 par 100 hectares.
    — ovine 14,51 — —
    — porcine 1,895 kilog. — —

La petite propriété domine, on y trouve :
    30,745 propriétés de moins de 1 hectare.
    47,359 — de 1 à 10 hectares.
    16,288 — de 10 à 40 —
    755 — au-dessus de 40 hectares.

Quant à la répartition proportionnelle des cultivateurs-propriétaires et non propriétaires, nous avons :
        28,29 % de propriétaires ;
        71,41 % de non propriétaires.

VI.

Assistance publique. — Etablissements de bienfaisance. — Institutions de prévoyance. — Etablissements de répression. — Enfants assistés. — Les enfants assistés se divisent en enfants trouvés dont l'origine est inconnue, en enfants abandonnés par leurs parents, et en enfants orphelins pauvres.

Ils sont confiés à la tutelle des hospices, mais le département paie leurs frais de pension et de nourrices.

Les hospices des cinq chefs-lieux d'arrondissement reçoivent des enfants abandonnés et orphelins ; mais, *en principe*, les hospices de Saint-Brieuc et de Dinan sont seuls dépositaires d'enfants trouvés. Il s'en trouve cependant quelques-uns à la charge de l'hospice de Lannion.

Etablissements pour les aliénés. — Le département compte trois établissements spéciaux pour les aliénés, savoir : *hommes*, l'asile privé des Sacrés-Cœurs, plus connu sous le nom des Basfoins, situé dans la commune de Léhon, aux portes de Dinan ; *femmes*, l'asile de Saint-Brieuc et l'asile privé du Bon-Sauveur de Bégard, à Bégard.

Hospices. — Huit hospices existent dans les Côtes-du-Nord et reçoivent des vieillards, des infirmes et des enfants.

Bureaux de bienfaisance. — Quatre-vingts bureaux de bienfaisance sont organisés dans le département.

Leurs ressources s'élèvent d'année en année et permettent de secourir un grand nombre de familles nécessiteuses ou de malades.

Asile des Incurables de Saint-Brieuc. — Nous mentionnerons aussi l'asile pour les incurables, fondé en l'année 1858 à Saint-Brieuc, et que l'on peut considérer comme départemental, puisqu'il reçoit des malades de tout le département. Sa création a comblé une importante lacune dans l'assistance publique, et déjà il a pu soulager bien des misères.

Petites-Sœurs des Pauvres. — Après les établissements régulièrement organisés, nous devons signaler les Petites-Sœurs des Pauvres, de Dinan, qui étendent leurs bienfaits à toutes les classes de malheureux, quel que soit leur lieu de naissance, et recueillent toutes les infortunes.

Sociétés de Secours-Mutuels. — Le département possède un grand nombre de sociétés de secours mutuels.

Elles s'appliquent à des professions diverses.

Société de Charité maternelle. — Une Société, dite de Charité maternelle, pour venir en aide aux femmes indigentes, existe à Saint-Brieuc.

Conférences de Saint-Vincent de Paul. — Des Conférences de Saint-Vincent de Paul existent à Saint-Brieuc, Lamballe, Quintin, Pédernec, Plœuc et Loudéac.

Caisses d'épargne et de prévoyance. — Il y a dans le département six caisses d'épargne et de prévoyance : à Saint-Brieuc, Dinan, Guingamp, Lannion, Loudéac, Paimpol.

Paupérisme. — Mendicité. — Des Sociétés pour l'extinction de la mendicité existent à Guingamp, Paimpol, Pontrieux et Tréguier, mais leur action est purement locale et forcément restreinte.

L'esprit de charité religieuse, qui anime les populations, favorise singulièrement en Bretagne la persistance de la mendicité. Il leur fait voir sans mépris celui qui tend la main, et, il faut le reconnaître, dans le fond de nos campagnes, les mendiants sont l'accessoire ordinaire de toutes les fêtes publiques ou des familles. La facilité avec laquelle on donne, la régularité, la périodicité des aumônes dans certaines maisons, tout concourt à entretenir la mendicité, et l'on peut, en déplorant l'abaissement de ceux qui demandent, dire, à la louange de ceux qui donnent, que l'aumône est organisée en Bretagne.

De la pratique de la première des vertus naissent cependant de grands abus, que nous sommes loin de nier à coup sûr.

La charité individuellement exercée est souvent un obstacle à la création de secours réguliers.

Établissements de répression. — Il existe, dans le département, cinq prisons, une au chef-lieu de chaque arrondissement ; deux dépôts de sûreté, l'un à Broons, l'autre à Lamballe ; quarante chambres de sûreté annexées aux casernes de gendarmerie.

La prison de Saint-Brieuc contient : la maison d'arrêt, la maison de justice et la maison de correction. Les quatre autres prisons d'arrondissement sont simplement des maisons d'arrêt.

Les dépôts et chambres de sûreté reçoivent les individus pris en flagrant délit et les détenus de toutes catégories en cours de translation.

Deux établissements pour les jeunes détenus se trouvent aussi dans le département : l'un, pour les garçons, à Saint-Ilan, avec Carlan et Langonnet (Morbihan) pour succursales ; l'autre, pour les filles, à Notre-Dame de la Charité du Refuge (Montbareil), à Saint-Brieuc. Les jeunes garçons sont occupés aux travaux agricoles.

Saint-Ilan et Notre-Dame du Refuge ne sont point exclusivement des lieux de répression, et, par les soins qu'ils donnent à l'éducation des enfants et des jeunes gens qui leur sont confiés, soit par les familles, soit par la charité, ils doivent être aussi classés au rang des institutions de bienfaisance.

VII.

Administrations diverses. — Justice. — Le département est compris dans le ressort de la cour de Rennes. L'ordre judiciaire dans les Côtes-du-Nord est composé : 1° d'une cour d'assises dont les sessions ont lieu tous les trois mois au chef-lieu du département ; 2° d'un tribunal de première instance, établi au chef-lieu de chaque arrondissement, chargé de juger les affaires civiles et correctionnelles ; et 3° enfin, de 48 tribunaux de paix et de simple police, en nombre égal à celui des cantons. — Un bureau, dit d'assistance judiciaire, destiné à venir en aide aux plaideurs indigents, est aussi établi près de chacun des cinq tribunaux de première instance.

Deux tribunaux de commerce sont, en outre, établis à Saint-Brieuc et Paimpol. Dans les arrondissements qui n'en possèdent pas, ils sont remplacés par les tribunaux civils.

Guerre. — Le territoire de la France est divisé en 19 régions, l'Algérie comprise, occupées chacune par un corps d'armée. Le département des Côtes-du-Nord est compris dans la circonscription du 10e corps, placé sous les ordres d'un général en chef dont le quartier général est à Rennes.

Deux régiments d'infanterie et la brigade de cavalerie de ce corps d'armée tiennent garnison à Saint-Brieuc, Guingamp et Dinan ; ce sont : la 37e brigade d'infanterie, et la 10e de cavalerie, formée de hussards et de dragons.

Le corps si utile de la gendarmerie est commandé par un chef d'escadron, ayant sous ses ordres deux capitaines et quatre lieutenants. Son effectif se compose de 100 hommes à cheval, formant 25 brigades, commandées par 8 maréchaux-de-logis et 19 brigadiers ; l'autre, aussi composée de 100 hommes à pied, formant également 25 brigades, commandées par 7 maréchaux-de-logis et 18 brigadiers.

Marine. — Le département fait partie du 2e arrondissement maritime, dont le chef-lieu est Brest. Il est divisé en trois quartiers : Saint-Brieuc, Paimpol et Dinan, et trois sous-quartiers, Binic, Lannion et Tréguier. Ils sont administrés par un commissaire, deux sous-commissaires et quatre aides-commissaires ; cinq trésoriers des invalides et gens de mer résident dans des villes du littoral. On y compte aussi 20 syndics, 4 gendarmes maritimes, 12 maîtres de ports et 2 inspecteurs des pêches. Quatre stations de pilotes-lamaneurs sont établies au Légué, au Portrieux, à Dahouët et à Saint-Cast ; deux écoles d'hydrographie existent à Saint-Brieuc et à Paimpol.

Ponts et Chaussées. — Ce service est dirigé par un ingénieur en chef, ayant sous ses ordres deux ingénieurs ordinaires et deux conducteurs principaux ; 18 conducteurs embrigadés et 4 conducteurs ordinaires surveillent les travaux qui s'exécutent sur la grande voirie.

Service vicinal. — L'administration des chemins vicinaux est confiée à un agent-voyer en chef, qui répartit le travail entre 5 agents-voyers d'arrondissement, 5 agents-voyers principaux, 13 agents-voyers de première classe, 7 de deuxième et 7 de troisième.

Stations de sauvetage. — La Société des Hospitaliers-Sauveteurs-Bretons compte plusieurs stations munies de baleinières ou de canots de sauvetage.

Finances. — Nous comprendrons sous ce mot les différentes administrations qui, dans notre département, gèrent la fortune nationale.

1° *Contributions directes.* — Elles concernent tout ce qui se rapporte à l'impôt foncier, personnel et mobilier, portes et fenêtres, et patentes. Elles sont représentées et régies, dans les Côtes-du-Nord, par un directeur, un inspecteur, un contrôleur principal, huit contrôleurs et deux surnuméraires ; 55 percepteurs sont préposés à la recette de ces impôts ;

2° *Contributions indirectes.* — Elles comprennent principalement dans notre département les droits sur les boissons, les tabacs, les poudres, etc. Cette administration est représentée par un directeur qui est en même temps directeur des douanes, 4 inspecteurs, 1 sous-inspecteur, 1 contrôleur de ville, 9 employés de bureaux, 6 receveurs-entreposeurs, 1 receveur particulier, 32 receveurs ambulants, 35 commis principaux, 3 receveurs des droits de navigation, plusieurs receveurs buralistes et grand nombre de débitants de tabacs.

3° *Enregistrement et Domaines*. — Les droits de cette nature sont perçus sur les actes publics et sous seing privé ; sur les actes de greffe, sur ceux qui sont soumis aux formalités hypothécaires, sur les mutations par décès, etc. ; à cette administration se rattache le débit du papier timbré, la régie des domaines de l'Etat, des biens sequestrés et des successions en déshérence ; elle est représentée dans notre département par un directeur, un inspecteur, un premier commis, un garde-magasin du timbre, 4 vérificateurs, 5 conservateurs des hypothèques, 33 receveurs de l'enregistrement et 6 surnuméraires ;

4° *Douanes*. — Cette administration est chargée de la perception des droits imposés par les tarifs sur les marchandises importées et exportées, sur les sels, etc. Elle est divisée en deux parties, l'une administrative et l'autre militaire, formant, sous le nom de brigades actives, un corps armé spécialement chargé de réprimer la contrebande ;

5° *Postes et Télégraphes*. — Elles procurent au trésor le produit de la taxe des lettres, des envois d'argent, de marchandises et autres objets expédiés par l'administration au moyen des courriers, paquebots, etc.

Dans un grand nombre de bureaux de poste est installé un service télégraphique qui se développe de jour en jour.

Administration sanitaire. — L'administration du service sanitaire maritime est placée sous la direction du Préfet. Elle est dirigée par un agent principal dont la résidence est au Portrieux, commune de Saint-Quay.

Des agents sont chargés de la reconnaissance des navires sur les points suivants du littoral : Toul-an-Héry, Yaudet, Perros-Guirec, Portblanc, La Roche-

Jaune, Roch-ar-Yon, Porsdou, Bréhat, Paimpol, Pontrieux, Binic, Portrieux, Sous-la-Tour, Dahouët, Erquy, Tresselin et Les Ebihens.

Les agents sanitaires de tous grades sont choisis parmi les préposés du service actif des douanes.

VIII.

Enseignement. — Le département des Côtes-du-Nord dépend de l'académie de Rennes. Un inspecteur d'académie, résidant à Saint-Brieuc, dirige l'administration des lycées et collèges, sous l'autorité du recteur, et instruit, sous celle du préfet, les affaires relatives à l'enseignement primaire du département. Six inspecteurs de l'instruction primaire, sous les ordres immédiats de l'inspecteur d'académie, sont chargés spécialement de la visite des écoles primaires.

Les circonscriptions de chacun de ces fonctionnaires sont ainsi établies :

1° Les 7 cantons de Saint-Brieuc qui suivent : Saint-Brieuc (Nord et la ville), Châtelaudren, Paimpol, Lanvollon, Plouha, Etables, Quintin ;

2° Les cantons de Saint-Brieuc (midi), Lamballe, Pléneuf, Moncontour, Plœuc, Broons et Jugon : ces deux derniers de l'arrondissement de Dinan ;

3° Arrondissement de Guingamp ;

4° Arrondissement de Lannion ;

5° Arrondissement de Dinan, moins Broons et Jugon ;

6° Arrondissement de Loudéac.

Si notre département ne possède pas de facultés dans lesquelles les jeunes gens puissent profiter de l'enseignement supérieur, il compte, par compensation, un assez ment supérieur, il compte, par compensation, un assez grand nombre d'établissements d'instruction secondaire et d'instruction primaire répartis de manière à satisfaire tous les besoins.

Instruction secondaire. — *Etablissements publics.* — Le lycée de Saint-Brieuc compte à juste titre parmi les plus importants de l'académie de Rennes ; son excellente tenue, la force des études, constatée chaque année dans les concours, les soins pris par son administration dans l'intérêt de l'hygiène et du bien-être matériel des élèves, expliquent la prospérité de ce remarquable établissement. Des collèges communaux sont aussi ouverts dans les villes de Dinan, Lannion et Lamballe.

Etablissements libres. — On compte le pensionnat de Saint-Charles, à Saint-Brieuc, auquel est annexé un externat ; d'autres pensions libres existent à Dinan, Guingamp, Quintin et Plancoët.

Petits-Séminaires. — La ville de Tréguier et la commune de Plouguernével sont dotées chacune d'un petit séminaire diocésain. Dans ces maisons vont principalement étudier les jeunes gens qui se destinent au sacerdoce. Depuis 1881, le petit séminaire qui existait à Dinan a été transformé en collège libre.

Instruction primaire. — Grâce à une impulsion énergique et persévérante, l'instruction primaire se développe rapidement dans le département.

En 1883, deux écoles normales, pour les instituteurs et les institutrices, ont été établies à Saint-Brieuc. Le nombre des écoles augmente de jour en jour. Des locaux scolaires vastes et sains se construisent partout et le nombre des élèves, qui n'était que de 44,000 en 1859, s'élève actuellement à près de 100,000.

Plusieurs écoles maternelles ou salles d'asile sont encore ouvertes à la première enfance sur divers points de notre territoire ; les enfants qui les fréquentent y reçoivent, dès leur bas-âge, un enseignement propre à développer leur intelligence. Enfin, digne complément de l'instruction primaire, 20 ouvroirs et écoles d'apprentis enseignent les premiers éléments des professions manuelles.

Sourds-Muets. — L'Institut pour les sourds-muets qui existe à Saint-Brieuc a été fondé par le vénérable abbé Garnier qui, dès 1838, se dévouait à l'instruction de ces infortunés.

Exercice de la médecine. — Il existe, par arrondissement et pour chaque canton, un conseil d'hygiène et de salubrité.

IX.

Langues. — Mœurs. — Coutumes. — Langage. — Les deux langues française et bretonne se partagent le département à peu près par moitié ; nous comptons, en effet, 24 cantons dans lesquels la langue française est exclusivement parlée, et 24 dans lesquels la langue bretonne ou celtique est généralement en usage dans la campagne. La limite de chacune de ces deux langues est très marquée ; elle s'établit par une ligne allant du nord au sud, partant de la commune de Plouha, en passant par celles de Pléguien, Tréguidel, Bringolo, Plouagat, Lanrodec, Saint-Fiacre, Senven-Lehart, Saint-Gilles-Pligeaux, Canihuel, le Haut-Corlay, St-Mayeux, Caurel, Mûr et Saint-Connec. Dans toutes ces communes, les deux langues sont indifféremment parlées. En fréquentant les écoles, la nouvelle génération a appris à parler le français ; mais, dans l'intérieur de la famille, elle continue à se servir de la langue de ses ancêtres. Déclarons, toutefois, ici, que le breton n'est pas un patois, mais bien une véritable langue, qui a ses règles, sa grammaire et sa prosodie ; elle possède une littérature qui remonte au IXe siècle et qui compte un certain nombre d'ouvrages, plusieurs poèmes sacrés, entr'autres, qui avaient, au XVIIe siècle, attiré l'attention d'un des plus grands génies des temps modernes, de Leibnitz, lui-même. Les dialectes trécorrois et cornouaillais sont les plus en usage dans la conversation de nos cultivateurs bretons ; leur langage a une harmonie pleine de charme qui se communique souvent à leur accent quand ils parlent le français.

Mœurs. — Si le Breton des Côtes-du-Nord, — nous parlons principalement de celui qui compose la classe rurale, — conserve encore une partie des défauts que l'on a reproché de tout temps à ses ancêtres, l'entêtement et l'ivrognerie, par exemple, il a gardé en revanche, et nous nous plaisons à le constater, bien des qualités qu'on ne rencontrerait peut-être pas dans d'autres contrées. Un homme sans prévention, et qui se donnerait la tâche de parcourir nos campagnes, reconnaîtrait bien vite que nos cultivateurs sont généralement hospitaliers et intelligents, et que, si parfois l'imagination domine chez eux, leur raison est solide néanmoins et leurs appréciations empreintes d'un jugement sain et équitable. Au point de vue agricole, ce qu'on appelle de la routine est bien souvent le fruit de l'expérience, et si le progrès est lent à venir, ce n'est pas que leur esprit soit rebelle ; mais ils manquent de capitaux et d'avances pour mettre à exécution des procédés dont ils reconnaissent la valeur. Les rapports qu'on peut avoir avec nos Bretons sont généralement agréables ; on réussit toujours mieux près d'eux par la douceur et la simplicité que par la force et la rudesse. Sous leur enveloppe quelquefois grossière, ils possèdent une extrême délicatesse et une exquise sensibilité qu'on est tout surpris d'y découvrir dans leurs rares moments d'épanchement, car ils s'imposent toujours une grande réserve ; ils ont éprouvé tant de déceptions ! Aussi ce qu'ils n'accorderaient jamais à un ordre prononcé durement, ils le donneront à une simple prière : ils aiment sincèrement à rendre service ; ils se réunissent souvent pour faire de longs et difficiles charrois qu'on n'obtiendrait pas à prix d'argent, uniquement pour aider un voisin malheureux à reconstruire sa maison ou à labourer son petit patrimoine.

Dans certains cantons, on raconte encore, dans les réunions que chaque veillée amène au milieu des étables, tantôt les histoires effrayantes de la brouette de la mort, *carrikel an ankou* ; — tantôt celle des lavandières de nuit ; — puis les méchancetés du chien noir, qui se lance entre vos jambes, vous renverse et continue à vous renverser chaque fois que vous vous relevez, — et les ébattements des siffleurs nocturnes qui, à certaines heures, se réunissent dans les chemins creux, — et les promenades du *Bugel-Noz*, enfant de la nuit (feu follet), — et les tours des lutins qui brouillent les crins des chevaux qu'ils affectionnent et auxquels ils donnent, au détriment des autres, toute l'avoine du grenier, — et les richesses de la fée Margot, qui bâtit N.-D. de Lamballe, — et les courses, dans les rivières, du crocodile, horrible animal qui n'a qu'un œil et qui est le produit d'un œuf de coq couvé par un crapaud, — et les chansons sinistres des orfraies qui logent dans les clochers, — et les amitiés de la poule noire, avec ses écus, — et les rencontres de la bête portant la heire, malheureuse âme qui s'est vendue au diable, etc., etc.

Quelques bonnes femmes assurent que certains maux ne peuvent être guéris qu'avec des oraisons prononcées par des individus qui acquièrent en naissant cet heureux pouvoir. Si la première personne qu'on rencontre en sortant le matin de chez soi est un tailleur ou une jeune fille en petit bonnet, il vous arrivera malheur avant la fin du jour. — Un trépied laissé sur le feu sans rien mettre dessus fera aigrir le cidre du maître de la maison. — Un veau né le dimanche n'est pas bon à élever. — Pour éviter de tomber au sort, un jeune homme doit porter sur lui, quand il tire à la conscription, une aiguille qui a servi à ensevelir un mort, etc. — En dehors de ces récits, destinés à produire une certaine émotion sur un jeune auditoire, et dont le fond, du reste, a presque toujours un sens moral, nous pouvons assurer qu'il ne reste absolument rien qui autorise à traiter l'habitant de nos campagnes bretonnes de superstitieux et d'idolâtre : on peut du reste s'en convaincre en l'interrogeant ; mais ce qui n'est pas une superstition, mais bien l'expression du sentiment le plus respectable, c'est la profonde piété du campagnard breton pour les morts.

ARRONDISSEMENT DE SAINT-BRIEUC.

Cet arrondissement comprend 96 communes groupées en 12 cantons, savoir : Saint-Brieuc-Nord, Saint-Brieuc-Midi, Châtelaudren, Etables, Lamballe, Lanvollon, Moncontour, Paimpol, Pléneuf, Plœuc, Plouha et Quintin. Sa superficie est de 147,330 hectares et sa population de 177,473 habitants.

Il est borné au nord par la Manche ; à l'est, par l'arrondissement de Dinan ; au sud, par l'arrondissement de Loudéac, et à l'ouest, par les arrondissements de Guingamp et de Lannion.

Grâce à l'influence des engrais calcaires que procure le littoral de la Manche, les communes de cet arrondissement sont très fertiles. Les céréales et les plantes potagères y réussissent parfaitement. On y cultive le froment, le méteil, le seigle, l'orge, l'avoine, le sarrasin, les pommes de terre et quantité de légumes secs.

Un vingtième environ des terres labourables est planté en pommiers à cidre.

Le sous-sol est généralement argileux dans l'est ; granitique dans le sud et dans l'ouest ; siliceux dans le centre.

Coupé par des vallées étroites et profondes qui descendent presque toutes vers la mer, cet arrondissement renferme moins de prairies que les arrondissements voisins. Une seule forêt s'y remarque, celle de Lorge. Il compte 21 communes maritimes qui sont du nord à l'est : l'île de Bréhat, Ploubazlanec, Paimpol, Plouézec, Plouha, Tréveneuc, Saint-Quay-Portrieux, Etables, Binic, Pordic, Plérin, Saint-Brieuc, Langueux, Yffiniac, Hillion, Morieux, Planguenoual, Pléneuf, Erquy et Plurien.

La population, saine et vigoureuse, fournit à la navigation de l'Etat et du commerce un grand nombre de marins.

L'arrondissement est traversé de l'est à l'ouest par le chemin de fer et la route nationale N° 12, de Paris à Brest ;

du nord au sud par le chemin de fer de Saint-Brieuc à la mer et de Saint-Brieuc à Pontivy ; à l'est, par la route nationale N° 168, de Saint-Malo à Quibéron.

Sauf une partie du canton de Plœuc, tout le territoire est situé sur le versant de la Manche. Le Menez de Bel-Air, en Trébry, situé sur la ligne de partage des eaux, est la montagne la plus élevée du département.

CANTONS DE SAINT-BRIEUC
(13 communes.)

Canton Nord. — Saint-Brieuc (portion nord) ; La Méaugon ; Plérin ; Ploufragan ; Pordic ; Trémuson.

Canton Midi. — Saint-Brieuc (portion midi) ; Hillion ; Langueux ; Plédran ; Saint-Donan ; Saint-Julien ; Trégueux ; Yffiniac.

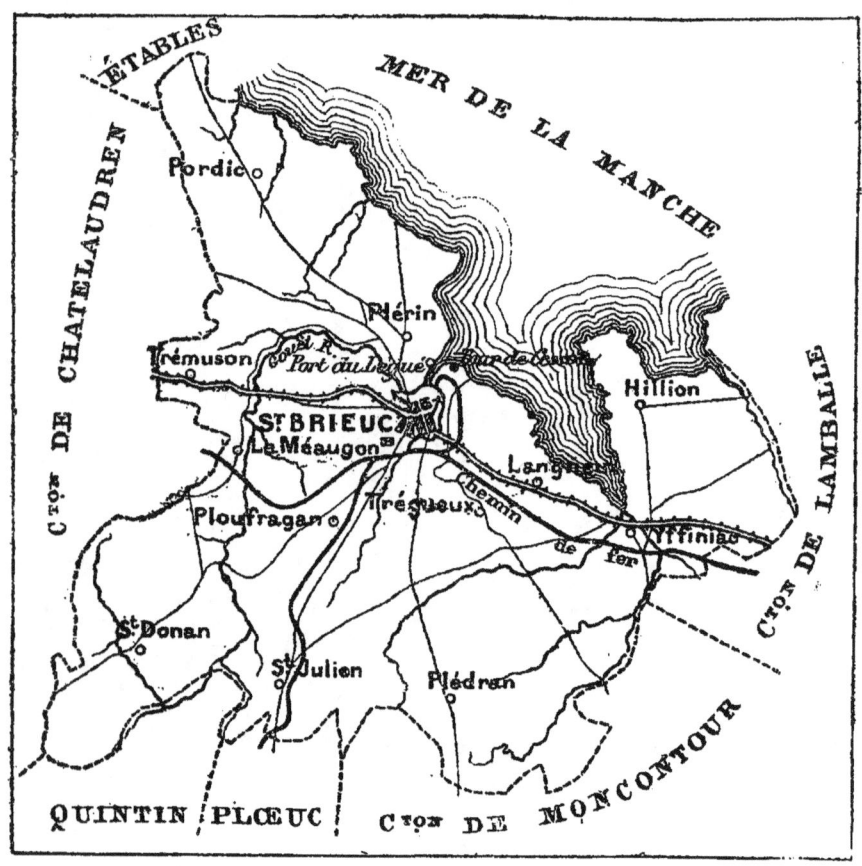

Le territoire des deux cantons de Saint-Brieuc renferme 13 communes. Il est borné au nord par le canton d'Etables et par la Manche ; à l'est, par le canton de Lamballe ; au sud, par les cantons de Moncontour, Plœuc et Quintin ; à l'ouest, par le canton de Châtelaudren. Son étendue est de

24,610 hectares. La ligne de séparation des deux cantons divise la ville de Saint-Brieuc en deux parties à peu près égales.

Le canton Nord est bien cultivé et ne présente presque plus de landes ; cependant la partie qui borde la mer semble un peu nue, les arbres y viennent difficilement, à l'exception de ceux que l'on plante dans les vallées abritées.

La commune de Ploufragan est la seule qui offre quelques parties boisées. La rivière de Gouët traverse de l'ouest à l'est ce canton, qui se compose de la partie de la commune de Saint-Brieuc formant la circonscription de la paroisse Saint-Michel, et des communes de Ploufragan, La Méaugon, Plérin, Trémuson et Pordic.

Le canton Midi est moins productif que le canton Nord. Il est plus boisé et contient une assez grande étendue de landes, surtout dans les communes de Plédran et de Saint-Donan. Son territoire est généralement à longues ondulations en pente douce dans la partie nord voisine de la mer. Le sol, plus accidenté vers l'intérieur, est coupé de vallées nombreuses dont les principales sont celles du Gouët, de l'Urne et de Gouëssant.

Ce canton renferme la partie de la commune de Saint-Brieuc formant les paroisses de Saint-Etienne et de Cesson, et les communes de Saint-Donan, Saint-Julien, Plédran, Trégueux, Langueux, Yffiniac et Hillion. C'est sur son territoire qu'est établi le chemin de fer de Saint-Brieuc à la mer. Les deux cantons de Saint-Brieuc sont traversés par les chemins de fer de Paris à Brest et de Saint-Brieuc à Pontivy ; par la route nationale de Paris à Brest ; par les chemins de grande communication de Saint-Brieuc à Morlaix par Paimpol (N° 1) ; de Mauron à la baie d'Yffiniac (N° 6) ; de Saint-Brieuc à Perros-Guirec (N° 16) ; de Pontgamp à la grève de Cesson (N° 27) ; de Quintin à la grève de La Mouette, par Lamballe (N° 28) ; de Quintin à Erquy (N° 29) ; de La Chèze à Saint-Brieuc (N° 30) ; par les chemins vicinaux de moyenne communication de Saint-Brieuc à Saint-Gildas (N° 3), et de Collinée à la grève de la Grand-Ville, en Hillion (N° 4), etc.

SAINT-BRIEUC

Superficie : 1,907 hectares. — Population : 19,240 habitants.

Cette ville, la plus importante du département et qui en est le chef-lieu, doit son origine à Brieuc, fils d'un prince breton qui aborda vers la fin du ve siècle à l'embouchure du Gouët. Il y fonda un monastère à l'endroit où s'élève la cathédrale.

Saint-Brieuc n'a jamais été une ville militaire. Son développement est l'œuvre de ses évêques et de ses bourgeois dont les principaux se livrèrent bientôt au commerce maritime. A l'embouchure du Gouët ne tarda pas à se créer le port du Légué, dont le centre commercial était sur la rive gauche de la rivière, en Plérin.

Les annales révolutionnaires nous montrent les Briochins embrassant avec ardeur les idées nouvelles. Les chefs de la municipalité furent, dans cette époque troublée, à la hauteur de leur devoir : une plaque commémorative, apposée au mur d'une des tours de la cathédrale, rappelle le dévouement de Poulain-Corbion, commissaire du Directoire exécutif près la municipalité qui, sommé de crier : Vive le Roi, mourut percé de coups, en criant : Vive la République.

C'est une ville à demi champêtre, très étendue, aux rues tortueuses et étroites.

Toutefois les voies nouvelles, percées depuis la construction de la gare, sont larges et, avec les promenades ou quinconces, donnent à la ville un aspect qui contraste singulièrement avec l'impression que produit au visiteur la vue des vieux quartiers de Fardel et des petites rues qui avoisinent la cathédrale.

Bâtie moitié sur le plateau qui sépare les vallées profondes du Gouët et du Gouédic et moitié sur le penchant des collines au bas desquelles coule le Lingoguet, la ville de Saint-Brieuc est très pittoresquement située ; les champs qui l'environnent, très intelligemment cultivés par des maraîchers, produisent en abondance des légumes de toutes sortes, notamment les choux de Saint-Brieuc, qui sont l'objet d'un commerce étendu, non seulement avec l'intérieur, mais aussi avec l'Angleterre et les îles Normandes.

On remarque particulièrement les boulevards Charner et National, la place Duguesclin, la rue Saint-Guillaume, le Champ-de-Mars et surtout la promenade du Palais-de-Justice, d'où l'on jouit d'un coup d'œil ravissant sur la vallée du Gouédic et sur la mer.

Parmi les monuments, nous devons citer la Préfecture, le Palais-de-Justice, la Cathédrale, où l'on remarque une belle verrière dans le côté sud du transept, l'église Saint-Michel, l'Hôtel-de-Ville et le Théâtre.

L'Administration des Beaux-Arts vient de classer comme monuments historiques l'hôtel des ducs de Bretagne, rue Fardel, très curieux par ses boiseries extérieures ; la porte sculptée de l'hôtel des Rohan, rue des Pavés-Neufs, qui supporte des sculptures de valeur, et la tour de Cesson dont nous parlerons ci-dessous.

Dans quelques rues, notamment dans la rue Saint-Jacques, existent encore de vieilles maisons en bois, qui excitent vivement l'admiration des touristes.

A l'Hôtel-de-Ville se trouve un musée renfermant une belle collection de médailles, des spécimens riches et variés pour l'étude de l'histoire naturelle, des toiles et des sculptures.

Une bibliothèque renfermant plus de 30,000 volumes est installée dans un bâtiment du Lycée et ouverte au public trois fois par semaine.

On remarque encore la fontaine Notre-Dame, de style gothique, la nouvelle Caserne, les Ecoles normales, le Lycée, le Collège de Saint-Charles, vastes et beaux édifices qui contribuent à embellir la ville.

Saint-Brieuc est le quartier général de la 37e brigade d'infanterie ; la résidence d'un commissaire de marine ; une école d'hydrographie y est établie depuis très longtemps.

C'est aussi le siège d'un évêché qui a été illustré au XIIIe siècle par saint Guillaume Pinchon ou Pichon, né à St-Alban.

L'instruction secondaire y est donnée au Lycée national

et au collège Saint-Charles ; ce dernier établissement est dirigé par des prêtres de l'ordre des Marianites.

Depuis 1886 il existe deux Ecoles normales, pour les instituteurs et les institutrices.

On compte dans la ville deux écoles primaires publiques de garçons et une de filles, et plusieurs établissements privés qui donnent l'instruction à un grand nombre de jeunes filles ; nous nommerons particulièrement les pensionnats de la Providence et du Saint-Esprit.

Le territoire de Saint-Brieuc comprend deux sections rurales : à l'est, Cesson, d'une population de 1,200 habitants, composée de cultivateurs et de pêcheurs, et à l'ouest, plusieurs hameaux appelés Les Villages, qui comptent environ 800 habitants.

Il existe des écoles primaires dans ces deux sections.

A la pointe du promontoire où est situé le bourg de Cesson, se dressent les ruines d'une antique forteresse qui a été pendant plusieurs siècles regardée comme une des places les plus importantes de la Bretagne. Démantelée en partie après les guerres de la Ligue, en 1598, la Tour de Cesson se dresse encore à une hauteur de plus de 20 mètres et sert d'amer aux navires. Une élégante construction a été élevée près de ces ruines, par M. Glais-Bizoin, ancien député et membre de la Défense nationale.

C'est sur la plage, au sud-est de Cesson, qu'ont lieu tous les ans les courses de Saint-Brieuc, créées en 1807.

Le bassin à flot, construit sur la rive droite du Gouët, donne au commerce maritime une grande extension, que vient d'augmenter encore l'ouverture du chemin de fer de Saint-Brieuc à la mer.

Parmi les personnes de mérite qui sont nées ou qui ont vécu à Saint-Brieuc, nous citerons :

J.-M. Houvenagle, ancien représentant du peuple, qui légua sa fortune aux établissements hospitaliers de sa ville natale ; l'amiral Charner, mort en 1869, qui s'est illustré dans la conquête de la Cochinchine ; Glais-Bizoin ; Hérault, maire pendant sept ans, qui donna à Saint-Brieuc la plus grande partie de sa fortune.

La ligne du chemin de fer et la route nationale de Paris à Brest traversent la commune de Saint-Brieuc.

Il s'y tient deux marchés par semaine, le mercredi et le samedi.

LA MÉAUGON

Superficie : 678 hectares. — Population : 712 habitants.

Cette commune tire son nom de saint Méaugon, qu'on dit avoir été disciple de saint Brieuc et qui est le patron de la paroisse.

Le territoire de cette commune est accidenté ; de nombreuses vallées très encaissées s'inclinent vers le Gouët qui la sépare au sud et à l'est de Saint-Donan et de Ploufragan ; Plerneuf et Trémuson la bornent à l'ouest et au nord. Le sol n'est que de médiocre fertilité ; une bonne culture et l'usage des engrais marins lui font produire des céréales de toute espèce.

Du haut des coteaux qui dominent la rivière, on découvre de charmants paysages. Le chemin de fer de Paris à Brest traverse cette commune et franchit le Gouët sur un magnifique viaduc à deux rangs d'arches superposées, dont 6 en bas et 12 en haut ; il mesure 59 mètres de hauteur et 227 mètres de longueur.

On y exploite des carrières d'un granit très estimé.

L'abbé Gautier, auteur de plusieurs ouvrages sur l'éducation, et le principal propagateur en France de la méthode mutuelle, a tenu pendant quelque temps une école à La Méaugon.

Sauf deux fenêtres du XVIe siècle, un fragment de vitrail de la même époque et un rétable sculpté, l'église n'offre pas d'intérêt. Dans le cimetière se trouve un if remarquable par ses dimensions.

Un groupe scolaire vient d'être construit pour les deux écoles de garçons et de filles.

Beaucoup d'hommes de cette commune vont, en été, faire la moisson aux environs de Paris.

PLÉRIN

Superficie : 2,773 hectares. — Population : 5,466 habitants.

Cette populeuse et importante commune, séparée de Saint-Brieuc par le Gouët, s'étend sur une longueur de plus de 10 kilomètres. Elle est baignée à l'est par la mer, et bornée au nord par Pordic, à l'ouest par Trémuson et au sud par Saint-Brieuc.

Le territoire est bien cultivé ; on a su même tirer parti des côtes abruptes et arides qui bordent le Gouët en y plantant des fraisiers. La nature du sol est bien diverse : au sud, on y trouve le schiste avec pyrites, entremêlé de quartz; au Légué, se montre le granit ; sur le plateau, le schiste talqueux domine.

L'église paroissiale, presque entièrement reconstruite en 1825, ne renferme de remarquable que le mausolée érigé au xviie siècle à la mémoire de Thébault de Tanouarn, sieur de Couvron, président au Parlement de Bretagne.

Le bourg n'est pas l'agglomération la plus importante ; le Légué, situé sur le bord du Gouët, dont la population atteint 1,200 habitants, possède un port bien déchu de son ancienne importance, mais qui expédie encore tous les ans des navires pour la pêche de Terre-Neuve ; il y existe une chapelle dédiée à Notre-Dame et desservie par un chapelain. En aval de la rivière, au lieu dit Sous-la-Tour, habite une population de pêcheurs qui s'occupent activement du commerce de poissons.

Non loin de Saint-Laurent, qui possède une chapelle desservie tous les dimanches, se trouve la grève de ce nom, rendez-vous, pendant l'été, de nombreux baigneurs de Saint-Brieuc et des environs.

Plus loin, on rencontre le sémaphore de la pointe du Roselier, l'anse de Martin et la vaste et belle plage du Rosaire.

Le village de Saint-Eloi, dont la population est de 800 habitants, possède une chapelle. Il s'y tient tous les ans un pardon le 24 juin. On y conduit toutes les juments oulinières des environs pour les baigner dans l'eau d'une fontaine.

A l'ouest, sur la route départementale N° 1 de Saint-Brieuc à Lannion et Tréguier, existe un hameau avec une chapelle desservie tous les dimanches et une école mixte ; c'est le Sépulcre.

On rencontre des ruines romaines à Port-Aurèle et des mines de plomb argentifère aux Boissières, dont l'exploitation, abandonnée depuis plusieurs années, semble être sur le point de prendre une nouvelle impulsion.

Il y a quelques années mourait à Plérin M. Gautier du Mottay, conseiller général, maire de cette commune pendant de longues années, un des auteurs de la *Géographie départementale*. Il a laissé après lui la réputation méritée d'un homme de bien et de grand savoir.

Plérin est la patrie de Jean Leuduger, célèbre missionnaire, mort en 1722 ; de Renée Burel et Marie Balavoine, fondatrices de l'ordre du Saint-Esprit ; de Mgr Olivier Briand, décédé évêque de Québec, et de J.-L. de la Lande-Calan, commandeur de Malte.

PLOUFRAGAN

Superficie : 2,707 hectares. — Population : 2,792 habitants.

Située au sud de Saint-Brieuc, à l'ouest de Trégueux, au nord de Saint-Julien et à l'est de Plaine-Haute, Saint-Donan, La Méaugon et Trémuson, cette importante commune doit son nom (qui signifie peuple de Fracan) à saint Fracan, prince breton, qui, au ve siècle, y vint avec sa femme, sainte Brandi, habiter, croit-on, le village de Saint-Guen. Ils y donnèrent le jour, selon la croyance populaire, à saint Guénolé et à sainte Clérie sa sœur. Suivant la tradition, ils auraient quitté ce pays, après y avoir prêché le christianisme, pour aller se fixer à Saint-Pol-de-Léon.

Une élégante église, bâtie sur les plans de M. Angier, architecte, a remplacé l'ancienne, brûlée il y a quelques années.

Une maison d'école pour les garçons, avec mairie, vient d'y être édifiée.

Au nord-ouest du bourg se trouve le hameau de Saint-Hervé, qui possède une école mixte et une chapelle desservie tous les dimanches.

On y remarque la magnifique propriété des Châtelets, dont le château a été longtemps la maison de campagne des évêques de Saint-Brieuc, reconstruit vers 1780, et la belle habitation du Château-Bily.

Les chemins de fer de Paris à Brest et de Saint-Brieuc à Pontivy, ainsi que la route vicinale du Légué à Lorient traversent cette commune.

Auprès de la Couette, on remarque un beau dolmen ou allée couverte ; une pierre en forme de *sabot* excite la curiosité des visiteurs. Il existait, il y a quelques années, près du bourg, 3 menhirs qui ont été détruits.

Le territoire, en général bien cultivé, est à base granitique ; on y rencontre au sud des roches amphiboliques et de l'eurite.

PORDIC

Superficie : 2,874 hectares. — Population : 4,447 habitants.

Cette belle et vaste commune est bornée au sud par Plérin, au nord par Binic, à l'ouest par Tréméloir, Trégomeur et Lantic ; la Manche la baigne à l'est.

La seigneurie de Pordic passa, de 1130 à 1740, entre les mains des principales familles de Bretagne : de Lajaille, Le Porc, de Dandigné de Bréhan et d'Aiguillon.

Le bourg, dont la population est de 802 habitants, possède une vaste église moderne avec clocher en granit, plus élancé qu'élégant. On y remarque un magnifique maître-autel en bois sculpté et de belles verrières.

Pendant longtemps les recteurs de Pordic ont été choisis parmi les religieux de Beauport et ont porté le titre de prieurs.

Non loin du charmant vallon où coule l'Ic, se trouve la chapelle du Vaudic dont le chevet remonte au xive siècle.

Au pied des hautes falaises de Pordic, on découvre de temps en temps des restes de constructions romaines.

Pordic a donné le jour à M. l'abbé Allenou, fondateur de la congrégation des filles du Saint-Esprit ; à M. Duchesne, supérieur général des Sœurs de la Sagesse, et Mgr Epivent, décédé évêque d'Aire.

Le bourg est traversé par le chemin vicinal de grande communication N° 1, de Saint-Brieuc à Morlaix.

Une école de hameau (école mixte) vient d'être fondée au village important de la Ville-Louais, près la mer.

TRÉMUSON

Superficie : 631 hectares. — Population : 779 habitants.

Le territoire accidenté de Trémuson, coupé en différents sens par de petites vallées que dominent des mamelons très pittoresquement situés, est en général bien cultivé.

Le bourg, traversé par la route nationale de Paris à Brest, est placé sur les hauteurs qui dominent la vallée du Gouët ; il n'offre rien de remarquable. Son église est moderne. Un groupe scolaire vient d'y être construit.

A 1 kilomètre à l'est du bourg, non loin du viaduc des Iles, se voient encore les ruines du château de la Roche-Suart, siège d'une seigneurie importante du duché de Penthièvre et dont la juridiction s'étendait sur plusieurs paroisses des environs. A la suite de la confiscation, par le duc Jean V, des biens de la comtesse de Penthièvre, il fut donné à Robert de Dinan, en 1420. Il fut rendu aux Penthièvre en 1535 ; mais dans l'intervalle le château avait été démoli.

Trémuson a vu naître Louis Le Saulnier, petit mercier, qui, après avoir fait fortune aux colonies, légua tous ses biens au collège de Saint-Brieuc, après y avoir fondé 5 bourses.

La population est essentiellement agricole. Pendant l'été, bon nombre d'hommes vont vers Paris faire la moisson.

Le sol est formé de granit au sud, d'amphiboliques et

de gneiss au nord ; au nord-est, on trouve de la galène de plomb argentifère.

HILLION

Superficie : 2,476 hectares. — Population : 2,666 habitants.

Cette importante commune, située au fond de la baie de Saint-Brieuc, sur la côte est, est baignée par la mer au nord et à l'ouest ; au sud, elle est limitée par Yffiniac et Pommeret et à l'est par Morieux et Coëtmieux.

Elle est traversée par la route nationale N° 12 et la route vicinale N° 6.

Son territoire est fertile et bien cultivé ; on y remarque les châteaux de Bonabry, des Aubiers et des Marais.

Une ancienne voie romaine traverse cette commune près des villages de la Grand-Ville et de Carguitté.

La section de Saint-René a été, il y a quelques années érigée en paroisse. L'église d'Hillion, dédiée à saint Jean-Baptiste, offre peu d'intérêt. On y admire toutefois une belle verrière récemment restaurée. Elle représente notamment plusieurs épisodes de la vie de saint Brieuc, dont le culte s'est conservé dans cette paroisse, où habitait son bienfaiteur, le comte Rigual.

Il y a quelques années, un grand nombre d'hommes de cette commune émigraient pendant 2 ou 3 ans au Chili et en Patagonie, pour y exploiter les gisements de guano. Ils en revenaient souvent avec un petit pécule.

Hillion compte deux écoles au bourg, l'une de garçons, l'autre de filles, et une école mixte à Saint-René.

LANGUEUX

Superficie : 903 hectares. — Population : 2,855 habitants.

Borné au nord et à l'est par la Manche et Yffiniac, au sud par Trégueux, à l'ouest par Saint-Brieuc, le territoire de cette commune est peu boisé. La culture des plantes potagères, particulièrement des *oignons*, est très développée et donne lieu à des échanges très actifs. Les cultivateursmaraîchers de Langueux en font eux-mêmes le commerce et les exportent dans un rayon très étendu.

La population de cette commune a, semble-t-il, un caractère distinctif. Forte, membrue, elle est ingénieuse à découvrir de nouveaux débouchés commerciaux et n'a pas cette apathie qui caractérise certaines localités bretonnes.

Cette commune, dont le nom était au XIIIe siècle Landguethenœ, devrait son nom à saint Guethenœ, fils de saint Fracan.

C'est en Langueux, à Saint-Ilan, que M. Achille Duclésieux fonda, en 1843, une colonie agricole pénitentiaire. Les enfants qui y sont reçus sont initiés aux travaux agricoles par les soins des Missionnaires du Saint-Esprit et du Saint Cœur de Marie. On y admire la belle chapelle, style du XIIIe siècle (gothique), construite vers 1848.

L'industrie du sel raffiné qui existait dans cette commune, il y a quelques années, a complétement disparu par suite de l'abaissement des droits et aussi de la concurrence des établissements qui font cette opération en grand et par des procédés économiques.

Les grèves qui bordent le littoral de Langueux contiennent des sables et des vases marines contenant de 35 à 37 % de principes fertilisants. Ils se répandent de plus en plus dans l'intérieur depuis que nos cultivateurs ont constaté leurs excellents effets.

Depuis une vingtaine d'années, il a été établi à Saint-Ilan une fabrique de produits céramiques très perfectionnés, dont les débouchés s'étendent maintenant dans les départements de l'Ouest. Cette fabrique occupe environ 200 ouvriers, tous originaires de la commune de Langueux.

Le hameau important des Grèves possède une école mixte. Au bourg, il en existe deux, l'une pour les filles, l'autre pour les garçons. L'église, rebâtie il y a vingt-cinq ans environ, n'offre pas grand intérêt ; elle est dédiée à saint Pierre.

Cette commune est traversée par la ligne de l'Ouest de Paris à Brest et la route nationale, qui divise le bourg en deux parties à peu près égales.

PLÉDRAN

Superficie : 3,471 hectares. — Population : 3,390 habitants.

Cette vaste commune dont le territoire est très boisé, et de nature argilo-siliceuse, est généralement fertile en céréales.

Elle est bornée au nord par Trégueux, à l'est par Yffiniac et Quessoy, au sud par Saint-Carreuc, à l'ouest par Plaintel et Saint-Julien.

L'église paroissiale, dédiée à saint Pierre, a été récemment reconstruite en beau granit pris non loin du bourg.

On remarque le château de Craffault, joli spécimen d'architecture du XVIIe siècle. La chapelle de Saint-Nicolas qui l'avoisine possède une verrière bien conservée et un jubé en bois sculpté. La chapelle Saint-Jean-du-Créha renferme de curieuses pierres tombales.

Plédran est riche en monuments celtiques et romains ; citons d'abord le camp de Péran, où l'on trouve des débris vitrifiés dont la cause n'est pas encore bien déterminée par les savants.

A Cadio, on voit un beau dolmen formé de 6 pierres et, à la Touche-Budes, un menhir de 3 mètres 50 de haut.

Le sol contient du granit dans le Sud-Ouest, du schiste talqueux en général, et du quartz au Nord.

Il y a deux écoles à Plédran.

Le bourg est traversé par le chemin de grande communication N° 27, du Pontgamp à la grève de Cesson.

SAINT-DONAN

Superficie : 2,408 hectares. — Population : 1,615 habitants.

Saint-Donan doit son nom à un disciple de saint Brieuc dont la statue est dans l'église paroissiale.

Compris en grande partie sur le penchant midi d'une colline, le territoire granitique de cette commune est généralement fertile et bien cultivé.

Elle est bornée au nord par Plouvara, Plerneuf et La Méaugon, à l'est par Ploufragan, au sud par Plaine-Haute et Le Fœil, et à l'ouest par Cohiniac.

Une assemblée y a lieu le jour de l'Assomption, près de la chapelle de Lorchant.

En 1834, est mort en cette commune Yves L'Hôtellier, maire de Saint-Donan, qui se fit remarquer, en 1793, par son refus énergique d'adhérer à la Constitution et osa demander le rétablissement de la monarchie. Il fut pour ce fait incarcéré, mais relâché après le 9 thermidor.

Saint-Donan possède deux écoles au bourg, l'une pour les garçons, l'autre pour les filles.

Le chemin d'intérêt commun N° 3, de Saint-Brieuc à Saint-Gildas, traverse la commune du nord au sud, en passant par le bourg.

SAINT-JULIEN

Superficie : 569 hectares. — Population : 743 habitants.

Saint-Julien est borné au nord par la commune de Ploufragan, à l'est par celle de Plédran, au sud par Plaintel, et à l'ouest par Plaine-Haute.

Son territoire est très accidenté, notamment à l'ouest, sur les bords du Gouët qui, dans cette partie, sont très pittoresques. Cette petite rivière y coule, en décrivant une quantité de sinuosités, entre des rochers élevés et abruptes.

Cette commune dépendait autrefois de Plaintel ; elle fut érigée en église tréviale vers 1681.

Elle est traversée par le chemin de fer de Saint-Brieuc à Pontivy ; une halte, pour le service des voyageurs, a été établie au bourg.

Les matériaux de l'ancien château de la Côte, qui a servi de garnison pendant la Ligue, ont servi à bâtir une belle habitation moderne.

Le comte de Langeron, mort gouverneur de la Guyenne et qui, par d'habiles dispositions, avait su empêcher les Anglais d'occuper l'île d'Aix, est né dans ce château.

On remarque un beau menhir près de la Ville-Thiénot.

L'église de Saint-Julien n'offre pas d'intérêt ; la chapelle de Saint-Gilles, près de laquelle se livra, en 1815, un combat entre les *bleus* et les *blancs*, est bien délabrée. Elle date du xvi⁰ siècle.

Saint-Julien possède une école mixte communale et une école libre de filles.

Le bourg est traversé par le chemin de grande commucation N⁰ 3 du Légué à Lorient.

TRÉGUEUX

Superficie : 1,456 hectares. — Population : 1,036 habitants.

C'est à saint Guéthénoc, fils de saint Fracan, que cette commune devrait son nom qui s'écrivait, au xiii⁰ siècle, selon les chartes du temps, Trefguethenoc. L'église est sous le patronage de saint Pierre.

Bornée au nord par Saint-Brieuc et Langueux, à l'est par Yffiniac et Plédran, à l'ouest, par Ploufragan et Saint-Brieuc, le territoire de Trégueux, formé de longues ondulations et de quelques vallées, est en général bien cultivé. La voie romaine de Corseul à Carhaix le traverse de l'est à l'ouest ; on y trouve de temps en temps des débris romains.

Les belles habitations de la Ville-Junguené, du Mitan, du Préhoren, de la Ville-Gueury et de la Ville-Grohan sont à citer.

La chapelle de Sainte-Marie, reconstruite vers 1866, est le but de nombreux pèlerinages.

Trégueux a vu naître, aux Mauchamps, en 1728, Jean Bagot, chirurgien de la marine, maire de Saint-Brieuc, en 1790, et député à l'Assemblée législative de 1791.

Le sol est granitique et schisteux. On y trouve des roches amphiboliques.

Le chemin de fer de Paris à Brest traverse cette commune au nord. Elle possède une école de garçons et une école de filles au bourg, et une école mixte au Créha. Cette dernière a été créée il y a quelques années.

L'ancienne église a fait place à un édifice ogival à peine terminé.

Le bourg est situé sur le chemin de grande communication N° 30.

YFFINIAC

Superficie : 1,740 hectares. — Population : 2,084 habitants.

Cette commune est bornée au nord par la Manche et les communes de Langueux et Hillion, à l'est par Pommeret et Quessoy, au sud par Plédran, et à l'ouest par Trégueux.

Les anciens titres désignent cette localité sous le nom de Finiac, comme l'appellent encore les habitants.

Le bourg forme une agglomération de plus de 300 maisons, qui lui donnent l'aspect d'une petite ville. Il est traversé par la route nationale de Paris à Brest, et le chemin vicinal de grande communication N° 6.

Le territoire d'Yffiniac occupe en grande partie le fond de la baie de Saint-Brieuc. Il est bien cultivé ; ses habitants, comme ceux de Langueux, vendent eux-mêmes et transportent souvent à de grandes distances leurs produits agricoles, parmi lesquels les oignons tiennent une grande place.

L'église paroissiale, récemment reconstruite, est surmontée d'une flèche en granit d'un bel effet.

La chapelle des Sept-Saints, du xive siècle, est desservie tous les dimanches ; son pardon a lieu le 1er dimanche d'octobre.

C'est à Yffiniac qu'est né Mgr Jacques-Jean-Pierre Le Mée, décédé évêque de Saint-Brieuc en 1858.

Sur la ligne de Paris à Brest, qui traverse cette commune sur un parcours de plus de 4,000 mètres, une station a été établie à 2 kilomètres au sud du bourg.

L'instruction primaire y est donnée dans une école communale de garçons et une école communale de filles.

Le sol est formé de gneiss, de schiste talqueux et de roches amphiboliques.

CANTON DE CHATELAUDREN

(8 communes).

Châtelaudren ; Boqueho ; Cohiniac ; Piélo ; Plerneuf ; Plouvara ; Trégomeur ; Tréméloir.

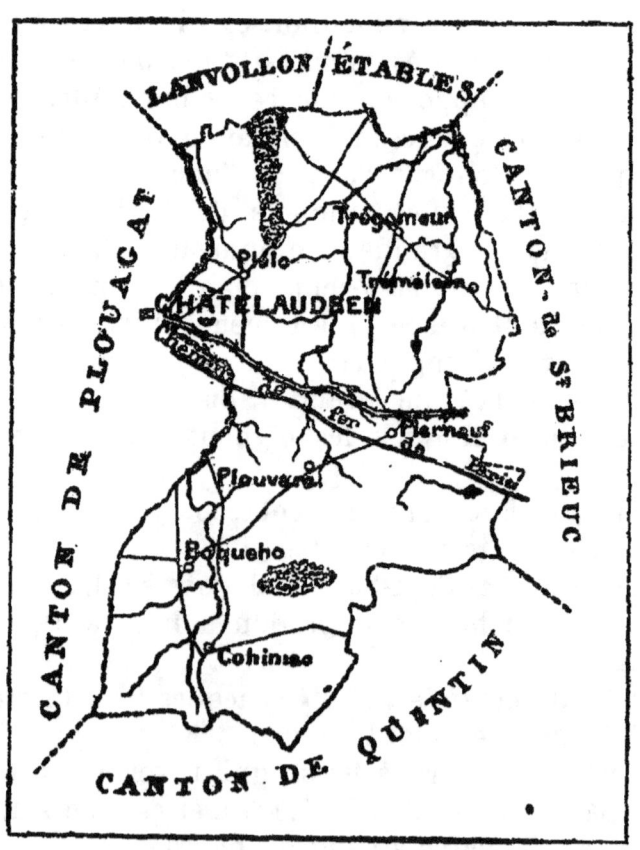

Le canton de Châtelaudren est borné au nord par les cantons de Lanvollon et d'Etables ; à l'est, par le canton de Saint-Brieuc-Nord ; au sud, par le canton de Quintin ; à l'ouest, par le canton de Plouagat, dont il est séparé en partie par la rivière du Leff.

Il est traversé de l'est à l'ouest par le chemin de fer,

par la route nationale N° 12, de Paris à Brest, et par le chemin de grande communication N° 16, de Saint-Brieuc à Perros ; du nord au sud par le chemin de grande communication N°s 7 et 56, et par les chemins d'intérêt commun, N°s 57 et 66.

Le territoire du canton qui appartient à la zone moyenne du département, est généralement très accidenté ; fort élevé au sud ; il l'est moins au centre, où se trouvent quelques plateaux. — Il est boisé et assez bien planté de pommiers. — De nombreux cours d'eau l'arrosent et le traversent ; les principaux sont les rivières du Leff et de l'Ic. Le canton, bien qu'en progrès sous le rapport agricole, contient encore une assez grande étendue de landes, particulièrement dans les communes de Bocqueho, Cohiniac et Plouvara.

CHATELAUDREN

Superficie : 47 hectares. — Population : 1,443 habitants.

Cette petite ville, dont la superficie n'est que de 47 hectares, faisait partie autrefois de l'évêché de Tréguier. Elle est agréablement située dans une vallée profonde du Leff, qui la divise en deux parties à peu près égales. Elle est traversée par la route nationale de Paris à Brest et est située à 469 kilomètres de la capitale.

Au sud de la ville se trouve le bel étang qui alimente une usine à papier dont l'importance s'accroît tous les jours. Sur la promenade qui s'étend entre la ville et l'étang s'élevait le château construit par un comte Audren, et autour duquel se groupèrent peu à peu des cabanes de paysans. Ce château fut rasé vers 1420.

Châtelaudren était le chef-lieu du comté de Goëllo.

Dans la partie ouest de la ville se trouve l'antique chapelle de Notre-Dame-du-Tertre. Cet édifice remarquable, bâti au xiv° siècle, vient d'être restauré par les dons des habitants et une subvention de l'Etat. On y remarque, au lambris, de belles peintures du xv° siècle représentant les principales scènes de l'ancien Testament ; dans le transept midi se trouvent aussi des peintures de la même date et représentant la vie de sainte Marguerite. Le maître-autel possède un beau rétable en bois sculpté, il est signé Charles de La Haie et porte la date de 1589.

En 1775, après plusieurs jours de pluies torrentielles, la chaussée de l'étang se rompit dans la nuit du 18 au 19 août, et la ville qui se trouve presque tout entière au-dessous du niveau des eaux fut submergée ; plusieurs maisons s'écroulèrent et dix personnes périrent.

Châtelaudren, possède sur la ligne de Paris à Brest, une station de chemin de fer située sur le territoire de Plouagat.

C'est le siège d'une perception, d'un bureau d'enregistrement et d'une gendarmerie à cheval. Il y existe un hospice libre pour les vieillards et un bureau de bienfaisance. En dehors de l'usine à papier, les principales industries sont la tannerie, la chapellerie et la fabrication des chaises communes.

On n'y compte que quatre petites exploitations agricoles. Le *pommage* comprend surtout la *reinette de Châtelaudren*, fruit très estimé.

Il existe à Châtelaudren une école de garçons, une école de filles et une école maternelle.

Cette ville a vu naître Olivier Rupérou, membre de l'Assemblée législative en 1791 et de la Chambre des députés en 1815. Décédé en 1845 conseiller à la Cour de cassation, il a voulu être inhumé dans le cimetière de Châtelaudren, où ses concitoyens lui ont élevé un monument.

On y garde aussi le souvenir d'un homme de bien, M. Arribart, curé de cette ville pendant 40 ans. Le célèbre sculpteur Corlay, à qui l'on doit l'autel de l'Annonciation de la cathédrale de Saint-Brieuc et la fontaine de Guingamp, est mort à Châtelaudren en 1776. Il était né à Tréguier.

La ville de Châtelaudren est traversée par la route nationale N° 12, de Paris à Brest, le chemin de grande communication, N° 7, qui conduit à la gare de Châtelaudren, située à un kilomètre de la ville, sur le territoire de Plouagat.

BOCQUEHO

Superficie : 2,712 hectares. — Population : 1,428 habitants.

Le territoire de Bocqueho, formé en partie de landes qui se défrichent peu à peu, est très accidenté et bien boisé dans les vallées, dont quelques-unes offrent un aspect pittoresque. Les points culminants sont le Marhallah (283m) et le Rhun (285m). Le sol est en général granitique ou quartzeux..

La paroisse de Bocqueho faisait autrefois partie du diocèse de Tréguier et son recteur était nommé par l'abbé de Beauport.

L'église paroissiale n'offre rien de remarquable. La chapelle de Notre-Dame-de-Piété date du xvie siècle. On y voyait, il y a quelques années, une maîtresse vitre d'une grande valeur, mais le vent l'a presque en partie brisée. A minuit, dit une légende, pendant les nuits les plus sombres, une belle dame apparaît sur le toit de la chapelle. Elle porte une robe blanche semée d'étoiles d'or et sa ceinture qui traîne après elle flotte comme une flamme lumineuse dans les airs. C'est la bonne Vierge qui vient spécialement consoler les mères qui pleurent leurs enfants. Près de Saint-Blaise, où l'on allait autrefois en pèlerinage, on voit une fontaine dont l'eau guérit, dit-on, de 52 maladies.

Près de Saint-Hervé, on aperçoit les restes du château de Liscouët. Un seigneur de ce nom commanda, pendant la Ligue, un corps de troupe, au nom de Henri IV. Récemment, en réparant l'église, on a trouvé sa statue parfaitement conservée et parée de l'armure du temps.

La population, essentiellement agricole, diminue par l'émigration d'ouvriers cultivateurs aux environs de Paris, où un certain nombre se fixent.

Deux belles écoles, l'une de garçons et l'autre de filles ont été récemment construites.

Les cours d'eau sont nombreux ; le plus important est Le Leff, qui va se jeter dans le Trieux à Frinaudour. Il sort de la forêt de Beaumanoir, dans Le Leslay, et sépare Bocqueho de Cohiniac et de Plouvara.

La commune de Bocqueho est traversée par le chemin de grande communication N° 56, de Lanrodec au Légué, à proximité duquel se trouve le bourg. Le chemin d'intérêt commun N° 3, traverse aussi la pointe sud de la commune.

COHINIAC

Superficie : 1,226 hectares. — Population : 680 habitants.

Situé au sud du canton, Cohiniac comprend un territoire très accidenté, dont le sixième environ n'est que landes incultes et arides. Il est arrosé par Le Leff. Les montagnes, de constitution granitiques, forment la ligne de partage des eaux des bassins du Leff et du Gouët.

La terre est sablonneuse et légère au nord, argileuse et marécageuse au sud. La partie cultivée est assez bien boisée. L'agriculture y progresse lentement ; le défrichement des landes argileuses est arrêté par le défaut de capitaux et d'engrais.

Cohiniac est une ancienne paroisse dont il est fait mention dans une charte de Conan IV, duc de Bretagne, en 1160. L'église, dédiée à saint Quentin, fils du sénateur romain Zénon, a été reconstruite en 1720. La chapelle de Recouvrance a été détruite en 1818 ; celle de Grimolay, dédiée à Notre-Dame-de-Toutes-Joies, a été donnée à la commune par la famille Fraval, de Quintin. Le château du Rumain, qui date du xive siècle, est très bien restauré. Il appartenait en 1346 à Guillaume le Vicomte, grand panetier de France sous Philippe VI.

Cette commune est traversée par l'ancienne route de Châtelaudren à Quintin.

Elle possède une école de garçons, créée en 1882, et une de filles, fondée en 1848.

Le bourg est situé à l'embouchure du chemin de grande communication N° 7, de Paimpol à Josselin, avec le chemin d'intérêt commun N° 3, de Saint-Brieuc à Saint-Gildas.

PLÉLO

Superficie : 4,337 hectares. — Population : 3,700 habitants.

Le territoire de cette importante commune est fertile et généralement bien cultivé ; il convient particulièrement aux pommiers qui y réussissent très bien ; les landes sont à peu près entièrement défrichées. On se livre avec succès à l'élevage du bétail.

Le sol n'est accidenté qu'à l'ouest, sur les bords du Leff, et à l'est, sur les rives de l'Ic. Il existe des filons de galène de plomb argentifère à la Ville-Alhen. De 1767 à 1780, ils furent exploités par une compagnie qui s'y ruina. Il serait à désirer que l'extraction du métal précieux fût reprise ; nul doute qu'avec les procédés perfectionnés dont on dispose, on n'obtienne de meilleurs résultats.

L'église paroissiale, reconstruite en 1874, est un vaste édifice de style ogival.

Les chapelles de Saint-Nicolas et de Saint-Quay sont desservies tous les dimanches ; celle de Saint-Jean-du-Temple a été construite par les Templiers.

On remarque les maisons seigneuriales de Saint-Bihy, de Château-Goëllo, de Beauchamp, de La Ville-Neuve, de Trémargat et de Lissineuc. Le château de la Ville-Geffroy, ancienne demeure des comtes de Plélo, est presque démoli et converti en ferme.

C'est là que sont nés : 1° le comte de Botherel, page du roi en 1755, auteur d'un ouvrage intitulé *Découvertes gastronomiques* ; 2° Pierre-Marie Boisgelin de Kerdu, chevalier de Malte, décédé en 1816, à Pleubian ; 3° Louis Hippolyte de Bréhand, comte de Plélo, ambassadeur en Danemarck, qui, lors de la guerre de la succession de Pologne, se distingua devant Dantzic, en 1734, et où il fut tué à l'âge de 35 ans. Il a été inhumé dans l'ancienne église de Plélo, le 21 septembre de cette même année.

Au bourg existe une école de garçons, fondée en 1830, une école de filles, créée en 1838, et une école maternelle depuis 1863.

En 1870, une école de hameau a été ouverte à Saint-Nicolas et prochainement une école semblable sera établie dans l'importante section de Saint-Quay.

Sept routes ou chemins vicinaux traversent cette commune et la mettent en communication facile avec toutes les communes voisines.

Le bourg est traversé par le chemin de grande communication N° 4, de Châtelaudren à Binic, et les chemins d'intérêt commun N° 57, de Plerneuf à Yvias, et 75, de Plélo à Guingamp.

PLERNEUF

Superficie : 830 hectares. — Population : 693 habitants.

Le nom de cette commune s'écrivait autrefois Plerneuc.

Le bourg est situé sur le flanc sud d'une colline assez élevée. Le territoire est fertile et l'agriculture y est bien entendue. Il est traversé au nord par la route nationale de Nantes à Brest. Une halte sur la ligne de Brest dessert cette commune et celle de Plouvara.

Le sol, de constitution granitique, renferme des amphibolites et des diorites à Kermaut et aux Rochers. A 500 mètres du bourg se trouve un mamelon de 190 mètres d'altitude appelé le Télégraphe, d'où la vue embrasse une étendue de territoire de 9 à 10 lieues de rayon, depuis la mer jusqu'au Mené-Brez. Le télégraphe Chappe qui surmontait cette éminence et qui correspondait avec celui de l'église Saint-Michel, à Saint-Brieuc et celui de Lanrodec, a été démoli en 1854.

La vieille église, surmontée d'un campanile, porte la date de 1722 ; le pardon a lieu le 1er dimanche après Pâques. Près de la chapelle de Notre-Dame-des-Vertus, au Pré de l'Aulne, se tient un pardon le 2° dimanche de juillet.

Un beau dolmen, appelé la *Roche-Longue*, existe près du hameau de La Landelle. On en remarquait un autre, il y a quelques années, à Kerrouault ; à côté se trouvaient les restes d'une allée couverte ; l'ouverture de la ligne ferrée l'a détruite. Des fouilles, faites il y a trente ans par M. Geslin de Bourgogne, n'avaient amené la découverte que de quelques morceaux de charbon de bois.

La commune possède deux écoles, une de garçons, l'autre de filles.

Le bourg est traversé par le chemin de grande communication N° 56, de Lanrodec au Légué, et le chemin d'intérêt commun, N° 7, de Plerneuf à Binic.

PLOUVARA

Superficie : 2,221 hectares. — Population : 1,485 habitants.

Le territoire de cette commune est généralement bien cultivé et bien planté de pommiers. Les prairies sont tenues avec soin et donnent un foin de bonne qualité. Le sol est granitique et renferme de nombreuses roches amphiboliques.

La commune de Plouvara est arrosée au sud par le Leff, qui la sépare de Bocqueho et de Plouagat.

On y remarque les ruines de l'ancien manoir de Kernier, construit en 1679. Le château de la Madeleine existe encore. Il est situé sur le point culminant de la commune (213m).

L'église, récemment reconstruite en style ogival, est surmontée d'une flèche élégante. La chapelle de Seignaux, dédiée à saint Jean-Baptiste, a un pardon le 2e dimanche après Pâques.

Deux écoles existent au bourg.

Cette commune est traversée par la ligne de Paris à Brest et possède une halte à 1,500 mètres du bourg, qui est traversé par le chemin de grande communication N° 56, de Lanrodec au Légué.

TRÉGOMEUR

Superficie : 1,051 hectares. — Population : 1,040 habitants.

Le chef-lieu de cette commune est traversé par le chemin vicinal de grande communication, N° 16, de Saint-Brieuc à Perros-Guirec, et le chemin d'intérêt commun, N° 7, de Plerneuf à Binic.

Son territoire est fertile et bien cultivé. Il est arrosé par trois petits cours d'eau qui vont se jeter dans l'Ic et forme une ellipse assez régulièrement entourée d'un vallon. Le plateau central est calcaire et couvert de pommiers très productifs.

La vieille église, qui n'offre rien de remarquable, est dédiée à saint Gildas, patron des bêtes à cornes : une fontaine publique lui est consacrée.

Trégomeur a été pendant plusieurs siècles le siège de l'importante juridiction de la Roche-Suhart qui fut transférée à Binic, en 1641.

Beaucoup d'habitants de cette commune et des communes voisines vont l'été faire la moisson aux environs de Paris.

Deux écoles et une classe enfantine existent au bourg.

Parmi les maires qui ont administré Trégomeur, on doit citer M. Blouin, qui en a exercé les fonctions pendant 48 ans.

TRÉMÉLOIR

Superficie : 469 hectares. — Population : 580 habitants.

Traversée par la route de Saint-Brieuc à Tréguier, cette commune a un sol schisteux très accidenté et, sur plusieurs points, d'un aspect assez pittoresque.

Elle est arrosée par deux cours d'eau peu importants, le Bodo à l'ouest et le Camet à l'est.

L'église, seul monument qu'elle possède, a été rebâtie en 1879 et est sous le patronage de saint Méloir, qui vivait au Ve siècle.

La population de cette commune se livre à peu près exclusivement à l'agriculture, qui y est favorisée par la proximité des engrais marins.

Deux écoles existent au bourg : celle des garçons a été créée en 1884.

Le bourg est traversé par le chemin de grande commuication, N° 16, de Saint-Brieuc à Perros-Guirec.

CANTON D'ETABLES

(**6 communes**).

Étables; Binic; Lantic; Plourhan; St-Quay-Portrieux; Tréveneuc.

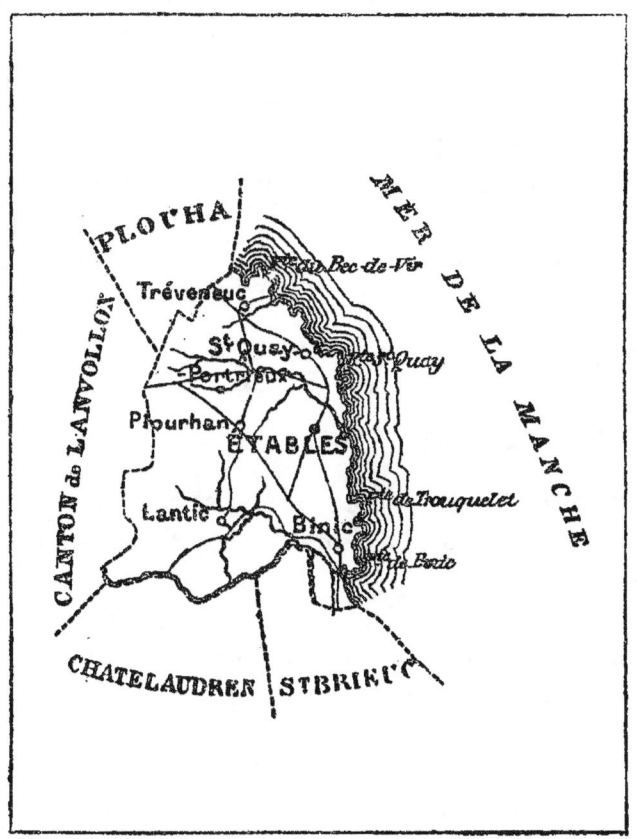

Le canton d'Etables, qui appartient à la zone du littoral, est borné au nord et à l'est par la Manche ; au sud par les cantons de Saint-Brieuc-Nord et de Châtelaudren ; à l'ouest par les cantons de Lanvollon et de Plouha. Il est traversé par les chemins de grande communication N° 1er, de Saint-Brieuc à Morlaix ; N° 4, de Châtelaudren à Binic ; N° 9, de Carhaix au Portrieux, et N° 24, de Binic à Plouha, et par les chemins d'intérêt commun N° 7, de Plerneuf à Binic ;

N° 8, de Tressignaux à Etables, et N° 36, de Notre-Dame-de-la-Cour à la grève de Saint-Marc, avec embranchement sur Le Portrieux.

Le territoire de ce canton maritime est fort accidenté, particulièrement au bord de la mer. Il est traversé par de faibles cours d'eau, dont le plus important est l'Ic, qui se jette dans la Manche, à Binic. Dans la partie est, ce canton est nu et découvert ; il est au contraire boisé dans l'ouest.
— La violence des vents et le morcellement de la propriété s'opposent, sur le littoral, au succès et à la plantation des arbres. Cependant les figuiers, les mûriers et quelques arbres et arbustes de pays plus chauds que le nôtre y réussissent fort bien, les gelées et les froids étant beaucoup moins rigoureux sur les bords de la mer que dans l'intérieur.

ETABLES

Superficie : 931 hectares. — Population : 2,379 habitants.

Le territoire de cette commune est borné à l'est par la mer, au sud par Binic, à l'ouest par Plourhan et au nord par Saint-Quay.

Le sol, formé de schiste talqueux au sud et de roches granitiques au nord, est bien cultivé et découvert ; on rencontre surtout à l'ouest un grand nombre d'enclos bien plantés de pommiers.

De hautes et pittoresques falaises se trouvent sur le littoral ; dans l'une d'elles, voisine de la chapelle de Notre-Dame-d'Espérance, se trouve une vaste caverne nommée *La Houle Notre-Dame*.

La propriété est très divisée, aussi la culture se fait-elle généralement à la pelle et par des femmes ; les hommes, presque tous marins, se livrent, en grande partie, à la pêche de la morue.

Le bourg d'Etables, bâti sur un plateau élevé, est d'un bel aspect ; on y remarque la propreté des habitations. L'église, sous le patronage de saint Jean, est vaste ; sa tour est de 1786. Le chœur, en forme de rotonde, construit en 1769, renferme un autel en marbres de diverses couleurs.

Le plateau sur lequel s'étend presque tout le territoire de cette commune n'est coupé que par de faibles ruisseaux, excepté au nord, où une belle vallée le sépare de Saint-Quay.

La paroisse d'Etables est citée dans la charte de fondation de l'abbaye de Beauport, en 1202.

Cette commune possède une école communale de garçons, une école commnale de filles et un ouvroir qui reçoit des jeunes filles de 13 à 20 ans.

Le bourg est traversé par le chemin de grande communication N° 21, et le chemin d'intérêt commun N° 8.

BINIC

Superficie : 367 hectares. — Population : 2,379 habitants.

Très heureusement situé à l'embouchure de l'Ic, Binic n'était, au commencement du siècle, qu'un petit havre qui comptait à peine 200 habitants. Grâce au développement de la navigation et aux efforts d'un de ses maires, M. François Le Saulnier de Saint-Jouan, cette localité devint peu à peu prospère et mérita d'être citée comme un des ports les plus importants des Côtes-du-Nord.

Ce n'était d'abord qu'une trève d'Etables ; une ordonnance royale du 22 août 1821 l'a érigée en commune, en prenant à Pordic, sur la rive droite de l'Ic, un important territoire.

Le port de Binic arme chaque année pour la pêche de Terre-Neuve et d'Islande. Malheureusement, le nombre des navires engagés diminue tous les ans par suite du peu de profits que retirent de la pêche armateurs et marins.

Dans l'église de Binic, on remarque des boiseries et des stalles sculptées par Corlay.

Près de la chapelle Saint-Gilles se tient un pardon le 1er septembre.

Pendant la belle saison, de nombreux étrangers prennent

les bains de mer à Binic, qui leur fournit un séjour très agréable.

Un commerce important d'engrais marins y a lieu. Les cultivateurs des environs enlèvent journellement les sables calcaires, qu'une trentaine de bateaux apportent des îles avoisinant Portrieux.

Binic possède une école communale de garçons, fondée par la famille Marie; plus une école privée congréganiste et une école communale de filles. Une école mixte communale a été créée en 1881 au hameau de la Ville-Jacob.

Le bourg est traversé par les chemins de grande communication N°s 1er, 4 et 21.

LANTIC

Superficie : 1,554 hectares. — Population : 1,287 habitants.

Lantic est borné au nord par Plourhan et Etables, au sud par Trégomeur et Plélo, à l'ouest par Tréguidel et Pléguien, à l'est par Binic et Pordic. Le sol, schisteux et argileux, est fertile et bien cultivé, notamment à l'est et au sud. Les pommiers y croissent très bien. De nombreux vallons peu profonds coupent cette commune en tous sens. On y voit des arbres de diverses essences de belle venue.

Le bourg est peu important. L'église paroissiale, édifice moderne, est dédiée à saint Oswald, prince Irlandais. Deux écoles y existent. A l'important hameau de Trévenais, placé sur les limites sud d'un plateau d'où l'on découvre la belle vallée de l'Ic, une chapelle sous le vocable de Saint-Michel a été édifiée en 1860; une école communale mixte y a été ouverte en 1881.

A 3 kilomètres du bourg se trouve la magnifique chapelle de Notre-Dame-de-la-Cour, qui date du xv° siècle et qui était desservie autrefois par un collège de chanoines. A l'entrée du chœur, on remarque le mausolée de Guillaume de Rosmadec, seigneur de Buhen, gouverneur de Vitré en 1573, et fondateur de la chapelle.

La maîtresse-vitre est décorée d'une verrière du xv° siècle représentant les principaux traits de la vie de la Vierge et de sainte Anne : c'est une œuvre d'art très remarquable. De nouveaux vitraux, fournis par un artiste du Mans, y ont été placés en 1885 par les soins du recteur de Lantic.

Non loin de cette chapelle se trouve la belle propriété de Bourgogne, dont le parc, avec ses beaux arbres, fait l'admiration des visiteurs.

A Notre-Dame de la Cour, un pardon, suivi d'une foire importante, a lieu tous les ans au mois d'août.

Le bourg est situé sur le bord du chemin d'intérêt commun N° 56.

PLOURHAN

Superficie : 1.751 hectares. — Population : 2.038 habitants

Le nom de Plourhan viendrait, selon la tradition locale, de saint Ehan, dont la vie n'est pas connue.

Cette commune est bornée au nord par Plouha, Tréveneuc et Saint-Quay, à l'est par Etables, au sud par Lantic, à l'ouest par Lantic et Pléguien.

Le sol est fertile. Il y a quelques années, un éminent agriculteur, M. Le Cornec, longtemps maire de la commune et propriétaire du domaine de la Ville-Ellio, y a introduit d'excellents procédés de culture qui se sont répandus autour de lui et qui ont victorieusement combattu la routine agricole.

Dans la couche arable du sol, l'argile domine généralement; au sud on trouve un sous-sol, formé de schiste argileux ; au nord il est mêlé de granite.

L'église n'offre rien de remarquable ; elle a été achevée en 1789 ; saint Pierre en est le patron.

A 200 mètres de l'église, on voyait il y a quelques années un tumulus couvert de pins maritimes.

Les chapelles rurales du Roha, de Saint-Maudez et de Saint-Barnabé, ont chacune leur pardon.

Celui de cette dernière offre une particularité très curieuse. On y met en vente, de très grand matin, un grand nombre d'oiseaux apportés dans des cages par les enfants des environs. Il se tient le lundi de la Pentecôte.

A Plourhan existent deux écoles communales, l'une pour les garçons et l'autre pour les filles.

Le bourg est traversé par le chemin de grande communication N° 1er, et les chemins d'intérêt commun N° 56 et N° 56, embranchement.

SAINT-QUAY-PORTRIEUX

Superficie : 385 hectares. — Population : 2.648 habitants.

Cette importante commune doit son nom à saint Quay, évêque irlandais qui vivait au VIe siècle. Avant 1791, la paroisse dépendait de l'évêché de Dol.

Le territoire, légèrement ondulé et incliné à l'est vers la mer, est très découvert. Les arbres y sont rares.

Comme à Etables, la propriété très morcelée est, pendant la saison de la pêche, cultivée en grande partie par les femmes des marins. Sur le littoral, on remarque de belles grèves, fréquentées par les baigneurs.

Le Portrieux, principale agglomération de la commune, est un port de mer très heureusement situé, et protégé par une belle jetée au bout de laquelle est un phare à feu fixe de 5e ordre. On y arme pour la pêche de Terre-Neuve et du Banc. Un service régulier entre Jersey et Le Portrieux est établi depuis plusieurs années ; le commerce d'exportation consiste notamment en céréales et en chevaux. C'est de plus une station balnéaire très suivie. La beauté des grèves, le ravissant panorama qui se découvre du haut des falaises font l'admiration des touristes. D'élégantes villas bordent presque entièrement le littoral.

En face de Saint-Quay sont les îles ou plutôt les rochers incultes dits de Saint-Quay ou de Portrieux, dont un certain nombre n'est jamais couvert par la mer ; l'un d'eux appelé l'île Harbour, est surmonté d'un feu fixe. C'est près de ces ilots qu'on drague les sablons calcaires qui contribuent si puissamment au développement de la richesse culturale des environs. Ils contiennent de 64 à 98 0/0 de principes fertilisants.

M. Coste avait essayé, il y a quelques années, dans

cette partie de la baie de Saint-Brieuc, la reproduction artificielle des huîtres. Ses efforts n'ont pas été couronnés de succès.

L'église a été récemment reconstruite ; le clocher est en beau granit de l'Ile-Grande.

En 1821, une communauté de religieuses, dite des Sacrés-Cœurs de Jésus et de Marie, s'est fondée à Saint-Quay. Elle possède un vaste établissement qui comprend un pensionnat de jeunes filles, un ouvroir et une école primaire. On y reçoit pendant la saison des bains de nombreux étrangers.

A Kertugal, important hameau de cette commune, une chapelle construite en forme de rotonde, en 1829, et dédiée à Notre-Dame de la Garde, attire un grand nombre de pèlerins.

Une école mixte communale a été créée en 1885.

A Saint-Quay se trouve une école communale de garçons et à Portrieux une école de filles avec classe enfantine.

Le Portrieux et Saint-Quay sont traversés par le chemin de grande communication N° 21. Le chemin de grande communication N° 9, aboutit au Portrieux.

TRÉVENEUC

Superficie : 664 hectares. — Population : 726 habitants.

Le territoire de cette commune est borné au nord par la Manche, à l'est par Saint-Quay, au sud par Plourhan, et à l'ouest par Plouha.

Le sol, découvert dans la partie qui avoisine le littoral, est boisé vers l'ouest et le sud et bien planté de pommiers. L'agriculture y progresse.

La population, est pour une notable partie, composée de marins.

L'église de Tréveneuc, dédiée à saint Colomban, abbé de Luxeuil au vii° siècle, est moderne. A la chapelle de Saint-Marc, près de la grève de ce nom, se tient, le dernier dimanche d'avril, un pardon assez suivi.

On remarque la belle propriété de Pomorio, appartenant

à la famille Chrestien de Tréveneuc. Le parc est vaste ; les avenues sont larges et bien plantées.

Tréveneuc possède une école communale de garçons et une école communale de filles.

C'est la dernière commune maritime du nord-ouest du département où l'on parle français.

Le bourg est situé à l'embranchement du chemin de grande communication N° 1er, avec le chemin d'intérêt commun N° 36.

CANTON DE LAMBALLE

(**14 communes**).

Lamballe ; Andel ; Coëtmieux ; La Malhoure ; Landehen ; La Poterie ; Maroué ; Meslin ; Morieux ; Noyal ; Pommeret ; Quintenic ; Saint-Aaron ; Saint-Rieul ; Trégomar.

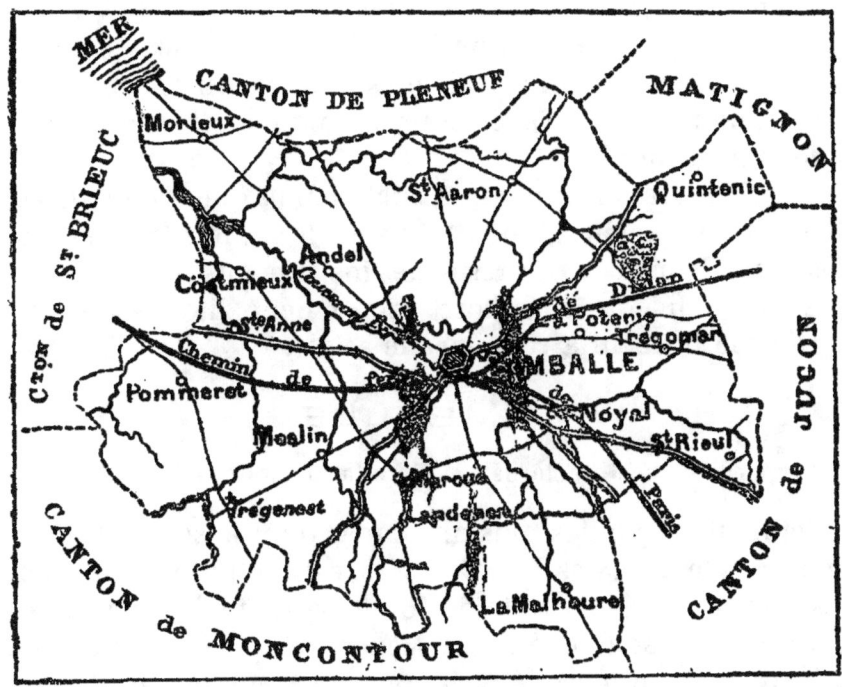

Le canton de Lamballe est borné au nord par les cantons de Pléneuf, Matignon et Plancoët ; à l'est par le canton de Jugon ; au sud par le canton de Moncontour, et à l'ouest par le canton de Saint-Brieuc-Midi et par la Manche. — Il est traversé par divers cours d'eau, dont les plus considérables sont le Gouessant et l'Evron ; par le chemin de fer de Paris à Brest ; par les routes nationales N° 12, de Paris à Brest ; N° 168, de Quiberon à Saint-Malo ; N° 176, de Caën à Lamballe ; les chemins de grande communication N° 14, de Collinée à Dahouët ; N° 28, de Quintin à la grève de La

Mouette ; N° 29, de Quintin à Erquy, et par les chemins d'intérêt commun N° 5, de Plurien à Lamballe ; N° 4, de Collinée à la grève de la Grandville ; N° 20, de La Malhoure à Pléven ; N° 60, de Mégrit à Erquy ; N° 62, de Plédéliac à la grève de Jaspinet ; N° 58, de Saint-Trimoël à la grève d'Hillion, et N° 79, d'Hillion à Dahouët.

Le territoire du canton de Lamballe, qui appartient à la zone du littoral, est généralement plat, uni et à longues ondulations en pente douce, à l'exception de la partie de l'est, qui est accidentées et montueuse.

Les vallées du Gouessant, de l'Evron et de quelques autres cours d'eau sont profondes et très sinueuses.

Le canton est bien boisé et possède de nombreuses plantations de pommiers.

L'agriculture, en progrès, a subi, depuis quelques années, de sérieuses améliorations, tant sous le rapport de l'emploi des amendements calcaires et des instruments perfectionnés que sous celui de la culture proprement dite. — Presque partout le froment a remplacé le seigle.

LAMBALLE

Superficie : 223 hectares. — Population : 4,429 habitants.

Cette ville, une des plus anciennes dont il soit fait mention dans les annales de notre pays, est très pittoresquement assise sur la rive droite du Gouëssant, petit cours d'eau qui prend sa source dans le Menez, au pied du mont de Bel-Air et va se jeter dans la mer entre Morieux et Hillion.

Le territoire de la commune est peu étendu, il ne mesure que 223 hectares ; quatre fermes seulement y sont comprises. Il est borné au nord par Saint-Aaron, à l'est par La Poterie, au sud et à l'ouest par Maroué. On y trouve du schiste au nord et à l'est, et du granit à l'ouest.

Lamballe est un centre commercial assez important. Ses foires et ses marchés attirent un grand nombre d'agriculteurs qui viennent y vendre leurs céréales, leurs légumes et surtout les beaux chevaux qu'on élève dans les environs. Son commerce est favorisé par un réseau de routes qui y convergent et surtout par le chemin de fer de Paris à Brest et par celui de Dinan à Dol et Lison, dont Lamballe est tête de ligne.

C'est une des plus jolies villes du département ; ses quartiers de la Place et du Bario, ses magnifiques promenades, qui occupent l'emplacement de l'ancien château et des fossés, méritent d'être cités.

Chef-lieu du duché de Penthièvre, Lamballe était autrefois une place forte qui eut à subir plusieurs assauts. Le duc Jean V fit, en 1420, le siège de la ville, s'en empara et rasa la forteresse.

Pendant la guerre de la Ligue, les partisans de Mercœur y furent assiégés par le fameux Lanoue-Bras-de-Fer, qui fut tué en tentant l'escalade près de la porte de Bario. Après l'édit de Nantes, le château fut entièrement démoli ; les murs ont disparu peu à peu ; on voyait encore, en 1880, la Tour aux Chouettes et la porte Saint-Martin ; de cette dernière, il ne reste plus aujourd'hui que quelques traces du côté du nord.

Parmi les principales industries de Lamballe, nous citerons ses tanneries, ses mégisseries, ses chapelleries déjà florissantes au xve siècle. Les faux et les faucilles de ses taillandiers sont estimées des cultivateurs qui, de très loin, viennent s'en approvisionner. On y fabrique aussi des serges et des berlinges, étoffes grossières, mais solides, en usage chez les habitants des campagnes.

Lamballe comprend deux paroisses : Saint-Jean et Saint-Martin, sa succursale. L'église de Saint-Martin est très ancienne, sa fondation remonte à 1083. Elle est desservie par un recteur portant les insignes et le titre de camérier. L'église de Saint-Jean, qui est du xve siècle, est devenue insuffisante pour la population. C'est dans cette paroisse qu'a lieu, le 2e dimanche de juillet, le pardon de Saint-Amateur, qui attire chaque année une grande affluence de pèlerins..

Parmi les monuments historiques classés du département se trouve l'ancienne égllise collégiale de Notre-Dame, édifice très remarquable par son architecture de diverses époques. Elle a été nouvellement restaurée et consolidée avec soin. Elle a une porte et des piliers de la fin du xii° siècle.

Au nombre des beaux établissements de cette ville, nous citerons le Haras national où sont entretenus plus de 100 étalons ; le collège communal, auquel a été annexé jusqu'en 1886 le cours normal des instituteurs ; le groupe scolaire et la justice de paix, sur l'emplacement du couvent des Augustins ; les hospices, dont l'un a été fondé par M. de Villedeneu, et la communauté des Ursulines. Les bâtiments dits de l'ancien château ont servi pendant plusieurs années d'asile à l'institution des sourds-muets, transféré depuis 1855 à Saint-Brieuc.

C'est à Lamballe qu'a été fondée en 1661, par Ange Le Proust, prieur des Augustins, la Congrégation des Dames de Saint-Thomas-de-Villeneuve, vouées à l'instruction des jeunes filles et au service des hôpitaux.

Lamballe a vu naître M. Aulanier, jurisconsulte distingué ; Alain Chiquet, héros du combat des dix, livré à Rome en 1376, entre dix Bretons et dix Allemands, et dans lequel ceux-ci furent vaincus.

Outre le collège, Lamballe possède une école communale primaire de garçons, et une école privée, dirigée par les Frères de Ploërmel, trois écoles de filles, deux ouvroirs, le pensionnat des Ursulines et une école maternelle.

Lamballe est traversé par les routes nationales N° 12, de Paris à Brest, et 168, de Quiberon à Saint-Malo ; par le chemin de grande communication N° 14, de Collinée à Dahouët, et par le chemin d'intérêt commun N° 62. La gare, sur la ligne de Paris à Brest, est située à l'entrée de la ville.

ANDEL

Superficie : 1,220 hectares. — Population : 658 habitants.

Andel est borné au nord par Planguenoual, à l'est par Saint-Aaron, au sud par Maroué et Coëtmieux, à l'ouest par Morieux.

Le territoire est généralement plat, boisé et assez fertile ;

l'agriculture consiste principalement en céréales et en prairies artificielles. Le sol est en grande partie formé de gneiss amphibolique, vers le sud ; près du bourg, on trouve du schiste talqueux et ardoisier.

Le Gouessant sépare cette commune de Maroué et de Coëtmieux, puis forme plus loin le bel étang des Ponts-Neufs.

L'église paroissiale n'offre aucun intérêt ; près de la chapelle du Saint-Esprit se tient un pardon le lundi de la Pentecôte.

M. Etienne Beurrier a été maire de cette commune pendant 49 ans, de 1816 à 1865.

Il existe à Andel une seule école mixte communale.

Le bourg n'est traversé que par un chemin vicinal de 3e catégorie. Le chemin d'intérêt commun N° 62, traverse la commune, et le chemin de grande communication N° 14, la délimite au nord.

COETMIEUX

Superficie : 803 hectares. — Population : 719 habitants.

Le territoire de cette commune est presque entièrement séparé de celui des localités voisines par les rivières de Gouessant et d'Evron. Cette dernière, après avoir arrosé les communes de Saint-Carreuc, de Quessoy et de Pommeret, vient se jeter dans le Gouessant, près des Ponts-Neufs.

Coëtmieux doit son nom et son origine à saint Mieux, pieux solitaire du VIe siècle, qui construisit en cet endroit, alors couvert d'une épaisse forêt, un monastère qui a subsisté pendant plusieurs siècles. Le sol est formé en grande partie de gneiss amphibolique. On y trouve de la serpentine à courtes veines d'amiante. On remarque dans l'église paroissiale un tableau de la Circoncision, dû au pinceau de Serviget, artiste lamballais du XVIIIe siècle, dont les œuvres sont estimées. Cette paroisse dépendait autrefois de l'évêché de Dol.

De nombreux pèlerins visitent chaque année la chapelle dédiée à saint Avertin, qu'on invoque pour la guérison de la dyssenterie.

Coëtmieux ne possède qu'une école mixte communale.

Le bourg est traversé par le chemin d'intérêt commun N° 4, de Collinée à la grève de la Granville.

LA MALHOURE

Superficie : 502 hectares. — Population : 406 habitants.

Cette petite commune, située à l'extrémité sud-est de l'arrondissement de Saint-Brieuc, a un territoire assez fertile et coupé de petits vallons renfermant de très bonnes prairies.

Le sol est de nature granitique. On trouve de la tourmaline au village du Peray.

L'église paroissiale est très ancienne. Ses arcades à plein cintre reposent sur des piliers quadrangulaires qui datent de la première période de l'architecture romane. Elle est dédiée à saint Event, prêtre et martyr, dont la fête se célèbre le 3 mai.

Une fontaine monumentale consacrée à ce saint, est chaque année le rendez-vous de nombreux pèlerins.

L'instruction est donnée dans cette localité par une seule école mixte.

Le bourg est traversé par le chemin de grande communication N° 14, et le chemin d'intérêt commun N° 20.

LANDEHEN

Superficie : 1,180 hectares. — Population : 1,027 habitants.

Landehen doit son nom à saint Guihen, archevêque de Dol au x° siècle. L'église, qui est sous son vocable, vient d'être reconstruite dans le style gothique du xiii° siècle.

L'agriculture est en progrès depuis plusieurs années ; les cultivateurs commencent à abandonner l'assolement triennal et le système des jachères. Le sol, où domine le schiste, est généralement bon. Les pommiers réussissent bien.

Avant 1789, Landéhen faisait partie de l'évêché de Dol. Penguily, bien que du ressort de la cure de Jugon, dépendait de Landéhen.

La terre de Mauny, située dans cette commune, a donné son nom à plusieurs chevaliers, dont le plus célèbre est Gautier de Mauny, qui soutint, au nom de Jeanne de Montfort, l'assaut donné à Hennebont par Charles de Blois. Celui-ci, pour se venger, fit raser, l'année suivante, le château de Mauny.

A Landéhen est né le père Aimé Buscher de la Ville-Eon, supérieur des capucins qui, en 1762, apporta de Rome à Lamballe les reliques de saint Amateur. C'est aussi la patrie de Lambert Le Court-de-Surpont, poète au XII° siècle, auteur d'un poéme intitulé l'*Alexandriade*.

Il existe dans cette commune deux écoles communales.

Le bourg est traversé par le chemin d'intérêt commun N° 4, de Collinée à la grève de la Grandville.

LA POTERIE

Superficie : 1,160 hectares. — Population : 727 habitants.

La Poterie était autrefois une trève de Maroué.

Elle est bornée au nord par Saint-Aaron ; à l'est, par Trégomar ; au sud, par Noyal, et à l'ouest, par Maroué.

Le chemin de fer de Paris à Brest la traverse au sud et la ligne de Lamballe à Lison passe près du bourg.

On y fabrique des briques et de la poterie commune. Cette industrie, qui occupe beaucoup de bras, a donné son nom à la localité. C'est sur le territoire de La Poterie que se trouve l'hippodrome des courses de Lamballe.

On remarque le château de la Moglais, dont le magnifique parc et les jardins sont ornés d'un grand nombre de statues.

En 1607, La Poterie fut érigée en paroisse. L'église, récemment reconstruite, est dédiée à saint Yves.

L'agriculture y a fait des progrès. Le sol renferme du schiste et du granite ; on y trouve du minerai de plomb, et beaucoup d'argile à potier. La Poterie possède deux écoles au bourg.

Le bourg est traversé par le chemin de grande communication N° 28, de Quintin à la grève de La Mouette.

MAROUÉ

Superficie : 3,355 hectares. — Population : 2,158 habitants.

Maroué est la commune la plus étendue du canton de Lamballe, mais, par contre, le bourg ne compte que 67 habitants.

Son nom viendrait, d'après une légende, de « Ma Roué » (mon roi), cri jeté en retrouvant son maître, qui s'y était construit un ermitage, par un serviteur envoyé à sa recherche.

Le chemin de fer de Paris à Brest et les routes nationales de Paris à Brest et de Lorient à Saint-Malo, traversent la commune.

Le terrain est accidenté, mais n'offre pas de grandes élévations. L'agriculture y a fait des progrès. Le sol, très argileux, avec sous-sol schisteux et de travail difficile, donne d'excellents produits. On y élève des chevaux de trait. Le cidre, depuis quelques années, se fabrique en grande quantité, et les fermiers y trouvent un revenu important. Le Gouëssant y coule à l'ouest.

Maroué compte deux écoles, l'une de garçons et l'autre de filles.

On croit que la fondation de la paroisse de Maroué remonte au VIe siècle. Le territoire qu'occupe actuellement la ville de Lamballe dépendait, au VIIIe siècle, de Maroué.

La chapelle rurale de Notre-Dame de Maroué, située à à peu de distance de Noyal, a été reconstruite en 1877. Elle fut longtemps le but d'un pèlerinage des paroisses maritimes, en exécution d'un vœu fait en 1420, pour être délivrées de la peste. L'église paroissiale, dédiée à sain Pierre, a été reconstruite en 1849. On y remarque une belle vitre qui remonte au XIVe siècle.

C'est à Maroué que sont nés : 1° Florian Desnoës-Desfossés, jurisconsulte et littérateur ; 2° Couffon de Kerdellec, auteur d'un volume intitulé *Adages agricoles*.

Le bourg est traversé par le chemin d'intérêt commun N° 4, et son embranchement sur Lamballe.

MESLIN

Superficie : 1,392 hectares. — Population : 951 habitants.

La commune de Meslin est bornée au nord par Coëtmieux, à l'ouest par Quessoy et Pommeret, au sud par Bréhand et à l'est par Maroué et Landéhen. Elle est traversée au nord par la ligne du chemin de fer de Paris à Brest, sur un parcours de plus de 3 kilomètres.

La nature du sol est argileuse et humide. La culture des terres est difficile. On s'adonne beaucoup à l'élevage du cheval et à la fabrication du cidre, fourni par les nombreux pommiers dont sont plantés presque tous les champs.

Trégenestre, important hameau de la commune, a été érigé en succursale.

On remarque le château de Cargouët qui sert de maison de ferme, et Carlan, ancienne colonie pénitentiaire.

Au milieu des landes de la partie nord de la commune, s'élève, sur un point très élevé de la Lande-du-Gras, un dolmen assez bien conservé.

Meslin possède au bourg une école de garçons et une école de filles, et à Trégenestre, une école mixte.

Le bourg est traversé par le chemin de grande communication N° 28.

MORIEUX

Superficie : 755 hectares. — Population : 669 habitants.

Morieux est borné au nord et à l'est par Planguenoual, au sud par Andel et Coëtmieux, à l'ouest par Hillion et la mer.

Le Gouessant, qui y a son embouchure au Port-aux-Moines, traverse le bel étang des Ponts-Neufs ; une minoterie importante, dont les roues étaient mises en mouvement par les eaux de l'étang, y a longtemps existé. Elle a été convertie en usine à papier.

Au village des Ponts-Neufs un hôpital fut fondé par le comte Jehan de Bretagne ; on en voit encore quelques restes.

Le sol de la commune est assez fertile, sauf les côtes de la mer ; il est boisé dans le sud.

Morieux ne possède qu'une école communale mixte, fondée en 1850.

Le visiteur remarque avec curiosité la belle cascade, formée par les eaux de l'étang, tombant avec une grande force, de roche en roche, d'une hauteur de 15 mètres.

Une ancienne voie romaine, désignée par les habitants sous le nom de chemin des Romains, traverse la commune du nord au sud. L'église, récemment restaurée, est dédiée à saint Gobrien, évêque de Vannes, et date du XIII° siècle ; elle est curieuse à visiter.

Le pardon de Sainte-Eugénie, qui a lieu le dimanche qui suit le 16 mai, attire un grand nombre de pèlerins. On remarque les deux chapelles de Saint-Maurice, les châteaux de Carivan et de la Ville-Gourio.

Le bourg est traversé par le chemin d'intérêt commun N° 79, d'Hillion à Dahouët.

NOYAL

Superficie : 697 hectares. — Population : 503 habitants.

Borné au nord par La Poterie, à l'est par Trégomar et Saint-Rieul, au sud par Plestan, et à l'ouest par Maroué, le territoire de cette commune, à base schisteuse, est généralement plat et fertile. Les champs sont bien plantés en pommiers. On se livre depuis quelque temps avec succès à l'élevage du bétail.

Le chemin de fer de Paris à Brest traverse cette commune sur une longueur de 2 kilomètres.

L'église de Noyal n'offre aucun intérêt ; un tableau peint à Rome et béni par le Pape, représente la promulgation du dogme de l'Immaculée-Conception.

On y remarque le manoir des Portes, de date récente, entouré de belles allées bien plantées, et le château de la Roche-Goyon, qui appartient au duc de Feltre. Aux environs, la culture a pris un grand développement, grâce aux efforts du propriétaire.

Noyal compte une seule école mixte communale fréquentée par un grand nombre d'élèves.

Le bourg est situé à l'embranchement des routes nationales N° 12, de Paris à Brest, et N° 176, de Caën à Lamballe.

POMMERET

Superficie : 1,334 hectares. — Population : 1,378 habitants.

On croit que cette commune tire son nom des nombreux pommiers qui depuis longtemps y couvrent le sol et dont les produits sont très recherchés.

Assez fertile, malgré l'humidité qui provient des hauts fossés plantés d'arbres dont les champs sont entourés, Pommeret est borné au nord par Hillion, à l'est par Coëtmieux et Meslin, au sud par Quessoy, et à l'ouest par Yffiniac. Le chemin de fer la traverse non loin du bourg sur un parcours de 3,000 mètres.

L'église dédiée à saint Pierre est ancienne et a été agrandie à diverses reprises. La partie où se trouve le chœur actuel fut donnée en 1440 par la famille de Guézil, ainsi que le champ qui sert de cimetière, le tout dépendait du Fresche-Clos, qui avait dû être un ancien bois sacré des Druides. Il y a 30 ans, on voyait encore un menh.. que l'on avait taillé en forme de croix.

La chapelle de Notre-Dame-de-la-Rivière date du xiv° siècle, celle de Sainte-Anne des Ponts-Garnier est moderne.

Deux écoles y existent : l'une de garçons, créée en 1815, et l'autre de filles qui date de 1853.

Le bourg est traversé par le chemin d'intérêt commun N° 58, de Saint-Trimoël à la grève d'Hillion.

QUINTENIC

Superficie : 750 hectares. — Population : 400 habitants.

Cette commune a longtemps fait partie du canton de Plancoët

Elle est bornée au nord-ouest par Hénansal, au nord-est

par Saint-Dénoual, au sud par Plédéliac, Trégomar et La Poterie. Son territoire est très boisé dans ses parties fertiles. Il est découvert par ailleurs. On trouve du schiste micacé au nord, le granit domine.

L'église offre peu d'intérêt ; elle est ancienne et contient les tombeaux de MM. de La Fruglaye et de La Motte-Guyomarais.

Le beau château moderne de la Vallée est entouré de superbes plantations.

Il existe une école mixte qui a été dotée par M. Levavasseur.

Le bourg est traversé par le chemin d'intérêt commun N° 60, de Mégrit à Erquy.

SAINT-AARON

Superficie : 2,150 hectares. — Population : 1,101 habitants.

Saint-Aaron qui a donné son nom à cette commune vivait au ve siècle dans un ermitage bâti sur le rocher où s'élève aujourd'hui la ville de Saint-Malo.

Elle est bornée au nord par Saint-Alban et Hénansal, à l'est par Quintenic et Trégomar, au sud par La Poterie et Lamballe, à l'ouest par Andel et Planguenoual. Elle est traversée par la route nationale de Quiberon à Saint-Malo.

Les terres, à base schisteuse, sont profondes et difficiles à cultiver. L'agriculture y a fait de grands progrès depuis quelques années, grâce aux conseils d'agriculteurs éclairés.

A l'exception de deux coteaux, sur l'un desquels le bourg est bâti en amphithéâtre, et qui encadrent la pittoresque vallée de la rivière du Chiffrouët, le sol est uni principalement dans le sud-ouest.

Dans la lande du Chêne-Hut s'élève un mamelon au sommet duquel se trouve une grosse pierre dit *Roche-aux-Fées* qui a été explorée en 1845.

L'ancienne église, qui vient d'être démolie, datait du xiie siècle.

Les chapelles de la Baudramière et de Beauregard sont modernes.

Le bourg est traversé par le chemin d'intérêt commun N° 5, de Plurien à Lamballe.

SAINT-RIEUL

Superficie : 637 hectares. — Population : 439 habitants.

Saint-Rieul doit son nom à saint Rioc, disciple de saint Guénolé, et patron primitif de la paroisse.

Un édifice neuf a remplacé l'ancienne église.

Cette commune est bornée au nord par Trégomar et Plédéliac, au sud par Plestin, à l'est par Plédéliac et à l'ouest par Noyal. Le bourg est situé sur un ruisseau affluent du Gouesssant.

Les landes qui s'étendaient, il y a quelques années entre le bourg et la route nationale, ont été défrichées. Le sol, où domine presque exclusivement le granit, est plat, argileux et boisé, et d'une médiocre fertilité.

On remarque dans le cimetière une belle et haute croix en granit.

Saint-Rieul possède une école mixte.

Le bourg est traversé par le chemin d'intérêt commun N° 20, de La Malhoure à Pléven.

TREGOMAR

Superficie : 715 hectares. — Population : 522 habitants.

Le territoire de Trégomar est argilo-calcaire, difficile à travailler et d'un rapport moyen. Le sol est plat, et en certains endroits bas et marécageux, il est légèrement ondulé vers l'est.

Les limites de cette commune sont au nord Saint-Aaron et Quintenic, à l'est Plédéliac, au sud Saint-Rieul et Noyal, à l'ouest La Poterie.

Elle possède depuis quelque temps deux écoles, l'une de garçons et l'autre de filles, installées dans des locaux confortables.

L'église reconstruite en 1859, est petite et n'offre rien de remarquable. La chapelle de N.-D. de Patience n'est pas desservie.

Dans le cimetière, on voit une belle pierre tombale représentant Olivier Le Voyer, sire de Trégomar, chambellan du duc de Bretagne Pierre II.

Le bourg est traversé par le chemin d'intérêt commun N° 62, de Plédéliac à la grève de Jospinet.

CANTON DE LANVOLLON

(11 communes).

Lanvollon ; Gommenech ; Lannebert ; Le Faouët ; Le Merzer ; Pléguien ; Pommerit-le Vicomte ; Tréguidel ; Tréméven ; Tressignaux ; Trévérec.

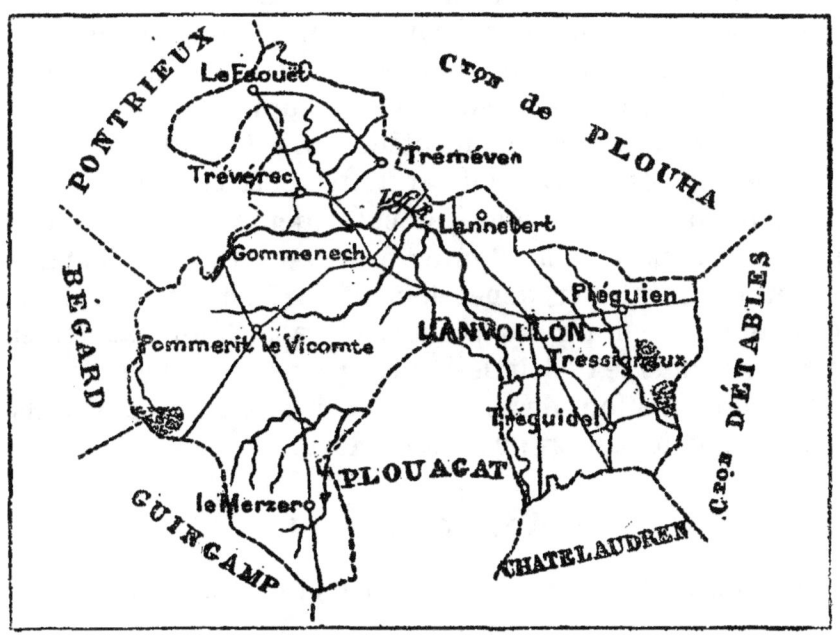

Le canton de Lanvollon est borné au nord par le canton de Plouha ; à l'est par le canton d'Etables ; au sud par les cantons de Châtelaudren, Plouagat et Guingamp ; à l'ouest par les cantons de Bégard et de Pontrieux. Il est traversé par les chemins de grande communication N° 5, de Guingamp à Pleubian ; N° 7, de Paimpol à Josselin ; N° 9, de Carhaix au Portrieux ; N° 16, de Saint-Brieuc à Perros-Guirec, et N° 34, de Guingamp à la baie de Bréhec ; et par les chemins d'intérêt commun N° 2, de Gommenec'h à Lanloup ; N° 8, de Tressignaux à Etables ; N° 21, de Châtelaudren à Quemper-Guézennec ; N° 27, du Faouët à

Châtelaudren ; N° 28, de Bégard au port Morguer ; N° 53, de Guingamp à Plouézec ; N° 57, de Plerneuf à Yvias, et N° 66, de Plélo à Plouha.

Le territoire du canton de Lanvollon est fort accidenté et sillonné de nombreux cours d'eau. Les bords du Leff et du Trieux sont escarpés et coupés transversalement par de profondes vallées. On remarque, toutefois, d'assez vastes plateaux dans les communes du Merzer, de Pléguien et de Tréguidel. Le canton est boisé et planté de pommiers, qui produisent plus de 2,000 hect. de cidre. Les terres, généralement bonnes, sont cultivées avec soin et convenablement amendées. Elles donnent abondamment toutes les espèces de produits agricoles et sont un exemple frappant de ce que peuvent le progrès bien entendu et le travail intelligent secondé par des instruments aratoires perfectionnés.

A proximité de la côte, les cultivateurs ont largement usé des engrais marins, et grâce à ce précieux amendement, ils ont pu substituer généralement le froment au seigle, développer la culture des plantes et racines fourragères et compléter ainsi le déficit des fourrages naturels, insuffisants pour l'alimentation des nombreux bestiaux et des forts chevaux que le canton produit et élève.

LANVOLLON

Superficie : 500 hectares. — Population : 1,484 habitants.

Cet important chef-lieu de canton est situé à 24 kilomètres de Saint-Brieuc, sur le chemin de grande communication N° 16, de Saint-Brieuc à Perros. Son nom viendrait de saint Vollon, qui y aurait bâti un monastère vers le ve siècle.

Elle est entourée par les communes de Lannebert au nord, Pléguien à l'est, au sud par Tressignaux, et à l'ouest par Goudelin, dont elle est séparée par le Leff.

Son territoire est peu étendu. Le sol est granitique dans quelques parties ; on y trouve du schiste mêlé de quartz et des poudingues argileux. Il est plat, excepté sur les bords du Leff. Bien qu'il ne soit pas de bonne qualité, il donne d'excellents produits, grâce aux progrès de l'agriculture et à l'emploi des engrais marins.

La ville de Lanvollon est divisée en deux parties bien distinctes, formant deux vastes places séparées par une toute petite rue à l'angle de laquelle on remarque une maison nommée l'*hôtel Kératry*, qui porte la date de 1559 et dont les façades en bois sont décorées de belles sculptures.

Son commerce est assez étendu ; ses marchés et ses foires ont acquis une certaine importance. La boucherie, le commerce des toiles de lin, des étoupes et des chiffons occupent une partie notable de la population.

L'église paroissiale est sous le patronage de Saint-Samson, évêque de Dol ; elle appelle l'attention par sa belle flèche et une belle verrière du XIVe siècle, où l'on remarque l'écusson de l'antique baronnie d'Avaugour.

Saint Thuriau, évêque de Dol au VIIIe siècle, est né dans cette commune.

Lanvollon possède une école de garçons, une école de filles, avec pensionnat, et une classe enfantine.

Le bourg est traversé par les chemins de grande communication N°s 7, 9 et 16, et par les chemins d'intérêt commun N°s 28 et 57.

GOMMENEC'H

Superficie : 1,182 hectares. — Population : 1,311 habitants.

Le sol de cette commune où domine le schiste et le granit, est généralement plat, excepté à l'est et au nord sur les bords du Leff et de la vallée qui la sépare de Trévérec.

La culture du lin y est encore importante, mais elle a bien diminué depuis quelque temps. On donne beaucoup de soins aux pommiers qui fournissent un cidre renommé.

L'église paroissiale est dédiée à saint Guy ; la foudre a détruit sa tour, il y a quelques années. La chapelle de N.-D. de Douarnec, dont la fête se célèbre le 2e dimanche de septembre, mérite d'être visitée à cause de sa belle verrière. Le pardon qui s'y tient est très fréquenté et dure quatre jours.

Cette paroisse faisait autrefois partie de l'évêché de Tréguier. Le breton est la langue usuelle.

Gommenec'h possède deux écoles, l'une de garçons et l'autre de filles ; à cette dernière est annexé un petit pensionnat.

Le bourg est traversé par le chemin de grande communication N° 54, et le chemin d'intérêt commun N° 27.

LANNEBERT

Superficie : 699 hectares. — Population : 810 habitants.

Borné au nord par Pludual, à l'est par Pléguien, au sud par Lanvollon, et à l'ouest par Gommenec'h et Tréméven, le territoire de cette commune est peu boisé et humide, mais assez fertile. Il est de nature granitique. Le breton est généralement parlé.

Sur la place du bourg coule une fontaine dédiée à saint Evence et qui forme un lavoir public où l'eau ne tarit jamais. L'église, sous le vocable de ce saint, n'offre pas d'intérêt.

La chapelle de N.-D. de Liscorno a été récemment restaurée ; le pardon qui a lieu le 3e dimanche de septembre, attire un grand nombre de pèlerins.

Deux écoles existent au bourg, l'une de garçons et l'autre de filles avec classe enfantine.

Le bourg est traversé par le chemin d'intérêt commun N° 2.

LE FAOUET

Superficie : 755 hectares. — Population : 713 habitants.

Le territoire de cette commune est assez boisé et bien planté de pommiers.

Il est accidenté surtout au nord et à l'est sur les bords du Leff. Le sol est formé de schiste argileux au nord et de gneiss au sud.

Cette commune est presque tout entière comprise dans

une presqu'île terrestre, qui s'avance en demi-cercle dans l'arrondissement de Guingamp.

Le bourg est traversé par la vieille route de Pontrieux à Perros.

Les agriculteurs plantent beaucoup de pommiers et se livrent avec succès à l'élevage du bétail. La langue parlée est le breton.

L'église paroissiale vient d'être reconstruite ; elle est d'un bel effet. Le château moderne de Kervasdoué est entouré de magnifiques futaies qui s'étendent sur le versant du Leff.

La chapelle de Kergrist, où a lieu un pardon le dernier dimanche de septembre, est du xve siècle.

Le Faouët possède deux écoles communales, une pour chaque sexe.

Le bourg est traversé par le chemin d'intérêt commun N° 53.

LE MERZER

Superficie : 1,263 hectares. — Population : 1,100 habitants.

Cette commune située au sud du canton de Lanvollon, s'avance comme un coin dans l'arrondissement de Guingamp. Elle est bien boisée et bien plantée de pommiers. Le territoire, généralement plat, repose sur un sous-sol granitique et argileux, renfermant des roches amphiboliques.

L'église, dédiée à Notre-Dame, vient d'être restaurée ; son pardon a lieu le dimanche qui suit le 8 septembre. Le breton est la langue usuelle.

Deux écoles communales y existent, une pour les garçons et l'autre pour les filles.

On conserve au Merzer le souvenir d'un homme de bien. François Le Grand-Fèvre, qui fut maire au commencement du siècle et qui passa sa vie à rendre service à ses concitoyens.

Le bourg est traversé par le chemin d'intérêt commun N° 21, et est à proximité du chemin de grande communication N° 9.

PLÉGUIEN

Superficie : 1,549 hectares. — Population : 1,733 habitants.

Cette grande commune s'étend à l'est du canton de Lanvollon. Sauf les grands bois de la Salle, le territoire est peu boisé et généralement plat, excepté dans la partie centrale où se trouve le bourg. Il est en général bien cultivé, mais de qualité médiocre.

L'église paroissiale possède un beau clocher et deux fenêtres datant l'une du xive siècle et l'autre du xvie.

On remarque le manoir du Bois de la Salle, entouré de très beaux bois, où l'on voit une enceinte circulaire entourée de douves profondes remontant à l'époque romaine et qu'on nomme *Le Labyrinthe*.

Pléguien possède une école communale de garçons et une école de filles fondée par le marquis de Saint-Pierre.

Le bourg est traversé par le chemin de grande communication N° 9, et d'intérêt commun N° 66.

POMMERIT-LE-VICOMTE

Superficie : 3,303 hectares. — Population : 2,806 habitants.

Cette localité était autrefois le chef-lieu d'une importante seigneurie ayant le titre de vicomté, d'où lui vient son nom, et dont la juridiction s'étendait sur les communes environnantes.

Elle a été aussi appelée Pommerit-les-Bois, à cause des nombreux taillis et futaies qui s'y trouvaient.

Le sol, de constitution granitique, avec roches amphiboliques, est plat, excepté sur les bords du Trieux qui sépare Pommerit de Squiffiec et de Trégonneau.

Malgré l'humidité d'une grande partie du terrain, les céréales et les pommiers produisent d'excellents résultats. On y trouve de l'argile qui est utilisée par les potiers du village de La Poterie, situé dans la commune de Pabu, près Guingamp.

Dans l'église paroissiale dédiée à saint Pierre et à la Vierge, on voit une superbe vitre du XIVe siècle. Le clocher, surmonté d'une élégante flèche, date de 1712. Sur le portail sont sculptées les armes de Durfort, duc de Lorges, maréchal de France, l'un des derniers seigneurs de Pommerit.

La chapelle du Paradis est un bel édifice gothique du XVIe siècle ; celle du Folgoat, un peu plus ancienne, est un lieu de pèlerinage fréquenté.

Pommerit possède deux écoles communales nombreuses ; l'une de garçons et l'autre de filles.

Jean Le Brun, aumônier du duc Jean IV et évêque de Tréguier, mort en 1378, est né dans cette commune.

Près du château de Kerbic, on trouve un dolmen au milieu de belles plantations.

Le bourg est traversé par le chemin de grande communication N° 54, et par le chemin d'intérêt commun Nos 21 et 28.

TRÉGUIDEL

Superficie : 655 hectares. — Population : 900 habitants.

Située au sud-est du canton de Lanvollon, cette commune est la seule dans laquelle le breton n'est pas connu. Elle devrait son nom à saint Guénaël, patron de l'église paroissiale.

Elle fournit un grand nombre de marins à la navigation de l'Etat et du commerce.

Le sol est bien cultivé. La propriété, très-divisée, est possédée en grande partie par ceux qui l'exploitent.

Le voisinage de la mer (8 kilomètres) permet aux cultivateurs d'user des engrais marins au grand profit de l'agriculture.

La chapelle de Saint-Pabu ou Tugdual est un édifice assez remarquable du XVe siècle.

Tréguidel possède deux écoles bien fréquentées.

Le bourg est traversé par le chemin d'intérêt commun Nos 8 et 66.

TRÉMÉVEN

Superficie : 512 hectares. — Population : 661 habitants.

Le territoire de cette commune, borné à l'ouest par le Leff, est généralement découvert et très-accidenté dans la partie nord.

Son nom viendrait de saint Méen ou Méven, patron de l'église paroissiale.

A l'important village de Saint-Jacques, situé au fond d'un ravin, sur les bords du Leff, on remarque une vaste chapelle sous le vocable du saint de ce nom, et qui date des xve et xvie siècle. Son architecture et ses sculptures méritent d'être citées. Il s'y tient chaque année quatre foires très importantes.

Au sud de Saint-Jacques, se trouvent les ruines de l'ancienne forteresse de Coëtmen. On voit encore les restes d'une vieille tour et d'un énorme donjon. Tréméven compte deux écoles, l'une de garçons, l'autre de filles.

Le bourg situé non loin du chemin de grande communication N° 7, n'est traversé que par des chemins de 3e catégorie.

TRESSIGNAUX

Superficie : 729 hectares. — Population : 811 habitants.

Saint Suliac ou Suliau, patron de l'église paroissiale, a donné son nom à la commune, dont le bourg n'est distant de Lanvollon que de 1,500 mètres.

Le sol, formé de schiste et de granit, est pierreux et d'une culture assez difficile ; toutefois, l'agriculture y progresse, et les pommiers produisent un cidre estimé. Les landes sont à peu près toutes défrichées.

Le Leff sépare à l'ouest Tressignaux de Goudelin.

La chapelle de Saint-Antoine, au sud du bourg, remonte au xvie siècle. On y vient en pèlerinage le premier dimanche de septembre.

C'est sur le territoire de Tressignaux qu'une femme

trouva en 1816 une pépite d'or natif sur quartz blanc ; elle a été déposée au musée des mines à Paris.

Jusqu'en 1882, l'école des garçons se tenait à Saint-Antoine ; depuis cette époque, les deux écoles sont installées au bourg.

Le bourg est traversé par le chemin de grande communication N° 7.

TRÉVÉREC

Superficie : 433 hectares. — Population : 538 habitants.

Le territoire de cette commune est assez accidenté, notamment à l'est. Le sol y est fertile et bien cultivé ; les pommiers donnent de bons produits. Grâce aux efforts d'un agriculteur distingué, M. Pierre Ollivier, décédé maire de la commune, les landes ont disparu, et des procédés rationnels de culture ont été introduits.

L'église de Trévérec est dédiée à saint Véran, qui a donné son nom à la commune.

On remarque un beau tumulus à un kilomètre du bourg, près de Lesvérec.

L'antique et belle chapelle de Pont-Men est en ruines.

Trévérec possède depuis longtemps une école communale spéciale pour chaque sexe.

Le bourg est traversé par le chemin de grande communication N° 16, et le chemin d'intérêt commun N° 27.

CANTON DE MONCONTOUR

(10 communes).

Moncontour ; Bréhand ; Hénon ; Penguily ; Quessoy ; Saint-Carreuc ; Saint-Glen ; Saint-Trimoël ; Trébry ; Trédaniel.

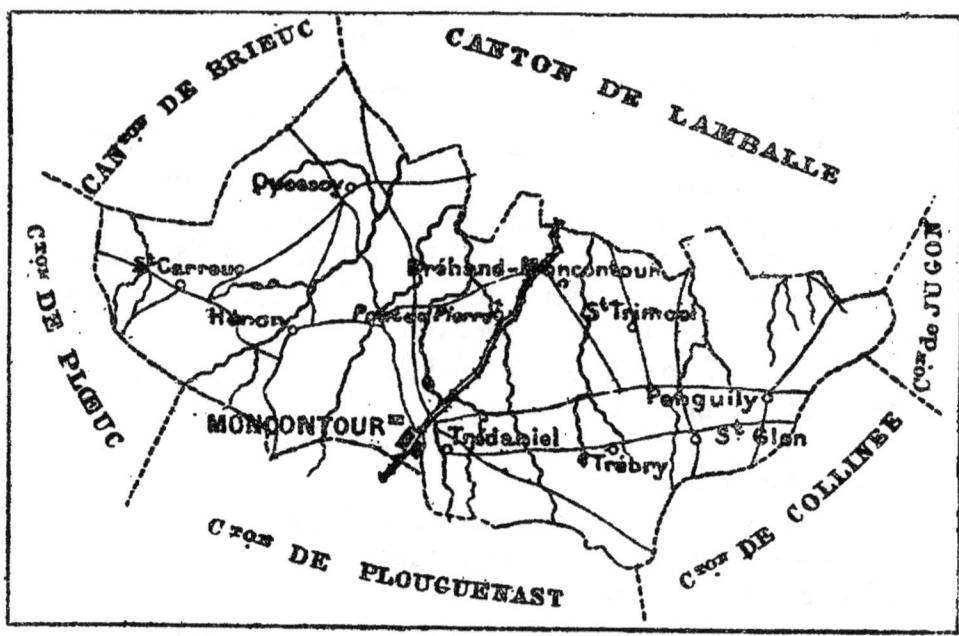

Le canton de Moncontour est borné au nord par les cantons de Saint-Brieuc-Midi et de Lamballe ; à l'est par les cantons de Jugon et de Collinée ; au sud par le canton de Plouguenast ; à l'ouest par le canton de Plœuc. — Ce canton est traversé par la route nationale N° 168, de Quiberon à Saint-Malo ; par les chemins de grande communication N° 6, de Mauron à la baie d'Yffiniac ; N° 14, de Collinée à Dahouët ; N° 27, du Pontgamp à la grève de Cesson ; N° 28, de Quintin à la grève de La Mouette ; N° 30, de La Chèze à Saint-Brieuc, et N° 44, de Corlay à Jugon ; par les chemins d'intérêt commun N° 4, de Collinée à la grève de la Grandville ; N° 29, de Saint-Carreuc à Broons ;

N° 58, de Saint-Trimoël à la grève d'Hillion, et N° 61, de Plœuc à Yffiniac.

Le territoire du canton de Moncontour, arrosé par les rivières le Gouessant et l'Evron, nu et découvert dans ses parties nord et est, élevé, très accidenté, coupé de vallées profondes, comprend une partie du versant nord des montagnes du Menez, où se trouve Bel-Air, situé à 340 mètres au-dessus du niveau de la mer et l'un des points principaux de triangulation des cartes de France de Cassini et de l'état-major. — Fertile, contenant de bonnes prairies, produisant d'excellents chevaux ; bien boisé et planté de pommiers, il est susceptible de grandes améliorations agricoles.

Le canton de Moncontour appartient à la zône intermédiaire du département ; avant la chute du commerce des toiles, il avait une certaine importance industrielle qu'il a complétement perdue, mais dont il trouvera la compensation dans les progrès de son agriculture.

MONCONTOUR

Superficie : 48 hectares. — Population : 1,359 habitants.

La ville de Moncontour est traversée par la route nationale de Quiberon à Saint-Malo, et par les chemins de grande grande communication N°s 6 et 30.

C'était autrefois l'une des places les plus fortes de Bretagne. Sa situation sur un mamelon escarpé, s'avançant comme un promontoire, la rendait presque inexpugnable. Elle a subi plusieurs siéges, notamment en 1394, 1487 et 1590. Grâce à sa situation, à la hauteur et à la solidité de ses murs, l'ennemi ne put jamais s'en emparer.

En 1624, par ordre de Louis XIII, elle fut démantelée. Néanmoins, une partie restée debout jusqu'à la Révolution, servait de prison. Les trois portes, par lesquelles on entrait dans la ville, subsistent en partie.

L'église paroissiale, dédiée à saint Mathurin, est l'ancienne chapelle du château. Sa tour en granit surmontée d'un dôme en plomb, date de la Renaissance. A l'intérieur, on remarque les superbes verrières, représentant les scènes de la vie de Notre-Seigneur, de saint Yves, de sainte Barbe, de saint Mathurin et un arbre de Jessé ; elles datent de 1535. L'autel, en marbre blanc, et la belle balustrade en fer forgé attirent les regards.

On fait remonter l'origine du pèlerinage de saint Mathurin à la duchesse Anne, reine de France, qui aurait rapporté des environs de Sens un morceau du crâne du saint. A cette occasion eurent lieu de grandes fêtes présidées par la reine qui aurait ouvert les danses. Elles se sont perpétuées depuis, et tous les ans, à la Pentecôte, de grandes réjouissances ont lieu à Moncontour.

Dans la partie haute de la ville se trouve l'hospice civil, magnifique établissement, fondé il y a 300 ans et desservi par les Dames de Saint-Thomas de Villeneuve.

Depuis la chute du commerce des toiles, cette ville n'a plus d'industrie propre, excepté quelques tanneries installées sur les bords de l'Evron.

François Le Douaren, savant jurisconsulte, y est né, de même que Poullain de Bel-Air, avocat célèbre, et l'économiste Juigner. Gilles de Bretagne y a été prisonnier.

On y compte deux écoles communales, ouvroirs et une classe enfantine.

Le sol, de nature granitique, ne mesure que 40 hectares et ne comprend guère que la ville proprement dite.

BRÉHAND

Superficie : 2,495 hectares. — Population : 1,940 habitants.

Situé à peu près à mi-route de Moncontour à Lamballe, le bourg de cette commune n'offre rien de remarquable. L'église, dédiée à la sainte Vierge, vient d'être reconstruite.

Le sol, de constitution granitique au sud et schisteuse au nord, est boisé et bien planté de pommiers. Les progrès de l'agriculture ont fait disparaître la totalité des landes. Le commerce du beurre et du cidre est très actif.

La chapelle de Saint-Malo, non desservie, date du xv^e

siècle. On remarque les châteaux de Launay, du Chêne et du Boishardy. C'est dans ce dernier qu'est né le célèbre capitaine de chouans Amateur-Jérôme-Silvestre Le Bras de Forges, sieur du Boishardy, tué à Bréhand même le 17 juin 1795.

Les eaux d'un affluent de l'Evron font mouvoir plusieurs minoteries.

Bréhand possède deux écoles primaires.

Le bourg de Bréhand est traversé par le chemin d'intérêt commun N° 29.

HÉNON

Superficie : 4,087 hectares. — Population : 2,959 habitants.

Le vaste territoire de cette commune est très accidenté et s'étend sur le versant nord des monts du Menez. L'agriculture y fait peu de progrès ; les cultivateurs n'abandonnent que lentement les anciens systèmes de culture. On y trouve encore beaucoup de terres incultes.

Le sol est formé mi-partie de schiste talqueux et de granit.

L'église récemment reconstruite sur l'emplacement de celle qu'un violent incendie détruisit en 1877, est un beau monument d'architecture gothique ; saint Pierre en est le patron.

On remarque les belles propriétés de Catuélan, des Granges, du Colombier, de la Néauvais, des Mezues et de Bellevue. Sur la belle esplanade qui s'étend devant le château des Granges, ont lieu tous les ans les danses qui terminent les fêtes de saint Mathurin à Moncontour.

Les plus anciens registres de paroisse remontent à 1595. A cette époque l'église paroissiale se trouvait dans un champ dit de la Croix-d'Aval, à 400 mètres environ de l'église actuelle.

Une notice ancienne fait connaître qu'un grand pardon se tenait à la chapelle Saint-Nicolas, près de la Ville-Chuplé. C'est ce pardon qui a donné naissance à la foire transférée plus tard à Crafaud, dans la commune de Plédran.

Charles du Merdy, marquis de Catuélan, décédé, à la fin du siècle dernier, premier président du Parlement de Bretagne, est né à Hénon.

Cette commune possède depuis 1844 une école communale de garçons et une école privée de filles. Cette dernière a été fondée par M. le comte de Lorgeril.

Le bourg est traversé par le chemin d'intérêt commun N° 29.

PENGUILY

Superficie : 1,049 hectares. — Population : 617 habitants.

Cette commune, anciennement appelée l'*Aile-des-Haies*, a été formée d'une ancienne trève de Saint-Glen, d'où elle ressortissait pour le spirituel jusqu'en 1845.

L'ancienne chapelle tréviale, devenue église paroissiale et qui tombait en ruines, a été reconstruite aux frais et par les soins de M. Le Bel de Penguily en 1847. Elle est dédiée à saint Théodule.

Cette commune a été agrandie, en 1863, d'une section de Plénée-Jugon.

Son territoire de nature granitique, et situé sur les confins de l'arrondissement de Dinan et de Loudéac, est plat et un peu humide. Il est bien boisé, mais on y trouve encore des landes.

On remarque les châteaux modernes de Penguily et de la Saudraie.

Le bourg est situé à proximité du chemin de grande communication N° 14.

QUESSOY

Superficie : 2,923 hectares. — Population : 2,857 habitants.

D'après la tradition, le territoire de cette commune étai autrefois très boisé.

La paroisse de Quessoy est citée dans une charte de Conan IV de 1169, à l'occasion d'un de ses villages, l'Hôpital, où s'était établie une commanderie de Templiers. L'église paroissiale est dédiée à sainte Anne ; elle est vaste, mais n'offre aucun intérêt.

Les chapelles de l'Hôpital, de Crézouar et de Saint-Blaise n'offrent rien de remarquable.

Le territoire de Quessoy comprend un plateau élevé, entrecoupé de nombreuses vallées qui forment des sites très pittoresques. Les pommiers y sont bien cultivés.

En dehors de leurs travaux de labour, et tout en gardant les bestiaux dans les champs, les hommes et les femmes se livrent à une industrie toute spéciale à cette commune ; la fabrication des chapeaux de paille communs qui sont ensuite vendus en gros vers le mois de mai sur les marchés de Saint-Brieuc, de Lamballe et de Moncontour.

Le château de Bogars est entouré de belles plantations.

Au bourg existent deux écoles communales, l'une pour les garçons, l'autre pour les filles. A l'Hôpital, a été créée, il y a quelques années, une école mixte.

Le bourg est traversé par les chemins de grande communication Nos 29 et 30, et d'intérêt commun No 68.

SAINT-CARREUC

Superficie : 1,269 hectares. — Population : 1,227 habitants.

Le territoire de cette commune est accidenté et découvert. On y rencontre quelques tertres assez élevés, notamment celui du Haut-Croc (230 m.)

L'agriculture progresse lentement ; le sol est cependant assez fertile. On rencontre du granit un peu partout et du schiste talqueux au sud.

Les vallées renferment d'excellentes prairies qui, par un meilleur aménagement des eaux, produiraient du foin de qualité supérieure et en plus grande quantité.

Jusqu'en 1516, cette paroisse a fait partie de Plédran, dont elle n'était qu'une trève. L'église, dédiée à saint Etienne, est petite ; elle date du xviie siècle. En 1873, la tour a été exhaussée. La petite chapelle du hameau important de Saint-Guéhen est du xvie sièle.

De la route de Plaintel à Saint-Carreuc, en descendant la côte de Saint-Guéhen, le voyageur aperçoit, entouré d'un joli bouquet d'arbres, le château de Plessix-Budes, reconstruit en 1860 et où est né, en 1602, Jean-Baptiste Budes, comte de Guébriant, maréchal de France, qui se couvrit de gloire au passage du Rhin en 1639, et gagna les victoires de Wolfenbüttel et de Kempen. Il mourut à Rothweil, en Souabe, le 24 novembre 1643.

Près de la Sencye se trouve un tumulus assez bien conservé.

Deux écoles existent au bourg, une pour chaque sexe. Une école mixte vient d'être récemment ouverte à Saint-Guéhen.

Le bourg est traversé par les chemins de grande communication Nos 27 et 28.

SAINT-GLEN

Superficie : 1,078 hectares. — Population : 828 habitants.

Situé sur le versant nord du Menez, entre les communes de Trébry et de Penguily, le territoire de cette commune, de constitution granitique, est assez accidenté ; quelques vallées fertiles font contraste avec les landes voisines qui sont à peu près toutes défrichées.

On y récolte beaucoup de sarrasin.

L'église de Saint-Glen, sous le vocable de saint Nicodème et de saint Etienne, n'offre aucun intérêt.

Le point culminant est les Trois-Croix qui s'élève à 316 mètres.

Près de la Haie-aux-Lions, se trouvent deux tumulus, l'un de forme ovale et l'autre rond de 3 mètres environ de hauteur. On les désigne dans le pays sous les noms de Grand et de Petit château.

Saint-Glen possède une école communale pour les garçons et l'autre pour les filles.

Le Gouessant sépare cette commune de Trébry et de Saint-Trimoël.

Le bourg est traversé par les chemins d'intérêt commun N°s 4 et 29.

SAINT-TRIMOEL

Superficie : 835 hectares. — Population : 587 habitants.

Saint-Hermoël, solitaire breton qui y vivait au ve siècle, a donné son nom à cette commune dont le sol, presque uni, s'abaisse vers le nord. Il est de nature granitique et de qualité ordinaire. L'agriculture y fait quelques progrès, mais le cultivateur se débarrasse difficilement des procédés routiniers de ses ancêtres.

L'église paroissiale n'a rien qui mérite d'être signalé. Les anciennes chapelles de Gouvello et des Fermes ne sont plus desservies. Le Gouessant arrose la commune à l'est et la sépare de Saint-Glen.

Deux écoles existent au bourg, l'une pour les garçons, l'autre pour les filles.

Le bourg n'est traversé que par des chemins de 3e catégorie.

TRÉBRY

Superficie : 2,511 hectares. — Population : 1,543 habitants.

Cette commune, dont le territoire s'étend dans toute la partie sud-est du canton, est située sur le versant nord du Menez.

Le sol de constitution granitique, excepté aux environs du mont de Bel-Air, où l'on trouve des grès, est boisé au centre, nu et découvert dans les autres parties, notamment au sud. Sur les hauteurs on trouve des landes nouvellement défrichées, qui ne produisent que du seigle et du blé-noir.

Le Gouessant y a sa source.

C'est dans cette commune que se trouve le point culminant du département, le mont de Bel-Air (340^m). Du sommet, où se trouve une chapelle dédiée à Notre-Dame du Mont-Carmel, on découvre une étendue de pays considérable, depuis la mer jusqu'au Morbihan. Il s'y tient un pardon très fréquenté le dimanche qui suit le 16 juillet.

L'église paroissiale, reconstruite en 1860, offre peu d'intérêt. La chapelle de Saint-Maudez date du xvie siècle.

Le château-fort de la Touche-Trébry conserve encore une partie de ses anciennes fortifications. On voit les quatre tourelles, la place du pont levis, les douves qui ne sont pas comblées et qui étaient alimentées par un étang voisin.

On remarque les manoirs de la Reboursière, de la Ville-Gouessio, de la Roblinais, de Duault et de Bel-Orient, ainsi que le château de la Bégassière qui appartient à la famille de l'amiral Montjaret-Kerjégu.

Un souterrain unissait, dit-on, la Touche-Trébry avec la Roblinais.

Deux dolmens, parfaitement conservés, existent à Saint-Maudez et à la Grignardaye : les habitants nomment ce dernier l'Autel des fées. On y a trouvé plusieurs objets de l'époque celtique.

Trébry a deux écoles de garçons, l'une communale et l'autre privée, et une école communale de filles.

Le bourg est traversé par le chemin d'intérêt commun N° 29.

TRÉDANIEL

Superficie : 1,540 hectares. — Population : 1,063 habitants.

Le territoire de la commune de Trédaniel, situé à l'est de Moncontour, s'étend jusqu'aux portes de cette ville.

Bien cultivé et bien boisé au nord, il est nu et renferme encore beaucoup de landes au sud, dans la partie montagneuse.

Les prairies des vallées produisent un foin excellent.

Les restes du château de la Cuve dominent le versant nord du Menez. Ils sont entourés d'une enceinte en terre de plus de 300 mètres de circonférence, protégé par un fossé profond.

Courson de Kernescop, dit de la Villevalio, lieutenant de Cadoudal, y est né. Il est mort en 1847, après avoir été colonel et maréchal de camp sous la Restauration.

La commune de Trédaniel n'a pas d'école sur son territoire. Elle loue deux maisons d'école dans la ville de Moncontour.

Le bourg est situé à proximité du chemin de grande communication N° 6.

CANTON DE PAIMPOL

(9 Communes).

Paimpol ; Bréhat ; Kerfot ; Kérity ; Ploubazlanec ; Plouézec ; Plounez ; Plourivo ; Yvias.

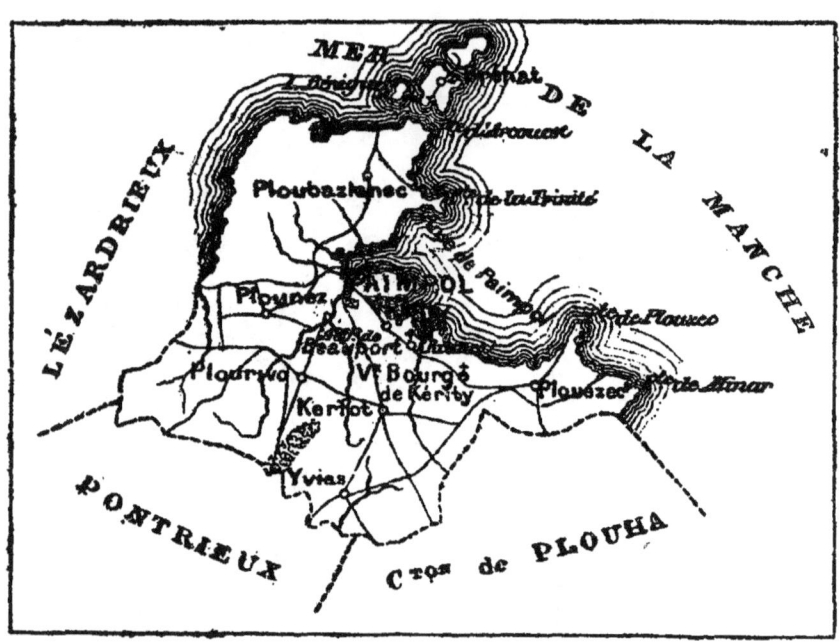

Le canton de Paimpol, qui appartient à la zone du littoral, est borné au nord et à l'est par la Manche ; au sud par les cantons de Plouha et de Pontrieux ; à l'ouest par le canton de Lézardrieux, dont il est séparé par le Trieux. Le Leff sépare également le canton de Paimpol de celui de Pontrieux. Le canton est en outre arrosé par le Lezvouen, qui se jette dans la mer à Paimpol. — Il est traversé par les chemins de grande communication N° 1er, de Saint-Brieuc à Morlaix ; N° 7, de Paimpol à Josselin ; N° 15, de Belle-Isle à Bréhat ; N° 54, de Guingamp à la baie de Bréhec, et par les chemins d'intérêt commun N° 53, de Guingamp à Plouézec, et N° 57, de Plerneuf à Yvias.

Le territoire de ce canton maritime est fort accidenté dans toutes ses parties, notamment sur ses confins ouest, formés par la rivière navigable du Trieux, et aux bords de la mer, dominés par de hautes et rapides falaises. Le littoral est hérissé d'écueils, d'îles et d'îlots, qui rendent son aspect tout à la fois grandiose et effrayant. Ce canton est peu planté de pommiers et produit seulement 5,060 hect. de cidre. Il est également peu boisé, mais on tend à y étendre les plantations, malgré la violence des vents et sa situation géographique. De toutes parts on y trouve les plus beaux points de vue, les sites les plus pittoresques. Son sol, bien cultivé, le classe parmi les cantons les plus fertiles et les plus productifs du département, bien que le cinquième environ de sa superficie soit encore en landes. Il y existe beaucoup de propriétés sous le régime convenancier. A ses richesses agricoles, il faut ajouter celles que lui procure la marine. Il possède de nombreux bateaux employés à la pêche, au dragage des sables calcaires et à la récolte des varechs qui constituent un si précieux engrais. La pêche du maquereau et de la julienne est très productive. Celle des huîtres est aussi une source d'importants bénéfices.

PAIMPOL

Superficie : 93 hectares. — Population : 2,211 habitants.

La ville de Paimpol est agréablement située au fond d'une petite baie qu'encadrent des collines schisteuses peu élevées.

Elle est bornée au nord par Ploubazlanec, à l'ouest par Plounez, au sud par Plounez et Kérity, et à l'est par la mer. Son territoire qui ne mesure que 81 hectares est resserré par les communes limitrophes et ne comprend guère que l'agglomération principale.

C'est un petit port très animé qui arme annuellement une quarantaine de navires pour la pêche de la morue en Islande. Son commerce maritime va s'accroître par la construction d'un bassin à flot creusé dans les marais qui se trouvaient à l'embouchure du petit ruisseau le Lezvouen. Plusieurs navires font également le cabotage entre les ports de la Manche notamment et l'Angleterre ; le commerce d'exportation consiste en céréales, pommes de terre, et l'importation comprend du fer, du bois, de la houille, du sel, etc.

L'entrée du port est difficile à cause des nombreux rochers sous-marins qui s'y trouvent, mais la rade est sûre.

La culture maraîchère, aux environs de la ville, est bien entendue et donne de beaux produits.

Les rues sont généralement étroites et mal alignées ; elles aboutissent toutes aux quais ou à la place du Martray d'un joli aspect, entourée par l'Hôtel-de-Ville et quelques maisons du xve et du xvie siècle.

Les marchés, qui ont lieu le mardi de chaque semaine, et les foires sont très suivis.

A Paimpol se trouvent un commissariat de l'inscription maritime, un tribunal de commerce, une capitainerie et une recette de douanes, un contrôleur des contributions directes, une caisse d'épargne.

De belles et vastes écoles communales y ont été récemment construites.

Paimpol était autrefois une trève de Plounez ; elle est devenue cure en 1790. Certains documents tendent à faire croire qu'elle existait avant 1325. Le château fort des Etangs, qui s'élevait aux abords des quais actuels était considéré comme une des places de guerre de Bretagne.

En 1595, la ville fut prise par les Ligueurs sur les Anglais. En 1832, le choléra décima la population.

Des courses, des régates très brillantes et très animées ont été établies depuis longtemps à Paimpol.

Dans l'église dédiée à Notre-Dame-de-Bonne-Nouvelle, on remarque une belle rosace du xive siècle et un tableau de Valentin provenant de l'abbaye de Beauport.

A Lanvignec, autrefois paroisse, existent une jolie chapelle dédiée à saint Vignec, prince irlandais du ve siècle, et un cimetière où il est accordé des concessions.

Les Paimpolais ont été de hardis corsaires pendant les guerres contre les Anglais ; la population en a gardé une certaine fierté d'allure, de franchise et d'énergie qui contraste avec le caractère ordinaire des populations avoisinantes.

La ville de Paimpol est traversée par les chemins de grande communication Nos 1, 7 et 15.

BRÉHAT

Superficie : 309 hectares. — Population : 1,086 habitants.

Cette île, baignée par la Manche, est située au nord de Ploubazlanec et à 4 kilomètres de la terre ferme. Autour d'elle se trouvent de nombreux et pittoresques îlots.

Elle est divisée elle-même en deux parties par un canal qui se remplit à marée haute.

Le climat y est doux et très sain ; la culture des pommes de terre prédomine dans l'île, elle y est bien entendue et donne d'excellents produits ; mais elle se fait à bras : les roches parsemées çà et là au milieu des terres ne permettent guère d'employer la charrue.

Les voitures et chevaux y sont presque inconnus et les transports se font uniquement à bras ou à dos d'âne.

Quoique découvert et nu, le territoire de l'île et des îlots est très productif.

Le bois de chauffage y fait complètement défaut ; les habitants utilisent, en guise de mottes, la *bouse* de vache séchée au soleil.

Les hommes sont presque tous marins, au service de l'Etat ou embarqués sur les longs courriers.

Dans l'un des îlots, appelé l'Ile-Verte, saint Budoc, au vie siècle, avait fondé un monastère dont quelques ruines indiquent encore l'emplacement.

A l'ouest de Bréhat, on voit au loin le magnifique phare des Héaux, dont la lanterne est élevée de 79 mètres au-dessus du niveau de la mer.

Le sable coquillier qui se trouve sur le banc de l'Ile-Verte contient 83 % de matières fertilisantes. Le sol des îles est du granit amphibolique très dur.

L'église paroissiale date de 1651. Il existe dans l'île trois chapelles : celle de Notre-Dame-de-Keramour, de Saint-Michel et de Saint-Guénolé.

Bréhat a de tout temps fourni de nombreux marins ; plusieurs amiraux et capitaines de vaisseaux bréhatins se sont fait remarquer par leur intrépidité.

Un des derniers survivants du *Vengeur* était de Bréhat.

Bréhat possède deux écoles : l'une de garçons, l'autre de filles.

Cette île n'est traversée que par des chemins vicinaux de 3º catégorie.

KERFOT

Superficie : 566 hectares. — Population : 784 habitants.

La commune de Kerfot a été formée en 1859, d'une partie du territoire d'Yvias.

Elle est bornée au nord par Kérity, à l'est par Plouézec, à l'ouest par Yvias et Plourivo, au sud par Yvias.

Le territoire est accidenté, nu sur les hauteurs et boisé dans les vallées. Il est de médiocre qualité.

Cette commune fournit un assez grand nombre de marins, faisant la pêche à Terre-Neuve.

L'église paroissiale date du xviiº siècle, elle est dédiée à Notre-Dame.

On remarque non loin du bourg les ruines de l'ancien château-fort de Corret.

Le sol est à grès rouge, à gros grains, et à schiste traversé par du porphyre squartzifère, recouvert d'argile.

Kerfot possède une école de garçons et une école de filles.

Le bourg est traversé par le chemin de grande communication Nº 7.

KÉRITY

Superficie : 983 hectares. — Population : 2,312 habitants.

Cette commune, située sur le littoral sud de la baie de Paimpol, est bornée au nord par la mer, à l'est par Plouézec, au sud par Plouézec et Kerfot, à l'ouest par Plourivo, Paimpol et Plounez.

C'est dans un site pittoresque, sur les bords de la mer et d'un étang que se trouvent les ruines de l'abbaye de Beauport, fondée pour des religieux Prémontrés, en 1202, par Alain, comte de Goëllo.

L'ancienne chapelle, l'ancienne salle capitulaire, le réfectoire, le cloître, sont des restes curieux de l'art architectural de l'époque. Ils viennent d'être classés parmi les monuments historiques.

L'église paroissiale et le bourg ont été transférés, il y a quelques années au village du Tévron, entre l'abbaye et Kernoa, partie de Kérity qui forme un faubourg de Paimpol.

Le sol est en général peu fertile, il est à base de roches amphiboliques mêlées de serpentine ; sur les hauteurs on découvre des terrains incultes envahis par les ajoncs qui font peu à peu place à de belles futaies de pins maritimes.

Kérity fournit beaucoup de marins à la flotte de l'Etat, au commerce et à la pêche.

Du lieu dit Sainte-Barbe, on jouit d'un coup d'œil splendide sur la baie de Paimpol, sur les rochers qui en défendent l'entrée et sur l'île de Bréhat que l'on aperçoit au nord.

Un groupe scolaire spacieux et bien aéré a fait place aux classes si mal installées, pendant longtemps, dans une partie des restes de l'abbaye de Beauport.

Le bourg est traversé par le chemin de grande communication N° 1.

PLOUBAZLANEC

Superficie : 1,504 hectares. — Population : 3,383 habitants.

Ploubazlanec est une grande et belle commune à territoire élevé, entrecoupé de vallons bien boisés.

Le sol est généralement fertile grâce à l'emploi des *algues* et *varechs* que la mer fournit en abondance. Il produit des céréales, des pommes de terre, du lin et du chanvre. Ploubazlanec forme une presqu'île qui se rattache au continent par Plounez et Paimpol, et est borné au nord et à l'est, par la Manche ; à l'ouest le Trieux la sépare de l'arrondissement de Lannion.

La constitution du sol est à base de schiste ; au nord on trouve du granit amphibolique et du beau porphyre brun et vert.

Les deux petits ports de Loguivy et de Portz-Even possèdent un grand nombre de bateaux qui font la pêche du poisson frais et qui vont pour la plupart, tous les ans, pêcher le homard à l'île de Sein.

C'est à l'Arcouest, au nord du bourg et à l'extrémité du chemin de grande communication N° 15, qu'accostent les bateaux faisant le passage pour Bréhat.

Ploubazlanec a absorbé deux autres paroisses : *Perros-Hamon* et *Lannévez* qui n'était qu'une trêve de Perros ; elles dépendaient toutes deux de l'évêché de Dol alors que celle de Ploubazlanec ressortissait de Saint-Brieuc.

On remarque le château des Salles avec ses dépendances dont les belles futaies s'étendent le long de la mer, et ceux de Kersa et de Kernouarn.

Sur un mamelon qui domine l'entrée du port de Paimpol se dresse une belle statue de la Vierge.

Sur les grèves de Launay et de l'Arcouest on trouve un sable coquillier contenant 90 % en moyenne de matières fertilisantes.

Ploubazlanec possède une école communale de garçons, une école communale de filles avec classe enfantine et une école mixte à Loguivy.

Le bourg de Ploubazlanec est traversé par le chemin vicinal de grande communication N° 15, de Belle-Isle à Bréhat.

PLOUÉZEC

Superficie : 2,788 hectares. — Population : 4,715 habitants.

Le territoire de cette commune est accidenté, découvert et sec. Dans la partie ouest et sud s'étendaient encore, il y a quelques années, des landes qui ont été défrichées ou remplacées par de belles futaies de pins maritimes.

Le sol n'est fertile que grâce à une culture bien entendue favorisée par la facilité de se procurer des engrais marins de toutes sortes. Il est en général schisteux.

Plouézec est borné au nord par Kérity et la Manche, à l'est par la Manche, au sud par Plouha, Lanloup et Pléhédel, à l'ouest par Kerfot.

Le bourg important couronne un mont élevé que domine encore la belle flèche de l'église qui sert d'amer aux navires.

Dans la vaste église nouvellement reconstruite, on remarque un beau lutrin, œuvre de Corlay.

Plouézec compte quatre écoles communales : une de garçons et une de filles au bourg, une école mixte au Questel, et l'autre à La Madeleine ; hameaux importants, situés : le premier, au sud-est, et le second, au sud-ouest du bourg.

C'est sur le territoire de cette commune que se trouve la belle et vaste plage de Bréhec qui serait le rendez-vous de nombreux baigneurs si elle était plus rapprochée des centres importants ou d'une voie ferrée et si les voies de communications qui y conduisent étaient faciles.

Un beau chemin de grande communication N° 54 y aboutit.

Au hâvre de Port-Lazo, un grand nombre de bâteaux se livrent journellement à la pêche du poisson frais ou au dragage des sables calcaires.

Il y a quelques années, on a vainement tenté de repeupler d'huîtres les baies de Plouézec.

Il existe dans cette commune trois chapelles desservies à certains moments de l'année : Saint-Rion, Saint-Paul et Saint-Loup.

Le bourg de Plouézec est traversé par les chemins de grande communication N° 1, et d'intérêt commun N° 53.

PLOUNEZ

Superficie : 1,281 hectares. — Population : 1,912 habitants.

Borné au nord par Ploubazlanec et Paimpol, à l'est par Kérity, au sud par Plourivo, et à l'ouest par le Trieux, le territoire de cette commune est peu accidenté vers le sud, mais bien boisé. Au nord il présente de longues ondulations. Les terres sont bien cultivées ; humides et fortes dans les vallées, elles sont légères et sèches sur les hauteurs. Le sol est en général de constitution schisteuse, avec roches amphiboliques. A l'ouest on trouve de l'hémisthène.

Plus que partout ailleurs peut-être, les champs sont entourés de hauts et larges fossés recouverts d'ajoncs qui poussent rapidement. De petits chemins tortueux assez bien entretenus forment un réseau presque inextricable dans lequel le voyageur étranger peut facilement s'égarer.

Des anciennes chapelles, une seule est demeurée debout, Notre-Dame de Kergrist, qui date du xve siècle et dont le pardon a lieu le 1er dimanche de mai.

L'église, reconstruite en 1818, n'offre rien de remarquable. On remarque en cette commune les châteaux de Keraoul, de Kergoniou, de Chef-du-Bois et de Pen-Lann.

C'est à Plounez, qu'est né J.-M. Jabob, évêque constitutionnel de Saint-Brieuc en 1791.

Deux écoles existent dans cette commune, une de garçons, l'autre de filles.

Le chemin de grande communication N° 1er, traverse la commune, mais le bourg n'est desservi que par des chemins de 3e catégorie.

PLOURIVO

Superficie : 2,825 hectares. — Population : 2,571 habitants.

Cette commune est bornée au nord par Plounez, à l'est par Kérity, Kerfot et Yvias, au sud par Quimper-Guézennec, et à l'ouest par le Trieux qui la sépare des arrondissements de Lannion et Guingamp.

Son territoire est élevé, très accidenté, et bien que la nature du sol ne soit pas d'excellente qualité, les récoltes sont généralement bonnes, grâce aux engrais marins. Les landes se couvrent de nombreuses futaies de pins maritimes.

La population est en partie adonnée à la culture. Beaucoup de jeunes gens partent chaque année pour la pêche d'Islande qui répand l'aisance dans un grand nombre de familles.

L'église paroissiale, reconstruite en 1865, mérite d'être signalée ; le cimetière est remarquable par sa bonne tenue et l'égalité d'ornement qui décore chaque tombe.

Les chapelles de Saint-Jean, de Lancerff, de Saint-Ambroise et de Kermaria sont desservies à certains jours.

On remarque dans celle de Lancerff de curieux travaux d'art et de belles peintures. Elle est située dans un site charmant sur le bord du Trieux, rendez-vous l'été de nombreux touristes.

Non loin de Lancerff se trouve le hameau de Toul-ar-Houilet, dont le nom rappelle un combat entre Bretons et Anglais, pendant la guerre de Cent Ans. Ces derniers mis en déroute, tombèrent dans les excavités de la côte ; d'où le nom Toul, *Trou*, ar Houilet *aux Anglais*. Les Bretons désignaient leurs ennemis sous ce nom.

Nous devons citer le joli petit bois de l'Hermite, d'une étendue de plus d'un hectare et ne comprenant guère que des arbousiers qui y seraient venus naturellement.

Tous les bords du Trieux sont charmants, depuis Frinaudour, lieu où le Leff se jette dans le Trieux jusqu'à la mer.

On remarque le château moderne du Bourblanc appartenant à la famille Armez qui a donné plusieurs députés depuis 1789.

Cette commune, située au sud-ouest du canton de Paimpol, est arrosée par le Lezvouen, ruisseau qui va se perdre dans la baie de Paimpol.

Il existe au bourg une école communale de garçons, une école communale de filles et une école privée ; une école mixte a été créée au hameau de Penc'hoat.

Le bourg est traversé par le chemin de grande communication N° 15.

YVIAS

Superficie : 1,163 hectares. — Population : 1,341 habitants.

Cette commune est bornée au nord par Kerfot, à l'est par Plouézec et Kerfot, à l'ouest par Plourivo, au sud par Pléhédel, Lanleff et Quemper-Guézennec dont elle est séparée par le Leff.

Sauf quelques parties montagneuses et d'un aspect tout à fait pittoresque, au bord du Leff, le sol d'Yvias est à peu près uni, légèrement ondulé et très fertile. Il produit grâce aux engrais marins, d'excellentes récoltes de blé et de lin. De nombreux vergers produisent un cidre estimé. La nature du sol est en général argilo-calcaire, sauf dans l'ouest où elle est siliceuse.

Du lieu dit la Croix-Minguen (95^m d'altitude) on jouit d'un coup d'œil splendide, sur les environs de La Roche-Derrien, Bégard, Belle-Isle, Quintin et Etables.

L'agriculture est l'occupation générale des habitants ; l'élevage des bestiaux commence à donner d'excellents résultats.

Yvias a été de 1790 à 1799, chef-lieu de canton, mais après 1800 cette commune a été annexée au canton de Paimpol.

L'église paroissiale, nouvellement reconstruite, est sous l'invocation de Saint-Judoce, prince breton du VIIe siècle.

On remarque deux chapelles, celles de Saint-Judoce et du Calvaire. Cette dernière renferme un sépulcre qui mérite d'être visité.

Les anciens manoirs de Kerisel et du Grand-Pan sont aujourd'hui convertis en fermes.

Près de la route de Paimpol existe un cône tronqué de 6^m d'élévation et de 110^m de circonférence. Selon la tradition, c'est un ancien *droit de motte* où, chaque homme était obligé, la première année de son mariage, d'apporter un sac de terre, à moins qu'il ne payât à son seigneur une forte somme d'argent pour s'exempter de cette corvée. Ce tumulus, selon une autre version, serait le lieu de sépulture d'un grand personnage.

Il existe à Yvias, deux écoles communales, l'une de garçons et l'autre de filles.

Le bourg n'est traversé que par des chemins vicinaux de 3ᵉ catégorie.

CANTON DE PLÉNEUF

(5 communes).

Pléneuf ; Erquy ; Planguenoual ; Plurien ; Saint-Alban.

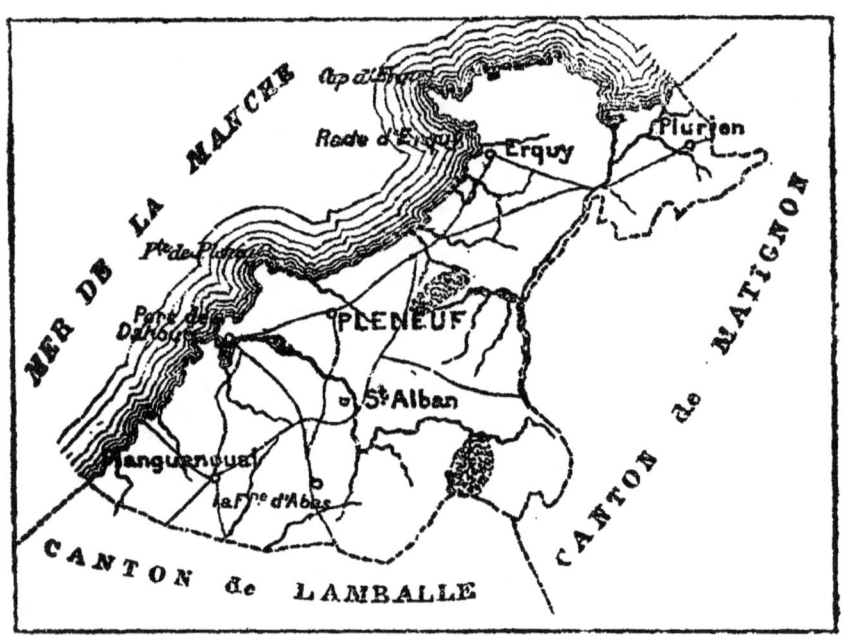

Le canton de Pléneuf est borné à l'ouest et au nord par la Manche ; à l'est par le canton de Matignon, et au sud par le canton de Lamballe. — Il est traversé par les chemins de grande communication N° 14, de Collinée à Dahouët ; N° 29, de Quintin à Erquy ; N° 17, de Combourg à Erquy ; N° 34, de Plurien à Dahouët; N° 43, de Saint-Alban à Matignon; N° 51, de Plancoët à Erquy, et par les chemins d'intérêt commun N° 5, de Plurien à Lamballe ; N° 30, de Lamballe au Val-André ; N° 62, de Plédéliac à la grève de Jospinet, et N° 79, de Hillion à Dahouët.

Le territoire de ce canton maritime forme un plateau élevé, assez généralement uni. Il est cependant sillonné de quelques vallées, arrosées par des cours d'eau qui fertilisent d'assez bonnes prairies représentant à peu près le dix-neuvième du sol ; prairies insuffisantes pour la nourriture du bétail et des robustes chevaux que le canton possède ; aussi, y supplée-t-on par des prairies artificielles. La violence des vents s'oppose à l'extension des plantations ; néanmoins, on remarque des arbres d'une belle venue dans les lieux abrités. — Le littoral est bordé de hautes falaises et de magnifiques grèves. Les terres, assez bien cultivées, produisent généralement du froment.

PLÉNEUF

Superficie : 1,702 hectares. — Population : 2,317 habitants.

Borné au nord et à l'ouest par la Manche, à l'est par Erquy, au sud par Saint-Alban et Planguenoual, le territoire de cette commune est élevé et entrecoupé de quelques vallées peu profondes. Du côté de la mer, il est bordé par de hautes falaises.

Depuis quelques années, l'agriculture y a fait de grands progrès, grâce à l'emploi de plus en plus répandu des engrais marins.

Le port de Dahouët, d'un accès difficile, est très sûr et bien abrité. Les pêches d'Islande, de Terre-Neuve et le cabotage lui donnent une certaine importance.

La belle plage du Val-André est le rendez-vous, pendant la belle saison, de nombreux baigneurs.

Le sable jaune de la grève, très fin et formé en grande partie de débris de coquilles, contient environ 33 % de matières fertilisantes.

L'église dont la reconstruction est décidée n'offre rien de remarquable.

C'est en Pléneuf qu'existait l'ancienne forteresse du Guémadeuc, que possédait la famille de ce nom, dont l'aîné jouissait de la charge de grand-écuyer et de chambellan des ducs de Bretagne.

Dans le cimetière de Pléneuf on remarque le tombeau du général de Lourmel, tué à Sébastopol.

Le sol de la commune est du granit amphibolique ; on trouve du porphyre vers la Pointe, en face du Verdelet (petit îlot sur la côte) ; il est schisteux au nord-est.

Deux écoles communales existent au bourg et une à Dahouët.

Le bourg est traversé par le chemin de grande communication N° 34, et le chemin d'intérêt commun N° 30.

ERQUY

Superficie : 2,646 hectares. — Population : 2,708 habitants.

Erquy est situé au nord du canton. Le sol de cette commune n'est guère accidenté dans la partie sud. Il n'en est pas de même dans le nord. Sur tout le littoral, le paysage est pittoresque et la vue splendide.

Quoique lents, les progrès en agriculture sont constants. On s'occupe avec raison et succès de la formation des prairies naturelles et artificielles.

La pêche cotière et celle de la morue occupent un grand nombre de marins. L'extraction du magnifique grès qui se trouve non loin du bourg, donne du travail à beaucoup d'ouvriers.

Pendant les guerres de la 1re République et de l'Empire, plusieurs combats ont eu lieu contre les marins anglais sur les côtes d'Erquy, toujours à l'avantage des Français.

On remarque la belle propriété de Bien-Assis, avec ses deux tourelles ; sous l'une d'elles se trouve un cachot. Elle a été la propriété du général Valletaux, lieutenant de Hoche pendant la pacification de la Vendée et de la Bretagne.

Les légendes parlent du Chariot de la Mort qui se promène pendant les nuits ; de Mourioche, le cheval du diable qui s'allonge pour permettre à plusieurs personnes de prendre place sur son dos.

On croit dans le pays que l'église a été autrefois un temple où les Gaulois faisaient des sacrifices sanglants.

Une pierre, trouvée en 1738, représentait *une louve allaitant deux enfants.*

La chapelle des Sept-Saints, à l'entrée du bourg, est d'un très bel aspect, de même que le Calvaire qui l'avoisine. De ce point on jouit d'un coup d'œil splendide sur la mer et les falaises.

Les deux hameaux des Hôpitaux et de La Couture ont une école mixte communale ; une école communale de garçons, une de filles, une école maternelle et un ouvroir existent au bourg.

Le port d'Erquy reçoit en moyenne chaque année 150 navires : les importations consistent en houille, matériaux de construction, bois du Nord, chaux, briques et ardoises ; les exportations portent sur les produits agricoles et les pavés de grès.

Le sol des grèves contient 53 % de matières fertilisantes.

Le bourg est traversé par les chemins de grande communication Nos 17 et 29.

PLANGUENOUAL

Superficie : 3,289 hectares. — Population : 1,936 habitants.

Le territoire de cette commune est en général plat et humide ; sur les bords de la mer il est plus sec. Il est en général bien cultivé ; toutefois, les jachères sont encore nombreuses. On s'adonne à la culture de la vesce et à l'élevage du bétail ; mais la récolte du blé est considérée comme la principale source de richesses.

A la chapelle Saint-Michel, le lendemain de la fête du patron, a lieu la bénédiction des semailles. Chaque cultivateur apporte un échantillon de blé qui est mêlé après la cérémonie à la quantité qu'il veut semer.

Le chemin de grande communication N° 3, qui traverse cette commune, est établi en grande partie sur la voie gallo-romaine de Corseul à Carhaix.

Les manoirs du Val et du Vaujoyeux sont du XVIe siècle ; ce dernier a un colombier qui mérite d'être visité.

Dans une des falaises qui bordent la mer se trouve une grotte naturelle, appelée la Salle-Margot.

La grève de Jospinais fournit du sable contenant 45 % de matières fertilisantes.

Le sol renferme des roches amphiboliques au nord et du gneiss à l'est.

La commune de Planguenoual occupe le sud du canton. Elle possède deux écoles communales, une de garçons et une de filles.

Le bourg est traversé par le chemin de grande communication N° 29 et le chemin d'intérêt commun N° 62.

PLURIEN

Superficie : 2,165 hectares. — Population : 1,516 habitants.

Cette commune occupe la partie nord-est du canton. Le sol est de constitution granitique en général avec grès poudingue au nord et schiste au sud.

Le territoire est découvert et généralement plat, sec plutôt qu'humide et coupé par de petites vallées. L'agriculture suit pas à pas la marche progressive qu'elle poursuit dans le canton depuis quelques années.

Au milieu d'une grève que la mer recouvre dans les grandes marées, s'élève la Roche-du-Marais ; c'est un rocher colossal en grès rouge et de forme conique.

Le sable des grèves contient 1/3 en poids de matières fertilisantes.

L'église date du XIIe siècle. Elle ne possède rien de remarquable. Le château de Lehen, avec la chapelle y attenant, mérite d'être visité.

A Plurien, il y a une école communale de garçons et une de filles.

Le bourg est traversé par le chemin de grande communication N° 17.

SAINT-ALBAN

Superficie : 3,044 hectares. — Population : 1,642 habitants.

C'est à saint Alban, martyr breton, au Ve siècle, que cette commune doit son nom. Il est le patron de l'église paroissiale dans laquelle on admire une magnifique maîtresse vitre du xve siècle.

On remarque aussi la chapelle Saint-Jacques, bel édifice gothique du xiiie siècle, construit, dit-on, par les Templiers.

Le territoire de cette commune est élevé, mais entrecoupé de vallons, au fond desquels se trouvent de très bonnes prairies.

Saint-Alban possède la cure du canton.

Une foire importante s'y tient le 1er septembre ; elle est dite la *foire aux Chats*.

C'est à Saint-Alban qu'est né saint Guillaume Pinchon, illustre évêque de Saint-Brieuc, canonisé en 1247.

Au manoir de La Ville-Théart, est né vers 1611, François de Visdeloup, mort évêque de Saint-Pol-de-Léon.

Cette commune est bornée au nord par Pléneuf et Erquy, à l'est par l'arrondissement de Dinan, et au sud par Saint-Aaron et Planguenoual.

Le bourg est traversé par le chemin d'intérêt commun N° 30.

CANTON DE PLOEUC

(**6 communes**).

Plœuc ; La Harmoye ; Lanfains ; Le Bodéo ; L'Hermitage-Lorge ; Plaintel.

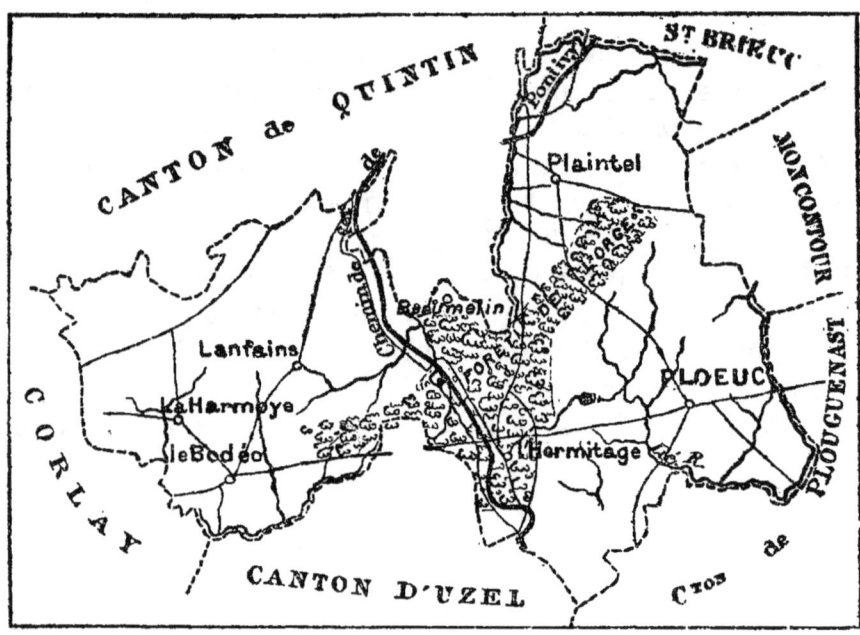

Le canton de Plœuc est borné au nord par le canton de Saint-Brieuc-Midi ; à l'est par les cantons de Moncontour et de Plouguenast ; au sud par le canton d'Uzel ; à l'ouest par les cantons de Corlay et de Quintin. — Il est traversé par les chemins de grande communication N° 3, du Légué à Lorient ; N° 7, de Paimpol à Josselin ; N° 10, de Saint-Brieuc à Quimper ; N° 27, du Pontgamp à la grève de Cesson ; N° 28, de Quintin à la grève de La Mouette ; N° 35, de Moncontour au Blavet, et N° 44, de Corlay à Jugon, et par les chemins d'intérêt commun N° 3, embranchement de Saint-Gildas sur le 11 ; N° 1er, de Plaintel à Langast ; N° 52, de Quintin à Mûr; N° 61, de Plœuc à Yffiniac ; N° 81, de Plœuc à Uzel; et N° 85, d'Uzel au Bodéo.

Territoire élevé, fort accidenté, coupé de vallées profondes; arrosé par l'Oust et le Lié qui déversent leurs eaux dans l'Océan ; sillonné de nombreux ruisseaux ; occupé, sur plus d'un sixième de son étendue, par la belle forêt de Lorges. Boisé dans ses parties cultivées ; nu et découvert sur les hauteurs, qui présentent de vastes landes et bruyères, ce canton contient des gisements de minerai de fer exploités, et c'est presque le seul du département qui possède du calcaire avantageusement utilisable. Sans être stationnaire, son agriculture a encore de grands pas à faire, surtout sous le rapport de la production des fourrages. Toutefois, l'engraissement des animaux de boucherie et l'élevage des bœufs forment l'une de ses principales ressources. Les agriculteurs du canton ont depuis longtemps recherché les moyens d'améliorer le bétail, et c'est justice de reconnaître que leurs efforts n'ont pas été infructueux. — Ainsi que dans tous les cantons du département où la culture du blé-noir est pratiquée en grand, la production du miel y est assez importante. Il serait seulement à désirer que, là comme ailleurs, l'éducation des abeilles reçût des perfectionnements dont l'utilité est reconnue.

Ce canton, qui appartient à la zone intermédiaire, s'occupait beaucoup autrefois de la filature du lin et de la fabrication de la toile ; mais la chute de l'industrie toilière l'a forcément ramené à l'agriculture. Cependant, l'usine du Pas, qui le touche, l'exploitation de la forêt de Lorges, la confection des sabots, qui emploient un grand nombre d'ouvriers, lui enlèvent le caractère purement agricole.

PLŒUC

Superficie : 4,445 hectares. — Population : 4,875 habitants.

Cette commune est bornée au nord par Saint-Carreuc et Plaintel, à l'ouest par l'Hermitage, à l'est par Plémy et au sud par Plouguenast et Gausson.

La Harmoye est située à l'ouest du canton. Son nom viendrait de saint Harmoy ou Hermoël, solitaire breton qui vivait au vie siècle. Saint Gildas est actuellement le patron de l'église paroissiale.

Le sol est de constitution granitique au sud ; vers le nord on trouve du schiste talqueux.

Le vaste territoire de Plœuc est élevé et entrecoupé de nombreux vallons au fond desquels coulent de petits ruisseaux affluents du Lié qui passe près du bourg.

L'agriculture progresse ; le beurre y est estimé. C'est là qu'en 1836, a été établi le premier comice agricole du département.

L'église paroissiale qui vient d'être reconstruite est un grand édifice d'un assez bel aspect.

Plœuc était autrefois une ancienne seigneurie appartenant à la famille de la Rivière, et qui fut érigée en cômté vers 1696. Le père du général La Fayette épousa en 1754 la fille du dernier représentant de cette famille.

Près du village de Baya, on remarque un beau menhir.

Deux écoles communales importantes, l'une de garçons et l'autre de filles existent au chef-lieu de la commune.

Le bourg de Plœuc est traversé par les chemins de grande communication Nos 87 et 44, et par le chemin d'intérêt commun N° 1.

LA HARMOYE

Superficie : 1,768 hectares. — Population : 976 habitants.

Cette commune est bornée au nord par Saint-Bihy, à l'est par Lanfains et Le Bodéo, au sud par Saint-Martin-des-Prés, et à l'ouest par le Haut-Corlay.

Le sol est généralement argileux ; pendant longtemps l'agriculture était en souffrance, mais grâce à l'emploi de la chaux que fournit en abondance le gisement de Cartravers, les champs sont devenus plus productifs.

Beaucoup d'habitants sont occupés aux exploitations de la forêt de Lorges, comme bûcherons, charbonniers ou sabotiers.

Deux écoles existent au bourg, l'une pour les garçons et

l'autre pour les filles. L'école mixte a été dédoublée en 1885.

Le bourg de La Harmoye est traversé par le chemin d'intérêt commun N° 52, de Mûr à Quintin, qui passe aussi aux fours à chaux de Cartravers.

LANFAINS

Superficie : 2,186 hectares. — Population : 1,753 habitants.

Borné au nord par le Fœil et Saint-Brandan, à l'est par Saint-Brandan, au sud par L'Hermitage et Le Bodéo, et à l'ouest par La Harmoye et Saint-Bihy, le territoire de cette commune est montagneux et coupé par de profondes vallées.

On y voit encore beaucoup de landes qui se défrichent lentement.

Un grand nombre d'habitants se livrent au commerce des bestiaux ou exercent l'état de chiffonniers.

C'est dans cette commune que se trouve, sur le bord d'un étang et de la forêt de Lorges, l'importante usine du Pas. On y fabrique presque exclusivement de la fonte de première fusion. Le minerai employé est pris sur les lieux ou au Bas-Vallon, en L'Hermitage. Elle occupe un grand nombre d'ouvriers.

Le sol contient du grès quartzite, du schiste et de l'argile plastique.

Dans l'église paroissiale, dédiée à saint Hingueten ou Guiganton, évêque de Vannes au VIIe siècle, on remarque une belle chaire, œuvre de Corlay.

Deux écoles existent au bourg. Une école mixte a été établie au Pas.

Le bourg n'est traversé que par des chemins vicinaux de 3e catégorie.

LE BODÉO

Superficie : 997 hectares. — Population : 728 habitants.

Cette commune est bornée au nord par Lanfains et la

forêt de Lorges (commune de l'Hermitage), à l'est par Allineuc, au sud par Merléac et Saint-Martin-des-Prés dont elle est séparée par l'Oust, à l'ouest par La Harmoye.

Situé à l'extrémité sud-ouest du canton, le territoire de cette commune se divise en deux parties d'aspect bien différent, l'une qui longe la vallée de l'Oust est fertile, boisée, bien plantée de pommiers et contient de belles prairies, l'autre est élevée, aride, nue, et couverte encore de grandes bruyères que le défrichement n'a pas atteint.

Le sol renferme du schiste argileux et du minerai de fer.

Le nom de cette commune viendrait de saint Théo ou Thei, patron de la paroisse.

L'église paroissiale, qui date des premières années du xviiie siècle, possède un lambris décoré de peintures remarquables.

Beaucoup d'habitants sont occupés au tissage des excellentes toiles qui ont mis en renom sur ce point Quintin, Uzel et Loudéac.

Il n'y a encore au Bodéo qu'une école mixte.

Le bourg est traversé par le chemin de grande communication N° 44.

L'HERMITAGE-LORGES

Superficie : 3,779 hectares. — Population : 1,069 habitants.

Cette commune est bornée au nord par Saint-Brandan et Plaintel, à l'est par Plœuc et Gausson, au sud par Saint-Hervé et Uzel, à l'ouest par Allineuc, Le Bodéo et Lanfains.

Les deux tiers de son territoire sont couverts par la belle forêt de Lorges. Le sol, légèrement accidenté, est fertile dans la partie qui n'est pas sous bois; l'agriculture y a fait des progrès, grâce à l'élan donné, il y a environ 50 ans, par M. Baron-Dutaya.

On remarque près du bourg le magnifique château de Lorges, construit vers 1730, par Guy de Durfort, baron de Quintin. La forêt est, en quelque sorte, la mère nourricière d'un grand nombre d'habitants de la commune qui y sont presque toute l'année employés comme bûcherons, charpentiers, boisseliers et sabotiers.

Au Bas-Vallet, on trouve un filon très riche de minerai de fer qui est traité à l'usine du Pas.

L'Hermitage possède une école communale de garçons et une de filles.

Le bourg est situé près de l'intersection des chemins de grande communication Nos 3 et 44 et de la gare du chemin de fer de Saint-Brieuc à Pontivy, qui traverse la forêt dans sa plus grande longueur du nord au sud.

PLAINTEL

Superficie : 2,676 hectares. — Population : 2,790 habitants.

Cette commune est bornée au nord par Saint-Julien et Plédran, à l'est par Plédran et Saint-Carreuc, au sud par L'Hermitage et Plœuc, à l'ouest par Saint-Brandan et Plaine-Haute.

Le territoire est très accidenté ; c'est une suite de coteaux et de vallons, mi-partie boisés et mi-partie nus et découverts. Il est peu fertile, léger, sec et comprend encore une grande étendue de landes. Le sol est de nature granitique au nord et schisteuse au sud.

La propriété de Saint-Quihouët a été donnée, en 1832, à la commune par M. et Mme Digaultray qui y établirent un orphelinat destiné à recevoir les enfants pauvres de Quintin, du Fœil et de Plaintel, pour les élever et leur donner des goûts agricoles. Cet établissement, dirigé par les Filles de la Sagesse, a prospéré ; une école primaire y est annexée.

On remarque le manoir de Crapado où est né Angier de Lohéac, célèbre ligueur, décapité à Rennes en 1593.

L'église paroissiale, sous le vocable de saint Pierre, est surmontée d'une belle flèche de granit. Les chapelles de St-Gilles et de Notre-Dame-du-Chemin offrent peu d'intérêt.

Il y a une station de chemin de fer, au hameau de Saint-Gilles.

Plaintel compte, outre l'école de Saint-Quihouët, une

école communale de garçons et une de filles, établies au chef-lieu communal.

Le bourg est situé sur le bord du chemin de grande communication N° 28, de Quintin à La Mouette, près de son intersection avec le chemin de grande communication N° 44, de Corlay à Jugon.

CANTON DE PLOUHA

(5 communes).

Plouha ; Lanleff ; Lanloup ; Pléhédel ; Pludual.

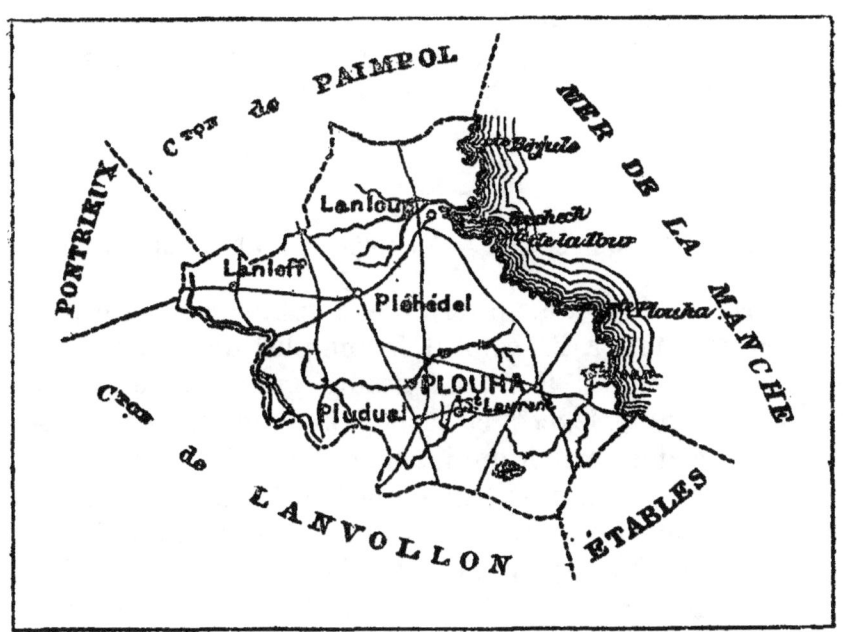

Le canton de Plouha est borné au nord par le canton de Paimpol ; à l'est par la Manche et le canton d'Étables ; au sud par le canton de Lanvollon, et à l'ouest par les cantons de Pontrieux, dont le Leff le sépare, et de Paimpol. — Il est traversé par les chemins de grande communication N° 1er, de Saint-Brieuc à Morlaix ; N° 21, de Binic à Plouha ; N° 54, de Guingamp à la baie de Bréhec, et N° 7, de Paimpol à Josselin, et par les chemins d'intérêt commun N° 2, de Gommené à Lanloup ; N° 23, de Lannion à Plouha ; N° 24, de Bégard au port Moguer ; N° 27, du Faouët à Châtelaudren ; N° 57, de Plerneuf à Yvias, et N° 66, de Plélo à Plouha.

Le territoire de ce canton maritime est élevé, très accidenté et coupé par de nombreux vallons. Peu boisé à l'est, il est au contraire assez bien planté d'arbres forestiers et de pommiers à l'ouest, et l'on y trouve quelques belles futaies. L'agriculture tend à s'y améliorer et, sous le rapport de la production du cidre, on est fondé à espérer que, sous peu d'années, il suffira et au-delà à sa consommation. Le onzième du canton à peine est encore sous landes, peu susceptibles de culture, attendu qu'elles reposent sur un fonds pierreux et qu'elles sont situées sur des pentes rapides.

Ce canton appartient à la zone du littoral.

PLOUHA

Superficie : 3,998 hectares. — Population : 4,802 habitants.

Le territoire de cette importante commune mesure près de 4,000 hectares. A lui seul, il forme plus de la moitié de l'étendue du canton. Il est de nature granitique au nord, avec terre arable légère et sèche ; au sud, il est à base schisteuse, argileux et humide. Dans cette dernière partie, il est bien boisé. On remarque particulièrement les belles futaies de pins des environs de Lisandré, semées, il y a près d'un demi siècle, dans des landes incultes.

Plat vers le nord, le sol est onduleux vers l'ouest, aux environs de la mer qui baigne 8 à 9 kilomètres de côtes, bordées de hautes et pittoresques falaises.

Les sables des grèves sont peu riches en principes fertilisants. Mais nombre de bateaux attachés au petit port de Bréhec en apportent journellement des côtes voisines : ce qui permet à l'agriculture de prendre de jour en jour plus d'extension et de donner plus de profit.

Le pays est essentiellement agricole, bien que beaucoup de jeunes gens entrent dans la marine de très bonne heure.

Au village de Goasmeur existe une mine de plomb argentifère, qui n'a pas encore été exploitée. Une analyse ancienne avait cependant démontré que sur 25 kilog. de minerai, il existait 17 kilog. de plomb, 0 kilog. 045 d'argent et 1 gr. d'or.

Au milieu du bourg, situé sur le penchant d'une colline

s'élève l'église, aspectée au sud, monument plus vaste que remarquable et dominé par une flèche élégante et élevée. Elle est sous le vocable de saint Pierre.

On compte, en Plouha, plusieurs chapelles ; la plus célèbre est sans contredit celle de Kermaria. Cet édifice des XIIIe et XIVe siècles, intéressant par son architecture gothique et les belles sculptures de son porche, est surtout remarquable par les peintures murales de la nef, représentant une *danse macabre*. On y voit la mort mêlée à une quantité de personnages de toutes conditions, se tenant par la main, et exécutant une danse échevelée. C'est une œuvre unique actuellement en France, elle date du XVe siècle.

Par décision récente de l'État, cette chapelle a été classée parmi les monuments historiques.

A la Ville-Neuve et à la Motte existent des tumulus.

Plouha possède deux écoles primaires communales au bourg, l'une de garçons, l'autre de filles. A chacune d'elles est annexé un pensionnat et un cours primaire supérieur. Au hameau de Kermaria, existe depuis plusieurs années une école mixte.

Le bourg est traversé par le chemin de grande communication N° 1er, et les chemins d'intérêt commun N°s 23 et 28.

LANLEFF

Superficie : 246 hectares. — Population : 345 habitants.

Cette petite commune, dont le nom vient du Leff qui la traverse, est située à l'ouest du canton. Le sol, mi-partie granitique et mi-partie schisteux, est généralement fertile et très accidenté.

C'était autrefois une trève de Lanloup dépendant de l'évêché de Dol.

On y remarque les restes d'un monument qui pendant longtemps a donné lieu à bien des dissertations sur son origine, et qu'on désigne sous le nom de *Temple de Lanleff*.

Les uns y voyaient un temple romain, avec piscine, les autres y reconnaissaient avec raison une église du XIe siècle. C'est le plus curieux édifice de la période romane-bizantine (XIe, XIIe siècles) existant dans les Côtes-du-Nord.

Il est classé comme monument historique.

L'église paroissiale, bâtie en 1859, n'offre rien de remarquable.

Lanleff ne possède qu'une école mixte.

LANLOUP

Superficie : 246 hectares. — Population : 503 habitants.

La commune de Lanloup est située au nord du canton. Son territoire, très peu étendu, est resserré entre les communes de Plouha, du sud à l'est, et de Plouézec au nord. Il est très-accidenté, mais fertile. Le sous-sol est schisteux.

L'église est un joli édifice du XVIe siècle ; son porche est remarquable par son architecture gothique et ses sculptures. Elle est sous le vocable de saint Loup, évêque de Troyes.

Ce bourg est traversé par la route qui conduit à la baie de Bréhec, dont la belle plage est assez fréquentée, mais qui le serait davantage si les moyens d'accès étaient plus faciles.

On remarque, en Lanloup, le manoir de la Noë-Verte, qui date du XVe siècle ; ses fenêtres à meneaux en croix, ses tourelles, ses hautes cheminées hexagonales attirent l'attention des visiteurs. Cette terre a appartenu à Jean de Lannion, sire des Aubrays, d'une maison célèbre de Bretagne, et dont les ossements reposent dans la chapelle de Kermaria, en Plouha.

Lanloup possède une école communale de garçons et une de filles.

Le bourg est traversé par le chemin de grande communication N° 54, et est à proximité du chemin de grande communication N° 1er.

PLÉHÉDEL

Superficie : 1,239 hectares. — Population : 1,760 habitants.

Cette commune tirerait son nom de sa position sur une hauteur : *plé* peuplade, *hédel* ou *huel* élevée. En effet, le territoire par rapport au pays d'alentour est très élevé, et du bourg on jouit, vers l'ouest et le sud-ouest, d'un magnifique panorama.

Pléhédel est situé au nord-ouest du canton, entre Lanloup et Lanleff. Le sol se partage comme nature en deux parties bien distinctes ; au nord, il est élevé, mais plat, humide, argileux et de médiocre qualité ; au sud, il est très accidenté, coupé par de nombreux vallons et de qualité supérieure. En général, la culture est bien entendue.

L'église de Pléhédel est moderne et offre peu d'intérêt. Elle possède les reliques de sainte Philomène, ce qui donne lieu à une grande affluence de pèlerins le jour de la fête patronale, le premier dimanche d'août.

On remarque deux anciennes chapelles sur le territoire de la commune : celle de Saint-Michel et celle de Saint-Samson.

Il convient de signaler le château de Boisgelin, situé dans un vallon arrosé par le Languidoué, affluent du Leff. Il est entouré de bois taillis et de belles futaies. Les fossés de l'ancien château sont aujourd'hui transformés en étang.

Le château du Roscoat est remarquable par son ancienneté et les beaux bouquets qui l'entourent.

Pléhédel possède une école communale de garçons, établie dans un local très confortable, et une école privée de filles

Le bourg est traversé par le chemin de grande communication N° 54, et par le chemin d'intérêt commun N° 23.

PLUDUAL

Superficie : 927 hectares. — Population : 1,127 habitants.

Pludual, dont le nom viendrait de saint Tugdual, ancien patron de la paroisse, est situé au sud-ouest du canton.

Le territoire de cette commune, à base granitique, est argileux à la surface, bien cultivé et fertile ; les pommiers y prospèrent et donnent un cidre estimé. Plusieurs cultivateurs se livrent avec succès à l'apiculture.

La nouvelle église est un bel édifice, d'un heureux effet architectural.

L'antique et célèbre forteresse de Langarzeau n'existe plus ; elle était située près du ruisseau qui sépare Pludua de Pléhédel, au bord d'un assez vaste étang. On y voit encore quelques fondations de tours ou de courtines qui indiquent l'énorme épaisseur qu'avaient les murailles ; plus de cent maisons ont été construites avec les matériaux qui en sont sortis.

Dans cette commune comme dans tout le canton de Plouha, on parle le breton.

Le bourg est traversé par le chemin d'intérêt commun N° 2 ; il y existe une école communale de garçons et une école privée de filles.

CANTON DE QUINTIN
(8 communes).

Quintin ; Le Fœil ; Le Leslay ; Le Vieux-Bourg ; Plaine-Haute ; Saint-Bihy ; Saint-Brandan ; Saint-Gildas.

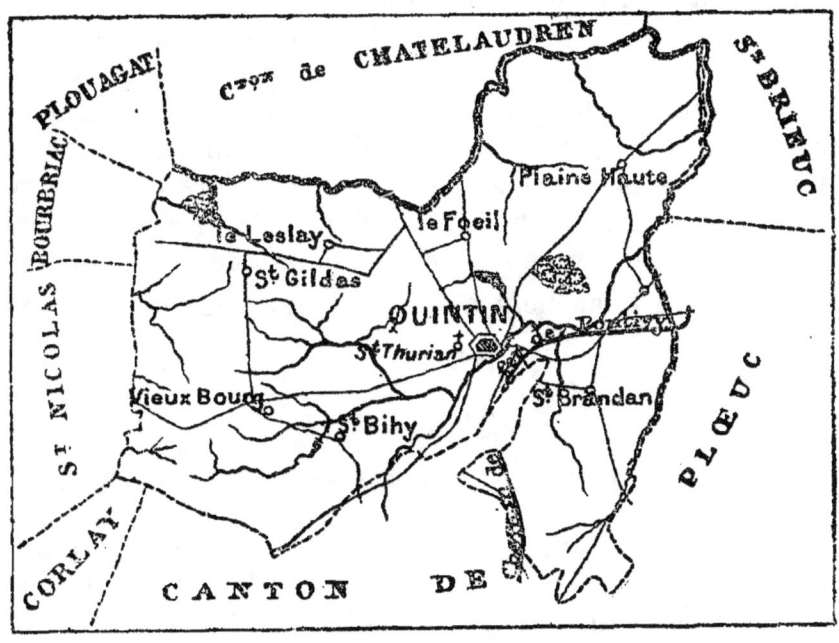

Le canton de Quintin est borné au nord par les cantons de Châtelaudren et de Saint-Brieuc-Midi ; à l'est par les deux cantons de Saint-Brieuc et par le canton de Plœuc ; au sud par les cantons de Plœuc et de Corlay ; à l'ouest par les cantons de Saint-Nicolas-du-Pélem et de Plouagat. — Il est traversé par les chemins de grande communication N° 3, du Légué à Lorient ; N° 7, de Paimpol à Josselin ; N° 10, de Saint-Brieuc à Quimper ; N° 22, de Belle-Isle à Quintin ; N° 28, de Quintin à la grève de La Mouette, et N° 52, de Quintin à Morlaix, et par le chemins d'intérêt commun N° 3, embranchement de Saint-Gildas sur le chemin de grande communication N° 10.

Le territoire montueux, accidenté et très-varié d'aspects,

présente alternativement des vallées fertiles et des montagnes abruptes ; des landes incultes et de vastes prairies. Boisé dans tous les vallons et nu dans ses parties élevées, le canton de Quintin est situé sur le versant nord de la chaîne de montagne qui traverse la Bretagne de l'est à l'ouest, et les rivières et ruisseaux qui l'arrosent se déversent dans la Manche. Le plus important de ces cours d'eau est le Gouët, qui reçoit les ruisseaux de Saint-Germain, de Quemper, de Mandoure, de Noë-Sèche, de Bodfer, de Quelleneuc, du Guerdic et du Rillan. — Centre de commerce des toiles ; il fut pendant longtemps, après la décadence de ce commerce, stationnaire et arriéré en agriculture ; mais le progrès s'y fait sentir sous ce rapport et tout porte à présager que par leurs persévérants efforts, ses habitants trouveront dans son sol l'aisance qu'autrefois ils demandaient à l'industrie.

Ce canton appartient à la zone intermédiaire du département.

QUINTIN

Superficie : 313 hectares. — Population : 3,319 habitants.

La ville de Quintin est située sur le penchant sud-est d'une colline, au pied de laquelle coule le Gouët. Son territoire est très restreint ; il ne mesure que 308 hectares pour 3,319 habitants.

En arrivant de la gare, la ville présente un aspect agréable ; de belles promenades, plantées de hauts arbres, un bel étang sur la chaussée duquel passe la route de Corlay et Rostrenen, et surtout le château, monument inachevé, mais d'un caractère imposant, se présentent à la vue. La magnifique église avec sa flèche élevée domine tout cet ensemble.

L'intérieur de la ville ne répond pas à l'aspect extérieur. De petites rues mal alignées, mal pavées, conduisent à de petites places, et sont bordées de maisons à façades en pierres ou en bois noircies par le temps.

Pendant longtemps, Quintin a été le centre principal du

commerce des toiles dans la région. Cette industrie est bien tombée depuis l'établissement des machines à tisser. Cependant un certain nombre de métiers sont encore debout.

On remarque plusieurs tanneries, une fabrique de papiers et une minoterie très importante, mise en mouvement par la belle chute d'eau de la chaussée de l'étang.

La fondation de Quintin est attribuée à Geoffroy II, fils d'Alain Ier, comte de Penthièvre, qui s'y serait établi vers 1260 ; ses descendants continuèrent à jouir de cette seigneurie jusqu'en 1424, époque à laquelle Plézou de Quintin, dernière représentante de sa famille, épousa Geoffroy du Perrier. Cette terre passa ensuite dans la maison de Laval-Montfort par le mariage, en 1482, de Jeanne du Perrier avec Nicolas de Laval. Leur arrière petit-fils, Henry de la Trémouille, la vendit, le 16 janvier 1638, à Amaury Gouyon de la Moussaye. Le fils de ce dernier, Henry Gouyon, l'aliéna en 1682, au profit de Guy-Alonze de Durfort de Lorges ; elle passa ensuite dans la famille de Choiseul, en 1775, par le mariage de Marguerite de Durfort de Lorges, petite fille de Guy, avec Regnauld-César-François vicomte de Choiseul. C'est à Amaury de la Moussaye qu'on doit la fondation, en 1662, du haut pavillon qui domine l'étang, seule partie existante d'une plus vaste construction à laquelle on n'a pas donné suite ; ce qu'on appelle le château neuf, est un édifice moins important érigé au xvIII^e siècle.

L'ancienne église paroissiale de Saint-Thurian n'existe plus. L'église collégiale, datant du xve siècle, qui l'avait remplacée, vient elle-même de faire place à un superbe monument, dont les plans ont été dressés par M. Maignan, architecte à Saint-Brieuc.

Quintin possède un hospice civil fondé en 1752, une communauté d'Ursulines, deux écoles primaires de garçons, l'une dirigée par les Frères de Ploërmel, et l'autre, avec cours complémentaire, par un instituteur laïque ; à toutes deux sont annexés des pensionnats. Il s'y tient 13 foires par an.

On remarque au-dessus de l'étang un très beau menhir, appelé la Pierre-Longue.

Quintin a vu naître le littérateur Daillant de la Touche,

mort en 1827 ; le carme Toussaint de Saint-Luc ; Jean Le Rigoleur, célèbre missionnaire ; Le Breton, savant numismate, et l'archéologue distingué, Baron-Dutaya.

La ville de Quintin est traversée par les chemins de grande communication Nos 7, 10 et 52.

LE FŒIL

Superficie : 2,054 hectares. — Population : 1,696 habitants.

Cette commune, dont le nom viendrait, d'après l'opinion locale, de *feuillée*, à cause des nombreux bois et bosquets qui s'y trouvaient autrefois, a un territoire étendu et très accidenté. Avec Saint-Brandan, Le Fœil entoure la ville de Quintin.

La colline sur laquelle est situé le bourg, est un des principaux points culminants de la région.

Quelques cours d'eau portent la fertilité dans les divers vallons qui sillonnent le territoire de la commune. Le Gouët la sépare de Saint-Brandan au sud-est sur une longueur de 4 kilomètres.

La terre arable repose à peu près partout, sur un fond de granit ; l'agriculture s'y est bien développée depuis une trentaine d'années.

C'était autrefois une trève de la paroisse de Saint-Thurian de Quintin ; elle fut érigée en commune le 22 novembre 1803.

L'église paroissiale, remaniée, a conservé quelques restes du xve siècle, elle est sous le vocable de la Vierge.

On remarque quatre maisons seigneuriales, Crénan, Robien, la Noë-Sèche et la Ville-de-la-Bruyère.

Les seigneurs de Crénan avaient le droit de haute moyenne et basse justice, avec fourches patibulaires, dont on voyait encore les vestiges, il y a quelques années, au lieu dit Les Justices ; de plus, ils possédaient le droit de péage sur tous les ponts des environs.

La magnifique habitation de Robien mérite d'être visitée.

Le Fœil possède une école communale de garçons et une de filles, toutes les deux bien fréquentées.

Le bourg n'est traversé que par des chemins vicinaux de 3ᵉ catégorie.

LE LESLAY

Superficie : 501 hectares. — Population : 268 habitants.

Le Leslay tire son nom de la rivière Le Leff qui y prend naissance.

Le territoire de cette petite commune est peu étendu ; il est resserré entre Le Fœil à l'est, Saint-Gildas à l'ouest, Cohiniac et Boqueho au nord, et le Vieux-Bourg au sud.

Le sol est de nature granitique ; il est fertile dans les vallées, mais nu, découvert et aride sur les hauteurs.

Le Leslay est une ancienne trève du Vieux-Bourg, érigée en commune en 1831.

L'ancienne chapelle tréviale, qui est devenue l'église paroissiale, date de 1721. Elle est dédiée à saint Symphorien.

Tout près du bourg se trouve l'antique château de Beaumanoir, dont quelques parties datent du xvᵉ siècle. Il appartient à la famille de Saint-Pierre. Il a vu naître deux prélats du nom de Guillaume Eder ; l'un, évêque de Saint-Brieuc, et l'autre de Quimper. Le célèbre Eder de la Fontenelle, ligueur dont les cruautés sont connues, possédait ce manoir quand il subit le dernier supplice en 1602.

Le Leslay ne possède qu'une école communale pour les deux sexes.

Le bourg n'est traversé que par un chemin vicinal de 3ᵉ catégorie.

LE VIEUX-BOURG

Superficie : 2,512 hectares. — Population : 1,366 habitants.

Cette localité a porté jusqu'au xvᵉ siècle le nom de Bourg-de-Quintin ; on l'a ensuite désignée sous le nom de

Vieux-Bourg-Quintin ; c'est ainsi qu'elle est appelée en breton, *Coz-Quintin*.

A 300 mètres du bourg, on trouve les vestiges d'une vieille forteresse qui aurait été bâtie, dit la tradition locale, par un romain nommé Quintinus. Les restes de substructions romaines qu'on trouve çà et là dans la commune, indiquent que le Vieux-Bourg a été une station romaine.

D'un autre côté, la commune est riche en monuments celtiques, parmi lesquels on remarque les menhirs et le dolmen de Kerdalmez, le tumulus de Kernanouët, sous lequel existerait une grotte, qu'on a cru longtemps habitée par une légion de *Corandons*. D'autre part, on raconte qu'il suffisait au cultivateur besogneux d'aller au coucher du soleil demander deux bœufs, et que le lendemain à l'aube ils sortaient prêts à être attelés.

Plusieurs vieux manoirs servent maintenant de bâtiments de ferme.

L'église date du xvie siècle, la tour hexagonale qui la domine a été construite en 1854.

Le terrain est de nature granitique ; de belles carrières y sont exploitées. Le sol est nu et peu fertile sur les hauteurs ; le seigle, l'avoine et le blé-noir sont à peu près seuls cultivés.

Le Vieux-Bourg est situé sur un des sommets de la chaîne du Mené ; le Trieux y a sa source, de même que le Gouët et un affluent du Blavet.

Au bourg existe une école communale pour les garçons et une pour les filles.

Le bourg est traversé par le chemin d'intérêt commun N° 3, embranchement.

PLAINE-HAUTE

Superficie : 1,530 hectares. — Population : 1,518 habitants.

Le territoire de cette commune forme un immense cône granitique, dont le bourg occupe le sommet et dont les flancs sont généralement serrés, d'où lui vient son nom.

Le sol, peu fertile dans les endroits élevés, est meilleur dans les parties basses. On y cultive les céréales, peu de froment, mais beaucoup de blé-noir. Quelques champs sont bien plantés en pommiers qui produisent d'excellent cidre.

L'industrie des toiles faisait vivre autrefois une grande partie de la population. Depuis quelques années beaucoup d'habitants vont, pendant la belle saison, dans les environs de Paris, faire la moisson, et reviennent chez eux avec un petit pécule prendre part aux travaux de la récolte.

Le Gouët arrose cette commune à l'est ; il coule dans une profonde vallée que dominent des coteaux élevés et abrupts.

L'église de Plaine-Haute n'offre de remarquable que la porte latérale nord, qui provient d'une ancienne chapelle dédiée à saint Méen.

Au Houlin, sur les bords du Gouët, dans un site très pittoresque, se trouve la chapelle de Sainte-Anne qui date du XIVe siècle. Le jour de la fête de la patronne est le rendez-vous d'un très grand nombre de pèlerins. On remarque un beau menhir à la Croix-Cadio.

L'ancien manoir de la Ville-Daniel est une intéressante construction qui attire l'attention des touristes.

Deux écoles existent au bourg, l'une de garçons, l'autre de filles. Elles forment un groupe scolaire.

Le bourg n'est traversé que par des chemins ordinaires.

SAINT-BIHY.

Superficie : 823 hectares. — Population : 355 habitants.

D'abord trêve du Haut-Corlay, près du Vieux-Bourg, Saint-Bihy devint paroisse indépendante en 1827. L'église qui date de 1777, n'offre rien de remarquable ; elle est sous le vocable de saint Eusèbe.

On croit que cette commune doit son nom à saint Bieuzy, disciple de saint Gildas, qui vivait au VIIe siècle.

Le sol est à base granitique ; il est accidenté dans l'ouest et dans le sud, et par conséquent de nature médiocre ; les vallées, dans lesquelles coulent des ruisseaux affluents du Gouët, sont seules fertiles.

Des anciens manoirs qui se trouvaient dans cette commune, on ne remarque que celui de Grand'Ile, situé au pied de la montagne du Guercy. Il est entouré de douves et de futaies, au-dessous desquelles se trouve un bel étang.

Une école mixte communale existe au bourg depuis 1864.

Le bourg est traversé par le chemin d'intérêt commun N° 3, embranchement.

SAINT-BRANDAN

Superficie : 2,516 hectares. — Population : 2,540 habitants.

Saint-Brandan, vulgairement appelé *Sembedan* ou *Semdan*, est située au sud-est du canton.

Le territoire de cette commune, assez plat vers le nord, est montagneux, tourmenté vers le sud. L'agriculture y fait de notables progrès ; les terres incultes diminuent de jour en jour.

La nature du sol est granitique et schisteuse en grande partie ; près du bourg, on trouve du grès. Non loin du village du Rillan, on a découvert, il y a quelques années, des débris romains.

L'église paroissiale est dédiée à saint Brandan, abbé, auquel la commune doit son nom. Elle n'offre rien de remarquable ; son clocher vient d'être reconstruit.

Les chapelles de Saint-Germain et de Saint-Eutrope sont sans intérêt ; cette dernière tombe en ruines.

C'est sur le territoire de cette commune que se trouve la gare de Quintin, sur la ligne de Saint-Brieuc à Pontivy.

Bien que l'agriculture soit la principale occupation des habitants, beaucoup cependant se livrent au commerce des chiffons.

Le hameau de Carestiemble, situé au sud-ouest du bourg, est habité par un certain nombre de boulangers qui vendent, sur les marchés voisins, du pain, à la levure de bière, appelé communément pain *miraud*.

Saint-Brandan possède deux écoles communales au bourg, l'une de garçons et l'autre de filles. A Carestiemble, une école mixte communale a été créée, il y a quelques années ; une école privée de filles fondée par la famille de Robien y existe également.

Le territoire de cette commune s'étend au nord-ouest du canton. On y parle le breton et le français.

Le sol mi-partie quartz et granit, est montagneux, profondément coupé par de nombreux vallons et généralement de médiocre qualité. On remarque encore beaucoup de jachères qui diminuent peu à peu, grâce à l'emploi des amendements calcaires que fournissent les fours à chaux de Cartravers, en La Harmoye.

Le bourg n'est traversé que par des chemins vicinaux de 3e catégorie.

SAINT-GILDAS

Superficie : 1,554 hectares. — Population : 711 habitants.

L'église paroissiale, dédiée à saint Gildas, porte la date de 1785. Dans une fenêtre de l'aile droite, on remarque quelques fragments de vitraux de 1563. Saint Gildas est invoqué par les cultivateurs des environs pour la guérison des animaux malades.

La chapelle de Kerdiouallan, sous l'invocation de Notre-Dame de Délivrance, renferme un tableau peint en 1800, par Béatrix Cornolan, de Quintin.

Sur l'emplacement de l'ancien château du Quélénec, rasé après les guerres de la Ligue, on a bâti une ferme. On remarque encore le portail de la chapelle du château et le clocheton.

Deux écoles existent au bourg, l'une de garçons et l'autre de filles, celle-ci a été créée en 1882.

Le bourg est traversé par les chemins de grande communication N° 22 et d'intérêt commun N° 3, embranchement.

ARRONDISSEMENT DE DINAN.

L'arrondissement de Dinan se subdivise en 10 cantons, savoir : Dinan-Est, Dinan-Ouest, Broons, Evran, Jugon, Matignon, Plancoët, Plélan-le-Petit, Ploubalay et Saint-Jouan-de-l'Isle. Ces 10 cantons comprennent 91 communes; soit, en moyenne, 9 municipalités par circonscription cantonale. Sa population est de 122,374 habitants et sa superficie de 139,849 hectares.

Il est borné au nord par la Manche ; à l'est par le département de l'Ille-et-Vilaine ; au sud par l'arrondissement de Loudéac, et à l'ouest par l'arrondissement de Saint-Brieuc.

L'arrondissement est tout entier placé sur le versant nord de la presqu'île bretonne, et ses principales rivières, le Frémur, le Guébriant, l'Arguenon et la Rance, se jettent dans la Manche. Son sol, accidenté et montueux, est sillonné par de nombreuses vallées, dont plusieurs présentent l'aspect le plus riant et le plus pittoresque. Celle de la Rance surtout provoque l'attention même des voyageurs qui ont visité les contrées renommées par leurs sites remarquables.

Le sol est bon et fertile dans ses parties nord, et beaucoup moins dans celles du sud et de l'ouest et particulièrement au centre, qui comprend le plateau élevé et si médiocre formé par le canton de Plélan. Le sous sol est granitique au nord, schisteux au sud et à l'est ; dans le centre et dans l'ouest, on trouve le granite et le schiste.

On rencontre encore, dans l'arrondissement de Dinan, d'assez vastes étendues de landes et de bruyères, quoique cependant il soit en général assez convenablement cultivé et que, dans plusieurs de ses parties, on ait réalisé même de sérieux progrès. Il est bien planté de pommiers et très boisé. Il renferme deux forêts, celles de la Hunaudaye et de Coëtquen, et plusieurs bois importants. Plus qu'aucun autre du département, il fournit des bois à la menuiserie, à l'ébénisterie et pour la construction.

Les bassins de Saint-Juvat et du Quiou présentent une masse considérable de conglomérats calcaires avec fossiles, connus sous le nom de *faluns* et appartenant aux terres tertiaires, qui répandent la fertilité partout où ils pénétrent et sont appliqués à l'amendement des terres. Le littoral étendu de cet arrondissement maritime, dans lequel sont compris cinq de ses cantons, fournit aussi des engrais calcaires qui, pour être moins riches que les faluns, sont cependant précieux à l'agriculture.

Le canal d'Ille-et-Rance traverse l'arrondissement sur une longueur d'environ 20 kilomètres et met en communication, par l'Ille-et-Vilaine, la Manche avec l'Océan.

La population est généralement saine et vigoureuse, et donne à la marine un nombre important de matelots et de pêcheurs.

CANTONS DE DINAN

(20 communes).

CANTON EST. — Dinan (portion est) ; Lanvallay ; La Vicomté-sur-Rance ; Léhon ; Pleudihen ; Saint-Hélen ; Saint-Solen ; Tressaint.

CANTON OUEST. — Dinan (portion ouest) ; Aucaleuc ; Bobital ; Brusvily ; Calorguen ; Le Hinglé ; Plouër ; Quévert ; Saint-Carné ; Saint-Samson ; Taden ; Trélivan ; Trévron.

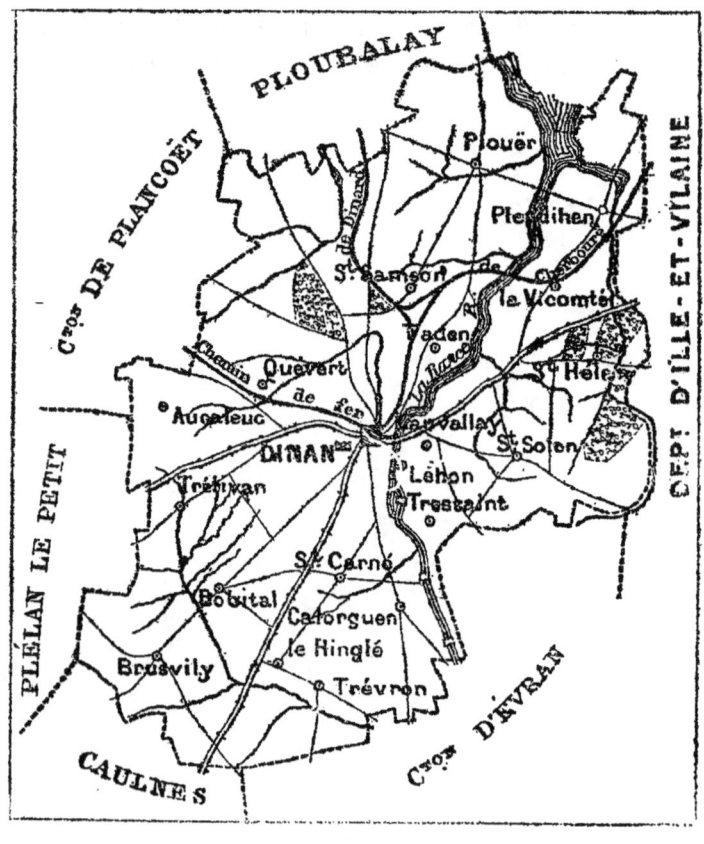

Le territoire des deux cantons de Dinan appartient à la zone du littoral. Il est borné au nord par le canton de Ploubalay et par la Rance, qui le sépare de l'Ille-et-

Vilaine ; à l'est, par ce dernier département ; au sud, par les cantons d'Evran et de Saint-Jouan-de-l'Isle ; à l'ouest, par les cantons de Plélan-le-Petit et de Plancoët. Son étendue est de 19,790 hectares. Les deux cantons de Dinan sont traversés par la route nationale N° 176.

Le canton de Dinan-Est est traversé par les chemins de grande communication N° 2, de Rennes à Saint-Malo, par Dinan ; N° 17, de Combourg à Erquy ; N° 12, de Plouasne à Dinard ; N° 26, de Lanvallay à Ploubalay ; N° 37, de Plancoët à Miniac-Morvan, et N° 48, de Miniac-Morvan à Mordreux ; et par les chemins d'intérêt commun N° 18, d'Evran à la marnière du Lyvet ; N° 36, d'Antrain à Dinan, et N° 59, de Dinan à Saint-Buc.

Le canton de Dinan-Ouest est traversé par les routes nationales N°s 166 et 176 ; par les chemins de grande communication N°s 12, 17, 26, 37 et 40, et par les chemins d'intérêt commun N°s 9, 10, 11, 12, 19, 31, 55 et 59.

La ligne de séparation des deux cantons divise la commune de Dinan en deux parties, depuis le pont sur la Rance, en suivant les rues du Petit-Port, de Jerzual, de la Lainerie, la Grand-Rue, la Croix-Plate, l'ancienne porte de Brest et les faubourgs des Rouairies, jusqu'aux limites de la banlieue de la ville.

Traversé par la Rance, le canton de Dinan-Est est généralement bien boisé, coupé de vallées profondes et pittoresques. Ses champs, parfaitement plantés de pommiers, l'une de ses richesses, sont bien cultivés et donnent les produits les plus importants et les plus variés. La marine, le commerce et la pêche lui procurent des ressources qui, jointes aux bénéfices de son agriculture, placent ses habitants au rang des plus aisés du département. Il contient peu de landes, et l'agriculture, qui chaque jour y progresse, les aura bientôt fait disparaître.

Sa population est de 19,790 habitants ; sa superficie de 6,943 hectares.

Le canton de Dinan-Ouest se compose de deux parties distinctes et bien différentes. Celle qui borde la rivière de la Rance, à l'est, et se prolonge au sud et vers l'ouest, est bien boisée, montueuse et très accidentée. Dans cette région, les cultures diverses sont supérieures à celles de l'autre partie du canton. Celle-ci est plane, peu boisée et contient encore beaucoup de landes. Elle comprend la partie centrale et celle du nord, vers la limite ouest.

Moins riche et moins avancé que le canton Est, il a cependant subi, dans quelques-unes de ses parties, l'influence du progrès agricole.

La population du canton Ouest est de 12,249 habitants ; sa superficie de 12,275 hectares.

DINAN

Superficie : 393 hectares. — Population : 10,105 habitants.

C'est, après Saint-Brieuc, la ville la plus importante du département.

Elle est située sur la rive gauche de la Rance, dans un site des plus pittoresques.

Son origine est très ancienne, disent quelques géographes ; cependant, il est à croire qu'elle ne remonte guère au-delà du commencement du xie siècle. Jusqu'en 1264, elle appartint aux sires de Dinan. A cette époque, Alain d'Avaugour, comte de Goëlo, le céda au duc de Bretagne Jean Ier, qui réunie à son domaine.

C'était une ville forte ; les restes de son enceinte murée, qui date du xiiie et du xive siècle, sont encore imposants.

Le magnifique donjon, composé de deux tours accouplées, hautes de 34 mètres et formant 4 étages, sert aujourd'hui de prison.

Parmi les monuments de Dinan, dignes d'être visités, nous signalerons l'église Saint-Sauveur, dont une partie, le portail et le mur sud, sont de beaux restes de l'architecture romane (xiie siècle). Les sculptures du chœur et de l'abside attirent l'attention par leur élégance et leur délicatesse. C'est dans cette église qu'on a déposé, en 1810, le *cœur* de Bertrand Du Guesclin, qui était conservé dans la chapelle des Jacobins, devenue propriété privée.

L'église Saint-Malo, beau et vaste monument gothique,

est remarquable surtout par son chevet. Elle renferme le mausolée de Claude de Lesquen, ancien évèque de Rennes, décédé à Dinan en 1855.

Parmi les autres édifices publics de Dinan, nous devons signaler la Tour de l'Horloge qui contient une cloche donnée en 1507, par la duchesse Anne ; l'hôtel-de-ville, qui renferme la bibliothèque et le musée ; l'hospice civil ; un ancien couvent de Cordeliers, occupé par un établissement secondaire ecclésiastique ; le collége communal ; enfin les casernes de cavalerie construites récemment.

Dinan montre avec orgueil, aux étrangers. la belle place Du Guesclin ou du *Champ*, où le vaillant connétable battit en duel, en 1358, l'anglais Thomas de Cantorbérie, qui s'était traîtreusement emparé de son frère Olivier Du Guesclin. La place de la duchesse Anne, située près de l'église Saint-Sauveur et appuyée sur les fortifications, a été transformée en un délicieux jardin anglais.

On trouve encore en parcourant l'intérieur de la ville, plusieurs rues qui ont conservé leur physionomie du moyen-âge et dont les maisons, élevées sur des piliers, forment une série de porches ou passages couverts.

Les étrangers admirent, à juste titre, les boulevards qui entourent la ville. De là le regard plonge dans des vallées profondes et pittoresques, où se développe la végétation la plus luxuriante. La vallée de la Rance, si profondément encaissée entre deux collines élevées et reliées ensemble par un magnifique viaduc sur lequel passe la route nationale N° 176 ; la fontaine des eaux ferrugineuses, dans un site encore plus charmant que les autres, attirent de nombreux visiteurs et les enchantent tellement que beaucoup d'entre eux viennent se fixer à Dinan.

Ce qui n'a pas peu contribué à rendre le séjour de cette ville agréable, c'est l'établissement du chemin de fer de Lamballe à Lison.

Autour de la gare s'est établi un nouveau quartier, qui prend de jour en jour plus d'extension.

L'industrie des toiles à voile et de la préparation des cuirs occupe un très grand nombre d'ouvriers ; cette dernière comprend les trois catégories de tanneries : la préparation des cuirs forts, la molleterie et la mégisserie.

Le commerce d'exportation donne au port de Dinan, établi sur la Rance canalisée, une animation assez importante. Il consiste surtout en céréales, beurre, pommes. et bois de chauffage. Les marchés y sont bien suivis ; les foires, celle du Liége notamment, sont renommées.

Nous citerons parmi les personnages nés à Dinan : Ch. Beslay, député, sous l'Empire, la Restauration et le gouvernement de Juillet ; Ch. Pinot, surnommé Duclos, historiographe de France et secrétaire de l'Académie française ; l'ingénieur Pierre Egault des Noës, qui fit creuser le canal de l'Ourcq et fit construire le Château d'Eau à Paris, il est l'inventeur du niveau à bulle d'air ; Toussaint Gagon du Chesnay, député aux Etats généraux de 1789 ; Pierre Le Hardy, conventionnel condamné à mort par la Montagne, avec ses collègues Girondins ; Anselme Michel, membre de l'Assemblée nationale en 1848 ; Charles Néel de la Vigne, ancien député, qui a légué à la ville de Dinan presque toute sa fortune pour des œuvres de bienfaisance.

Comme établissements scolaires, Dinan possède un collége communal, une institution secondaire libre dite des Cordeliers, deux écoles communales l'une de garçons et l'autre de filles, une école maternelle et plusieurs écoles primaires privées.

La ville de Dinan est traversée par la route nationale N° 176 et par les chemins de grande communication N°s 12 et 26.

LANVALLAY

Superficie : 937 hectares. — Population : 1,361 habitants.

Cette commune est située à l'est de Dinan, sur la rive droite de la Rance.

Son territoire est très accidenté sur les bords de cette rivière ; il est bien cultivé. Les prairies naturelles et artificielles s'y développent de plus en plus. Le sol, de nature granitique, est très propre à la culture du pommier.

Saint Vallay, moine breton, qui fut religieux de Landévenec, a donné son nom à cette commune. Comme paroisse elle a dépendu, jusqu'en 1790, de l'évêché de Dol et elle était desservie par les moines de Saint-Florent, de Saumur.

L'église paroissiale dédiée à saint Méen, est de construction récente. Elle n'offre rien de remarquable.

Lanvallay était le siége d'une seigneurie qui passa successivement aux familles de Coëtquen et de Duras. C'est à Lanvallay, au village de Saint-Piat, qu'est né Hubert de la Massue, fidèle compagnon d'armes de Du Guesclin.

Cette commune a deux écoles, l'une de garçons et l'autre de filles.

Le bourg est à proximité de la route nationale 176, il est traversé par le chemin de grande communication N° 2.

LA VICOMTÉ-SUR-RANCE

Superficie : 459 hectares. — Population : 949 habitants.

Cette localité a longtemps fait partie de la commune de Pleudihen. En 1869, elle a été érigée en paroisse distincte, et en 1878 elle a formé une commune.

En général, le terrain est très accidenté. Son sol est fertile et bien cultivé. Les pommiers y abondent.

On remarque le château et la chapelle de la Bellière, qui datent du xive siècle ; ce vieux manoir à cheminées octogones, ornées de couronnes de comte, à murailles épaisses, qui plongent dans les eaux d'un petit étang, était autrefois la demeure des seigneurs de Dinan. Il a appartenu à Du Guesclin par sa femme Tiphaine Raguenel, qui y fit sa résidence et y mourut. Sa chambre est religieusement conservée.

Cette commune est traversée par la ligne de Lamballe à Lison, sur le beau viaduc de Lessart, pont métallique qui franchit la Rance sur une longueur de 80 mètres. En traçant la voie, on a découvert près du pont une voie romaine et des armes de toutes sortes.

Trois écoles existent à La Vicomté, deux pour les garçons, l'une communale et l'autre privée, et une pour les filles.

Le bourg est traversé par le chemin de grande communication N° 2.

LÉHON

Superficie : 471 hectares. — Population : 1,288 habitants.

A cause de ses ruines, de ses points de vue pittoresques, la commune de Léhon est le rendez-vous chaque année de nombreux touristes.

Elle est située au sud de Dinan et sur la rive gauche de la Rance. Le bourg placé à l'extrémité est de la commune, au fond d'une vallée profonde, compte 300 habitants.

Le territoire, de nature granitique, est très accidenté ; il forme une succession de plateaux bien cultivés, de coteaux boisés et de vallons tapissés de verdure. Les pommiers sont bien soignés et produisent un excellent cidre.

On remarque à Léhon, l'ancien prieuré de Saint-Magloire, dont il reste encore d'intéressants vestiges. Il aurait été fondé en 850 par six religieux, à qui Nominoë donna de l'argent et des terres.

L'église paroissiale, dédiée à Notre-Dame, et située au sud des ruines du prieuré, est devenue insuffisante et va être remplacée par l'église priorale restaurée.

On y remarque la maîtresse vitre, les huit stalles du xv° siècle et une ancienne cuve baptismale du xii° siècle, qui sert aujourd'hui de bénitier.

Les ruines de l'ancien château-fort de Léhon se trouvent à l'ouest du bourg, entre les vallées des Granges et le plateau des Ecrouères. Elles dominent toute la vallée. Au milieu de l'enceinte, s'élève aujourd'hui une chapelle dédiée à saint Joseph.

C'est à Léhon qu'a été établi depuis 1836, l'asile départemental pour les hommes aliénés, connu sous le nom des Bas-Foins et dirigé par les religieux de l'ordre de Saint-Jean-de-Dieu.

On y compte plus de 500 malades. L'enclos de l'établissement comprend près du quart de la commune.

Non loin de l'asile, on remarque le beau calvaire du Saint-Esprit, malheureusement mutilé.

Léhon possède une école de garçons, créée en 1883, et une école de filles.

Le bourg est traversé par le chemin de grande communication N° 12.

PLEUDIHEN

Superficie : 2,457 hectares. — Population : 3,696 habitants.

Cette importante commune occupe l'extrémité nord-est du canton et du département ; au nord et à l'est, elle est limitée par l'Ille-et-Vilaine, à l'ouest par la Rance, et au sud par la Vicomté-sur-Rance.

Le territoire à base de schiste micacé et de porphyre au sud, est accidenté et bien boisé.

La culture du pommier, très répandue depuis plusieurs années, est pour les cultivateurs une source de richesses.

En dehors de la population agricole, un grand nombre de marins sont fournis par Pleudihen, soit pour la grande pêche, soit pour le cabotage.

Au village de Mordreux, se trouve l'approvisionnement des bois de chauffage, qui sont expédiés principalement à Saint-Malo et à Saint-Servan.

A St-Meleuc aurait existé jadis une maison de Templiers.

On remarque à la Motte-Pillandel un beau tumulus.

A Pleudihen sont nés : Dom Briand, collaborateur de dom Morice, pour l'histoire de Bretagne ; l'amiral Bouvet, mort en 1832 et Hippolyte-Michel de la Morvonnais, littérateur et poëte, mort en 1853.

Deux écoles existent en cette commune, l'une de garçons et l'autre de filles.

En 1878, la section de La Vicomté a été érigée en commune, depuis 1869, elle formait déjà une paroisse distincte.

Le bourg de Pleudihen est traversé par les chemins de rande communication N°s 2 et 37.

SAINT-HÉLEN

Superficie : 1,702 hectares. — Population : 1,468 habitants.

Bornée au nord par La Vicomté, au sud par Saint-Solen, à l'est par l'Ille-et-Vilaine et à l'ouest par la Rance, cette commune doit son nom à saint Hélen, son patron.

Son territoire, de nature granitique, aux roches amphiboliques au nord-est, est montueux et bien boisé. Les pommiers y sont bien soignés et produisent d'excellents cidres.

On trouve en cette commune le beau bois de Coëtquen, ayant appartenu longtemps à la famille de ce nom, qui possédait le château dont on voit encore les ruines non loin du bourg.

Dans l'église, on remarque une magnifique verrière du XVIe siècle. Près de la Villais, se trouve un cromlec'h.

La chapelle du Plessis, dédiée à saint Yves, est desservie à certains jours.

Deux foires ont lieu chaque année à Coëtquen.

Saint-Hélen possède une école de garçons et une école de filles, toutes deux communales.

Le bourg n'est traversé que par des chemins de 3e catégorie.

SAINT-SOLEN

Superficie : 223 hectares. — Population : 532 habitants.

Le territoire de Saint-Solen, de nature granitique, schisteux et plat, est peu étendu mais il est bien cultivé et comme les communes environnantes bien planté de pommiers. L'agriculture abandonne peu à peu les procédés routiniers. On y voit beaucoup de trèfles et de prairies artificielles.

La population fournit un assez grand nombre de maçons et de tailleurs de pierre.

Cette commune s'étend au sud-est du canton et au sud de Saint-Hélen et de Lanvallay.

L'église, dédiée à saint Solain, évêque de Chartres, est

d'un bel aspect. Elle a été restaurée au commencement du siècle par les soins de Pierre Ravaudet, décédé recteur de la paroisse.

On se souvient de son dévouement et de sa charité ; aussi ses paroissiens lui ont-ils élevé un magnifique tombeau.

Une des cloches de l'église date de 1509. On remarque le beau château moderne de la Vairie.

Saint-Solen possède deux écoles, une de garçons et l'autre de filles.

Le bourg est traversé par le chemin de grande communication N° 17.

TRESSAINT

Superficie : 301 hectares. — Population : 391 habitants.

Cette commune s'étend au sud du canton et sur la rive gauche de la Rance.

Son territoire, coupé de vallées profondes, est bien planté en pommiers. Les prairies sont bien entretenues et donnent de belles récoltes.

Une partie de la population agricole se livre au commerce des bestiaux.

L'église n'offre rien de remarquable. Le château moderne de la Grande-Cour est une habitation d'un bel aspect.

Deux écoles, l'une de garçons et l'autre de filles existent à Tressaint.

Le bourg n'est traversé que par un chemin ordinaire.

AUCALEUC

Superficie : 638 hectares. — Population : 434 habitants.

Cette commune, la plus à l'ouest du canton, est bornée au nord par Corseul, à l'est par Quévert, au sud par Trélivan et Vildé-Guingalan, et à l'ouest par La Landec.

Le sol, de nature granitique, avec schiste dans le nord, est de médiocre qualité. Les landes qui le couvraient, il y a quelques années, sur une grande étendue, sont presque entièrement défrichées.

Le territoire est plat, assez boisé dans le nord.

Il est arrosé par de petits ruisseaux qui se réunissent pour former un affluent de l'Arguenon.

L'église, nouvellement construite, est entourée de bosquets bien entretenus. Elle est sous le vocable de saint Symphorien, que l'on invoque contre la goutte.

Aucaleuc ne possède qu'une école mixte qui compte soixante enfants environ.

Le bourg n'est traversé que par des chemins ordinaires.

BOBITAL

Superficie : 499 hectares. — Population : 352 habitants.

Comme à Aucaleuc, les landes de cette commune se défrichent, le sol s'améliore et l'agriculture progresse, mais bien lentement encore.

Le territoire est plat et peu boisé, on remarque toutefois la vallée de Guinefort qui offre des points de vue très pittoresques.

Cette commune est bornée au nord par Trélivan, à l'est par Saint-Carné, au sud par Le Hinglé, et à l'ouest par Brusvily.

En 1450, l'église de Bobital, dédiée à saint Samson, fut désignée pour recevoir l'archevêque de Tours dans la visite qu'il devait faire une fois, durant son épiscopat, dans le diocèse de Dol, suffragant de Tours à cette époque.

Bobital ne possède qu'une école mixte.

Le bourg est traversé par le chemin d'intérêt commun cation N° 55.

BRUSVILLY

Superficie : 1,183 hectares. — Population : 781 habitants.

La commune de Brusvily est située au sud-ouest du canton.

Le bourg se trouve sur un plateau qui s'étend vers Trébédan ; la partie nord-est de la commune est accidentée et bien boisée ; ailleurs on rencontre des landes défrichées.

Le sol est granitique en grande partie, au sud on trouve du schiste et des carrières de quartz exploitées pour l'entretien des routes.

L'église paroissiale, sous le patronage de saint Malo, est très ancienne ; sa maçonnerie en forme d'arêtes de poissons est digne de remarque.

Une seule école mixte communale existe dans cette commune.

Le bourg est traversé par les chemins de grande communication N° 40 et d'intérêt commun N° 19.

CALORGUEN

Superficie : 848 hectares. — Population : 873 habitants.

Cette commune s'étend entre Evran, Saint-André-des-Eaux et Saint-Juvat au sud, Trévron et Saint-Carné à l'ouest, Tressaint au nord ; elle est limitée à l'est par la Rance.

Le territoire est plat, mais coupé de temps à autre par quelques vallées peu profondes.

Le sol, où domine le schiste, est fertile ; on y trouve des prairies de première qualité.

L'église, reconstruite en 1838, est dédiée à saint Hubert de Liège.

Le vieux manoir de la Ferronnais a été converti en ferme.

Deux écoles, l'une pour les garçons et l'autre pour les filles, existent au bourg.

Le bourg est traversé par le chemin d'intérêt commun N° 12.

LE HINGLÉ

Superficie : 337 hectares. — Population : 269 habitants.

Le territoire de cette commune est accidenté dans l'ouest, plat et peu boisé dans les autres parties. Les landes sont à peu près toutes défrichées ou converties en belles futaies de pins. Au nord elle est bornée par Bobital, à l'est par Trévron, au sud et à l'ouest par Brusvily.

L'église est moderne, elle est sous l'invocation de saint Barthélemy.

On remarque les belles habitations de la Pyrie, et celle du Pont-Ruffier, près du pont de ce nom.

A un kilomètre du bourg, près de l'ancien manoir du Chalonge, existe une fontaine d'eaux ferrugineuses.

Le sol, à base granitique ou de schiste, renferme de riches carrières de granit, dont l'exploitation occupe un grand nombre d'ouvriers.

Au Hinglé, il n'existe qu'une école mixte.

Le bourg est traversé par le chemin d'intérêt commun N° 55.

PLOUER

Superficie : 1,989 hectares. — Population : 3,582 habitants.

Cette grande et belle commune est la plus au nord du canton ; elle est limitée à l'ouest par la Rance.

La population est en général maritime ; la plupart des terres sont cultivées par les femmes, pendant que les hommes se livrent à la pêche de Terre-Neuve ou d'Islande, ou à la navigation au long-cours et au cabotage.

La propriété est très divisée ; le sol est fertile et bien cultivé ; les prairies naturelles faisant défaut, sont remplacées par les plantes fourragères.

Autrefois, les coteaux bien exposés au midi, étaient consacrés à la culture de la vigne ; les ceps ont été arrachés et remplacés par des pommiers qui produisent un cidre très estimé.

Le port de Saint-Hubert, sur la Rance, au nord-est du bourg, est le point d'attache d'un grand nombre de bateaux qui se livrent au commerce de cabotage le long de nos côtes.

On remarque en cette commune plusieurs minoteries importantes.

L'église, nouvellement restaurée et dédiée à saint Pierre et saint Paul, n'offre aucun intérêt.

Près du Chêne-Vert, on trouve quelques restes de fortifications remontant au moyen-âge.

Le sol est à base schisteux en général, avec roches amphiboliques au sud.

Plouër possède deux écoles communales importantes, l'une pour les garçons et l'autre pour les filles, avec classe enfantine.

Le bourg est traversé par les chemins de grande communication N° 39 et d'intérêt commun N°s 9 et 59.

QUÉVERT

Superficie : 1,247 hectares. — Population : 1,334 habitants.

Le territoire de Quévert s'étend à l'ouest de la ville de Dinan et est limité par Corseul au nord, Taden à l'Est, Aucaleuc et Corseul à l'Ouest.

Il est boisé et fertile, grâce à une culture intelligente et bien comprise ; les prairies de toutes sortes sont bien aménagées.

Comme à Tressaint, les habitants se livrent beaucoup au commerce des bestiaux.

L'église, dédiée à saint Laurent, n'offre pas d'intérêt. Mais la chapelle de Sainte-Anne, où se tient un pardon chaque année, attire l'attention des visiteurs.

On remarque les ruines du château de la Brosse qui appartenait à la famille du Bois-Riou, dont plusieurs membres ont été attachés à la cour des ducs de Bretagne.

De la Maison-Blanche on jouit d'un point de vue très étendu.

Quévert compte deux écoles communales, une pour chaque sexe.

Le bourg n'est traversé que par des chemins ordinaires de 3e catégorie.

SAINT-CARNÉ

Superficie : 836 hectares. — Population : 744 habitants.

Saint-Carné doit son nom à saint Hernin, appelé en breton Karn ou Carné.

Cette commune est bornée au nord par Léhon, à l'est par la Rance et Calorguen, au sud par Le Hinglé, et à l'ouest par Bobital.

Le sol, de nature granitique, avec schiste au sud-est, est coupé par de profondes vallées bien boisées, que dominent des coteaux élevés.

On remarque la belle et antique habitation du Chêne-Ferron, dans une situation très pittoresque, sur un coteau au pied duquel coule la Rance. Il a conservé quelques parties du XIIIe siècle.

Les beaux étangs du Pin, très profonds et très poissonneux, entourés d'arbres magnifiques, sont pendant l'été le rendez-vous de nombreux pêcheurs à la ligne.

Les terres sont assez fertiles ; les landes qui s'étendaient à l'ouest de la commune, sont en grande partie défrichées.

Au Tertre-au-Renard se trouvent de belles carrières de pierre.

L'église, sous le patronage de saint Pierre, offre peu d'intérêt.

Saint-Carné ne possède encore qu'une école mixte créée en 1821.

Le bourg n'est traversé que par des chemins vicinaux de 3e catégorie.

SAINT-SAMSON

Superficie : 627 hectares. — Population : 710 habitants.

Borné au nord par Plouër, à l'est par la Rance, au sud et à l'ouest par Taden, le territoire de cette commune est accidenté sur le bord de la Rance et plat vers l'ouest. Il est boisé et bien planté en pommiers.

Le sol, de même nature en général que le reste du canton, c'est-à-dire graniteux ou schisteux, est de bonne qualité. La culture des plantes fourragères supplée à l'insuffisance des prairies pour la nourriture des bestiaux.

Bien qu'en général la population de Saint-Samson soit adonnée à l'agriculture, elle fournit un assez grand nombre de marins.

L'église, dédiée à Saint-Samson, date du siècle dernier.

Sur la Rance canalisée, au village de Livet, se trouve un petit port avec écluse.

On remarque le château de Carheil et le menhir de la Tremblaye.

Saint-Samson possède une école primaire pour chaque sexe.

Le bourg est traversé par les chemins d'intérêt commun N°s 9 et 9 (embranchement).

TADEN

Superficie : 2,002 hectares. — Population : 1,464 habitants.

Située au sud de Saint-Samson et bornée à l'Est par la Rance, cette commune, comme toutes celles du canton, est bien plantée en pommiers.

Le sol, de nature essentiellement granitique, est fertile, grâce aux soins apportés à la culture.

Le territoire est accidenté et bien boisé d'essences propres au chauffage et à la construction. Aussi, un certain nombre d'habitants se livrent-t-ils au commerce du bois.

D'importantes carrières de granit sont exploitées et occupent beaucoup d'ouvriers.

L'église paroissiale, sous le patronage de saint Pierre et de saint Paul, remonte au XVe siècle.

Une succursale a été établie depuis plusieurs années au hameau de Trélat.

On remarque à juste titre les remarquables et belles ruines du château de la Garaye, dont le dernier propriétaire, le comte de la Garaye, mort en 1755, à l'âge de 80 ans, se fit remarquer par ses œuvres de charité et de dévouement. Sa sœur, morte quelques années auparavant, rivalisa de zèle avec lui dans le domaine de la bienfaisance.

Le château de la Conninais mérite d'être visité.

Taden possède deux écoles, une pour chaque sexe.

Le bourg n'est traversé que par des chemins de 3e catégorie.

TRÉLIVAN

Superficie : 1,109 hectares. — Population : 831 habitants.

Cette commune située à l'ouest du canton, au sud d'Aucaleuc, renferme un territoire plat au nord, légèrement accidenté vers le sud, bien boisé, mais parfois marécageux. Les landes commencent à être cultivées.

L'église est sous le vocable de saint Magloire, elle n'offre rien de remarquable.

A Trélivan existent deux écoles, l'une de garçons et l'autre de filles.

Le bourg est traversé par le chemin d'intérêt commun N° 11.

TRÉVRON

Superficie : 960 hectares. — Population : 875 habitants.

Située au sud du canton, la commune de Trévron est traversée par un ruisseau affluent de la Rance, qui prend sa source entre Aucaleuc et Trélivan.

Le territoire est accidenté, et bien que de qualité ordinaire, il donne de bons produits, grâce à une agriculture intelligente et bien comprise.

On y récolte beaucoup de fruits qui alimentent les marchés de Dinan.

On trouve en cette commune des fragments de la voie romaine partant de Corseul et se dirigeant vers Dol, et les ruines d'un ancien prieuré qui dépendait de celui de Léhon. Une galerie souterraine de 6 kilomètres environ de longueur les mettait, dit-on, en communication.

L'église forme un ensemble curieux de constructions dans le style des XIIe et XIIIe siècles. Elle est sous le vocable de saint Laurent.

Trévron possède deux écoles primaires depuis quelques années, une pour chaque sexe.

Le bourg situé à proximité du chemin d'intérêt commun N° 55 n'est traversé que par des chemins de 3e catégorie.

CANTON DE BROONS
(9 Communes).

Broons ; Eréac ; Lanrelas ; Mégrit ; Rouillac ; Sévignac ; Trédias Trémeur ; Yvignac.

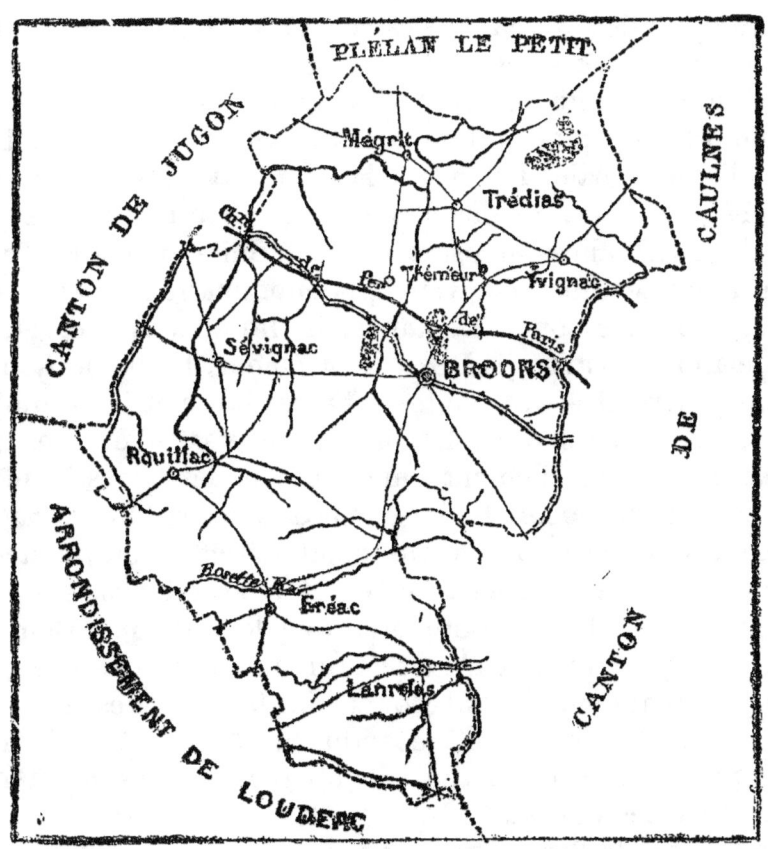

Le canton de Broons est borné au nord par le canton de Plélan-le-Petit ; à l'est par les cantons de Dinan-Ouest et de Saint-Jouan-de-l'Isle ; au sud par le canton de Merdrignac ; à l'ouest par les cantons de Collinée et de Jugon. — Il est traversé du sud-ouest au nord-ouest par le chemin de fer ; par la route N° 12, de Paris à Brest ; par les chemins de grande communication N°s 19, de Saint-Méen à Plancoët ;

39, de Plesder à Plénée-Jugon ; 40, de La Trinité à Dinan ; 58, de Collinée à Caulnes, et 59, de Merdrignac à Plénée-Jugon ; et par les chemins d'intérêt commun Nos 14, de Beaussais à Caulnes ; 15, d'Eréac à Pléboulle ; 19, de Trébédan à Saint-Juvat ; 29, de Saint-Carreuc à Broons ; 46, de Gouarec à Saint-Méen ; 60, de Mégrit à Erquy ; 68, d'Eréac à Lamballe ; 69, de Broons à Mauron ; 74, de Collinée à Broons, et 84, de Plémet à Eréac.

La population du canton est de 15,693 habitants ; sa superficie de 22,642 hectares.

Territoire montueux et accidenté au nord et dans une partie du sud ; plat, uni ou à coteaux onduleux au centre, dans l'autre partie du sud, à l'est et dans les communes d'Eréac, Yvignac, Broons et Sévignac. Il est coupé par de nombreuses vallées arrosées d'une infinité de cours d'eau dont quelques-uns reçoivent la dénomination de rivières. Les principales sont : la Rance, la Rosette, le Clerget, la Poideland, la Vallée, la Rosée, le Frémeur, le Val, le Gouëff et le Bochereuil. — Le canton est assez boisé et le pommier s'y cultive avec succès. Il contient de vastes prairies qui pourraient être facilement améliorées et les terres incultes qui composent encore le cinquième de son territoire seraient susceptibles d'être avantageusement défrichées ou plantées. Son agriculture est peu avancée et a grand besoin de se défaire des méthodes routinières qu'elle applique. Comme dans quelques autres cantons de Dinan, on n'y possède que très peu de juments ; les labours sont faits par des chevaux entiers achetés jeunes et revendus à l'âge de 3 à 4 ans. C'est pour ainsi dire le seul commerce que les habitants fassent sur les bestiaux.

Le canton de Broons appartient à la zone intermédiaire.

Le chef-lieu est traversé par la route nationale N° 12, les chemins de grande communication Nos 19 et 40 et le chemin d'intérêt commun N° 29.

BROONS

Superficie : 3,522 hectares. — Population : 2,733 habitants.

Cet important chef-lieu de canton est situé sur l

nationale de Paris à Brest, et à 3 kilomètres au sud de la station du chemin de fer de la ligne de Brest. Dans la partie ouest coule le ruisseau de Rosette, un des nombreux cours d'eau qui, réunis, forment l'Arguenon.

La nature du sol est bien diverse. On y trouve du schiste talqueux et ardoisé, du grès, du minerai de fer, des roches amphiboliques. Quelques carrières d'ardoises sont en exploitation.

Le territoire qui présente de longues ondulations à pentes douces, est bien boisé ; il est humide à l'ouest, tandis qu'à l'est il est plutôt sec et couvert de landes qui se défrichent peu à peu et se convertissent en belles futaies de pins maritimes.

L'église, sous le vocable de saint Pierre, n'offre de remarquable que son portail occidental dans le style du xve siècle.

C'est à Broons qu'a été fondée, en 1839, la Congrégation des Sœurs dites de Sainte-Marie de Broons, qui se livre à l'enseignement. La maison-mère y est établie.

Broons rappelle surtout Bertrand Du Guesclin, connétable de France sous Charles V, la terreur des Anglais. Il naquit au château de la Motte-Broons vers 1320. Son corps fut inhumé à Saint-Denis en 1380 ; mais son cœur fut déposé dans l'église des Jacobins à Dinan ; il est actuellement placé dans l'église Saint-Sauveur de cette ville depuis 1810.

Le château de la Motte-Broons a été démoli en 1616, par ordre des États de Bretagne. Sur son emplacement, on a élevé, en 1840, une colonne de granit à la mémoire du grand capitaine breton, une de nos gloires nationales.

Broons a également donné le jour à Bertrand Millon, habile diplomate, fondateur de l'Université de Nantes, et à Jean Miriel, savant chirurgien de marine.

Deux écoles primaires publiques et une école maternelle, nouvellement construites, existent à Broons.

Le chef-lieu est traversé par la route nationale N° 12, les chemins de grande communication N°s 19 et 40 et le chemin d'intérêt commun N° 29.

ÉRÉAC

Superficie : 2,121 hectares. — Population : 1,502 habitants.

Située au sud-ouest du canton, cette commune est bornée au sud et à l'ouest par le canton de Merdrignac, au nord par Sévignac et Rouillac, et à l'est par Lanrelas.

Le sol est à peu près de même nature que celui de Broons, le schiste domine. Les landes qui couvraient, il y a quelques années, une grande étendue du territoire, se défrichent peu à peu.

Le territoire est plat et découvert ; il est arrosé par la Rosette vers le nord et la Rance au sud, qui coule entre deux collines assez élevées.

L'église paroissiale n'offre aucun intérêt, mais le vieux château de Goibicor mérite d'être visité.

Deux écoles communales existent à Eréac, une pour les garçons, récemment construite, et une pour les filles.

La population d'Eréac est exclusivement agricole, et ne se livre qu'au commerce des produits du sol.

Le bourg est traversé par les chemins de grande communication Nos 40 et 58 et par les chemins d'intérêt commun Nos 15 et 84.

LANRELAS

Superficie : 2,941 hectares. — Population : 1,902 habitants.

Cette commune, la plus au sud du canton, est arrosée au nord par la Rance. Le sol est accidenté, formé de collines et de vallons. Sur les hauteurs le terrain est médiocre, et dans les vallées on trouve de bonnes prairies, mais sujettes aux gelées.

Le granit domine dans le sous-sol et fournit, dans de riches carrières exploitées, des pierres de taille recherchées.

Non loin du bourg, sur les bords de la Rance, se trouvent les restes d'un monument druidique. Ce sont des pierres réunies et qu'on nomme le Rocher.

C'est à Lanrelas qu'est né Robinault de Saint-Régent, qui s'est rendu tristement célèbre en prenant une art active au complot dit de la *Machine infernale*, contre le premier consul, le 24 décembre 1800.

On remarque les ruines des anciens châteaux de Branxien et de Guillerien.

L'église, sous le patronage de saint Jean-Baptiste et la chapelle de Saint-Malo qui date du xviiie siècle, n'offrent rien de remarquable.

A Lanrelas existent deux écoles, l'une de garçons et l'autre de filles.

Le bourg est traversé par le chemin de grande communication N° 58 et par les chemins d'intérêt commun N°s 46 (embranchement) et 69.

MÉGRIT

Superficie : 2,063 hectares. — Population : 1,416 habitants.

Cette commune s'étend au nord-ouest du canton, à l'est du grand étang de Jugon qui la sépare de Dolo.

Son territoire accidenté est coupé en tous sens par des collines et des vallées au fond desquelles coulent plusieurs ruisseaux qui vont se réunir dans l'étang de Jugon, pour donner naissance à l'Arguenon.

Une notable partie de la commune est composée de landes peu cultivables ; depuis quelques années, les semis de sapins font place aux herbes et aux bruyères qui la couvraient.

L'agriculture progresse peu ; l'élevage des animaux, faute de prairie, n'est pas très développé.

Le sol renferme du schiste micacé au sud ; au nord se trouvent des carrières de granit recherché à cause de la facilité avec laquelle il se taille.

L'église qui a fait partie d'un ancien prieuré, n'offre rien de remarquable. Du lieu dit Forte-Terre, l'œil embrasse une vaste étendue de pays.

Mégrit possède depuis longtemps une école communale pour chaque sexe.

Le bourg est traversé par les chemins de grande communication N° 19 et d'intérêt commun N° 60.

ROUILLAC

Superficie : 1,576 hectares. — Population : 997 habitants.

C'est la commune la plus à l'ouest du canton ; elle s'étend entre celles de Sévignac au nord et d'Eréac au sud, et les cantons de Collinée et de Jugon à l'ouest.

Elle est arrosée par le ruisseau de Quinhin qui va se jeter dans l'étang de Jugon. Son territoire est accidenté, surtout aux environs du bourg.

Grâce au développement qu'a pris l'agriculture depuis quelques années, les terres se sont améliorées, les landes se sont défrichées et fournissent de fertiles champs de blé.

Les bois de Bougueneuf et des Touchelles sont assez importants.

Rouillac a été érigée en paroisse distincte en 1789. Elle faisait partie auparavant de celle de Sévignac.

L'église, reconstruite en 1886, est d'un bel effet, elle est dédiée à saint Sébastien.

Une seule école mixte existe encore à Rouillac, elle compte plus de 100 enfants.

Le bourg est traversé par les chemins d'intérêt commun Nos 68 et 74.

SÉVIGNAC

Superficie : 4,325 hectares. — Population : 3,014 habitants.

Le territoire de cette commune est le plus étendu de toutes celles du canton.

Elle est bornée au nord par Dolo et Mégrit, à l'est par Trémeur et Broons, au sud par Eréac et Rouillac, à l'ouest par Plénée-Jugon.

Le territoire est légèrement accidenté ; il présente de longues ondulations, les deux principaux ruisseaux qui l'arrosent, le Bochereuil et le Gouëff, traversent de belles prairies et déversent leurs eaux dans l'étang de Jugon.

Le sol à base de schiste talqueux, est bon et productif.

L'agriculture y est en progrès ; on s'adonne avec succès

à la culture des plantes fourragères pour l'élevage des bestiaux.

L'église, rebâtie en 1874, est remarquable, elle est sous le vocable de saint Pierre.

C'est au château de Limoëlan qu'est né Raoul Rousselet, conseiller de Philippe-le-Bel et évêque de Saint-Malo et de Laon.

Brondineuf est la patrie de René de Saint-Pern qui se fit remarquer à la bataille de SaintCast.

Mgr Aug. Le Mintier, dernier évêque de Tréguier, et le lieutenant Louis de Chappedelaine, un des héros de nos guerres d'Afrique, sont également nés à Sévignac.

Deux écoles communales, l'une de garçons, fondée en 1823, et une de filles, existent au bourg même de Sévignac.

Il est traversé par les chemins d'intérêt commun Nos 15 et 29.

TRÉDIAS

Superficie : 1,101 hectares. — Population : 820 hectares.

La commune de Trédias a été formée en 1819 par la réunion du territoire des deux paroisses de Trédias et de Saint-Urielle.

Elle est située au sud de Languédias et au nord de Broons.

Son territoire est accidenté à l'ouest et assez uni vers l'est.

Deux ruisseaux l'arrosent : la Damiette et la Rosette qui vont se perdre dans les étangs de Rocherel.

Le sol de nature schisteux, est peu productif ; il est froid et humide en quelques parties, sec et pierreux en d'autres. Toutefois, on y plante beaucoup de pommiers qui donnent de beaux produits.

Non loin du hameau de Dinametz, sur les hauteurs de Rocherel, se trouvent les ruines d'une vieille tour ronde, appelée Tour du Châtelet. Elle mesurait 16 à 17 mètres à l'intérieur, et le sol sur lequel elle reposait était élevé de 26 à 27 mètres au-dessus des eaux de l'étang de Rocherel. Il y a environ 50 ans, on découvrit près de cette tour un tombeau renfermant quelques ossements, des silex et des médailles en marbre percées qui faisaient partie d'un collier.

L'église n'offre rien de remarquable. L'instruction primaire n'est donnée à Trédias que par une seule école mixte.

Le bourg est traversé par le chemin de grande communication N° 39.

TRÉMEUR

Superficie : 1,456 hectares. — Population : 1,154 habitants.

Cette commune est bornée au nord par Mégrit, à l'est par Trédias et Broons, au sud et à l'ouest par Sévignac.

Le bourg est situé sur le bord d'un des principaux ruisseaux qui forment l'Arguenon. Le territoire est boisé, peu accidenté, bien cultivé et productif.

L'église, dédiée à saint Pierre, est en majeure partie du xvie siècle.

On remarque les ruines du château du Noday. Au bout de la chaussée de Trédien avait été créé, en 1346, par Geoffroy Le Voyer de Trégomar et sa femme, Jeanne Rouxel, un hospice dans lequel tous les pauvres qui venaient à passer étaient nourris et logés. Cet établissement fut supprimé par ordre de Louis XV, en 1760, et fut annexé quelques années plus tard en 1778, avec ses revenus et bénéfices, au collége de Dinan.

Il existe dans cette commune une école de garçons et une école de filles.

Le bourg est traversé par le chemin de grande communication N° 19.

YVIGNAC

Superficie : 3,539 hectares. — Population : 2,155 habitants.

Le territoire d'Yvignac comprend la partie est du canton. Il est généralement uni et bien boisé et traversé par le Tremeur, affluent de la Rance.

L'agriculture est en progrès sérieux ; les prairies y sont

bien entretenues, les jachères et les landes disparaissent peu à peu.

L'église est un monument remarquable, de style roman. Elle aurait été construite par les Templiers qui possédaient, en cette commune, un fief dépendant de la commanderie de Carentoir.

Saint-Firmin, qu'on invoque contre la goutte, a une chapelle en cette commune.

On remarque les ruines du château d'Yvignac, assailli en 1788, par une bande de partisans, et les belles habitations de Couascouvran et de Kermaria.

C'est à Yvignac qu'est né François Allain, représentant du clergé aux Etats généraux de 1789, et curé de Josselin. Il refusa en 1801 l'évêché de Tournay, et mourut en 1809, vicaire général de Vannes.

Une école communale de garçons et une pour les filles existent à Yvignac.

Le bourg est traversé par les chemins de grande communication Nos 39 et 40 et par le chemin d'intérêt commun N° 14.

CANTON DE CAULNES

(8 communes).

Caulnes ; Guenroc ; Guitté ; La Chapelle-Blanche ; Plumaudan ; Plumaugat ; Saint-Jouan-de-l'Isle ; Saint-Maden.

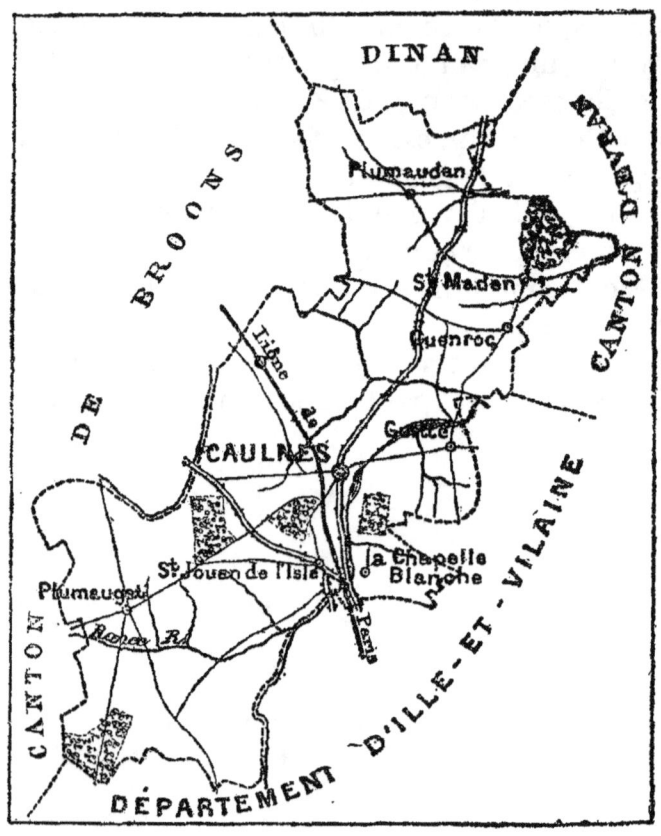

Le canton de Caulnes est borné au nord par le canton de Dinan-Ouest et par celui d'Evrau ; à l'est par le canton d'Evran et par le département d'Ille-et-Vilaine ; au sud par le département d'Ille-et-Vilaine et par le canton de Merdrignac ; à l'ouest par le canton de Broons. — Il est arrosé par la Rance et traversé par le chemin de fer de Rennes à Brest ; les routes nationales No 12, de Paris à Brest, et

N° 166, de Vannes à Dinan ; par les chemins de grande communication N°s 19, de Saint-Méen à Plancoët ; 25, de Bécherel à Broons ; 39, de Plesder à Plénée-Jugon ; 40, de La Trinité-Porhouët à Dinan ; 58, de Collinée à Caulnes, et par les chemins d'intérêt commun N°s 14 de Beaussais à Caulnes ; 19, de Trébédan à Saint-Juvat ; 65, de Montauban à Dinan, et 69, de Broons à Mauron.

La population du canton est de 9,588 habitants ; sa superficie de 13,670 hectares.

Le territoire de ce canton est généralement plat et uni, et les reliefs de son sol ne consistent que dans quelques coteaux peu élevés et de forme allongée et ondulée. Il est toutefois accidenté dans sa partie est, de Saint-Jouan à sa limite nord. — L'agriculture y a fait de grands progrès, par l'usage des amendements calcaires extraits dans le canton d'Evran et par l'abandon de quelques méthodes routinières. — Les prairies y sont bonnes et nombreuses, et pourraient encore devenir meilleures par un bon système d'irrigation. — On n'élève pas de chevaux dans ce canton, et ceux dont on se sert pour les travaux, achetés poulains, sont revendus lorsqu'ils ont 3 à 4 ans. En revanche, l'espèce bovine, assez forte, est l'objet d'une certaine attention et fournit beaucoup d'élèves.

Le canton de Caulnes appartient à la zône intermédiaire.

CAULNES

Superficie : 3,136 hectares. — Population : 2,377 habitants.

Cette commune, la plus importante du canton, en avait été le chef-lieu de 1790 à 1891, elle l'est redevenue en 1881.

Elle est bornée au nord et à l'ouest par le canton de Broons, à l'est par Guenroc, Guitté, La Chapelle-Blanche, dont elle est séparée par la Rance ou son affluent le Frémur, au sud par Saint-Jouan et Plumaugat.

Le sol est formé en grande partie de schiste talqueux ; dans le sud-ouest on trouve du grès.

Le territoire est généralement peu accidenté, sauf au

nord et à l'est, il est bien boisé et bien planté en pommiers. L'agriculture, comme partout, y a fait de sérieux progrès depuis quelques années.

Le commerce de Caulnes est favorisé par la gare établie non loin du bourg. Il consiste en céréales, pommes, cidres, et les produits des tanneries et des minoteries importantes établies sur la Rance.

L'église paroissiale qui dépendait de l'évêché de Saint-Malo, est sous le patronage de saint Pierre. Elle date de plusieurs époques ; le chœur est roman, la nef est du style flamboyant. On trouve à la mairie une belle collection de débris gallo-romains.

L'école des garçons a été fondée en 1836, celle des filles en 1847 ; à celle-ci est annexée depuis 1885 une classe enfantine.

C'est à Caulnes qu'est né Mathieu Ory, grand inquisiteur et pénitencier apostolique du Pape Jules III. Il est l'auteur de plusieurs ouvrages de théologie.

Le bourg est traversé par la route nationale N° 166 et par les chemins de grande communication Nos 18 et 25.

GUENROC

Superficie : 739 hectares. — Population : 503 habitants.

Cette commune dont le nom viendrait de *guen*, blanc, et *roc*, rocher, doit sans doute sa dénomination à une énorme masse de quartz blanc qui domine le bourg. Du haut de ce rocher, la vue embrasse un vaste horizon.

La Rance, coulant de l'ouest à l'est, sépare au sud Guenroc de Guitté, et à l'ouest de Plouasne, quand elle a repris sa direction vers le nord.

Le territoire est fort accidenté à l'est et au sud-est ; on y trouve des vallées très pittoresques. Le pays est généralement boisé et les landes diminuent de jour en jour. L'agriculture y fait des progrès sensibles, comme dans toutes les communes environnantes, grâce à l'emploi des sablons calcaires de Saint-Juvat et de Tréfumel.

Le sol à base schisteuse est granitique dans l'est ; au nord-est se trouvent des gisements très riches de minerais de fer. On exploite quelques carrières de quartz ; les carrières d'ardoises qui se trouvent à l'ouest donnent des matériaux de médiocre qualité.

L'église paroissiale date du xvie siècle, elle n'offre aucun intérêt.

On remarque les châteaux de la Roche et du Lattay. Ce dernier a appartenu à Bertrand de Saint-Pern, parrain du connétable Du Guesclin. Il a été reconstruit vers le milieu du xviiie siècle, mais les anciennes murailles et les fossés du vieux château existent encore.

La commune possède une école communale pour chaque sexe.

Le bourg est traversé par le chemin d'intérêt commun N° 65 embranchement.

GUITTÉ

Superficie : 1,453 hectares. — Population : 1,005 habitants.

Comme toutes les communes du canton, Guitté dépendait de l'ancien évêché de Saint-Malo.

Son territoire s'étend entre le département d'Ille-et-Vilaine à l'est, la Rance au nord et Caulnes et La Chapelle-Blanche à l'ouest et au sud. Il est bien boisé et forme un des côtés du bassin de la Rance. Du haut du coteau qui la borde au nord, on jouit d'une vue magnifique.

On rencontre quelques ardoisières de produits très ordinaires.

L'église, qui est sous le patronage de saint Pierre, est sans intérêt.

On remarque le château de Couëllan qui date du xviiie siècle et les ruines de celui de Beaumont.

On trouve à Guitté de beaux blocs de quartz hyalin, bien cristallisés, de forme pyramidale, mesurant de 3 à 4 centimètres de hauteur. Près du bourg existe une masse remarquable de quartz.

Deux écoles communales suffisent aux besoins scolaires de la population.

Le bourg est traversé par le chemin d'intérêt commun N° 65.

LA CHAPELLE-BLANCHE

Superficie : 792 hectares. — Population : 468 habitants.

Cette commune n'a été érigée en paroisse qu'en 1822. Elle est entourée à l'ouest et au sud par l'Ille-et-Vilaine.

Son territoire, en grande partie schisteux, est inégal et coupé par des vallées assez profondes. Il est bien planté de pommiers et les arbres forestiers y poussent avec vigueur.

Les terres sont de qualité ordinaire ; les prairies sur le bord de la Rance donnent de bons produits.

Le bourg est pittoresquement situé au sommet d'une éminence plantée d'arbres.

Une seule école mixte existe en cette commune.

Le bourg est situé à proximité de la route nationale N° 12.

PLUMAUDAN

Superficie : 1,861 hectares. — Population : 1,330 habitants.

Le nom de cette commune vient de Saint Maudan, son patron. Elle occupe la partie nord du canton, resserrée entre celui d'Evran, de Broons et de Dinan-Ouest.

Son territoire est généralement plat, bien planté de pommiers et bien cultivé, sauf quelques landes qui restent à défricher.

Le sous-sol est mi-partie schisteux et granitique.

L'église paroissiale offre peu d'intérêt ; ainsi que les chapelles de Quehebec et de la Vallée ; cette dernière dépend du château du même nom.

Il convient de mentionner le château et le bois de la Ville-Bouchard.

Non loin du bourg on remarque une croix en granit fort curieuse.

C'est à Plumaudan qu'est né Alain de la Roche, célèbre prédicateur du xv⁰ siècle.

Deux écoles publiques y sont établies depuis longtemps.

Le bourg est traversé par le chemin d'intérêt commun N° 19.

PLUMAUGAT

Superficie : 4,225 hectares. — Population : 2,638 habitants.

Plumaugat, situé au sud du canton, est borné dans cette direction par celui de Merdrignac, à l'ouest par celui de Broons et à l'est par le canton de Saint-Méen (Ille-et-Vilaine).

Le territoire n'offre pas de grandes élévations ; il se compose presque entièrement de deux plans inclinés qui descendent en pente douce vers la Rance.

Cette rivière traverse la commune de l'ouest à l'est, en faisant mouvoir un assez grand nombre de moulins.

Le sol est argileux et de bonne qualité. A part quelques gisements de quartz et deux ou trois carrières de granit, Plumaugat est complètement dépourvu de pierre ; aussi la plupart des maisons sont-elles construites en terre glaise.

L'agriculture est bien entendue ; grâce à l'emploi des *faluns* de Saint-Juvat, les récoltes y prospèrent bien. Les champs sont en général bien plantés en pommiers.

L'église paroissiale qui était située au bord de la Rance fut remplacée au xvii⁰ siècle, par un autre édifice construit au bourg ; une nouvelle église a été élevée en 1879 dans le même emplacement.

On remarque les ruines de quelques châteaux, notamment au lieu nommé *Maison de Plumaugat*.

Sur la route qui conduit à Saint-Méen, à quelques cents mètres du bourg, on trouve un chêne colossal, connu sous le nom de *Chêne des Commères.*

Il est creux et il n'en reste guère que la moitié ; il a dû mesurer près de 10 mètres de circonférence.

Picaud de Morfouace, un des défenseurs de la ville de Saint-Malo, attaquée par les Anglais en 1378, est né à Plumaugat.

L'école communale des garçons a été fondée en 1843 et celle des filles en 1850.

Le bourg est traversé par les chemins de grande communication N°s 19 et 58.

SAINT-JOUAN-DE-L'ISLE

Superficie : 808 hectares. — Population : 771 habitants.

Cette commune a été le chef-lieu du canton de 1801 à 1881. Elle doit son nom à saint Jean, son patron et à l'ancien château de l'Isle qui s'élevait jadis sur une petite île formée par la Rance ; on en aperçoit encore l'emplacement marqué par des douves.

Le sol, en général de nature schisteux, renferme du grès dans la partie nord.

Le territoire n'est accidenté qu'au nord et à l'est, il est boisé et planté de pommiers.

L'agriculture y fait de grands progrès.

Le bourg, traversé par la route de Paris à Brest, est peu important et ne consiste guère qu'en une longue rue. Sur le côté midi de l'église on voit une pierre portant la date de 1623 ; cet édifice a été remanié ou agrandi à diverses époques.

On remarque les bois de Kerouët, et au Pont-Rimbert, un fragment de la voie romaine de Corseul à Gaël.

Deux écoles existent au bourg, une pour chaque sexe.

Le bourg est traversé par les routes nationales N°s 12 et 166.

SAINT-MADEN

Superficie : 655 hectares. — Population : 496 habitants.

Les terres de cette commune sont en général de bonne qualité ; les pommiers y viennent très bien. Elle est située au nord de Guenroc sur la rive gauche de la Rance.

Jusqu'en 1823, Saint-Maden faisait partie de la paroisse de Guenroc. L'église paroissiale sous le vocable de saint Jean-Porte-Latine, renferme, dit-on le tombeau d'Eustache de la Houssaye, compagnon d'armes de Du Guesclin, et qui possédait le château de la Houssaye dont on voit encore les ruines.

Le sol est presque partout de nature schisteuse, mais un peu humide.

Cette petite commune ne possède qu'une école mixte.

Le bourg est à proximité du chemin de grande communication N° 39.

CANTON D'ÉVRAN

(7 communes).

Evran ; Le Quiou ; Plouasne ; Saint-André-des-Eaux ; Saint-Judoce ; Saint-Juvat ; Tréfumel.

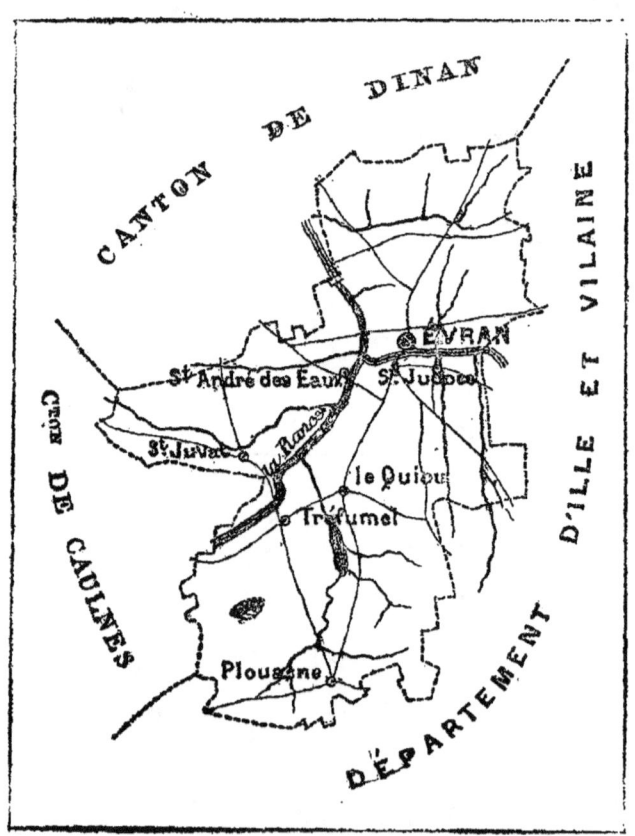

Le canton d'Evran, qui appartient à la zone du littoral, est borné au nord par le canton de Dinan-Est ; à l'est et au sud par le département d'Ille-et-Vilaine ; à l'ouest par les cantons de Saint-Jouan-de-l'Isle et de Dinan-Ouest. — Il est traversé par le canal d'Ille-et-Rance ; par les chemins de grande communication N° 2, de Rennes à Saint-Malo ; N° 12, de Plouasne à Dinard ; N° 17, de Combourg à Erquy ;

N° 25, de Bécherel à Broons ; N° 39, de Plesder à Plénée-Jugon, et par les chemins d'intérêt commun N° 12, de Dinan à Bécherel ; N° 18, d'Evran à la Marnière de Lyvet ; N° 19, de Trébédan à Saint-Juvat ; N° 36, d'Antrain à Dinan, et N° 55, de Bôhital à Trévérien.

La population du canton est de 10,372 habitants ; sa superficie de 11,995 hectares.

Le territoire du canton d'Evran est généralement plat et peu accidenté, et ce n'est que dans les communes de Saint-Juvat et de Plouasne qu'on rencontre quelques éminences ou coteaux élevés. — Son sol est fertile et produit en abondance toutes les espèces de céréales ainsi que les autres produits d'une agriculture avancée, et qui depuis longtemps a su tirer parti des amendements calcaires fossiles qui se trouvent dans le canton même, ainsi que des engrais marins qu'elle peut également se procurer avec facilité. — Ses prairies sont magnifiques sur tout le parcours de la Rance canalisée, dont les débordements les fertilisent. — Enfin, ce canton doit être placé au rang des plus riches du département, sous le rapport des produits agricoles.

ÉVRAN

Superficie : 4,265 hectares. — Population : 4,080 habitants.

Uni et bien boisé, le territoire de cette importante commune comprend toute la partie nord du canton. Le bourg est situé près de la jonction du canal d'Ille-et-Rance et de cette dernière rivière canalisée.

Le sol est de nature schisteuse ; on y trouve des cailloux roulés au nord et à l'ouest, et des roches amphiboliques.

L'agriculture est avancée à Evran ; la proximité du bassin calcaire de Saint-Juvat permet d'user d'amendements très fertilisants. Les champs sont bien plantés en pommiers.

La Rance arrose de magnifiques et nombreuses prairies qui s'étendent sur ses rives, mais qui ont quelquefois à souffrir de ses inondations.

La majeure partie de la population est adonnée à l'agriculture ; toutefois Evran fournit beaucoup de maçons, de menuisiers et de tisserands.

L'église, récemment reconstruite, est d'un fort joli aspect avec son clocher en belles pierres blanches. L'autel principal est orné de trois belles statues de Barré, de Rennes.

On remarque le château de Beaumanoir qui date du xviie siècle ; son portail sculpté attire surtout l'attention des visiteurs. Il est bâti à 400 mètres environ de l'ancien, dont on aperçoit encore les ruines et qui appartenait en 1472 à Hervé de Beaumanoir, jurisconsulte distingué et descendant du héros du combat des Trente.

On peut citer en outre les châteaux du Mottay, de Pont-Cadeuc et du Vau-Gré.

Aux Champ-Géraux, hameau important de la partie nord de la commune, est une chapelle dédiée à la Vierge et desservie à certains jours. Deux écoles y ont été établies il y a quelques années.

Deux écoles importantes existent depuis longtemps à Evran même, l'une de garçons, l'autre de filles.

Le bourg est traversé par les chemins de grande communication N°s 2 et 39 et par le chemin d'intérêt commun N° 55.

LE QUIOU

Superficie : 506 hectares. — Population : 512 habitants.

Le nom du Quiou ne s'est pas toujours écrit ainsi. Sur de vieux registres on trouve Le Caïhou, plus ordinairement Le Queou ou Le Queiou. Les carrières de sablons de la commune contiennent une infinité de coquillages et de débris de poissons.

La commune du Quiou est bornée à l'est par Evran et Saint-Judoce ; au sud par Plouasne ; à l'ouest par Tréfumel et Saint-Juvat, et au nord par Saint-André-des-Eaux.

Le territoire est plat et uni ; la Rance le sépare de Saint-Juvat et de Saint-André ; un ruisseau, le Vaurifier, sert de limite entre Plouasne et Tréfumel. L'agriculture progresse constamment, grâce à l'emploi des sablons calcaires qu'on trouve en abondance dans cette commune, surtout aux environs du bourg et du château de Hac.

La paroisse du Quiou conserve des registres portant la date de 1572. En 1792, J.-F. Chrétien était curé constitutionnel du Quiou et vicaire de Tréfumel et de Saint-Juvat. L'église, sous le patronage de Sainte-Marie, date de 1864 ; la tour a été construite quelques années auparavant.

Les chapelles de Tréveleuc et des Vieilles-Cours sont aujourd'hui en ruines.

La maison la plus remarquable de la commune est le château du Hac, qui date du XIIIe siècle. Les seigneurs de Hac prirent une grande part aux guerres de succession de Bretagne, comme partisans de Charles de Blois.

Deux écoles existent depuis 1868 au Quiou, une pour chaque sexe.

Le bourg du Quiou est traversé par les chemins de grande communication N° 39 et d'intérêt commun N° 12.

PLOUASNE

Superficie : 3,661 hectares. — Population : 2,674 habitants.

Cette commune occupe toute la partie sud du canton et confine au département d'Ille-et-Vilaine.

Le sol renferme en grande partie du schiste ; à l'est et au sud on trouve quelques îlots de granit ; il est bien cultivé et bien boisé. De nombreux cours d'eau l'arrosent.

L'ancienne église, dont quelques parties dataient d 1086, a été remplacée, il y a quelques années, par un monument d'un bel aspect. Elle est sous le patronage de saint Jacques et de saint Philippe.

Dans le cimetière, on voit trois tombeaux de la famille de La Chalottais, à laquelle appartenait le célèbre procureur général de Rennes, et dont les descendants possèdent encore le château de Caradeuc, entouré de bois magnifiques, et situé au sommet d'une colline d'où l'on jouit d'un vaste panorama.

On remarque les ruines de plusieurs vieux manoirs, le Plessix-Augat, le Vau-Ruffier et Launay-Bertrand.

Près du bourg se trouve un tumulus, ainsi qu'auprès de l'étang de la Boullaye.

Plouasne compte depuis longtemps une école publique pour chaque sexe.

Le bourg est traversé par le chemin de grande communication N° 12.

SAINT-ANDRÉ-DES-EAUX

Superficie : 523 hectares. — Population : 523 habitants.

Le territoire de cette commune, qui faisait autrefois partie du diocèse de Dol, s'étend sur la rive gauche de la Rance, entre Saint-Juvat, Le Quiou, Evran et Calorguen.

Le sol à base schisteuse, est plat, marécageux et souvent envahi par les inondations de la Rance. L'air est imprégné d'humidité, ce qui le rend peu salubre. Toutefois, les prairies donnent de bons produits.

L'église, qui date du xiie siècle, est surtout remarquable par ses fenêtres en lancettes, à plein cintre et très évasées à l'intérieur ; le porche est gothique ; il porte la date le 1418. Elle est sous le vocable de saint André.

Les ruines du château de Besso attirent la curiosité des étrangers, c'est une ancienne commanderie de Templiers.

Une seule école mixte créée en 1856, existe à Saint-André-des-Eaux.

Le bourg n'est traversé par aucun chemin vicinal.

SAINT-JUDOCE

Superficie : 1,019 hectares. — Population : 760 habitants.

Saint-Judoce, situé sur les confins d'Ille-et-Vilaine, est borné au nord par le canal d'Ille-et-Rance. Le territoire de cette commune est plat, boisé et bien planté de pommiers ; les landes qu'on trouvait, il y a quelques années, se défrichent peu à peu. On compte beaucoup de bonnes prairies.

Saint Judoce, prince breton du viie siècle, est le patron de la paroisse. L'église n'offre pas grand intérêt.

On croit généralement que les retranchements en terre

qui se font remarquer en cette commune, furent élevés à l'époque des guerres de succession de Bretagne.

Deux écoles existent dans cette commune.

Le bourg est situé sur le bord du canal d'Ille-et-Rance, et à proximité du chemin d'intérêt commun N° 55.

SAINT-JUVAT

Superficie : 1,744 hectares. — Population : 1,396 habitants.

Cette commune est bornée au nord par Trévron et Calorguen ; à l'est par la Rance ; au sud par Saint-Maden, et à l'ouest par Plumaudan.

C'est le principal centre d'un bassin calcaire qui fournit des sablons contenant jusqu'à 90 0/0 de matières fertilisantes. On y trouve des agglomats, appelés *jauges* dans le pays, dont on se sert comme pierres à bâtir.

Dans ces sablons, on remarque des coques, des vermisseaux tubulaires, des huîtres, des coraux, des volatiles enchassés, des coquilles entières de crustacés d'espèces antédiluviennes.

Les principales carrières exploitées sont celles de Biffard, du Bernard et de Picouays.

Cette facilité donnée aux cultivateurs de se procurer à bon compte un amendement précieux, n'a pas peu contribué à donner à l'agriculture un large essor dans un territoire dont le sol est, du reste, de nature très fertile.

L'origine de cette paroisse est très ancienne ; en 1632, lors d'un procès qui s'éleva entre l'évêque de Saint-Malo et les religieux de Marmoutiers, ceux-ci invoquèrent un droit remontant à l'an 609.

L'église, sous le vocable de saint Juvat, est un monument très irrégulier. Elle aurait été bâtie à quatre époques différentes ; on y trouve des parties datant de 1364, 1668, 1694 et 1836. Le bas-côté sud, bâti à cette dernière date, est lourd et disgracieux ; il forme contraste avec l'autre côté qui est ogival et svelte.

Saint Jean-Baptiste y est invoqué dans les épizooties et toute l'année pour la conservation des animaux.

On remarque dans le cimetière de Saint-Juvat une croix en granit, très ancienne, admirée des connaisseurs ; elle représente, à son sommet, une descente de croix.

Une école communale de garçons, établie en 1833, et une école de filles créée en 1839, existent à Saint-Juvat.

Le bourg est traversé par le chemin de grande communication N° 12 et le chemin d'intérêt commun N° 19.

TRÉFUMEL

Superficie : 580 hectares. — Population : 509 habitants.

Comme Saint-Juvat et Le Quiou, cette commune possède des gisements de sablons calcaires qui contribuent puissamment aux progrès de l'agriculture.

Le sol est du reste fertile et peu accidenté.

En dehors du calcaire qui domine, on trouve du schiste talqueux vers le nord, et au sud des roches amphiboliques.

Le territoire de Tréfumel s'étend entre la Rance à l'ouest, et le Vaurifier à l'est. Ces deux cours d'eau se réunissent à la limite nord de la commune.

L'église offre peu d'intérêt ; elle date de 1760 et est dédiée à sainte Agnès.

Tréfumel possède une école mixte communale.

Le bourg est situé à la jonction des chemins de grande communication N°s 12 et 39.

CANTON DE JUGON

(8 communes).

Evran ; Dolo ; Jugon ; Lescouet ; Plédéliac ; Plénée-Jugon ; Plestan ; Saint-Igneuc ; Tramain.

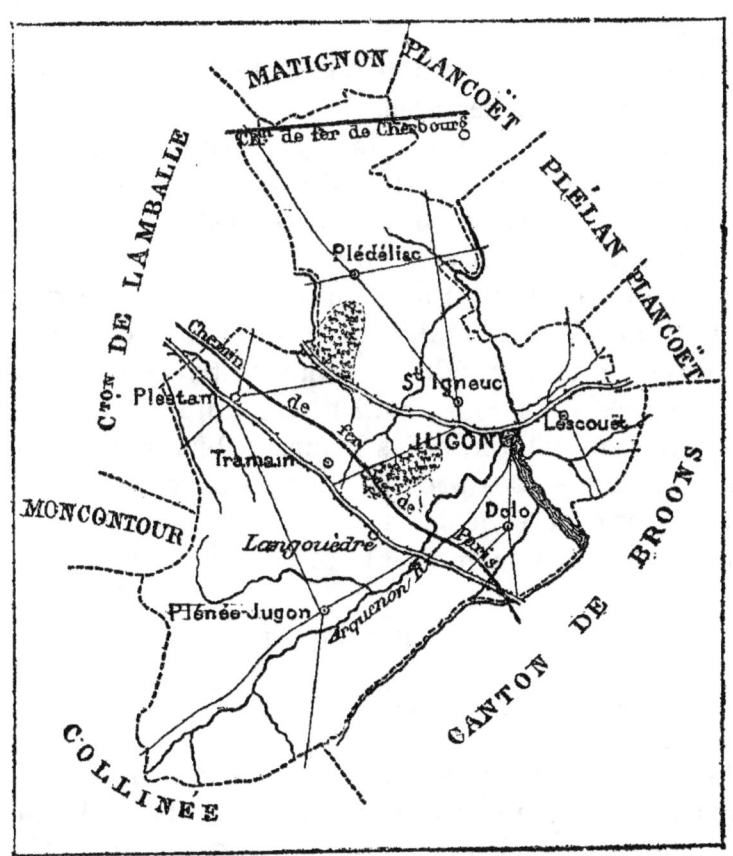

Le canton de Jugon est borné au nord par les cantons de Matignon et de Plancoët ; à l'est par les cantons de Plélan-le-Petit et de Broons ; au sud par le canton de Collinée ; à l'ouest par les cantons de Collinée, Moncontour et Lamballe. — La rivière principale qui l'arrose est celle de l'Arguenon. — Il est traversé du sud-est au nord-ouest par le chemin de fer et par la route N° 12, de Paris à Brest ;

dans le nord, par la route N° 176, de Caën à Lamballe ; par les chemins de grande communication N° 18, de Loudéac à Plancoët ; N° 28, de Quintin à la grève de La Mouette ; N° 44, de Corlay à Jugon et N° 59, de Merdrignac à Plénée-Jugon, et par les chemins d'intérêt commun N° 15, d'Eréac à Pléboulle ; N° 20, de La Malhoure à Pléven ; N° 29, de Saint-Carreuc à Broons ; N° 60, de Mégrit à Erquy ; N° 62, de Plédéliac à la grève de Jospinet, et N° 68, d'Eréac à Lamballe.

La population du canton est de 12,210 habitants ; sa superficie de 19,317 hectares.

Le territoire du canton de Jugon est en général élevé et accidenté, mais plus particulièrement aux abords de l'Arguenon, qui traverse sa partie centrale. Il est bien boisé dans ses parties cultivées, nu et découvert dans celles qui ne le sont pas. Il comprend une grande partie de la forêt de la Hunaudaye et moitié environ de celle de Boquen. Ses terres, de qualité médiocre, sont cultivées d'une manière imparfaite. — Les bois forment un huitième environ de la superficie du canton, et les landes et bruyères un peu plus d'un sixième. — Des progrès sont à désirer dans ce canton, sous le rapport agricole.

Il appartient à la zone intermédiaire.

JUGON

Superficie : 107 hectares. — Population : 553 habitants.

Le territoire de cette commune n'occupe que 107 hectares dans le fond d'une vallée pittoresque dans lesquels est comprise la superficie d'un grand étang poissonneux, faisant mouvoir plusieurs moulins.

Le sol, bien planté d'arbres, est fertile et bien cultivé.

L'Arguenon traverse cette commune du sud au nord. Elle est bornée au sud par Dolo, à l'ouest par Saint-Igneuc, au nord et à l'est par Lescouët.

La petite ville de Jugon doit sa célébrité au château-fort qui existait autrefois entre deux étangs et qui fut démantelé en 1420, par ordre du duc de Bretagne, Jean V. Il fut pris et repris plusieurs fois pendant la guerre de succession de Bretagne. Les chefs de parti attachaient une grande importance à le posséder, si l'on en croit le dicton : « Qui a Bretagne sans Jugon, a chape sans chaperon. »

C'est en 1616, par ordre du Parlement, qu'il fut définitivement rasé.

Olivier, comte de Dinan, fonda à Jugon, vers 1409, le prieuré de Notre-Dame.

L'église, de construction moderne, présente peu d'intérêt.

La voie romaine de Corseul à Vannes passait par Jugon.

Non loin de l'église, au nord, on remarque une source d'eau ferrugineuse.

Les habitants de Jugon se livrent au commerce ; les marchés sont importants et bien suivis.

Il y existe une école de garçons et une école de filles, toutes deux communales.

Le bourg est traversé par la route nationale N° 176 et par les chemins de grande communication N°s 18 et 44, et d'intérêt commun N° 15.

DOLO

Superficie : 1,188 hectares. — Population : 986 habitants.

Le nom de cette commune viendrait des deux mots latins : *dulcis lacus*, doux lieu. La prononciation habituelle des vieillards, qui disent Douleu, justifierait cette assertion.

Le territoire de Dolo s'étend entre celui de Jugon et de Plénée-Jugon ; il est traversé par le chemin de fer de Paris à Brest sur une longueur de près de 3 kilom. Le bourg se trouve à 2 kilom. au nord-est de la station de Plénée-Jugon.

Le sol renferme du granit, du schiste micacé, du gneiss, et des roches amphiboliques. Il est peu accidenté, excepté sur les bords de l'Arguenon. La Rieule, petit ruisseau qui passe au bourg, n'occasionne pas une forte dépression de terrain.

Les terres sont en général bien cultivées et assez fertiles. Elles produiraient cependant davantage, si les cultivateurs pouvaient se procurer à peu de frais une plus grande quantité d'engrais. Les pommiers y prospèrent bien.

La voie romaine, dit chemin de l'Etra, traverse la commune sur une longueur de plus de 4 kilom. Elle franchissait, dit-on, le grand étang de Jugou sur une chaussée actuellement submergée. Ce qu'il y a de certain, c'est qu'aux deux bords de l'étang on en voit encore des traces.

Des restes d'un camp retranché sont visibles dans un champ près le village du Marchère.

Deux écoles communales, dont l'une de garçons et l'autre de filles, sont établies à Dolo.

Le bourg est traversé par le chemin d'intérêt commun N° 15.

LESCOUET

Superficie : 1,300 hectares. — Population : 848 habitants.

Lescouët est situé entre Jugon et Mégrit, à l'est du canton. Cette commune a été formée d'une ancienne trève de Plorec.

Le territoire est élevé, boisé et bien planté en pommiers. Dans le nord-est, il est découvert, tandis qu'au sud notamment il est assez accidenté.

L'église dans laquelle on remarque des fonds baptismaux et un autel en marbre date de 1822. Elle est sous le vocable de saint Jean-Baptiste.

La paroisse fut fondée en 1388 par un bref papal accordé à Godefroy de Parga. La même voie romaine qui traverse Dolo, se voit également à Lescouët.

Cette commune ne possède qu'une école mixte communale.

Le bourg n'est traversé que par des chemins vicinaux ordinaires.

PLÉDÉLIAC

Superficie : 5,175 hectares. — Population : 2,255 habitants.

Le territoire de Plédéliac occupe toute la partie nord-ouest du canton. Il est élevé, onduleux, très accidenté, notamment à l'est, sur les bords de l'Arguenon et bien planté en pommiers, mais les terres sont de médiocre qualité. Les landes n'ont pas encore disparu.

La forêt de la Hunaudaye occupe les 2/5 de la superficie de la commune.

Au centre de cette forêt se trouvent les ruines de l'ancienne abbaye de Saint-Aubin-des-Bois, fondée vers 1137. Elle fut occupée à l'origine par des religieux de Bégard. Brûlés en 1240, les bâtiments furent reconstruits par Denise de Matignon. Elle fut abandonnée pendant la Révolution française.

L'évêque de Saint-Brieuc, Groing de la Romagère, l'acheta et y établit une maison de retraite pour les ecclésiastiques âgés, et un asile d'aliénés, sous la direction des Frères de Saint-Jean-de-Dieu. Ce dernier établissement a été transporté à Léhon, près Dinan.

Au XIVe siècle, les seigneurs de la Hunaudaye avaient fait de cette forêt un véritable coupe-gorge ; un évêque de Saint-Brieuc y fut même arrêté, pillé et volé en 1384.

L'église paroissiale, dédiée à saint Malo, tombe de vétusté. Il est à regretter que, lorsqu'on a bâti le chœur, il y a plusieurs années, on ait fait disparaître des sujets intéressants de l'histoire de Bretagne.

Les ruines de l'ancien château de la Hunaudaye qui est situé à 4 kilom. du bourg, sont fréquemment visitées ; elles occupent une superficie d'environ 60 ares. Le lierre, la mousse, les ronces et autres plantes parasites couvrent les cinq grosses tours qui le flanquaient et qui sont restées debout, mais décapitées. Ce château fut bâti vers 1214, par Olivier de Tournemine ou Tornemine ; ses successeurs furent de fidèles partisans de Henri IV. Ils tinrent longtemps en échec la garnison que le duc de Mercœur entretenait dans sa forteresse de Lamballe.

La tradition rapporte que les seigneurs de la Hunaudaye étaient, par leur cruauté, la terreur de la contrée. Mal en prenait souvent à ceux qui osaient s'aventurer aux environs du château.

Une légende en vers d'Edouard Turquety, raconte le triple

assassinat commis par un des seigneurs sur son père, son épouse et son frère.

En 1793, le château de la Hunaudaye fut livré aux flammes par ordre des administrateurs du district de Lamballe, qui craignaient de le voir servir de retranchement aux vendéens, marchant sur la Bretagne. Il était alors la propriété d'une dame de Talhouet, de Rennes. François Ier vint le visiter en 1518 avec sa femme, la reine Claude, fille aînée d'Anne de Bretagne et de Louis XII.

La chapelle de l'ancien prieuré du Saint-Esprit est desservie régulièrement, chaque dimanche. Une école mixte a été créée dans ce hameau en 1882.

Au hameau de Saint-Maleu du Val on trouve deux dolmens.

On remarque les châteaux du Guillier, de la Vicomté, de la Villezrouet et de la Hasardaie.

Deux écoles communales existent à Plédéliac, l'une pour les garçons et l'autre pour les filles.

Le bourg est traversé par les chemins d'intérêt commun N{os} 20 et 60.

PLÉNÉE-JUGON

Superficie : 6,136 hectares. — Population : 4,089 habitants.

Cette commune, dont le territoire est très étendu, est située au sud du canton. Elle est bornée au sud par le canton de Collinée, à l'ouest par celui de Moncontour et de Lamballe, et à l'est par celui de Broons.

Elle est traversée du sud-ouest au nord-est par une des principales branches de l'Arguenon. Le terrain est fertile, bien boisé et bien planté en pommiers. Le bourg est important et, en majeure partie, habité par des cultivateurs.

L'église, dédiée à saint Pierre, offre quelque intérêt ; on remarque surtout le maître-autel et la chaire en chêne sculpté.

On comptait naguère jusqu'à 14 chapelles en cette commune, il en reste encore 6 qui sont desservies de temps en temps.

A 3 kilom. du bourg, dans un site très pittoresque, on rencontre les ruines du château-fort de la Moussaye, dont les seigneurs jouèrent un grand rôle dans l'histoire de la Bretagne. Une de leurs descendantes, Henriette de la Tour-d'Auvergne essaya vers la fin du xvii° siècle de propager le protestantisme dans la contrée.

On rencontre encore les ruines de l'ancienne abbaye de Boquen, dans la forêt de ce nom, longtemps occupée par des moines de l'ordre Citeaux. Parmi ces ruines, on distingue surtout celles de l'église et de la salle capitulaire dont le style accuserait l'époque romano-bysantine. C'est en avant du chœur de l'église que fut déposé, en 1450, le corps du malheureux Gilles de Bretagne, décédé de mort violente au château de la Hardouinaye.

Le chemin de l'Etra, reste de la voie romaine que nous avons signalé en Dolo et Lescouët, traverse la commune du nord au sud.

On trouve à Plénée-Jugon des carrières de schiste ardoisier ; elles sont exploitées.

Une station de chemin de fer a été établie sur son territoire à 2,500 mètres du bourg.

Cette commune possède deux écoles communales, une pour chaque sexe et une école mixte au hameau de Saint-Léonard.

Le bourg est traversé par les chemins de grande communication N°s 18 et 59 et par les chemins d'intérêt commun N°s 29 et 68.

PLESTAN

Superficie : 3,282 hectares. — Population : 2,045 habitants.

Le territoire de cette commune est boisé, plat et bien planté en pommiers, les landes qui en couvraient, il y a quelques années le 1/5, se défrichent ou sont plantées de pins et de sapins.

Cette commune occupe la partie ouest du canton et s'enfonce comme un coin dans le canton de Lamballe ; elle est traversée par deux ruisseaux, le Val et le Carmauron, tributaires du Gouessant.

L'église, remaniée à diverses époques, a conservé quelques restes du XIIIe siècle ; on voit dans le cimetière des croix de granit de cette date.

A deux kilomètres du bourg, on remarque les ruines de l'ancien château de Carcouët. Il s'y trouvait, prétend-on, dès le IXe siècle. En 1340, il appartenait à Allain Rolland ; il passa ensuite aux mains des La Moussaye.

Au nord du bourg, les restes de l'ancien château de Gardisseul. Les murailles attestent l'importance de la forteresse.

La tradition rapporte qu'un couvent de Templiers (moines rouges) aurait été établi en Plestan ; plusieurs légendes qu'on raconte, donneraient créance à ce fait.

En 1843, des fouilles faites dans un champ nommé le Breuil, où aurait existé la commanderie, firent découvrir une assez grande quantité de pièces de monnaie et de médailles.

Plestan a donné le jour à Mathurin Le Provost, lieutenant-colonel d'infanterie qui se couvrit de gloire au siége de Madras et à la défense de Pondichéry, pendant la guerre de Sept ans.

Joachim Rouault, célèbre guerrier, sous Charles VII, qui se fit remarquer à la bataille de Formigny, est né à Plestan; Louis XI l'éleva à la dignité de maréchal de France.

Deux écoles communales existent à Plestan ; celle des garçons a été créée en 1840, et celle des filles en 1837.

Le bourg est traversé par la route nationale N° 12 et les chemins d'intérêt commun N°s 20 et 60.

SAINT-IGNEUC

Superficie : 1,206 hectares. — Population : 732 habitants.

Cette commune doit son nom à saint Ignoroc ou Igneuc, solitaire irlandais du XIe siècle.

Elle est bornée au nord, par Plédéliac, à l'est par Lescouët et Jugon, au sud par Dolo et à l'ouest par Tramain.

Le territoire de la commune est très accidenté à l'est, au nord, sur les bords de l'Arguenon, et plat dans les autres parties. Le sol, de nature mi-partie granitique et schisteuse, est assez fertile, grâce aux engrais marins qu'on y introduit depuis quelques années.

L'église, de construction récente, est dédiée à saint Ignace.

On remarque quelques châteaux modernes notamment ceux de Rombien et de Lorgeril.

La commune ne possède qu'une école mixte créée en 1854.

Le bourg est traversé par les chemins d'intérêt commun Nos 15 et 60.

TRAMAIN

Superficie : 923 hectares. — Population : 702 habitants.

Bornée au nord par Plestan, à l'est par Saint-Igneuc, Dolo et Plénée-Jugon, au sud par cette dernière et à l'ouest par Plestan, la commune de Tramain comprend un territoire plat, sans cours d'eau. Le sol est en grande partie sablonneux ; toutefois, dans certaines parties, l'argile domine. L'agriculture y a fait de grands progrès ; les pommiers sont bien cultivés et on commence à créer des prairies artificielles.

Il fut un temps où les habitants de Tramain se livraient à la fabrication des poteries grossières, comme leurs voisins de la Poterie. Depuis une trentaine d'années, cette industrie a disparu.

L'église paroissiale, sous le patronage de saint Étienne et de la Vierge a été reconstruite en 1869. C'est un joli monument de style ogival. Dans le cimetière on remarque une croix curieuse en granit, de forme aplatie, avec branches pattées.

Une ferme appelée le *Temple*, a été, dit-on, construite à l'endroit où s'élevait jadis un couvent de Templiers; mais les documents authentiques font défaut.

La ligne de Paris à Brest traverse cette commune sur un parcours de 3,400 mètres et passe à 400 mètres du bourg. Il est à regretter qu'une station n'y soit pas établie.

Deux écoles communales, l'une de garçons et l'autre de filles, existent à Tramain.

Le bourg n'est traversé que par des chemins vicinaux ordinaires.

CANTON DE MATIGNON
(12 communes).

Matignon ; Hénanbihen ; Hénansal ; La Bouillie ; Notre-Dame-du-Guildo ; Plébouille ; Pléhérel ; Plévenon ; Ruca ; Saint-Cast ; Saint-Denoual ; Saint-Pôtan.

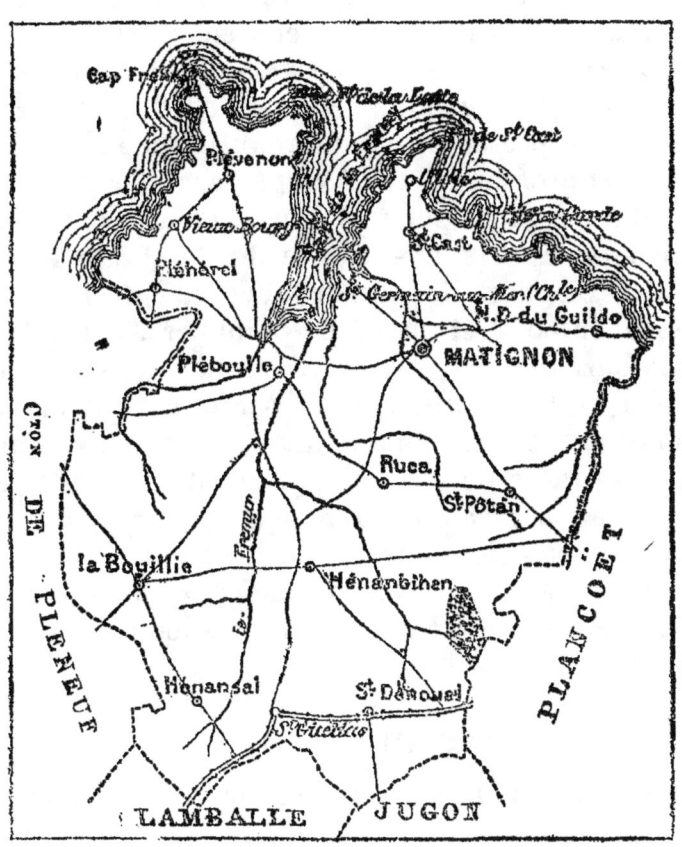

Le canton de Matignon appartient à la zone du littoral. Il est borné au nord par la Manche ; à l'est par le canton de Plancoët ; au sud par les cantons de Jugon et de Lamballe, et à l'ouest par le canton de Pléneuf. — Il est traversé par la route N° 168, de Quiberon à Saint-Malo ; par les chemins de grande communication N° 13, de Lamballe à Dinard ; N° 17, de Combourg à Erquy ; N° 34, de Plurien à Dahouët ; N° 36, de Hénanbihen à la lande de Fréhel ; N° 43, de Saint-Alban à Matignon, et N° 51, de Plancoët à Erquy, et par les chemins d'intérêt commun N° 5, de Plurien à Lamballe ; N° 15, d'Eréac à Pléboulle ; N° 16, de Plélan-le-Petit à Saint-Cast, et N° 60, de Mégrit à Erquy.

La population du canton est de 14,282 habitants ; sa superficie de 19,592 hectares.

Le territoire de ce canton maritime, bien que contenant quelques parties unies, est montueux en général. Vers son centre, sur les deux rives de la rivière du Frémur ; à l'est, sur les bords de l'Arguenon ; enfin au nord, sur le rivage de la Manche, il présente de nombreux accidents de terrain. Son littoral est profondément découpé par un grand nombre de baies, d'anses et de pointes, dont les plus remarquables sont la baie de la Fresnaye, l'anse de Saint-Cast et le cap Fréhel. A l'exception de la partie voisine de la mer, le canton est bien boisé et planté de pommiers. — Les landes forment le onzième environ de la surface du sol, généralement bon et bien cultivé. — Il serait susceptible d'un plus grand produit si abandonnant un préjugé que les habitants du canton de Pléneuf partagent à peu près seuls avec eux, ses cultivateurs renonçaient au système de jachère, connu sous le noms de *blancs guérets*. — Le canton possède une magnifique race de chevaux de trait et, par ailleurs, des bestiaux améliorés et maintenus généralement en bon état.

MATIGNON

Superficie : 1,453 hectares. — Population : 1,545 habitants.

Cette petite ville, située sur un coteau assez élevé, compte 887 habitants d'agglomérés. Une belle place, plantée d'arbres, bordée de maisons de grande apparence, lui donne un joli aspect.

Le territoire est plat vers l'est et le nord, c'est-à-dire entre Saint-Cast et Notre-Dame-du-Guildo. Au sud, on rencontre de légères ondulations. Le sol est fertile et bien cultivé. Les pommiers y sont l'objet de soins particuliers. Les landes sont à peu près toutes défrichées.

L'église paroissiale, qui date de 1843, est un bel édifice de style ogival. Elle est sous le vocable de la Vierge.

La seigneurie de Matignon, qui appartint pendant longtemps à la famille Goyon-Matignon, fournit des hommes de guerre qui aidèrent puissamment les ducs de Bretagne à repousser les attaques des Normands. L'un d'eux, en 937, construisit, sur un rocher dominant la baie de la Fresnaye, le château de la Roche-Goyon, qui plus tard fut fortifié par Vauban. Il a pris depuis le nom de fort de La Latte.

C'est la patrie du brave Rioult des Villes-Audrens, un des héros de la journée de Saint-Cast.

Deux écoles communales importantes sont établies au bourg qui est traversé par les chemins de grande communication Nos 13, 17 et 43.

HÉNANBIHEN

Superficie : 3,165 hectares. — Population : 1,922 habitants.

Le bourg d'Hénanbihen est traversé par la route départementale de Lamballe à Matignon.

Cette commune est bornée au nord par Plurien, à l'est par Pléboulle et Ruca, dont elle est séparée par le Guiguenoual, affluent du Frémur, au sud par Saint-Dénoual, à l'ouest par Hénansal et La Bouillie. Le sol est de nature schisteuse, avec un îlot granitique qui occupe le milieu du territoire. Les terres sont de bonne qualité. On ne trouve plus que quelques traces des anciennes landes.

Dans l'église, dédiée à saint Nicolas, on voit une belle crypte ; quelques parties de l'édifice se rapportent au style roman.

De la chapelle Saint-Jean, située sur un point élevé, on découvre une grande étendue de pays ; tout près de ce lieu existe un point de repère de la triangulation des cartes de Cassini.

Cette commune compte beaucoup de châteaux, entre autres celui de la Guérande, longtemps habité par M. Cohan, agronome distingué. Près de celui de Lorgeril se trouve un dolmen à demi renversé, avec une allée couverte.

Deux écoles communales desservent cette commune, l'une pour les garçons et l'autre pour les filles.

Le bourg est traversé par les chemins de grande communication Nos 13 et 51.

HÉNANSAL

Superficie : 2,899 hectares. — Population : 1,356 habitants.

Le territoire de cette commune comprend la partie sud-ouest du canton. Il s'étend au sud de La Bouillie et au nord de Quintenic.

Il est très accidenté à l'est et au sud-est, bien boisé et planté de pommiers qui produisent plusieurs excellentes variétés de pommes à cidre.

Le Frémur entre dans cette commune près du village de Saint-Gueltas, court le long de la vallée des Vaux et pénètre en Hénanbihen, au-dessus du hameau de Saint-Samson.

Toute la partie accidentée du territoire se compose de terres d'excellente qualité, la partie ouest comprend des prairies de moyenne fertilité. Les landes diminuent de jour en jour.

Au sud on trouve du schiste talqueux, au nord-ouest du gneiss amphibolique ; près du bourg se rencontrent de nombreux filons de diorite, tandis qu'au nord existent des roches de poudingues ferrugineux, très diverses et marbrées de noir et de blanc. C'est une variété particulière appelée *poudingue-renard*.

La paroisse d'Hénansal était autrefois un prieuré-cure dépendant de l'abbaye de Saint-Jacut. L'église, dédiée à saint Jean-Baptiste et à saint Pierre, a été reconstruite en 1840. La tour date de 1870 ; elle est remarquable par ses dentelures, ses clochetons et ses belles proportions. Le maître-autel avec ses quatre colonnes d'ordre corinthien, attire l'attention.

Dans le cimetière se trouve une croix du xve siècle ; on y remarque le tombeau du général de La Motte-Rouge, qui, en 1870, a commandé pendant quelque temps l'armée de la Loire, et celui de M. Alain Rouxel qui pendant cinquante ans fut maire de Hénansal.

A 200 mètres du bourg, près de l'école communale des garçons, on jouit d'une vue magnifique, s'étendant de la baie de la Fresnaye au sommet du Menez.

Le château de la Motte-Rouge, avec ses belles avenues, mérite d'être visité.

A 2 kilomètres au nord du bourg, se trouvent 26 blocs granitiques plantés verticalement et en ligne sur une longueur de 13 mètres ; quatre énormes pierres plates sont placées horizontalement sur les premières. Près du village de Duretal et du manoir existe une enceinte circulaire de ravins profonds, naturelle suivant les uns ou creusée par les hommes.

La voie romaine de Carhaix à Corseul forme la limite nord de la commune et partage en deux le village important du Chemin-Chaussée, dont une partie appartient à La Bouillie.

Deux écoles, une pour chaque sexe, existent au bourg, qui est traversé par le chemin d'intérêt commun N° 60.

LA BOUILLIE

Superficie : 1,091 hectares. — Population : 887 habitants.

La commune de La Bouillie forme une pointe qui s'avance à l'ouest du canton dans celui de Pléneuf. Le territoire est élevé et accidenté à l'est, mais plat dans les autres parties.

On y cultive les pommiers avec beaucoup de soins ; les prairies sont généralement fertiles. Les landes ont à peu près disparu.

Les habitants de la Bouillie se livrent en grand nombre à une industrie spéciale ; la fabrication et la vente de gâteaux secs, fabriqués avec de belle farine de froment et de lait, appelés *craquelins de Saint-Malo*.

L'église n'offre rien de remarquable. Dans le cimetière, on voit le tombeau de M. de la Villethéard, commandeur de l'ordre de Malte.

La chapelle de Saint-Laurent était autrefois le rendez-vous de nombreux pèlerins.

Non loin du village du Chemin-Chaussée, on a découvert un grand nombre de substructions gallo-romaines. A la Motte-Pugneix se trouve un tumulus.

Deux écoles, l'une pour chaque sexe, sont établies à La Bouillie.

Le bourg est traversé par le chemin d'intérêt commun N° 5.

NOTRE-DAME-DU-GUILDO

Superficie : 1,011 hectares. — Population : 1,035 habitants.

Cette commune a été créée en 1856 d'une portion des territoires de Saint-Cast et de Saint-Pôtan.

Elle occupe la partie inférieure de la rive gauche de l'Arguenon.

C'est à l'ancien village du Guildo, petit port sur cette rivière, qu'une église a été construite et que la mairie a été établie.

Le sol, en partie granitique, contient en outre du gneiss et des roches amphiboliques. Il est fertile et bien planté de pommiers sur les coteaux qui s'abaissent vers les bords de l'Arguenon.

On y garde religieusement le souvenir d'un homme de bien, M. Michel de la Morvonnais, qui contribua tant à la fondation de la commune, dans le cimetière de laquelle est élevé son tombeau.

Le port du Guildo n'est fréquenté que par des caboteurs ou des pêcheurs.

Notre-Dame-du-Guildo possède deux écoles, une pour chaque sexe.

Le bourg est traversé par le chemin de grande commumunication N° 13.

PLÉBOULLE

Superficie : 1,406 hectares. — Population : 1,097 habitants.

Le territoire de cette commune, qui occupe le fond de la

baie de la Fresnaye, est fertile et bien cultivé. Les agriculteurs y ont fait de grands progrès dans l'aménagement des prairies. D'un autre côté, ils trouvent au Clysoir, une marne contenant presque la moitié de son poids de matières fertilisantes.

Le bourg est situé sur une colline dont les pentes s'abaissent vers la mer. L'église, sous le vocable de saint Paul, offre peu d'intérêt. L'école mixte créée en 1843, a été dédoublée en 1866.

A Montbran, où se tient tous les ans, le 14 septembre, une foire renommée surtout par le grand nombre de poteries qui y sont mises en vente, se trouve une tour octogone construite, dit-on, par les Templiers, qui avaient un établissement au village du Temple. La chapelle qui existe encore mérite d'être visitée.

Près de Port-à-la-Duc, on trouve du quartz bleu, ailleurs le schiste talqueux ou le granit amphibolique dominent. La population fournit un assez grand nombre de marins.

Au bourg est établie, depuis longtemps, une école pour chaque sexe.

Le bourg est traversé par le chemin de grande communication N° 36, et par le chemin d'intérêt commun N° 15.

PLÉHÉREL

Superficie : 1,895 hectares. — Population : 1,075 habitants.

Cette commune occupe la partie sud de la presqu'île comprise entre le Frémur et la baie de la Fresnaye à l'est, et la baie de Saint-Brieuc à l'ouest. Au nord s'étend la commune de Plévenon et au sud celle de Plurien.

Depuis 18 ans, le chef-lieu communal a été déplacé. Autrefois il était situé sur le bord de la mer, au lieu dit le Vieux-Bourg, où existe encore une chapelle de l'ancienne église.

L'église nouvelle, bâtie en 1869, est élégante, elle est sous le vocable de saint Hilaire.

Le territoire est accidenté dans la partie nord. Il est

découvert en grande partie et comprend encore quelques landes.

A Port-à-la-Duc existe un petit hâvre fréquenté par les pêcheurs et quelques navires de faible tonnage.

On remarque la chapelle de Saint-Fabien et de Saint-Sébastien avec ses vitraux du XIIIe siècle, représentant le martyre de ces deux saints.

On voit aussi le château de la Ville-Roger, qui appartenait au marquis de la Moussaye, ambassadeur et pair de France.

Deux écoles communales, parfaitement aménagées, existent à Pléhérel.

Le bourg est traversé par le chemin de grande communication N° 17.

PLÉVENON

Superficie : 1,373 hectares. — Population : 1,188 habitants.

Le territoire de cette commune comprend un vaste plateau, entouré de tous côtés, excepté au sud, de collines élevées qui bordent le littoral.

Le sol, en dehors des steppes pendant longtemps incultes et qui se plantent ou se défrichent, est de bonne qualité ; le froment qu'on y semait presque exclusivement, il y a quelques années, était appelé *le blé du cap*.

Plévenon occupe la partie nord de la presqu'île qui se termine par le cap Fréhel. De ce point une mer immense s'étend devant le spectateur, en même temps qu'une grande étendue du littoral. Des rochers formidables, taillés à pic et crevassés par de profondes grottes, opposent à la mer en furie une barrière infranchissable. Parmi ces cavernes, nous devons citer, à l'ouest du cap le *Toul-an-Ifern* (trou de l'Enfer) immense fissure large de 1^{m}50 et d'une profondeur évaluée, dit-on, à 1 kilomètre.

On remarque aussi le beau phare électrique et à éclipses qui a 79 mètres d'élévation.

Le fort de La Latte qui domine l'entrée de la baie de la Fresnaye, a été longtemps une place de guerre de 3e classe.

Nous en avons parlé à l'article de Matignon. Il fut vainement assiégé en 1490 et en 1689 par les Anglais.

Au port Saint-Jean-de-l'Hôpital se trouvent les restes d'une ancienne maladrerie. Les navires qui, par manque d'eau, ne peuvent arriver au Port-à-la-Duc, s'arrêtent à la jetée de Port-Nieux.

L'église vient d'être reconstruite, elle est d'un bel effet.

Le château du Meurtel, sur les bords de la baie, mérite d'être visité.

On trouve au nord du grès de belle qualité, le granit domine dans le sud.

Plévenon possède deux écoles communales, une pour chaque sexe.

Le bourg est traversé par le chemin de grande communication N° 36.

RUCA

Superficie : 1,212 hectares. — Population : 788 habitants.

Borné au nord par Pléboulle, à l'est et au sud par Saint-Pôtan, à l'ouest par Hénanbihen ; le territoire de cette commune est de nature argileux, reposant sur un fond de schiste talqueux ; au sud, il est plus léger ; les landes ont entièrement disparu.

Les terres sont en général de qualité moyenne ; elles sont bien plantées de pommiers qui donnent un cidre estimé.

La terre du Bois-Gerbault, dont le château a été converti en ferme, possède un bois tailli de plus de 100 hectares.

L'église paroissiale date de 1844, elle est sous le vocable de saint Pierre et saint Paul.

La chapelle de Notre-Dame de Hirel, jolie construction des XV° et XVI° siècle, mérite d'être visitée.

Près de la ferme de la Ville-Piron, on remarque un chêne qui mesure 5 mètres de circonférence. Au milieu du bourg s'en dresse un autre dont les rameaux couvrent une surface de 150 mètres carrés.

Ruca possède une école communale pour chaque sexe.

Près de la route d'Erquy à Plancoët, on trouve des traces de la voie romaine de Corseul au Chemin-Chaussée.

Le bourg est traversé par le chemin d'intérêt commun N° 15.

SAINT-CAST

Superficie : 1,225 hectares. — Population : 1,553 habitants.

Situé au nord de Matignon, le territoire de cette commune est baigné par la mer au nord, à l'est et à l'ouest sur le littoral on remarque de hautes falaises.

Le sol, à base schisteuse, est de qualité ordinaire ; toutefois, grâce à l'engrais marin pris à bon marché sur les grèves, le froment donne de bonnes récoltes.

L'église paroissiale est dédiée à saint Cast, évêque régionnaire breton qui vivait au VIe siècle et qu'on croit être le même que saint-Cado. Elle contient une ancienne cuve baptismale du XIIe siècle, et, dans le clocher, un bénitier roman très curieux de la même époque.

Entre le bourg et le village de l'Isle, si cruellement éprouvé en 1630 et en 1833 par le choléra, se trouvent les riches carrières de schiste micacé qui fournissent de belles pierres pour dallage.

Le hâvre de Saint-Cast, que de grands travaux vont rendre plus commode pour la navigation, compte de nombreux bateaux pêcheurs.

C'est sur le territoire de cette commune que fut livrée contre les Anglais la bataille de Saint-Cast, gagnée par le duc d'Aiguillon et Rioust des Villeaudrains à la tête de quelques compagnies de troupes françaises et des milices locales.

C'était pendant la guerre de 7 ans. Les Anglais n'ayant pu descendre ni à Cherbourg, ni à Saint-Malo, avaient débarqué leurs troupes sur la côte de Saint-Briac et s'étaient avancés jusqu'au Guildo.

La victoire fut complète, plus de 3,000 hommes furent tués ou faits prisonniers.

Le 11 septembre 1858, centième anniversaire de cette

journée mémorable, une colonne en granit fut inaugurée au centre de la baie où s'est passée l'action. Elle est surmontée d'un groupe en fonte représentant le léopard britannique, terrassé par le lévrier breton.

Saint-Cast possède deux écoles communales, l'une pour les garçons, l'autre pour les filles.

Le bourg n'est traversé que par des chemins vicinaux ordinaires.

SAINT-DÉNOUAL

Superficie : 861 hectares. — Population : 606 habitants.

Située au sud du canton, la commune de Saint-Dénoual confine aux cantons de Lamballe, de Jugon et de Plancoët. Le sol est de nature schisteux ; il est de moyenne qualité, bien boisé et bien planté de pommiers ; les landes ont presque totalement disparu.

Sur une des portes de l'église sont sculptées les armes des la Moussaye avec la date de 1766.

C'est au château de la Guyomarais qu'est mort, en 1793, Tuffin de la Rouairie, qui prit une si grande part aux guerres de Bretagne et de Vendée.

Près du Châtelet, on a trouvé, il y a 60 ans, des médailles gauloises.

La commune de Saint-Dénoual est arrosée par plusieurs petits cours d'eau ; le Frémur passe auprès du bourg qui est situé sur la route nationale N° 168.

La commune ne possède qu'une école mixte.

SAINT-POTAN

Superficie : 1,977 hectares. — Population : 1,230 habtants.

Le bourg de Saint-Pôtan est traversé par la route de Matignon à Plancoët.

Le Guébriant sépare le territoire de cette commune de Pluduno et de Saint-Lormel.

Les terres, à base granitique, sont de qualité ordinaire. Les cultivateurs se livrent avec succès à l'élevage du cheval.

Les immenses landes qui se faisaient remarquer dans la partie ouest, tendent à diminuer par la culture.

On remarque en Saint-Pôtan un grand nombre de châteaux ou d'anciennes maisons seigneuriales.

Le chemin de grande communication N° 29, emprunte sur un long parcours l'ancienne voie romaine de Corseul aux Ponts-Neufs ; au village du Maupas, on en voit les traces.

Saint-Pôtan possède deux écoles, une pour chaque sexe.

Le bourg est traversé par le chemin de grande communication N° 17.

CANTON DE PLANCOET

(**10 communes**).

Plancoët ; Bourseul ; Corseul ; Créhen ; Landébia ; Languenan ; Plessix-Balisson ; Pléven ; Pluduno ; Saint-Lormel.

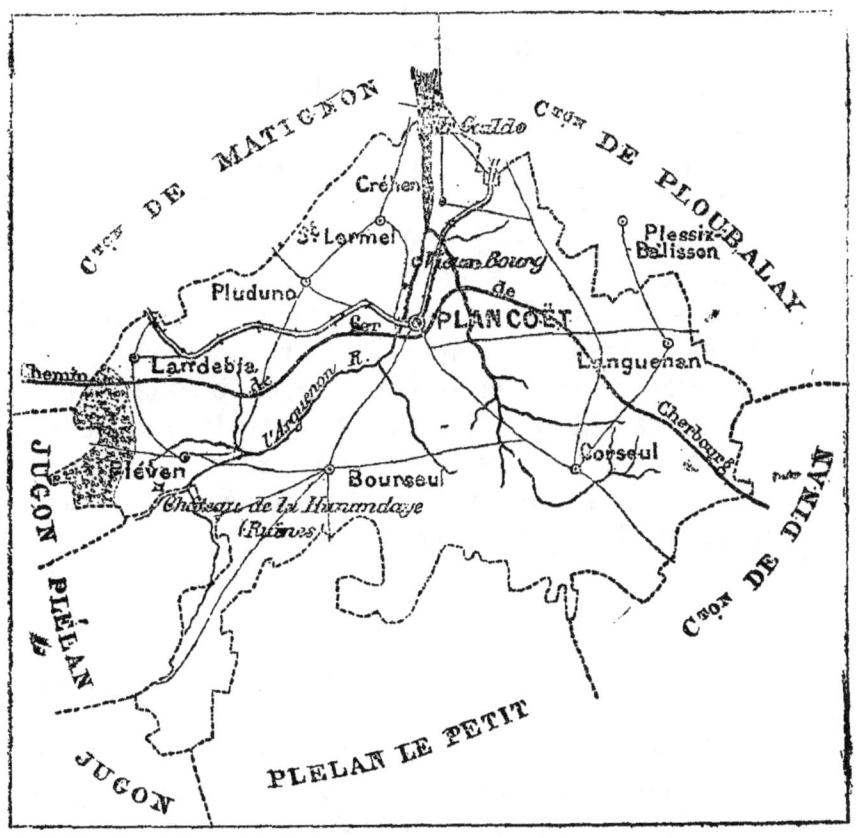

Le canton de Plancoët est borné au nord-ouest par le canton de Matignon ; au nord-est par le canton de Ploubalay ; à l'est par le canton de Dinan-Ouest ; au sud par le canton de Plélan-le-Petit ; à l'ouest par les cantons de Jugon, Lamballe et Matignon. — Il est arrosé par l'Arguenon et le Guébriand, et traversé par les routes N° 168, de Quiberon à Saint-Malo, N° 176 de Caen à Lamballe ; par les chemins de grande communication N° 13, de Lamballe à Dinard ; N° 17, de Plancoët à Erquy ; N° 18, de Loudéac à Plancoët ; N° 19, de Saint-Méen à Plancoët ; N° 28, de Quintin à la grève de La Mouette ; N° 37, de Plancoët à Miniac-Morvan ; N° 51, de Plancoët à Erquy, et par les chemins d'intérêt commun N° 6, de Jugon à Languenan ; N° 10, de Dinan à Saint-Jacut ; N° 14, de Beaussais à Caulnes ; N° 15, d'Eréac à Pléboulle ; N° 16, de Plélan-le-Petit à Saint-Cast ; N° 31, de Dinan à Corseul ; N° 40, de Plélan-le-Petit à Pléven, et N° 70, de Corseul à Plorec.

La population du canton est de 14,040 habitants ; sa superficie de 16,639 hectares.

Le territoire du canton de Plancoët est uni ou à ondulations en pente légère vers sa circonférence ; mais il est très accidenté dans sa partie nord-ouest, sur les bords du Guébriand, et dans sa partie centrale, sur ceux de l'Arguenon. — L'agriculture est en progrès dans ce canton, qui depuis longtemps emploie les amendements calcaires que la mer produit et qui pénètrent jusque dans son centre par le port de Plancoët. Il possède une belle race de chevaux, et les agriculteurs conservent, pour leurs travaux, de magnifiques juments poulinières de l'espèce de trait. Il appartient à la zone du littoral.

PLANCOET

Superficie : 1,149 hectares. — Population : 2,242 habitants.

Cette jolie petite ville est très pittoresquement située sur le flanc d'une colline au pied de laquelle coule l'Arguenon.

Le territoire de la commune est uni dans l'ouest et accidenté sur les bords de la rivière. Les terres, de bonne qualité, sont bien cultivées et plantées de pommiers.

Le petit port de Plancoët donne lieu à un certain mouvement commercial. Des barques, des chasse-marées exportent vers les villes du littoral, surtout à Saint-Malo, des bois et les produits agricoles de la contrée. Plusieurs bateaux y amènent des engrais marins qu'ils vont chercher sur les grèves de Saint-Cast et de Saint-Jacut. Le chemin de fer de Lamballe à Lison passe à Plancoët ; une gare importante contribue au développement commercial de la localité.

La seigneurie de Plancoët a passé dans bien des familles depuis 1247. Ce fief a appartenu à Pierre Duguesclin, frère du célèbre connétable. Après lui, les Tournemine, les seigneurs de Dinan, les Laval, les Rieux l'ont possédé.

La vieille église vient d'être démolie et remplacée par un beau et vaste monument, dans lequel on a placé l'antique bénitier orné de cariatides très frustes qu'on remarquait dans l'ancienne église.

Elle est sous le patronage du saint Sauveur.

Une succursale a été établie en 1821, à Nazareth. L'ancienne chapelle du couvent des Dominicains sert d'église. On y remarque une petite statue de la Vierge trouvée en 1644 dans une fontaine voisine. Elle est l'objet d'une grande vénération.

On voit encore à 3 kilomètres de Plancoët, au milieu d'un petit étang, les ruines d'une tour carrée : c'est tout ce qui reste du château de la Touche-à-la-Vache construit au XIIIe siècle.

Au point de vue géologique, le sol de Plancoët doit être rangé dans la catégorie des terrains granitiques ; vers le tertre de Brandfer, d'où l'on jouit d'un beau coup d'œil, on trouve du quartz lamellaire micacé.

Une école communale de garçons, une de filles avec pensionnat et classe enfantine, existent à Plancoët.

La ville de Plancoët est traversée par la route nationale N° 168, les chemins de grande communication N°s 17 et 18, et le chemin d'intérêt commun N° 16.

BOURSEUL

Superficie : 2,226 hectares. — Population : 1,561 hab,tants.

Situé au sud de Plancoët, le territoire de cette commune s'étend entre l'Arguenon au nord-ouest et un de ses affluents à l'est. Il est assez accidenté sur les bords de l'Arguenon et au sud dans la partie qui s'étend entre Plélan et Jugon.

Le sol, de nature granitique, est médiocre de qualité, mais bien boisé et bien planté de pommiers.

L'église paroissiale a été reconstruite il y a 30 ans environ; dans le nouveau monument on a conservé une porte romano-bysantine du XIIe siècle. Saint Nicodème en est le patron.

Bourseul possède trois chapelles situées dans des hameaux importants, dont quelques-uns sont à 4 kilomètres au moins du bourg, tel que Saint-Méen.

On remarque quelques vestiges de l'ancien château de Bois-Adam, qui a donné son nom à plusieurs personnages historiques.

Bourseul possède une école communale pour chaque sexe ; il est à désirer que le hameau de Saint-Méen ait bientôt la sienne.

Le bourg est traversé par les chemins de grande communication N°s 18 et 19, et par le chemin d'intérêt commun N° 70.

CORSEUL

Superficie : 4,474 hectares. — Population : 3,294 habitants.

Le territoire de Corseul est le plus étendu du canton ; la partie cultivée renferme des terres de bonne qualité ; des landes, dont il est difficile de tirer parti, existent encore, mais en petite quantité.

Cette commune occupe toute la partie sud-est du canton et confine à ceux de Dinan-Ouest et de Plélan.

L'église est moderne ; on y voit un bénitier orné de cariatides.

On remarque les ruines de la tour octogone du Haut-Bécherel qui se trouve à 1 kilomètre au sud-est du bourg, et à 2 kilomètres plus loin, les ruines du château de Montafilant, construit au XIIe siècle, qui pendant plusieurs siècles a été la propriété des vicomtes de Dinan.

A Corseul, se rattachent les souvenirs les plus éloignés de notre histoire locale. En effet, sur l'emplacement du bourg existait autrefois la capitale des Curiosolites. Après la conquête, les Romains en firent une de leurs principales cités, celle qui est désignée, s'accorde-t-on à croire, sous le nom de *Civitas Curiosolitarum*.

L'importance de cette ville est démontrée par le nombre des voies romaines qui en partaient dans la direction de Carhaix, Vannes, Gaël, Dol, Saint-Servan. Des fouilles importantes y ont été opérées, il y a quelques années. On a trouvé des restes de constructions, des mosaïques bien conservées, des poteries romaines, des marbres brisés, et un grand nombre d'objets en bronze, armes, monnaies, bracelets, etc., se rapportant à la grande époque de l'art romain. La plupart de ces curiosités archéologiques sont conservées dans les musées de Saint-Brieuc et de Dinan.

Deux écoles importantes existent à Corseul, une pour chaque sexe.

Le chemin de fer de Lamballe à Lison passe non loin de cette commune, où est établie une station.

Le bourg est traversé par le chemin de grande communication N° 17, et par les chemins d'intérêt commun N°s 6 et 14.

CRÉHEN

Superficie : 1,820 hectares. — Population : 1,708 habitants.

Le territoire de cette commune s'étend sur la rive droite de l'Arguenon, depuis Plancoët jusqu'en face de Notre-Dame-du-Guildo.

Comme Plancoët, Bourseul et Corseul, Créhen faisait autrefois partie de l'ancien évêché de Saint-Malo.

Vers le sud, le territoire à base granitique, est bien planté de pommiers ; la partie nord est nue et découverte. Il n'est accidenté que sur les bords de l'Arguenon.

L'église ancienne qui avait été pillée en 1758 par les Anglais, a été rebâtie en 1829. Saint Pierre en est le patron.

Le port du Guildo est partagé entre Notre-Dame-du-Guildo sur la rive gauche de l'Arguenon, et Créhen sur la rive droite. Non loin du port, on voit encore les belles ruines du château de Guildo où, dit-on, se réfugia Chramme, poursuivi par son père Clotaire Ier, et rendu célèbre par les infortunes de Gilles de Bretagne.

On voit encore le bâtiment conventuel des Carmes établis autrefois au Guildo ; c'est une construction du xviiie siècle.

A Créhen est établie, depuis 1832, la communauté des Filles de la Divine Providence, fondée par un recteur de cette paroisse, M. Homery.

Cette congrégation s'occupe de l'instruction des enfants et des soins à donner aux malades.

Elle dirige plusieurs écoles dans le département.

Près du bourg se voit un tumulus, et à la Ville-Genouan, une allée couverte formée de 21 grosses pierres.

Deux écoles primaires existent à Créhen, l'une pour les garçons, l'autre pour les filles.

Le bourg n'est traversé que par des chemins vicinaux ordinaires.

LANDÉBIA

Superficie : 355 hectares. — Population : 331 habitants.

Arrosé par le Guébriant, le territoire de cette petite commune est généralement plat et bien boisé. Parmi des terres de médiocre qualité, on trouve d'excellentes prairies. Le granit domine dans le sous-sol.

L'église, sous le patronage de saint Eloi, est un monument inachevé ou en partie démoli, qui date du xve siècle. Le beau portail, placé en avant de l'édifice, s'en est trouvé séparé à la suite d'un incendie survenu pendant les guerres de la Ligue. On remarque encore le chevet et une des portes latérales.

Les fontaines de Saint-Eloi et de Saint-David attirent de nombreux pèlerins.

A quelque distance du bourg, se trouvent les ruines du château de Plessix-Tréhen.

Cette commune est traversée par la ligne de Lamballe à Lison et possède une petite gare.

Une seule école mixte existe à Landébia.

Le bourg est traversé par le chemin d'intérêt commun N° 15.

LANGUENAN

Superficie : 1,594 hectares. — Population : 1,131 habitants.

Cette commune occupe la partie nord-est du canton. Le territoire à base schisteuse au sud et granitique au nord, est assez plat et en pente légère vers le nord, sur les bords des petits ruisseaux tributaires de la baie de Beaucey. Les terres sont bien plantées en pommiers, elles sont généralement de bonne qualité.

Reconstruite en 1846, l'église dédiée à la Vierge, offre peu d'intérêt.

On remarque la chapelle du Bois-Jean, de construction récente.

Languenan possède deux écoles, une pour chaque sexe.

Le bourg est traversé par le chemin de grande communication N° 37, et par les chemins d'intérêt commun N°s 6 et 10.

PLESSIX-BALISSON

Superficie : 8 hectares. — Population : 203 habitants.

Située à l'est de Plancoët, cette petite commune dont le territoire ne comprend que 8 hectares, est entièrement enclavée dans la commune de Ploubalay. C'est un mamelon boisé et entouré de ruisseaux.

Le sol est de bonne qualité ; on y trouve du granit amphibolique au nord-ouest.

L'église n'offre pas d'intérêt. Elle est sous le vocable de saint Pierre et dépendait autrefois de l'évêché de Saint-Malo. On remarque dans le cimetière trois beaux ifs.

La châtellenie du Plessix-Balisson paraît avoir eu pour fondateur Geoffroy Baluçon, qui y construisit un château-fort détruit vers 1390. Elle fut acquise en 1747 par Henri

Baude, baron de Pont-Labbé, pour la somme de 300,000 livres.

Une seule école mixte existe au bourg.

Le bourg est traversé par le chemin d'intérêt commun N° 10.

PLÉVEN

Superficie : 974 hectares. — Population : 774 habitants.

Le territoire de Pléven s'étend au sud-ouest du canton. Il est arrosé par l'Arguenon qui le sépare à l'est de Plorec et de Bourseul ; il est plat dans la partie ouest.

Les terres sont bien plantées de pommiers. On remarque le château du Vau-Madeuc, qui date du xve siècle, et à 1 kilomètre duquel on trouve un retranchement celtique renfermant plusieurs tumulus nommés *Bourg hen Saos*.

Les reliques et la statue de saint Symphorien, qui ont orné pendant longtemps une chapelle actuellement détruite, sont déposées dans l'église paroissiale, où l'on remarque une belle verrière du xvie siècle.

Le granit domine dans le sol ; au sud-est on trouve du schiste micacé.

Pléven ne possède encore qu'une école commune aux deux sexes.

Le bourg est traversé par le chemin de grande communication N° 28, et par le chemin d'intérêt commun N° 40.

PLUDUNO

Superficie : 2,779 hectares. — Population : 1,893 habitants.

Cette importante commune, située à l'ouest de Plancoët, s'étend sur la rive gauche de l'Arguenon, depuis Pléven jusqu'à Notre-Dame-du-Guildo. Les terrains à base granitique, pour la plupart, sont d'excellente qualité et bien plantés.

Le territoire forme un plateau élevé, entouré de collines

assez tourmentées sur les bords du Guébriant et surtout de l'Arguenon.

Plusieurs fois remaniée, l'église paroissiale sous le vocable de saint Pierre, renferme une maîtresse vitre intéressante qui date de 1470.

On retrouve encore quelques restes des anciens châteaux de Boisfeuillet et de Guébriant. Ce dernier était une place forte, entourée de douves profondes et d'un étang.

Plusieurs habitations modernes et élégantes se font remarquer en Pluduno ; les deux chapelles de la Ville-Robert et de la Ville-Guérin, dépendent des manoirs de ce nom.

Sur l'Arguenon, aux petits ports du Petit-Marais et de la Nouette, on expédie sur des barques, à destination du Guildo, des céréales, des pommes, etc.

A Pluduno existent deux écoles importantes, une pour chaque sexe.

La ligne de Lamballe à Lison traverse cette commune sur une grande étendue, mais aucune station n'y a été établie.

Le bourg est traversé par les chemins de grande communication Nos 17 et 28.

SAINT-LORMEL

Superficie : 1,020 hectares. — Population : 903 habitants.

Cette commune s'étend au nord de Plancoët sur la rive gauche de l'Arguenon. Les terres, dont la base est granitique, sont très productives et bien cultivées.

L'église est dédiée à saint Lunaire. On y remarque trois portes élégantes du XIIe siècle et un puits placé sous la chaire. Les pèlerins qui viennent invoquer saint Lunaire pour les maux de yeux, se lavent avec l'eau de ce puits.

C'est en Saint-Lormel que se trouve la belle propriété de Largentaye, dont le château bâti en 1840 par M. Rioust de Largentaye, député, mérite d'être signalé. Il renferme une galerie de tableaux et d'armures de diverses époques, une bibliothèque contenant des ouvrages rares et des objets de l'époque gallo-romaine, recueillis à Corseul. La chapelle, un bel édifice du xiiie siècle, renferme plusieurs statues et sculptures dues à M. Ogé, de Saint-Brieuc.

Près du château de l'Argentaye se trouve un filon de plombagine.

Saint-Lormel possède une école mixte.

Le bourg est traversé par le chemin d'intérêt commun N° 16.

CANTON DE PLÉLAN-LE-PETIT

(9 communes).

Plélan-le-Petit ; La Landec ; Languédias ; Plorec ; Saint-Maudez ; Saint-Méloir ; Saint-Michel-de-Plélan ; Trébédan ; Vildé-Guingalan.

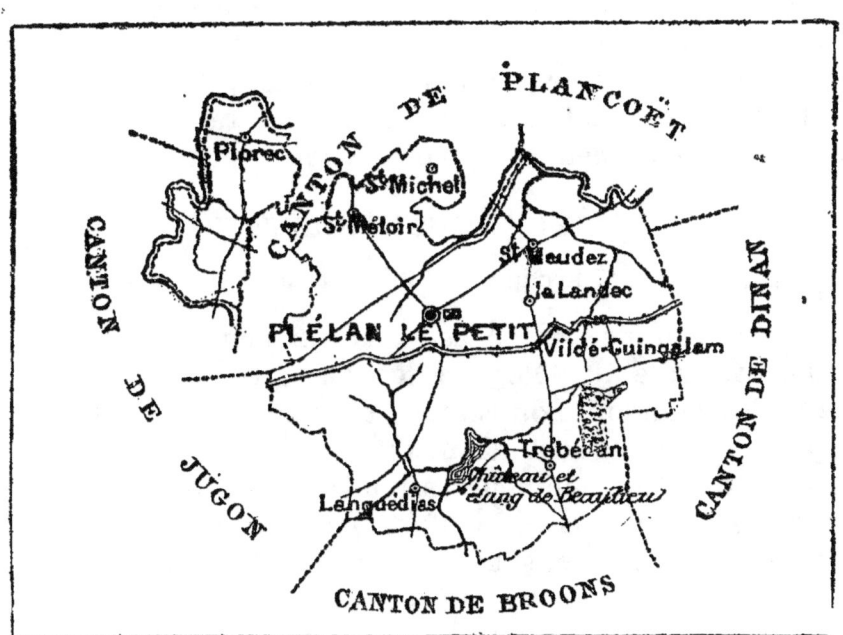

Le canton de Plélan-le-Petit est borné au nord par le canton de Plancoët ; à l'est par le canton de Dinan-Ouest ; au sud par le canton de Broons et à l'ouest par les cantons de Jugon et de Plancoët. — Il est traversé de l'ouest à l'est par la route N° 176, de Caën à Lamballe ; par les chemins de grande communication N°s 18, de Loudéac à Plancoët, et 19, de Saint-Méen à Plancoët, et par les chemins d'intérêt commun N°s 6, de Jugon à Languenan ; 11, de Languédias à Dinan ; 14, de Beaussais à Caulnes ; 16, de Plélan-le-Petit à Saint-Cast ; 40, de Plélan-le-Petit à Pléven, et 70, de Corseul à Plorec.

La population du canton est de 5,582 habitants ; sa superficie de 8,528 hectares.

Le territoire du canton de Plélan occupe en grande partie un plateau élevé, situé entre les rivières de la Rance et de l'Arguenon. Il est généralement plat ou à ondulations en pente légère, à l'exception de ses extrémités nord-ouest et sud-est. Il est assez bien boisé ; mais il contient de vastes landes et des bruyères qui forment environ le cinquième de sa superficie. Son sol-médiocre, argileux, froid et humide, exigerait l'emploi des amendements calcaires pour devenir productif. Cette culture améliorante, mais assez coûteuse, ne peut être mise en pratique par les agriculteurs de ce canton qui se classe au rang des moins aisés du département. Il appartient à la zone intermédiaire.

PLÉLAN-LE-PETIT

Superficie : 2,117 hectares. — Population : 1,309 habitants.

Ce chef-lieu de canton est situé un peu au nord de la route nationale N° 176. Son territoire, le plus étendu de toutes les communes du canton, est plat ou à ondulations légères. Les terres sont de médiocre qualité ; une certaine étendue de landes, difficiles à rendre productives, s'y rencontre encore, malgré les efforts faits pour en tirer parti.

L'église paroissiale, sous le patronage de saint Pierre-ès-Liens, n'offre rien de remarquable.

La voie romaine de Vannes à Corseul traverse cette commune sur une grande étendue.

A 2 kilomètres du bourg, on remarque les bases de sept croix qui, dit-on, furent élevées en expiation de sept meurtres qui furent commis en cet endroit pendant une nuit de Noël.

Les châteaux de Légoman, des Fossés et de la Bordelais méritent d'être visités.

Plélan possède deux écoles communales, l'une pour les garçons, l'autre pour les filles.

Le bourg est traversé par le chemin de grande communication N° 19.

LA LANDEC

Superficie : 757 hectares. — Population : 414 habitants.

Le territoire de cette petite commune s'étend à l'est de Plélan et est arrosé par un des affluents de l'Arguenon.

Il est élevé et assez plat. L'humidité du sous-sol rend les terres généralement médiocres. On y trouve encore beaucoup de landes.

La paroisse relevait autrefois de l'évêché de Dol. L'église est sous le patronage de sainte Agnès ; elle n'offre aucun intérêt.

Aux confins est de la commune se trouve la roche dite des Trois-Paroisses, qui sépare La Landec, Vildé-Guingalan et Trébédan.

Une seule école mixte communale existe à La Landec.

Le bourg est traversé par le chemin d'intérêt commun N° 14.

LANGUÉDIAS

Superficie : 860 hectares. — Population : 621 habitants.

Cette commune s'étend dans la partie sud du canton.

Le territoire est plat avec ondulations à pentes légères. Les landes ont complétement disparu. On y récolte d'excellent sarrasin, mais la nature des terres est de médiocre qualité.

Le sol renferme de beau granit, depuis longtemps exploité au grand profit des habitants. On en a retiré des matériaux qui ont servi à édifier plusieurs monuments, notamment les tours de la cathédrale de Rennes.

La paroisse de Languédias était autrefois une trève de Mégrit et faisait partie de l'évêché de Saint-Malo. L'église, reconstruite en 1872, à 2 kilomètres de l'ancienne, n'offre rien de remarquable ; elle est sous le patronage de saint Armel.

Dans les jardins du château de Beaulieu, près d'un bel étang, se trouvent les ruines de l'abbaye de ce nom, fondée par Rolland, sire de Dinan.

On remarque aussi les ruines du château de Quérinan.

Languédias ne possède qu'une école mixte.

Le bourg est traversé par le chemin d'intérêt commun N° 11.

PLOREC

Superficie : 1,360 hectares. — Population : 959 habitants.

Le territoire de cette commune, détaché du reste du canton, s'étend au nord-ouest, est limité de ce côté par l'Argüenon. Les terres sont de médiocre qualité, elles sont boisées et bien plantées de pommiers Les landes sont à peu près toutes défrichées.

Plusieurs anciens châteaux : tels que ceux du Bois-Adam, du Plessix, de Carriguet et du Bois-Bily, sont maintenant convertis en fermes.

L'église paroissiale, dédiée à saint Pierre, n'a rien de remarquable. La chapelle de Sainte-Marguerite est ancienne.

Deux écoles, l'une de garçons et l'autre de filles, existent au bourg.

Le bourg est traversé par le chemin d'intérêt commun N° 70.

SAINT-MAUDEZ

Superficie : 526 hectares. — Population : 371 habitants.

Borné au nord et à l'est par Corseul, à l'ouest par Plélan et au sud par Vildé et La Landec, le territoire de cette petite commune, est comme celui des communes avoisinantes, de médiocre qualité. Le schiste est la base dominante du sol.

Le nom de cette commune lui vient du patron de l'église, abbé breton du VIe siècle. Sur l'emplacement de l'église actuelle, bâtie vers la fin du XVIIIe siècle, s'élevait un monastère édifié par les Templiers, *moines rouges*, dont la tradition a conservé le souvenir. Une flèche élégante décore le clocher de l'église depuis quelques années.

Dans le cimetière s'élèvent deux belles croix de granit ;

la première se fait remarquer par sa hauteur, 7m80, et la seconde par le groupe de statuettes qui en décorent le sommet. Tout près se trouve un if de 7m45 de tour et dont les rameaux couvrent une grande surface.

Le château moderne de Thaumatz attire l'attention.

A Saint-Maudez existe une école mixte qui vient d'être dotée d'un local très confortable.

Le bourg est traversé par le chemin d'intérêt commun N° 14.

SAINT-MÉLOIR

Superficie : 612 hectares. — Population : 412 habitants.

Le nom de cette commune lui vient d'un fils de Théodoric, comte de Cornouaille, qui mourut assassiné en 577, et que l'Eglise a placé au rang des saints.

Le territoire, situé au nord-ouest de Plélan, comprend encore quelques landes non défrichées, des terres bien boisées, mais de médiocre qualité. Le sous-sol est de nature granitique.

Dans le bourg on voit encore des fragments de colonnes qu'on croit être des bornes milliaires datant de l'occupation romaine.

L'ancienne voie romaine de Corseul à Vannes traversait la commune.

Le chemin de grande communication N° 19 passe au bourg. L'école communale est mixte.

SAINT-MICHEL-DE-PLÉLAN

Superficie : 466 hectares. — Population : 297 habitants.

Le territoire de cette commune, qui s'étend au nord du canton, est uni et bien planté de pommiers. Les terres sont de médiocre qualité, et les landes disparaissent peu à peu.

L'église, dédiée à saint Michel, est de construction moderne ; elle n'offre rien de remarquable.

On voit sur un parcours de 130 mètres des traces de la voie romaine, dont il est parlé ci-dessus.

Comme à Saint-Méloir et à Saint-Maudez, une école mixte communale existe à Saint-Michel.

Le bourg est traversé par le chemin d'intérêt commun N° 16.

TRÉBÉDAN

Superficie : 1,095 hectares. — Population : 512 habitants.

Cette commune est bornée au nord par La Landec, à l'est par Vildé, Trélivan et Brusvily, au sud par Yvignac et à l'ouest par Languédias.

Le sol, de nature granitique, est plat ou à longues ondulations. Les landes qui occupaient la partie nord ont diminué, mais les terres humides et froides ne produisent que de maigres récoltes. Au sud, le territoire est boisé et bien planté de pommiers.

Rien d'intéressant à signaler dans l'architecture de l'église qui est sous le patronage de saint Petrock ou Perreux, abbé de la Cornouaille insulaire. La paroisse dépendait autrefois de l'évêché de Dol.

Le château du Chalonge, avec ses belles plantations et sa chapelle, mérite d'être visité. C'est une belle et vaste construction du XVIIIe siècle.

L'école communale de Trébédan est mixte.

Le bourg est traversé par les chemins d'intérêt commun N°s 11 et 14.

VILDÉ-GUINGALAN

Superficie : 735 hectares. — Population : 686 habitants.

Le territoire de cette commune s'étend à l'est du canton, sur les limites du canton ouest de Dinan.

Il est assez plat et peu boisé. Les terres sont de médiocre qualité, mais produisent cependant en abondance le sarrasin.

Le ruisseau de Montafilan, qui forme un des affluents de l'Arguenon, commence près de Vildé.

L'église paroissiale, sous le patronage de saint Jean-Baptiste, a été réédifiée en 1869.

On croit généralement que le vieux moulin de Vaucouleurs a été construit par les seigneurs de ce nom, à leur retour des Croisades.

Entre Vildé et Trélivan se trouvent les restes d'un camp fortifié, reconnaissable encore par ses larges et profonds fossés. Jean V, duc de Bretagne, y aurait réuni ses guerriers, en 1427, avant de combattre les Anglais qui ravageaient la Basse-Normandie.

Deux écoles existent à Vildé, celle des garçons est de construction récente, celle des filles a été établie en 1850 par une sœur de la communauté de Broons.

Le bourg est traversé par la route nationale N° 176.

CANTON DE PLOUBALAY

(8 communes).

Ploubalay ; Lancieux ; Langrolay ; Pleslin ; Saint-Jacut-de-la-Mer
Trégon ; Trémereuc ; Trigavou.

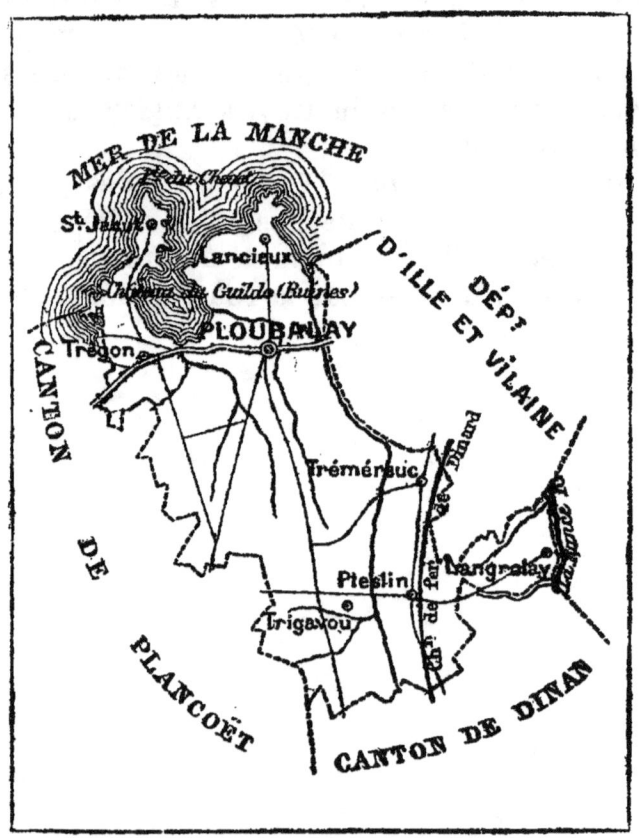

Le canton de Ploubalay, qui appartient à la zone du littoral, est borné au nord par la Manche ; au nord-est par le canton de Pleurtuit (Ille-et-Vilaine) ; à l'est par la Rance et par le canton de Dinan-Ouest ; au sud par les cantons de Dinan-Ouest et de Plancoët ; à l'ouest par le canton de Plancoët et par la Manche. — Il est traversé par la route N° 168, de Quiberon à Saint-Malo ; par les chemins de grande communication N°s 12, de Plouasne à Dinard ; 13, de Lamballe à Dinard ; 26, de Lanvallay à Ploubalay ; 37, de Plancoët à Miniac-Morvan, et par les chemins d'intérêt commun N°s 10, de Dinan à Saint-Jacut ; 14, de Beaussais à Caulnes, et 59, de Dinan à Saint-Buc.

La population du canton est de 8,592 habitants ; sa superficie de 8,247 hectares.

Le territoire de ce canton maritime est généralement accidenté, tant à l'est, sur les bords de la rivière de la Rance, qu'au nord et à l'ouest. Son littoral, fortement découpé, forme des presqu'îles, des baies et des anses. Il est bien planté de pommiers et parfaitement boisé, à l'exception de la commune de Saint-Jacut et des rives de la mer. Ses terres sont bonnes, bien travaillées et présentent un ensemble de culture qu'on ne rencontre peut-être pas ailleurs dans le département. — Beaucoup d'habitations rurales, plus vastes et mieux aérées que dans d'autres cantons, donnent à celui de Ploubalay un aspect d'aisance qui n'est pas démenti par les faits.

PLOUBALAY

Superficie : 3,543 hectares. — Population : 2,455 habitants.

Cette commune tire son nom du Balay, petit cours d'eau qui se jette dans la baie de Beaussais.

Son territoire qui comprend à lui seul près de la moitié du canton, est accidenté surtout à l'ouest. L'agriculture y est bien développée et donne d'excellents produits en blé et en cidre.

Le Frémur le sépare du canton de Dinard-Saint-Enogat (Ille-et-Vilaine).

La paroisse faisait avant la Révolution partie de l'évêché de Saint-Malo. L'église, bel édifice moderne dans le style du XIIIe siècle, est sous le patronage de saint Pierre et saint Paul.

Plusieurs chapelles se trouvent sur le territoire de Ploubalay. On y remarque plusieurs châteaux, notamment celui de la Crochais, bâti près des ruines d'un manoir du xvie siècle.

Aux hameaux de la Mottillais et du Tertre-Bannier, on voit deux vastes tombelles. Dans cette dernière, des fouilles opérées, il y a quelques années, ont mis à découvert des haches en silex très habilement travaillées.

Dans un champ près de la Ville-Bague, on a trouvé des vestiges de substructions romaines.

Au bourg existent deux écoles importantes, une pour chaque sexe.

Le bourg est traversé par la route nationale N° 168, et le chemin de grande communication N° 26.

LANCIEUX

Superficie : 669 hectares. — Population : 780 habitants.

Cette commune tire son nom de saint Cieu, disciple de saint Brieuc, qui sans doute évangélisa la contrée, et qui est le patron de la paroisse.

Elle s'étend à l'extrémité nord du canton, resserrée entre la mer à l'ouest et au nord, et le Frémur à l'est.

Son territoire est accidenté et en général peu boisé. Les terres sont d'excellente qualité et bien cultivées. L'agriculture qui, il y a quelques années, n'était que secondaire pour les habitants, presque tous marins, a fait beaucoup de progrès.

On trouve au nord et au sud du granit avec roches amphiboliques.

L'église est un bel édifice dont la tour porte la date de 1740.

On remarque les ruines d'un vieux château qui aurait appartenu aux seigneurs de la Roche. Du lieu dit Tertre-du-Moulin-de-la-Roche, on jouit d'un coup d'œil magnifique et très étendu.

Lancieux possède une belle plage d'un kilomètre, qui est chaque année le rendez-vous de nombreux baigneurs. De jolies constructions s'élèvent sur le bord de la mer.

La commune possède deux écoles, une pour les garçons, l'autre pour les filles.

Le bourg n'est traversé que par des chemins ordinaires.

LANGROLAY

Superficie : 528 hectares. — Population : 760 habitants.

Le territoire de cette commune se trouve compris entre la Rance à l'ouest, Plouër au sud et Pleurtuit au nord et à l'ouest.

Il est bien boisé et bien planté. Les terres de bonne qualité sont bien cultivées.

Beaucoup de jeunes gens s'adonnent à la marine.

Sur les bords de la Rance, au Châtelet, on trouve des traces d'anciennes fortifications.

L'église, sous le patronage de saint Laurent, n'offre rien de remarquable. Le château de Beauchêne attire l'attention des visiteurs.

Au sud-ouest du bourg, le point séparatif des communes de Langrolay, Pleslin, Pleurtuit et Plouër est marqué par une croix dite des Quatre-Recteurs.

Deux écoles existent à Langrolay, une pour chaque sexe.

Le bourg n'est traversé que par des chemins vicinaux ordinaires.

PLESLIN

Superficie : 1,255 hectares. — Population : 1,459 habitants.

La commune de Pleslin s'étend sur la rive droite du Frémur, petite rivière très encaissée qui va se jeter dans la Manche, entre Lancieux et Saint-Briac (Ille-et-Vilaine).

Le territoire est très accidenté et bien planté de pommiers qui fournissent un cidre renommé. L'agriculture y a fait de grands progrès, grâce à l'emploi des engrais marins que les cultivateurs vont chercher dans la baie de Saint-Jacut ou sur les bords de la Rance. Un grand nombre d'hommes s'engagent chaque année pour la pêche à la morue sur le banc de Terre-Neuve.

En dehors de l'église dédiée à saint Pierre et qui n'offre rien de remarquable, il convient de citer le château de la Motte-Olivier et les ruines de la Garandière.

Près du bourg, on peut voir dans un champ une dizaine de gros rochers en quartz blanc ressemblant assez aux menhirs gaulois. On croit qu'ils n'ont point été placés là par la main des hommes.

Le chemin de fer de Dinan à Dinard traverse cette commune ; une gare désignée sous le nom de Pleslin-Plouër y est établie.

Deux écoles desservent la commune, une pour chaque sexe.

Le bourg est traversé par les chemins de grande communication N°s 12 et 37.

SAINT-JACUT

Superficie : 292 hectares. — Population : 1,074 habitants.

C'est Jacut, fils de Fragan, premier abbé d'un monastère élevé à l'extrémité nord de la commune, qui lui a donné son nom. L'église abbatiale existe encore ; elle est dédiée à la Vierge sous le nom de Notre-Dame de Lan-Doüar.

Saint-Jacut forme une presqu'île qui se détache des communes de Créhen et de Trégon, et qui s'avance vers le nord. Le territoire est nu et découvert ; le granit y domine. Sur les grèves, on trouve un sable calcaire contenant environ 40 0/0 de matières fertilisantes.

La population est essentiellement maritime. Un grand nombre d'habitants se livrent à la pêche côtière, s'engagent pour la pêche de la morue ou se trouvent sur les navires de l'État et sur ceux qui font le long-cours.

Sur les îlots des Ebihens, dont dépendent le port de La Chapelle et le port Lançon, et qui se trouvent à 1,200 mètres au nord de Saint-Jacut, on remarque une tour ronde construite en 1697 et couronnée d'un phare.

A Saint-Jacut est mort, en 1727, dom Lobineau, célèbre auteur d'une histoire de Bretagne. Le dernier abbé, Philippe d'Andrezel, après avoir émigré en 1792, fut nommé en 1809 inspecteur général de l'Université.

Saint-Jacut possède une école communale pour chaque sexe.

Le bourg est traversé par le chemin d'intérêt commun N° 10.

TRÉGON

Superficie : 623 hectares. — Population : 350 habitants.

Cette petite commune s'étend entre Créhen et Ploubalay. Elle est baignée par la mer au fond de la baie de Beaussais.

Le territoire est plat, bien boisé et bien planté de pommiers dans l'est et dans le nord. Les terres sont de bonne qualité.

Les habitants se divisent en deux catégories à peu près égales ; les marins et les cultivateurs.

L'église paroissiale qui était autrefois sous le vocable de saint Pétrock, prince irlandais, a passé sous celui de la Vierge. Deux beaux dolmens se font remarquer en cette commune. Du village de Beaussais, l'œil embrasse une grande étendue de territoire et de côtes.

Trégon a vu naître M. de Lesquen, qui a été évêque de Rennes et qui est décédé à Dinan en 1855.

Une seule école mixte est établie dans cette commune.

Le bourg est traversé par le chemin d'intérêt commun N° 14.

TRÉMÉREUC

Superficie : 415 hectares. — Population : 578 habitants.

Trémereuc occupe le territoire qui s'étend au nord de Pleslin et qui est limité au nord et à l'est par Pleurtuit (Ille-et-Vilaine) et à l'ouest par le Frémur.

Sur les bords de cette rivière se trouvent des collines élevées, tandis que dans l'ouest le terrain est généralement plat.

Les landes se défrichent, il n'en reste qu'une petite quantité qui se sèment peu à peu en pins de toute espèce. L'usage des engrais marins améliore le fond des terres dans lesquelles le granit domine, bien que dans le sud-ouest se rencontre du schiste.

L'église, sous le patronage de saint Laurent, n'offre aucun intérêt.

Près du Champ-du-Colombier, on remarque un beau tumulus.

Tréméreuc ne possède qu'une école communale.

Le bourg est situé à proximité du chemin de grande communication N° 12.

TRIGAVOU

Superficie : 922 hectares. — Population : 1,136 habitants.

Le territoire de Trivagou s'étend au sud du canton, sur la rive gauche du Frémur.

Il est généralement plat, sauf quelques petits coteaux vers le sud et d'autres plus prononcés sur le bord de la rivière.

Le sol est argileux, de bonne qualité, et bien planté de pommiers, on trouve un peu de granit au nord-ouest et au sud des carrières d'un moellon estimé.

Bien qu'en majorité agricole, la population fournit chaque année 150 pêcheurs de morue qui font campagne sur les bancs de Terre-Neuve.

Une industrie spéciale et commune à Pleslin et à Tréméreuc, est la fabrication de craquelins et de ceméraux, gâteaux faits avec de pure farine et du lait.

L'église, remaniée à diverses époques et qui a conservé quelques restes du XVIe siècle, est sous le vocable de sainte Brigitte.

Le château du Bois-de-la-Motte, situé au fond d'un joli vallon, a été restauré à diverses reprises et n'a guère conservé des constructions primitives que son donjon, ses larges fossés et la place de son pont-levis. Il a vu naître le célèbre d'Avaugour Saint-Laurent, gouverneur de Dinan, un des principaux lieutenants, plus brave qu'heureux, du duc de Mercœur.

On remarque encore le manoir de la Rougerais, et la chapelle des Vaux-Garou, dédiée à sainte Apolline, où, dit-on, la chèvre prit le loup, d'où est venu ce mot : « Trivagou où la chèvre print le loup. »

Voici comment la légende explique le fait :

Une chèvre, attachée à un piquet, paissait près de la chapelle dont la porte était entr'ouverte.

Tout à coup un loup débouche d'un bois voisin et se précipite sur la chèvre, qui se sauve dans la chapelle en arrachant le piquet.

Le loup la suit. La chèvre échappe au loup, sort de la chapelle, mais son piquet s'étant mis de travers, ferme la porte sur le loup, qui reste prisonnier. Des personnes accourues aux cris de la chèvre, tuèrent le loup à coups de fourche.

A peu de distance de cette chapelle, on a découvert une statuette de bronze d'Apollon, et non loin de là se trouve la Roche-Héliou (roche du soleil), et près de laquelle existe un doué ou lavoir appelé le Doué-Chaud, à cause de la tiédeur remarquable de l'eau en toutes saisons.

Le hameau de Lamennais a donné son nom à la famille Robert qui en était propriétaire, et à laquelle appartenaient les deux frères Jean-Marie et François-Félicité Robert de Lamennais.

Deux écoles communales existent à Trigavou, une pour les garçons et l'autre pour les filles.

Le bourg est traversé par le chemin de grande communication N° 37.

ARRONDISSEMENT DE GUINGAMP.

Cet arrondissement comprend 10 cantons, savoir : Guingamp, Bégard, Belle-Isle-en-Terre, Bourbriac, Callac, Maël-Carhaix, Plouagat, Pontrieux, Rostrenen et Saint-Nicolas-du-Pélem. Ces 10 cantons se subdivisent eux-mêmes en 74 communes, ce qui donne, en moyenne, un peu plus de 7 communes par canton. Sa population est de 129,376 habitants et sa superficie de 173,142 hectares.

Il est borné au nord par les arrondissements de Lannion et de Saint-Brieuc ; à l'est, par les arrondissements de Saint-Brieuc et de Loudéac ; au sud, par le Morbihan ; à l'ouest, par le Finistère et l'arrondissement de Lannion. Le canal de Nantes à Brest le parcourt sur une étendue de 25 kilomètres.

Cet arrondissement est accidenté dans sa partie nord, montueux et élevé dans le sud. Les cantons de Belle-Isle-en-Terre, Bourbriac, Callac, Maël-Carhaix et Saint-Nicolas-du-Pélem, qui sont le prolongement des montagnes Noires et d'Arrèz, présentent de tous côtés des points élevés quelquefois de plus de 300 mètres au-dessus du niveau de la mer, de nombreux coteaux et des vallées profondes. Il appartient aux deux versants des montagnes dont nous venons de parler, et les principales rivières qui le sillonnent coulent, les unes au nord, vers la Manche, ce sont le Guer, le Guindy, le Jaudy et le Trieux ; les autres au sud, vers l'Océan, ce sont le Blavet, l'Aven ou Hière.

L'arrondissement, pour indiquer seulement ses grandes divisions géologiques, est granitique au sud et schisteux au nord. La première de ces constitutions est plus étendue que la seconde, et le sol qu'elle forme est plus tourmenté, plus sablonneux et moins fertile que celui du nord. — Il renferme en outre quelques forêts assez étendues, notamment celles de Coat-an-Nos, de Coat-an-Nay, de Malaunay, d'Avaugour, de Kergrist et de Duault.

Au point de vue agricole, cet arrondissement appartient

aux trois zones culturales qui caractérisent le département, et il présente ainsi les cultures les plus variées. Le canton de Pontrieux, qui fait partie de la zone du littoral, est fertile, bien cultivé et productif à un haut point. Les cantons de Bégard, Belle-Isle, Guingamp, Bourbriac et Plouagat se rangent dans la zone intermédiaire, enfin ceux de Callac, Maël-Carhaix et Saint-Nicolas appartiennent à la zone pastorale et se livrent tout spécialement à l'élève du bétail et des chevaux légers dits de la Montagne, qui rappellent la race arabe, de laquelle ils procèdent, par leur force, par leur énergie et leur sobriété.

L'arrondissement est l'un de ceux dans lesquels l'organisation des comices agricoles a été la plus complète et la plus rapide. De grands efforts y ont été faits et de sérieux progrès s'y sont réalisés, tant sur le rapport de la culture des terres, de l'usage des amendements calcaires et marins, de l'emploi des instruments aratoires nouveaux, que de l'amélioration du bétail. Il compte encore, dans sa partie sud surtout, de vastes landes ou bruyères ; mais chaque jour la charrue en attaque quelques parcelles, et l'heure viendra où tout ce qui aura pu être cultivé ou planté le sera.

Dans tout l'arrondissement de Guingamp on parle le breton, et c'est, particulièrement dans ses montagnes, l'ancienne race celtique qui l'habite. Ce fait indique suffisamment le caractère physique et moral de sa population. Nous ajouterons qu'elle est généralement appliquée à l'agriculture.

CANTON DE GUINGAMP
(**8 communes**).

Guingamp ; Coadout ; Grâces ; Moustérus ; Pabu ; Plouisy ; Ploumagoar ; Saint-Agathon.

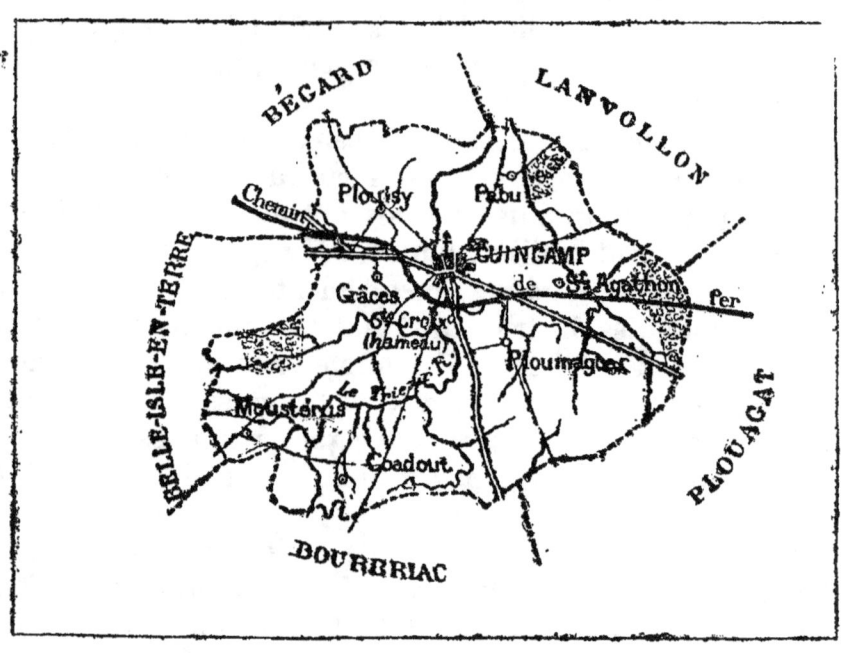

Le canton de Guingamp est borné au nord, par les cantons de Bégard et de Lanvollon ; à l'est, par le canton de Plouagat ; au sud, par le canton de Bourbriac ; à l'ouest, par les cantons de Belle-Isle et de Bégard. — Le Trieux partage en deux ce canton et l'arrose du sud au nord. — Il est traversé par le chemin de fer de Rennes à Brest ; par les routes nationales N°s 12, de Paris à Brest ; 167, de Vannes à Lannion ; par les chemins de grande communication N°s 5, de Guingamp à Pleubian ; 8, de Tréguier au canal à Gouarec ; 9, de Carhaix au Portrieux ; 46, de Guingamp à Guémené, et 54, de Guingamp à Bréhec ; par les chemins d'intérêt commun N°s 24, de Pontrieux à Carhaix ; 48, de Guingamp à Plouëc ; 54, de Saint-Adrien à Moustérus ; 67, de Gurunhuel à Guingamp, et 75, de Plélo à Guingamp.

La population du canton est de 18,036 habitants ; sa superficie de 11,956 hectares.

Arrosé par le Trieux et par d'autres cours d'eau moins importants, le canton de Guingamp présente un aspect montueux et accidenté, principalement à l'ouest et au sud ; il est bien boisé et les pommiers n'y réussissent pas mal. Son sol, qu'une agriculture en progrès enrichit et amende chaque jour, se fertilise de plus en plus, et la culture du froment tend à s'y généraliser autant qu'il est possible. Ses prairies sont bonnes et leur produit se vend aisément. Il serait à désirer que les landes, qui forment encore environ le cinquième de ce canton, fussent, sinon cultivées, au moins plantées d'arbres résineux.

Sans être, à proprement parler, un centre d'élève du bétail, le canton de Guingamp tire cependant une grande ressource de l'élève des vaches et de chevaux forts et vigoureux propres au trait et à l'artillerie. — Il appartient à la zone intermédiaire.

GUINGAMP

Superficie : 296 hectares. — Population : 8,744 habitants.

Cette ville, d'un aspect très pittoresque, est située au centre d'une belle et riche vallée entourée de collines, telles que celles de Saint-Léonard, Montbareil et de Castel-Pic, d'où l'on découvre la petite cité, ses maisons, ses promenades resserrées autour de la vieille et imposante église de Notre-Dame.

Son territoire, qui ne mesure que 296 hectares, est presque tout entier urbain.

Située sur la route nationale et sur la ligne du chemin de fer de Paris à Brest, la ville de Guingamp est de plus traversée par le Trieux qui est déjà un cours d'eau important.

Son origine est très ancienne ; son nom est cité plusieurs

fois dans nos annales militaires, et des médailles frappées de 1091 à 1143, portent le nom de Guingamp. C'était une place forte importante ; les restes des murs d'enceinte et du château reconstruit au xve siècle, sont encore imposants. Peu de villes ne comptaient autrefois un aussi grand nombre d'édifices religieux, eu égard à leur population. Les églises paroissiales de la Trinité, de Saint-Sauveur et de Saint-Michel n'existent plus.

Mais Guingamp se dédommage de ses pertes en conservant et en restaurant avec un soin jaloux sa magnifique église de Notre-Dame. Ce monument commencé au xiie siècle, n'a été terminé qu'au xvie ; aussi voit-on l'ogive qui règne dans le chœur et les côtés, remplacée dans le portail par le style renaissance.

Elle offre dans toutes ses parties des beautés de premier ordre. On remarque surtout la crypte sous le chœur, le portail latéral du xive siècle qui renferme la statue vénérée de la Vierge, les trois tours et de beaux vitraux modernes.

Son pardon, célèbre dans toute la Bretagne, attire le samedi qui précède le 1er juillet, une foule considérable de pèlerins. La fête se termine par une procession aux flambeaux, qui commence à 9 heures du soir.

Parmi les autres édifices, nous citerons les restes de l'église de Sainte-Croix, des xiie et xiiie siècles, et les ruines de l'abbaye ; la chapelle Saint-Léonard, en partie romane, située au sommet d'un tertre, en dehors de la ville, d'où l'on jouit d'un magnifique coup d'œil sur la vallée du Trieux, et les collines qui l'enserrent ; l'ancien couvent des Ursulines, occupé par le dépôt de remonte ; l'hôpital qui date de 1699, renfermant dans son enclos un chêne remarquable, et les belles casernes récemment construites.

On remarque à juste titre la place dite du Centre, bien plantée et ornée d'une jolie fontaine due à Corlay.

Autour de cette place sont rangées de belles constructions, notamment le Palais-de Justice.

Le commerce est très actif à Guingamp ; les foires y sont nombreuses et renommées.

Les marchés du samedi sont très suivis.

L'industrie locale consiste principalement en tannerie, mégisserie et construction d'instruments aratoires. La gare établie sur le chemin de fer de Paris à Brest, contribue puissamment à activer les transactions.

Dans les faubourgs, on trouve de beaux châteaux modernes ; celui des Salles, de Sainte-Anne, de Saint-Léonard et de Cadolan.

C'est la patrie de Auvré le Géant, connétable en 1028, de Robert, duc de Normandie, de François Valentin, peintre, dont plusieurs toiles sont au Louvre, de Le Normand de Kergré, capitaine de frégate, du général Pastol, tué à Lutzen, etc.

Sous le rapport scolaire, Guingamp est bien dotée. Il y existe un collége ecclésiastique, une école primaire supérieure de garçons et de filles, un pensionnat primaire privé, dirigé par les frères de l'Institution chrétienne, deux écoles primaires communales de filles, deux pensionnats privés congréganistes, dirigés l'un par les sœurs de Montbareil et l'autre par les religieuses de l'Hôpital, et un ouvroir-orphelinat.

La ville de Guingamp est traversée par la route nationale N° 12 ; par les chemins de grande communication N°s 5, 8 et 9, et par le chemin d'intérêt commun N° 67.

COADOUT

Superficie : 975 hectares. — Population : 580 habitants.

Cette commune, située au sud de Guingamp, se trouve limitée à l'ouest par le Dourlan, à l'est par le Trieux qui se rencontrent au nord.

Le sol, dans lequel le granit domine, est fertile à l'ouest et à l'est. Au sud, beaucoup de terres sont tourbeuses. Près du bourg on trouve cependant de belles carrières de quartz.

L'église, très ancienne, est sous le patronage de saint Iltud. Elle renferme un rétable sculpté.

A 1 kilomètre est du bourg, on remarque le vieux château de La Roche, nouvellement restauré, bâti au point le plus culminant de la commune. Il a appartenu en 1480 à

Pierre de Roscerff, dont le fils fut chambellan de François II, duc de Bretagne.

A Penpoul-ar-Hus, on trouve un beau dolmen formé d'une pierre plate longue de 5 mètres et large de 4, qui repose sur trois autres pierres. C'est sur cette table, dit la tradition locale, que saint Briac et son compagnon saint Iltud venaient prier.

Les coupes des bois de La Roche et de Kerauffret sont utilisées pour faire du charbon.

Coadout possède depuis 1869 une école de garçons bien fréquentée, et depuis 1864 une école de filles ; toutes les deux sont communales.

Le bourg est traversé par le chemin d'intérêt commun N° 54.

GRACES

Superficie : 1,416 hectares. — Population : 1,383 habitants.

Ancienne trève de Plouisy, cette commune s'étend à l'ouest de Guingamp et au sud de Plouisy.

Elle est traversée par la ligne de Paris à Brest, sur un parcours de 2,500 mètres, et arrosée à l'est par le Trieux.

Le granit, avec roches amphiboliques, forme la contexture du sol.

Les terres sont de bonne qualité, bien cultivées et bien plantées ; les pommiers donnent d'excellents produits.

On remarque le château de Keranno, habité en 1692 par Jacques II, roi d'Angleterre, après sa deuxième défaite de la Boyne.

L'église paroissiale de Grâces, avec son antique flèche de granit, est véritablement remarquable par la richesse de son architecture. Commencée en 1506, elle fut donnée aux Cordeliers de Guingamp au XVII° siècle. Un reliquaire, placé près du maître-autel, renferme encore le cœur de Charles de Blois, tué à la bataille d'Auray en 1364.

Depuis le 1er novembre 1880, la commune de Grâces possède deux écoles, l'une de garçons, l'autre de filles.

Le bourg de Grâces n'est traversé que par un chemin vicinal ordinaire.

MOUSTÉRUS

Superficie : 1,428 hectares. — Population : 1,243 habitants.

On croit que le nom de cette commune (en français, Couvent-Rouge), vient d'un ancien couvent de Templiers dont on retrouve des traces, non loin du bourg, au hameau de Coz-Mouster.

Moustérus est située au sud-ouest du canton ; son territoire accidenté et en général bien boisé, est arrosé par les ruisseaux de Dourlan, de Dourdu, de l'Isle et de Groësquer, tous affluents du Trieux.

Le granit prédomine dans le sol ; on trouve toutefois quelques carrières de gneiss.

Les terres, trop légères, sont médiocres ; toutefois une culture éclairée, utilisant les engrais marins que les agriculteurs vont chercher à Pontrieux, les a améliorées. Les landes, susceptibles de culture, sont à peu près toutes défrichées.

L'église paroissiale, sous le patronage de la sainte Vierge, était autrefois la chapelle du château de l'Isle, ancien manoir, transformé en ferme. On y remarque un autel en chêne sculpté et une belle chaire.

Il convient de citer le vieux manoir du Groësquer.

C'est à Moustérus qu'est né Vincent de Kerlau, qui fut évêque et ambassadeur sous les ducs de Bretagne Pierre II et François II.

L'école des garçons, créée en 1858, est très fréquentée ; celle des filles date de 1864.

Le bourg est traversé par le chemin de grande communication N° 9.

PABU

Superficie : 784 hectares. — Population : 934 habitants.

Saint Tugdual, évêque de Tréguier, patron de la paroisse, désigné quelquefois sous le nom de Pabu, a donné son nom à cette commune.

Son territoire s'étend au nord de Guingamp et forme un

angle compris entre le Trieux et son affluent de la rive gauche le Frout.

Le territoire, à base granitique, est peu ondulé, excepté aux abords du Trieux. Le sol est bon, fertile et bien cultivé ; les amendements marins sont de plus en plus employés. Les terres sont bien boisées et plantées de pommiers.

L'église paroissiale, qui date du siècle dernier, n'offre rien de remarquable.

Près de la chapelle du Runevarech, dédiée à saint Loup, se tient tous les ans, le premier dimanche de septembre, la fête populaire de Guingamp. C'est le rendez-vous d'une foule nombreuse qui, le soir, revient à la ville assister aux illuminations et aux réjouissances de toutes sortes.

On fabrique à Pabu des poteries et des tuyaux de drainage avec une terre argileuse prise sur le territoire de la commune limitrophe de Pommerit-le-Vicomte.

Les vieux manoirs de Munehore et de Keruel méritent d'être cités.

A Pabu, deux écoles communales existent, une pour chaque sexe.

Le bourg est traversé par le chemin de grande communication N° 54.

PLOUISY

Superficie : 2,396 hectares. — Population : 1,791 habitants.

Le territoire de cette commune comprend la partie nord-ouest du canton.

Elle est traversée par la ligne de Paris à Brest, sur un parcours de 2,600 mètres, et par la route de Guingamp à Lannion.

Le sous-sol, granitique comme dans toutes les communes du canton, est recouvert d'une couche de terre arable, légère et médiocre dans l'est, mais fertile dans le sud.

L'église de Plouisy, qui dépendait autrefois de l'ancien évêché de Tréguier, a été bâtie à diverses époques, comme l'indiquent les dates qu'elle porte : 1566, 1640 et 1660.

Près des ruines du vieux manoir de Kerisac, on remarque une chapelle dédiée à saint Antoine.

Beaucoup de châteaux existent en Plouisy ; il convient de citer ceux du Roudourou, de Kermelven et surtout celui de Carnabat, remarquable par son architecture. Ses jardins ont été dessinés par le célèbre Le Nôtre.

Une école de garçons, une école de filles avec classe enfantine, existent à Plouisy.

Le bourg n'est traversé que par des chemins vicinaux ordinaires.

PLOUMAGOAR

Superficie : 3,205 hectares. — Population : 2,236 habitants

Ploumagoar est la commune la plus étendue du canton. Elle occupe toute la partie sud-est. Le chemin de fer de Paris à Brest la traverse, mais n'y a pas de station.

Le territoire est peu accidenté, excepté sur les bords du Trieux ; il est mi-partie boisé. Le sol est très inégalement fertile ; il l'est de moins en moins quand on s'éloigne du nord-ouest. Beaucoup de landes devraient être défrichées ou semées en pins ou sapins.

L'église, tout en granit, est une construction moderne d'un bel aspect.

La chapelle de Berhet, dédiée à sainte Brigite, est du xviie siècle. On remarque le château de Loc-Maria, belle construction du siècle dernier.

C'est dans le manoir qui l'a remplacé que naquit le brave chevalier Rolland de Coëtgourden, nommé sénéchal de Bretagne, par Charles de Blois, vers 1346, en récompense de sa bravoure et de ses vertus.

Deux écoles communales importantes existent à Ploumagoar, une pour les garçons, l'autre pour les filles.

Le bourg n'est traversé que par des chemins vicinaux ordinaires.

SAINT-AGATHON

Superficie : 1,456 hectares. — Population : 1,125 habitants.

Cette commune, qui était autrefois une trève de Ploumagoar, s'est longtemps appelée Saint-Néganton.

Le patron de la paroisse est saint Agathon, pape, mort à Rome en 702.

Le territoire de la commune est bien boisé et bien planté de pommiers ; il est peu accidenté, excepté au nord-ouest, sur les bords du Frout, affluent du Trieux.

Les terres, de constitution granitique, sont en général de bonne qualité. L'agriculture est en progrès ; on ne voit plus que quelques landes peu susceptibles d'être cultivées.

L'église paroissiale, édifice moderne, en granit de l'Ile-Grande, attire l'attention des visiteurs par la hardiesse de sa construction, sa belle décoration intérieure et ses autels en bois sculptés par M. Le Merer, de Lannion.

La forêt de Malaunay couvre une partie de la commune, sur une étendue de 128 hectares. Au milieu se trouve une chapelle dédiée à la Vierge, élevée en 1702, en souvenir expiatoire des forfaits commis par une famille de brigands, les Courqueux, qui désolèrent le pays pendant plusieurs années et dont le repaire était situé non loin de cet endroit.

Il s'y tient, le lundi de la Pentecôte, un pardon qui attire un grand nombre de personnes des environs.

Saint-Agathon possède deux écoles depuis 1883.

Le bourg est traversé par le chemin vicinal d'intérêt commun N° 75.

CANTON DE BÉGARD

(7 Communes).

Bégard ; Kermoroch ; Landébaëron ; Pédernec ; Saint-Laurent ; Squiffiec ; Trégonneau.

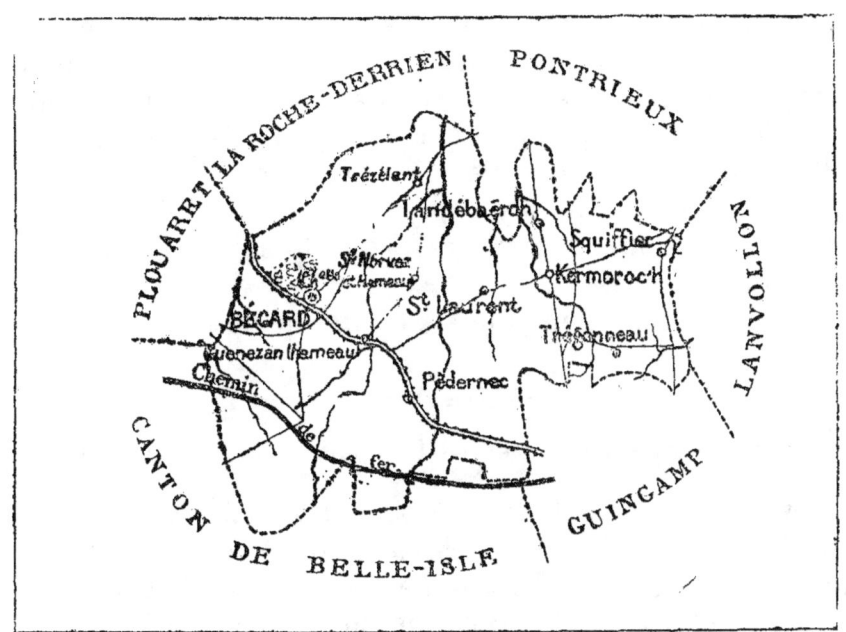

Le canton de Bégard est borné au nord, par les cantons de La Roche-Derrien et de Pontrieux ; à l'est, par le Trieux, qui le sépare du canton de Lanvollon ; au sud, par les cantons de Guingamp et de Belle-Isle ; à l'ouest, par les cantons de Belle-Isle et de Plouaret. — Il est arrosé du sud au nord par le Jaudy ; il est traversé par le chemin de fer de Rennes à Brest ; par les routes nationales Nos 12, de Paris à Brest ; 167, de Vannes à Lannion ; par les chemins de grande communication Nos 3, de Tréguier au canal à Gouarec ; 15, de Belle-Isle à Bréhat ; 32, de Bégard à Saint-Michel-en-Grève, et 55, de Lézardrieux à Belle-Isle-Bégard, et par les chemins d'intérêt commun Nos 24, de Pontrieux à Carhaix ; 28, de Bégard au port Maguer ; 41, de Bégard au port Blanc ; 42, de Bégard à Locquémeau, et 48, de Guingamp à Plouëc.

La population du canton est de 11,374 habitants ; sa superficie de 10,214 hectares.

Le canton de Bégard, très accidenté au nord et à l'est, vers ses limites formées par le Trieux et dans sa partie ouest, est assez uni dans sa partie centrale. Il est arrosé par quelques cours d'eau, dont le Jaudy est le plus important. Son sol, de qualité moyenne, est en général cultivé avec soin et amélioré au moyen des amendements marins dont l'usage se répand de plus en plus. Ses prairies ne suffiraient pas à l'élève des bestiaux et des forts chevaux qu'il possède, si l'on n'y suppléait par des prairies artificielles, des plantes fourragères et surtout par l'ajonc que les landes fournissent.

Le canton appartient à la zone intermédiaire.

BÉGARD

Superficie : 3,642 hectares. — Population : 4,713 habitants.

C'est par un décret de la Convention, du 26 mai 1793, que Bégard est devenu chef-lieu d'une commune formée par la réunion des paroisses de Trézélan, de Botlézan, de Guénézan et des trèves de Lanneven et de Saint-Norvez.

En 1130, quatre moines de l'ordre de Citeaux vinrent du diocèse de Chartres fonder une abbaye qu'ils nommèrent *Beggar*, mot anglo-saxon, qui signifie *mendiant*, désignation sous laquelle était connu, dans la contrée, un ermite qui habitait le lieu dit Pluscoat, où la communauté fut établie.

Cette abbaye fut très florissante :

Elle avait des biens dans plus de 38 paroisses. L'ancienne église abbatiale, aujourd'hui église curiale, date des premiers temps de la fondation de la communauté. On y remarque la chaire, les boiseries, une pierre tumulaire du XIIIe siècle et surtout le tombeau de Conan IV, duc de Bretagne.

Trézélan est restée paroisse desservie. A Saint-Nicolas,

on va en pèlerinage pour la guérison des rhumatismes. Les lépreux se recommandaient autrefois à saint Méen, patron de Lanneven.

Pendant longtemps l'abbaye a été la seule habitation du bourg. Vendue en 1791, comme bien de la nation, elle a été achetée par les religieuses du Bon-Sauveur de Caen. Elles y ont établi un asile pour les femmes aliénées et un pensionnat primaire.

Placé sur un beau plateau, le bourg de Bégard est bien bâti et offre un aspect agréable. Du lieu dit la Croix-de-Santé, on joui d'un vue très étendue.

A Kerguézennec, on remarque un des plus beaux menhirs du département ; il mesure 10 mètres de haut.

On trouve les restes d'une voie romaine sur les limites de Bégard et de Pluzunet.

A Bégard est né Guillaume Kerambrun, littérateur distingué, longtemps collaborateur de MM. Buchez et Bastide à la *Revue nationale*. Il est le fondateur principal du prix Legrand, au Lycée de Saint-Brieuc.

Le territoire de Bégard, de nature granitique, est peu boisé et accidenté, un peu humide, mais fertile grâce à l'emploi des amendements marins. Il est arrosé par le Jaudy et un de ses affluents.

En outre de l'école privée tenue par les religieuses, Bégard compte une école communale de garçons et une de filles.

Sur le territoire de Pédernec est établie une gare nommée Belle-Isle-Bégard, et qui dessert ces deux localités.

Le bourg de Bégard, situé à proximité de la route nationale N° 167, est traversé par le chemin de grande communication N° 15, et par le chemin d'intérêt commun N° 41.

KERMOROCH

Superficie : 616 hectares. — Population : 584 habitants.

Cette commune est située à l'est de Bégard dont elle est séparée par Saint-Laurent. Plusieurs petits affluents du Jaudy la traversent. Son territoire, essentiellement granitique, est très boisé et accidenté vers l'est. Il est très fertile, les pommiers y réussissent très bien.

L'église paroissiale, dédiée à sainte Brigite, est un bel édifice construit en 1856.

La chapelle de Langoërat est remarquable par ses vitraux, son maître-autel et les peintures de son lambris. Une des ailes a été ajoutée en 1645 au monument primitif.

Il convient de citer les ruines des châteaux de Leshorz et du Poirier ou du Perrier. Les ruines de ce dernier dominent un vaste étang. Il a été détruit vers la fin du xiv⁰ siècle par Olivier de Clisson qui, jaloux de l'influence dont Alain du Perrier jouissait auprès du duc de Bretagne, se mit en devoir de dévaster, à la tête d'un corps de troupes, les domaines du favori du duc que celui-ci venait de créer maréchal de Bretagne.

Depuis quelque temps cette commune possède une école primaire ; elle était autrefois réunie pour ce service à Landébaëron. — Le bourg n'est traversé que par des chemins vicinaux ordinaires.

LANDÉBAERON

Superficie : 644 hectares. — Population : 613 habitants.

Situé à 2 kilomètres au nord de Kermoroch, et arrosé par plusieurs ruisseaux tributaires du Jaudy, le territoire de cette commune est fertile, très boisé et bien planté de pommiers. Dans la partie nord-ouest, on trouve quelques collines assez élevées.

Saint Maudez est le patron de l'église paroissiale, dont la construction date en grande partie du xvi⁰ siècle.

On remarque les ruines de l'ancien château de Boismeur.

Le sol est granitique ; quelques sources d'eau ferrugineuses en sortent, elles ne sont pas exploitées.

Landébaëron possède une école communale pour chaque sexe.

Le bourg n'est traversé que par des chemins vicinaux ordinaires.

PÉDERNEC

Superficie : 2,704 hectares. — Population : 3,066 habitants.

Le territoire de cette importante commune arrosé par le

Jaudy, comprend toute la partie sud du canton. La ligne de chemin de fer la traverse sur un parcours de 6 kilomètres. La gare de Belle-Isle-Bégard est sur son territoire à 4 kilomètres à l'ouest du bourg, près du hameau Le Quinquis.

On peut considérer le territoire de Pédernec comme généralement plat. Il est bien boisé, planté en pommiers. Au sud se montre le Menez-Bré dont le versant ouest appartient à la commune de Louargat.

C'est un vaste cône de 302ᵐ d'altitude, sur le sommet duquel se tient chaque année trois foires très renommées dans la région. De la pointe du cône, la vue s'étend sur un rayon de plus de 40 kilomètres.

Le sol est granitique, avec roches amphiboliques aux environs du Menez-Bré ; au lieu dit Menhir, on exploite une belle carrière de granit, de même qu'au Quinquis.

Le sol est productif, et l'élevage des bestiaux, plus rémunérateur que la culture des céréales, prend de jour en jour plus d'extension.

On ne connait point l'époque de la création de Pédernec, on sait toutefois qu'avant 1789, Pédernec était une paroisse dont dépendaient les trèves de Tréglamus et de Moustérus.

Une légende nous dit que vers l'an 450, apparut sur le Menez-Bré, le prophète ou barde Guinclan, qui annonça les révolutions des deux Bretagnes et la peste qui désola Guingamp en 1486. Cet homme extraordinaire se fit enterrer vivant sur cette montagne en déclarant que si l'on venait y troubler son repos, il en sortirait pour bouleverser l'univers. D'après la même légende, c'est sur le sommet de la montagne que se serait tenue, au VIᵉ siècle, la réunion des évêques, qui lança l'anathème contre Comorre-le-Maudit.

Dans l'église paroissiale, nouvellement restaurée, on remarque la chaire et l'autel du Rosaire dont les sculptures ont une réelle valeur artistique.

Le château de Runengoff n'offre plus que des restes, mais le vieux manoir de Kermathaman est bien conservé.

Au village du Menhir, il existe un menhir de 8 m. de haut, 4 mètres de large et épais de 1ᵐ35. Des fouilles pratiquées récemment par M. Mahé, instituteur de Pédernec, ont servi à constater que ce beau bloc de pierre mesurait 11m90 de long ; de plus on a trouvé une hache celtique soigneusement polie.

A Pédernec est né Yves Leclerc, engagé volontaire en 1792 et mort en 1811, chef de bataillon et sous-inspecteur des revues.

Cinq écoles existent dans la commune ; au bourg, une de garçons, une de filles et une école maternelle libre, et au hameau du Quinquis, une pour chaque sexe.

Le bourg est traversé par la route nationale N° 167.

SAINT-LAURENT

Superficie : 896 hectares. — Population : 853 habitants.

Le territoire de cette commune s'étend à l'ouest de Bégard et est traversé par le Jaudy.

Les terres sont nues, humides et de qualité médiocre, toutefois l'agriculture s'y développe.

L'église, dédiée à saint Laurent, n'a de remarquable que son porche et les anciennes peintures qui décorent son lambris.

On remarque la chapelle de Sainte-Placide et les ruines du Palacret, qui était le chef-lieu d'une commanderie de l'ordre de Malte.

Le sol est de nature granitique, la couche arable est argileuse et en partie argilo-calcaire.

Deux écoles existent dans cette commune, une pour les garçons, créée en 1850, et l'autre pour les filles, avec classe enfantine, ouverte le 16 février 1868.

Le bourg est traversé par le chemin d'intérêt commun N° 28.

SQUIFFIEC

Superficie : 1,080 hectares. — Population : 1,080 habitants.

C'est la commune la plus à l'est du canton ; elle s'étend sur la rive gauche du Trieux qui la sépare de Saint-Clet et de Pommerit-le-Vicomte.

Comme toutes les paroisses qui ont formé le canton, Squiffiec faisait autrefois partie de l'évêché de Tréguier.

Le territoire de cette commune est très boisé et accidenté sur les bords du Trieux ; au nord et au sud, il est plat et un peu humide ; il est néanmoins bien cultivé et productif.

L'église est sous le patronage de saint Pierre ; on remarque les piliers et l'élégante arcade du xiv° siècle qui sépare le collatéral nord de la nef.

Plusieurs chapelles existent en Squiffiec : celles de la Vierge, qui date de 1854, de Saint-Gildas, de Kermaria. Celle de Saint-Jean-Baptiste n'offre plus que des ruines.

A Squiffiec est né en 1739, M. Saturnin du Bourgblanc, mort conseiller d'Etat en 1819.

Deux écoles existent au bourg, une pour chaque sexe.

Le bourg est traversé par les chemins d'intérêt commun Nos 28 et 48.

TRÉGONNEAU

Superficie : 632 hectares. — Population : 528 habitants.

Située au sud-ouest du canton, sur les bords du Trieux, cette commune comprend un territoire bien boisé et très accidenté. Le bourg, placé sur le sommet d'une colline, s'aperçoit d'assez loin.

Les terres sont légères, mais bien cultivées ; dans le sol, le granit domine.

L'église, sous le patronage de Notre-Dame, n'offre rien de remarquable, de même que la chapelle Saint-Yves.

A Kerbourg, on voit un menhir, et au village de Beuzi-Bras un dolmen.

A Trégonneau sont nés M. Vistorte-Boisléon, membre du Corps législatif en 1800, et président du tribunal civil de Guingamp, et M. Ribaut, premier supérieur du Petit-Séminaire de Plouguernével.

Une école pour chaque sexe existe à Trégonneau.

Le bourg n'est traversé que par des chemins vicinaux ordinaires.

CANTON DE BELLE-ISLE-EN-TERRE

(7 communes).

Belle-Isle-en-Terre ; Gurunhuel ; Locquenvel ; Louargat ; Plougonver ; La Chapelle-Neuve ; Tréglamus.

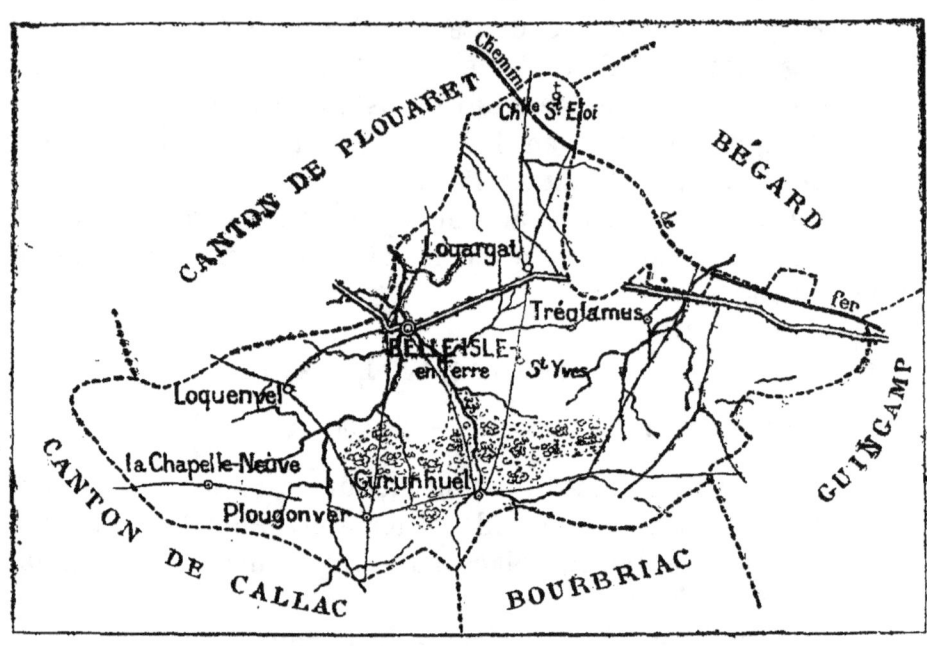

Le canton de Belle-Isle est borné au nord par les cantons de Plouaret et de Bégard ; à l'est par le canton de Guingamp ; au sud par les cantons de Bourbriac et de Callac ; à l'ouest par les cantons de Callac et de Plouaret ; traversé par le chemin de fer de Rennes à Brest ; par la route nationale N° 12, de Paris à Brest ; par les chemins de grande communication N°s 9, de Carhaix au Portrieux ; 11, de Perros à Lorient ; 15, de Belle-Isle à Bréhat ; 22, de Belle-Isle à Quintin ; 31, de Lannion à Guémené ; 32, de Bégard à Saint-Michel-en-Grève, et 33, de Callac à Cavan, et par les chemins d'intérêt commun N°s 24, de Pontrieux à Carhaix ; 64, de Carhaix au chemin de grande communication N° 11 ; 67, de Gurunhuel à Guingamp, et 77, de Belle-Isle à Guerlesquin.

La population du canton est de 13,916 habitants ; sa superficie de 17,243 hectares.

Le territoire du canton de Belle-Isle fait partie des montagnes d'Arrèz ; il est élevé et très accidenté. Comme tous les pays montagneux, de nombreux cours d'eau l'arrosent, et les principaux sont le Guic, le Jaudy et le Guer. Il est encore, dans plusieurs de ses parties, couvert de landes et de bruyères, et en général ses terres sont légères et de qualité médiocre. L'agriculture y fait néanmoins des progrès. Bien qu'il appartienne à la zone intermédiaire, l'élève du bétail forme une de ses principales ressources, et les bœufs y servent au trait et au labour. — Le sol du canton, tourbeux dans certaines de ses parties, renferme quelques richesses minéralogiques, et l'on y a exploité des gisements de plomb-argentifère et des minerais de fer. — Admirablement boisé autrefois, il ne présente plus que des taillis, restes de la belle forêt de Coat-an-Nos.

BELLE-ISLE-EN-TERRE

Superficie : 1,409 hectares. — Population : 1,945 habitants.

Cette petite ville située à l'ouest de Guingamp, est traversée par la route nationale de Paris à Brest.

Son territoire, très montueux et très accidenté, est arrosé par le Guer ou Leguer, et un de ses petits affluents le Guic.

Les terres sont légères au nord ; vers le sud, elles sont boisées, on y trouve quelques taillis. La partie de landes qui reste à défricher est peu susceptible d'être mise en culture.

Le commerce y est assez actif ; les foires y sont importantes. L'industrie y est représentée par plusieurs minoteries, mais surtout par la belle fabrique de papiers de MM. Vallée frères, qui prend chaque jour de plus en plus d'extension.

En partie sur le territoire de Belle-Isle, se trouve la forêt de Coat-an-Nos (bois de la nuit) peuplée d'un assez grand nombre de bêtes sauvages.

Elle renferme des grottes qui inspirent encore une terreur superstitieuse à bien des gens.

Dans le Guer et ses affluents, les poissons abondent, surtout les saumons.

L'église paroissiale est sous le patronage de saint Jacques-le-Majeur ; elle offre peu d'intérêt. Il n'en est pas de même de la chapelle de Locmaria, placée dans le cimetière. On y remarque un magnifique jubé du XVIe siècle.

C'est à Belle-Isle que sont nés Grégoire des Aulnays, savant naturaliste, mort à Lannion en 1810, et l'abbé Quémener, auteur de divers ouvrages en langue celtique.

Deux écoles communales importantes existent à Belle-Isle. A l'école des filles est annexée, depuis 1882, une classe enfantine.

Le chemin de fer de Paris à Brest ne traverse pas la commune, mais la station de Belle-Isle-Bégard en porte le nom.

La ville est traversée par la route nationale N° 12, le chemin de grande communication N° 33, et le chemin d'intérêt commun N° 77.

GURUNHUEL

Superficie : 1,958 hectares. — Population : 1,508 habitants.

Cette commune est située au sud-est de Belle-Isle, sur les limites est du canton de Bourbriac.

Elle est séparée par le Guer de la commune de Plougonver.

Une ramification du Ménez parcourt la commune de l'est à l'ouest ; de là, deux pentes bien déterminées, l'une vers le nord, l'autre vers le sud.

Le sol, dans lequel domine le gneiss et des roches amphiboliques, est de nature médiocre. Cependant les terres s'améliorent par l'emploi des amendements calcaires et aussi par un système de culture et d'assolement plus rationnel

Des landes existent encore au nord, notamment, qui seraient susceptibles d'être défrichées.

L'église a été rebâtie vers 1694. On y remarque l'écusson des Trobodec, placé au-dessus de la fenêtre du maître-autel. Le cimetière renferme un calvaire orné de statuettes et récemment restauré.

La commune de Gurunhuel possède deux chapelles : celle de Saint-Fiacre (XIIIe siècle) surmonté d'une élégante flèche et entourée de chênes et de hêtres magnifiques, et celle de Saint-Jean (XVIe siècle) qui renferme quelques vitraux coloriés.

On voit encore des vestiges des châteaux de Trobodec et de Kerdaniel.

L'école communale des garçons a été créée en 1841, et celle des filles en 1866.

Le bourg est traversé par les chemins de grande communication N°s 22 et 31, et par le chemin d'intérêt commun N° 24.

LOCQUENVEL

Superficie : 336 hectares. — Population : 428 habitants.

Le nom de cette petite commune vient de son patron, saint Envel, abbé qui vivait vers le VIe siècle.

L'église est bâtie sur l'emplacement de l'ermitage de ce bienheureux. Elle appartient au XVe siècle et renferme un jubé, des frises sculptées et surtout de curieux vitraux représentant la légende de saint Envel.

Au manoir de Lanvic, converti en ferme, on voit les ruines d'une vieille chapelle dédiée à saint Sébastien.

Le territoire de Locquenvel s'étend au sud de Belle-Isle, sur la rive gauche du Guic et de ses affluents. Il est accidenté, bien boisé et fertile. La forêt de Coat-an-Nos le couvre en partie. Comme la plupart des communes du canton, le sol est à base de gneiss et de roches amphiboliques ; on trouve quelques filons de minerai de fer.

Locquenvel possède une école mixte.

Le bourg n'est traversé que par des chemins vicinaux ordinaires.

LOUARGAT

Superficie : 5,718 hectares. — Population : 4,416 habitants.

On croit que cette commune doit son nom à saint Ergat ou Pergat, ermite qui a vécu, dit-on, au village de ce nom.

Son territoire s'étend au nord du canton. Il est traversé sur une longueur de 4 kilomètres par le chemin de fer de Paris à Brest, qui y pénètre près de la gare de Belle-Isle-Bégard.

Le sol est granitique en partie ; on trouve aux environs du Ménez-Bré des roches amphiboliques, et du minerai de fer au sud. Les terres sont généralement bonnes, assez bien boisées. La forêt de Coat-an-Nay (bois du ciel) est comprise en grande partie en Louargat.

Le château de Largez, aujourd'hui détruit, a donné le jour à plusieurs seigneurs de ce nom, parmi lesquels il convient de citer Raoul qui prit part, avec Guillaume-le-Conquérant, à la conquête de l'Angleterre.

En 1160, les Templiers possédaient à Louargat une aumônerie.

Avant 1789 on comptait beaucoup de maisons de nobles en cette commune. Une des plus importantes était celle de Guermorvan, dont il reste encore des ruines.

Au hameau de Pen-an-Stang et près de la voie romaine, il existe un tumulus, fort bien conservé, mesurant 153 mètres de circonférence à la base, et d'une hauteur de 15 mètres environ. Au tumulus se rattache une légende que tous les cultivateurs racontent : Ceux qui manquaient de charette pour leur travail, se présentaient au soleil couchant, sur le sommet du tumulus, et y prononçaient ces paroles : « Trouverai-je une charrette demain ? » Il pouvait se retirer ; il était sûr que le lendemain matin, au lever du jour, il aurait à sa disposition la charrette demandée. En effet, il la trouvait au pied du tumulus. Mais il fallait la rendre au même endroit le soir même. Un cultivateur l'ayant gardée plusieurs jours, il la vit rouler d'elle-même et disparaître avec un bruit effroyable quand il l'eut ramenée à l'endroit fixé. Depuis elle n'a plus reparu.

A Peyrat, on voit un beau menhir dont le sommet a tout l'air de figurer une vierge ou une druidesse.

Sur le point culminant du Hoguené, on distingue encore l'endroit où les suppliciés étaient pendus après condamnation par le seigneur de Coat-Couziou, qui avait une haute juridiction et droit de haute justice.

Le pourtour conserve des restes du talus qui maintenait les spectateurs à distance : Avant de gravir la fatale montagne, le condamné faisait une halte au hameau qui a conservé le nom de Pors-Anquen (cour des angoisses).

Le bourg de Louargat est cité à juste titre comme un des plus beaux du département. L'église, reconstruite en 1865, dans le style du XVᵉ siècle, est vaste et d'un très bel effet.

Parmi les chapelles rurales, la plus célèbre est celle de Saint-Eloi, érigée en église paroissiale en 1874. La nouvelle paroisse comprend la partie nord de la commune. Le pardon qui s'y tient le 1ᵉʳ dimanche de juillet, est célèbre dans la région. On y amène les chevaux pour les mettre sous la protection de saint Eloi, dont la statue en argent massif orne l'église.

Il existe au bourg deux écoles communales. A celle des filles est annexée une classe enfantine.

Le village de Saint-Eloi possède également une école pour chaque sexe.

Le bourg est traversé par la route nationale Nº 12, et les chemins de grande communication Nᵒˢ 15 et 31.

PLOUGONVER

Superficie : 3,572 hectares. — Population : 2,636 habitants.

Cette grande commune s'étend dans la partie du sud-ouest du canton et est arrosée par de nombreux ruisseaux qui forment le Guer.

Le sol, de nature très diverse (gneiss, schiste, minerai de fer) est très accidenté et peu boisé. Les terres sont légères et de qualité ordinaire. Quant aux landes qui couvrent une grande partie du territoire de cette commune, elles sont peu susceptibles d'être mises en culture ; les pins seuls pourraient y réussir.

Sur les ruisseaux qui coulent dans les vallées profondément encaissées, se trouvent de nombreuses minoteries. Les trois étangs, notamment celui de Kernevez, sont le rendez-vous de nombreux oiseaux de passage.

L'église sous le patronage de saint Pierre, ne présente de remarquable que sa flèche élégante ; un des piliers intérieurs porte la date de 1666.

On remarque les ruines des vieux châteaux du Cludon et de Kerméno, la chapelle de saint Tugdual et deux tronçons de voie romaine.

Plougonver possède une école communale pour chaque sexe.

Le bourg est traversé par le chemin de grande communication N° 33, et par le chemin d'intérêt commun N° 24.

LA CHAPELLE-NEUVE

Superficie : 2,372 hectares. — Population : 1,472 habitants.

Cette commune a été distraite de celle de Plougonver en 1860 ; elle occupe l'extrémité sud du canton.

Le territoire est très accidenté et nu en grande partie ; des collines élevées qui renferment des vallées profondes, dans lesquelles coulent plusieurs ruisseaux, qui se dirigent vers le nord pour former, réunis, le Guer ; voilà l'aspect du pays.

L'antique Chapel-Nevez, devenue l'église paroissiale, est un bel édifice des XIII° et XIV° siècles. Elle mérite l'attention des visiteurs.

La Chapelle-Neuve possède deux écoles communales.

Le bourg est traversé par le chemin d'intérêt commun N° 24.

TRÉGLAMUS

Superficie : 1,891 hectares. — Population : 1,511 habitants.

Le territoire de cette commune s'étend dans le nord est

du canton. Il forme en général une plaine, renfermée par les collines du nord-ouest, le Ménez-Bré et celles du sud-ouest.

Les terres, d'assez bonne qualité, sont boisées et bien plantées de pommiers. Au sud-est on trouve beaucoup de landes humides. La nature du sol est granitique, avec roches amphiboliques.

L'église paroissiale, sous le patronage de saint Blaise, n'offre rien de remarquable.

Il convient de signaler les chapelles de Sainte-Anne, de Nazareth et l'oratoire de Saint-Trémeur.

On distingue encore les vestiges d'un château-fort qui est, dit on, celui de Comorre-le-Maudit, dont nous avons parlé à l'article Pédernec.

Le cimetière, nouvellement restauré, est orné d'un calvaire et renferme de beaux arbres.

Deux écoles communales existent à Tréglamus.

Le bourg n'est traversé que par des chemins vicinaux ordinaires.

CANTON DE BOURBRIAC

(7 communes).

Bourbriac ; Kérien ; Magoar ; Plésidy ; Pont-Melvez ; Saint-Adrien ; Senven-Léhart.

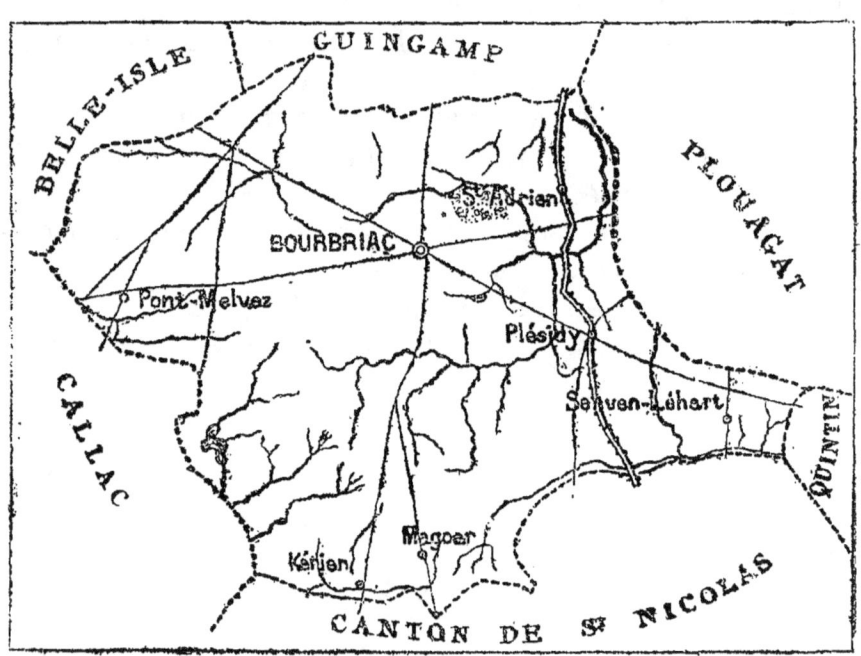

Le canton de Bourbriac est borné au nord par les cantons de Belle-Isle et de Guingamp ; à l'est par les cantons de Plouagat et de Quintin ; au sud par le canton de Saint-Nicolas-du-Pélem ; à l'ouest par les cantons de Callac et de Belle-Isle. — Il est traversé par la route nationale N° 167, de Vannes à Lannion ; par les chemins de grande communication N°s 8, de Tréguier au canal ; 9, de Carhaix au Portrieux ; 22, de Belle-Isle à Quintin ; 24, de Callac à Plouagat ; 31, de Lannion à Guémené ; 46, de Guingamp à Guéméné, et 52, de Quintin à Morlaix, et par les chemins d'intérêt commun N°s 22, de Bourbriac à Corlay ; 25, de Saint-Nicolas à Châtelaudren ; 54, de Saint-Adrien à Moustérus, et 64, de Carhaix au chemin de grande communication N° 9.

La population du canton est de 10,597 habitants ; sa superficie de 17,272 hectares.

Le canton de Bourbriac, traversé de l'est à l'ouest dans ses parties nord et sud, par deux chaînes de montagnes faisant suite à celles d'Arrèz, est élevé, très accidenté, coupé de vallées profondes et arrosé par divers cours d'eau dont le principal est le Trieux. — Les prés naturels forment 1/9e environ de sa superficie et les landes y comptent pour 1/4. Il est peu boisé ; tourbeux dans certains vallons. Les terres, granitiques et légères, sauf en quelques parties, sont peu propres à la culture du froment. — L'élève et le commerce du bétail constituent l'une des principales ressources du canton, qui se range dans la zone intermédiaire du département. Un grand nombre de propriétés sont encore sous le régime du domaine congéable.

BOURBRIAC

Superficie : 7,186 hectares. — Population : 4,346 habitants.

Le nom de cette commune lui vient de saint Briac, venu d'Angleterre vers la fin du VIe siècle. Il s'établit au lieu qu'occupe le bourg.

Le territoire est très élevé ; il comprend les points les plus culminants de la Bretagne. Deux chaînes de collines, détachées des monts d'Arrèz, la parcourent de l'est à l'ouest.

Le Guer prend sa source au village de Pen-Leguer, et le Blavet au hameau de Felhan, à peu de distance l'un de l'autre, pour se diriger l'un dans la Manche et l'autre dans l'Océan.

Le granit domine dans le sol ; cependant on trouve du schiste talqueux vers le nord, et en quelques points du minerai de fer et du gneiss.

Les terres sont peu boisées et de qualité très ordinaire. Beaucoup de landes existent encore, cependant de grandes étendues ont été semées de pins maritimes.

Bourbriac a eu de bonne heure de l'importance ; un château-fort, dont on voit encore des restes, existait près du bourg. En 878, les Normands, dit-on, ravagèrent cette localité.

L'église paroissiale est un remarquable monument. Les parties romanes sont particulièrement admirées, de même que la tour qui date de 1501. La flèche surmontant cette tour est de construction toute récente ; la crypte qui règne sous le chœur et les vastes fenêtres du transept qui datent du XVe siècle.

En visitant cette église, l'intérêt du visiteur se porte sur un beau mausolée élevé à la mémoire de saint Briac. Au pied de ce monument on voit le vrai tombeau du saint, une auge de granit en forme de bière.

Le bourg est bien bâti ; les maisons forment autour de l'église une vaste place.

Quatre chapelles existent encore en Bourbriac : celle de Notre-Dame du Bodfo et celle de Penity-Briac furent fondées, dit-on, par saint Briac lui-même.

Un usage traditionnel mérite d'être cité : tous les ans, le jour de l'Ascension, a lieu la procession de *Leodro* (une lieue de tour). Saint Briac l'aurait instituée.

On remarque à Tanouédou, un grand tumulus de 97^m de circonférence et de 17^m de hauteur, et à Guerzanguerite, une énorme pierre branlante.

Les touristes ne manquent jamais de gravir le Ruliou, sommet d'où l'on découvre une immense étendue de territoire.

Bourbriac possède deux écoles communales.

Le bourg est traversé par les chemins de grande communication Nos 8, 22 et 24.

KÉRIEN

Superficie : 2,187 hectares. — Population : 956 habitants.

Ancienne trève de Bothoa, cette commune comprend avec Magoar la partie sud du canton.

Le territoire très élevé et très accidenté, est arrosé par le Blavet qui a une de ses principales sources dans un étang dont la moitié est dans cette commune.

Les terres, de nature granitique, sont légères à la surface et de médiocre qualité. Les landes occupent encore une grande superficie, mais les prairies sont bonnes et bien aménagées.

Rien de remarquable dans l'église reconstruite, il y a 30 ans environ, et qui est sous le patronage de saint Pierre. La vieille chapelle de Penity offre peu d'intérêt.

On trouve en cette commune trois menhirs.

Au hameau de Saint-Norgan, une école mixte existe depuis quelques années. Kérien possède une école communale pour chaque sexe.

Le bourg est traversé par le chemin de grande communication N° 8.

MAGOAR

Superficie : 779 hectares. — Population : 452 habitants.

Le bourg de Magoar n'est situé qu'à 2 kilomètres environ de celui de Kérien.

La presque totalité de cette petite commune forme un plateau très élevé.

Il est à remarquer que Magoar était autrefois une trève de Coadout, qui en est distant de plus de 25 kilomètres.

Le territoire est peu boisé, sans grandes collines. Le sol dans lequel le granit domine, est de nature légère ; les landes dominent dans près d'un 5e du territoire.

L'intérêt du visiteur se porte à Magoar sur l'église, monument de XVIe siècle et qui présente des détails intéressants. Citons d'abord une belle verrière bien conservée et un sacraire eucharistique qui a conservé son vanteau en bois sculpté, sur lequel est représenté la Résurrection.

Des sœurs de la Croix, détachées du couvent de Montbareil de Guingamp, vinrent en 1842 établir au hameau de Coatpicquer, en Magoar, une école et un pensionnat de jeunes filles. Une école mixte communale existe en outre dans cette commune.

Le bourg est traversé par le chemin d'intérêt commun N° 22.

PLÉSIDY

Superficie : 779 hectares. — Population : 452 habitants.

Cette commune, située au sud-est de Bourbriac, est arrosée par le Sule, affluent du Trieux, qui la limite à l'est.

Le territoire est très élevé, très accidenté et peu boisé. Depuis quelques années, la culture des pommiers s'est répandue. Les terres, de nature granitique, sont légères et de médiocre qualité. Une assez grande étendue de terrain est encore sous landes.

On remarque dans l'église une belle verrière du xvie siècle. Le château du Medic, qui appartint longtemps à la famille Le Merdy du Medic, est en ruines.

On compte encore quatre chapelles dans cette commune. A Calouën on voit un beau menhir de 2^m60 de haut, et sur une hauteur non loin de là les vestiges d'un camp romain.

Deux écoles communales, une pour chaque sexe, existent depuis quelque temps à Plésidy.

Le bourg est traversé par la route nationale N° 167 et le chemin de grande communication N° 22.

PONT-MELVEZ

Superficie : 2,298 hectares. — Population : 1,788 habitants.

Le territoire de cette commune occupe toute la partie ouest du canton, et est arrosé par le Guer et quelques ruisseaux qui en sont tributaires.

Il est très accidenté ; beaucoup de collines assez élevées, nues, et dont les terres sont de qualité médiocre, des vallées au fond desquelles on trouve de bonnes prairies, ajoutez à cela quelques vergers bien plantés de pommiers ; une assez grande étendue de landes, et vous aurez une idée assez exacte de la physionomie de Pont-Melvez.

Le bourg est peu important ; l'église a été intelligemment réédifiée dans son style primitif, il y a trente ans environ ; la chaire et une tribune sculptées attirent l'attention.

Une des curiosités de Pont-Melvez est la ceinture de frênes qui entourent le cimetière ; plusieurs sont d'une grosseur remarquable.

Il a existé dans cette commune une commanderie de Malte, qui avait son siège principal au lieu dit la Commanderie. La chapelle de cet établissement vient d'être restaurée ; elle est sous le vocable de saint Jean-l'Evangéliste, comme l'étaient toutes les églises de cet ordre célèbre.

Le granit domine dans le sol, mais vers l'ouest on trouve du gneiss, et de la tourbe dans certains vallons.

Deux écoles communales sont installées au bourg de Pont-Melvez.

Ce bourg est traversé par les chemins de grande communication Nos 24 et 31.

SAINT-ADRIEN

Superficie : 992 hectares. — Population : 660 habitants.

Cette localité occupe la partie nord-ouest du canton et est traversée par la route nationale de Guingamp à Pontivy.

Son territoire, borné à l'est par le Trieux, est de nature en partie schisteuse et granitique. Il est très accidenté dans toutes ses parties, bien boisé dans les parties cultivées et bien planté de pommiers.

Avant la Révolution, Saint-Adrien n'était qu'une trève de Bourbriac ; elle a été érigée en commune en 1801.

L'église, entièrement reconstruite en 1871, est de style ogival et a pour patron saint Adrien, abbé de Cantorbéry. On remarque les vitraux placés derrière le maître-autel. Dans le cimetière existe un if plusieurs fois séculaire.

On voit encore les ruines des anciennes chapelles de Saint-Roch et de Kergadiou ; le château de Kerauffret avec sa chapelle privée.

Saint-Adrien possède une école de garçons et une école de filles.

Le bourg est situé à proximité de la route nationale N° 167.

SENVEN-LÉHART

Superficie : 1,250 hectares. — Population : 796 habitants.

Cette commune, située à l'est du canton, est bornée au nord par le canton de Plouagat, au sud par celui de Saint-Nicolas-du-Pélem, et à l'est par celui de Quintin.

Le sol, de nature granitique, est très élevé et très accidenté. On y voit peu de bois et peu de pommiers ; les terres sont légères et de médiocre qualité. Des landes qui pourraient être cultivées couvrent encore $1/7^e$ du territoire.

Comme dans plusieurs communes du canton de Bourbriac, les habitants se livrent au commerce des bêtes à corne.

En 1789, Senven-Léhart était une trève de Plésidy, dépendant du diocèse de Tréguier. En 1804, elle devint paroisse. L'église, sous l'invocation de la sainte Vierge (Notre-Dame de Senven) est entourée du cimetière dans lequel on remarque un calvaire en granit, décoré de 19 personnages, dont deux sont à cheval.

Il convient de signaler la chapelle de Saint-Tudgual, les manoirs de Goashamon et de Kervoazou, maintenant convertis en fermes.

A Senven-Léhart il n'y a encore qu'une école de filles, dont la création remonte à 1842. Les garçons sont reçus à l'école de Saint-Connan.

Le bourg est traversé par le chemin d'intérêt commun N° 25.

CANTON DE CALLAC

(**11 communes**).

Callac ; Bulat-Pestivien ; Calanhel ; Carnoët ; Duault ; Lohuec ; Maël-Pestivien ; Plourac'h ; Plusquellec ; Saint-Nicodème ; Saint-Servais.

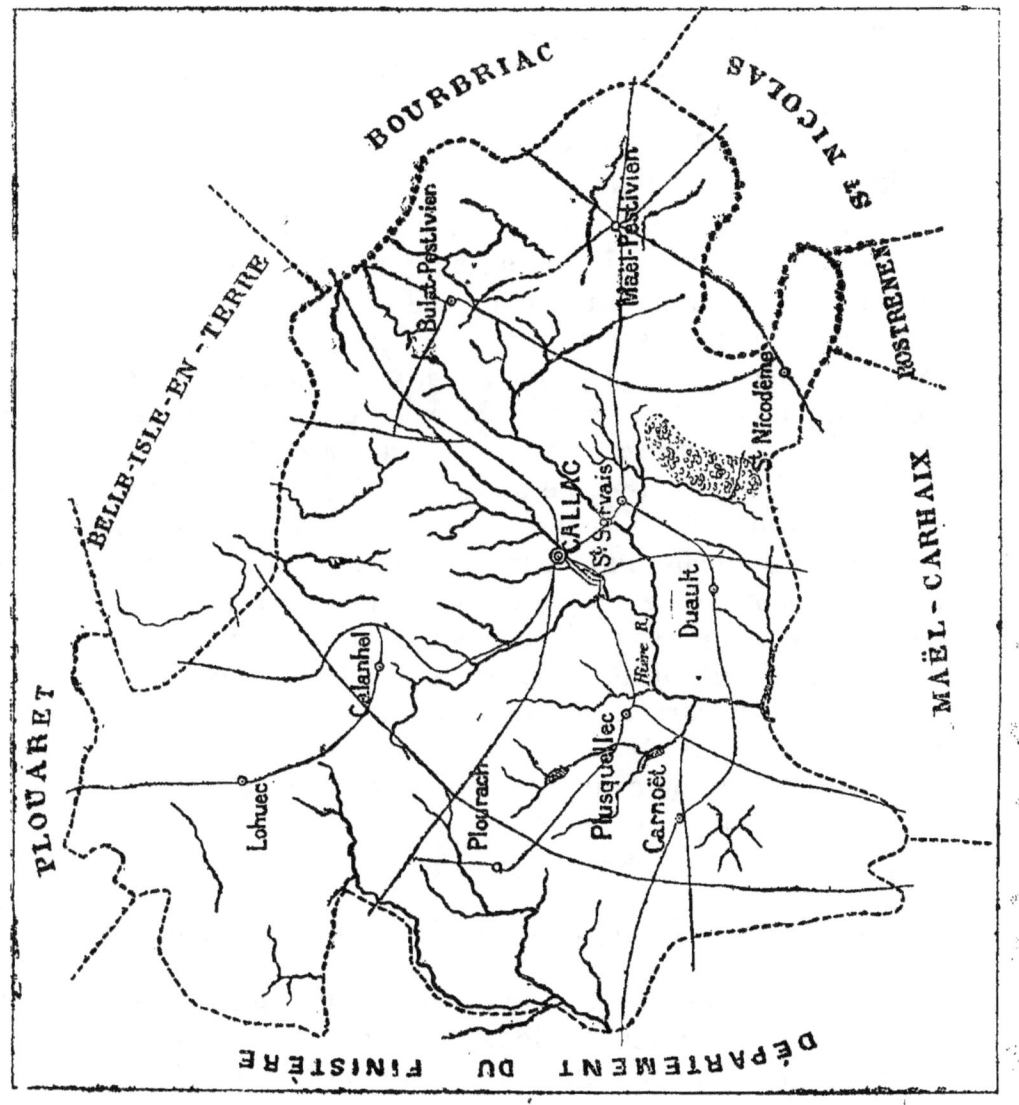

Le canton de Callac est borné au nord par les cantons de Plouaret et de Belle-Isle ; à l'est par les cantons de Bourbriac et de Saint-Nicolas ; au sud par les cantons de Rostrenen et de Maël-Carhaix ; à l'ouest par le département du Finistère. — Il est traversé par les chemins de grande communication N°s 9, de Carhaix au Portrieux ; 11, de Perros à Lorient ; 23, de Rostrenen à Morlaix ; 31, de Lannion à Guéméné ; 33, de Callac à Cavan ; 42, de Callac à Toulan-Héry ; 50, de Saint-Nicolas à Belle-Isle, et 52, de Quintin à Morlaix, et par les chemins d'intérêt commun N°s 24, de Pontrieux à Carhaix, et 64, de Carhaix au chemin de grande communication N° 9.

La population du canton est de 17,752 habitants ; sa superficie de 29,346 hectares.

Le territoire du canton de Callac, arrosé par l'Aven et par d'autres cours d'eau moins importants, présente des vallées profondes et boisées, et des mamelons élevés et nus. Il fait partie de la chaîne des montagnes d'Arrèz, qui la traversent de l'est à l'ouest, et il appartient à la Cornouaille proprement dite, ainsi qu'à la zone pastorale ou du midi du département. Ses terres, en parties granitiques et sablonneuses, en partie semi-argileuses, ne produisent point de froment ; cependant celles de la seconde catégorie sont susceptibles d'une grande amélioration par une culture entendue. Les landes et les bruyères composent plus du quart de la superficie de ce canton. Les prés naturels y sont de bonne qualité. L'élève du bétail forme la branche la plus importante de son industrie rurale, qui se livre aussi à la production des chevaux légers. Il y existe encore beaucoup de biens soumis à la coutume convenancière ou congéable.

CALLAC

Superficie : 3,303 hectares. — Population : 3,372 habitants.

Cette petite ville est située dans un centre montagneux entrecoupé de nombreux vallons, au fond desquels coulent de nombreux ruisseaux qui, réunis, formeront avec l'Aven, l'Hière, affluent de l'Aulne, et dont le canal de Nantes à Brest emprunte le cours un peu au sud de Carhaix.

L'aspect du territoire de la commune est caractérisé par des coteaux nus dominant des vallées profondes et boisées. Les terres sont de qualité ordinaire. Les landes se défrichent ou se couvrent de belles futaies de pins.

Le commerce est assez important à Callac ; ses foires sont importantes ; on y fait des transactions nombreuses et suivies sur les bœufs, les beurres et les poulardes.

Un château-fort défendait autrefois Callac ; on voit encore, près de la ville, des fossés qui entouraient la forteresse démolie en 1393.

Comme paroisse, Callac dépendait autrefois de l'évêché de Quimper. L'église est sous le patronage de saint Laurent. L'on a bâti tout récemment une magnifique église paroissiale à Callac même, et l'église de Botmel n'est plus qu'une simple chapelle.

Plusieurs chapelles sont à signaler, celles de Sainte-Catherine, dans la ville même, de Saint-Nicolas, de Sainte-Barbe, de Saint-Pierre et du prieuré de Lundujen, qui dépendait de l'abbaye de Sainte-Croix de Quimperlé.

Les loups, les chevreuils, les sangliers étaient autrefois nombreux dans les bois de Marouz, de Callenant et du Launay.

Le sol contient du schiste argileux au nord ; au sud, on trouve du terrain de transition et près de Botmel, des roches feldspathiques.

Callac possède deux écoles primaires communales et une école maternelle. Depuis 1885, une école mixte a été établie au hameau de Lesmaïs.

La ville est traversée par les chemins de grande communication Nos 9, 11 et 52.

BULAT-PESTIVIEN

Superficie : 3,123 hectares. — Population : 1,747 habitants.

Appelée autrefois Pestivien, cette commune a été désignée

ainsi depuis plusieurs années, parce que la chapelle de Notre-Dame de Bulat est devenue l'église paroissiale.

C'est un monument remarquable des xve et xvie siècles. Le porche du sud, de style renaissance, est un des plus élégants de Bretagne. La tour, la sacristie font l'admiration des visiteurs, ainsi que la magnifique flèche récemment bâtie par les soins et sur la direction de M. l'abbé Daniel, recteur de cette paroisse.

Un grand pardon a lieu le 8 septembre à Bulat-Pestivien, les pèlerins affluent de toutes les parties de la Cornouaille.

L'église de Pestivien, sous le patronage de sainte Blaise, n'est desservie qu'à certains jours. Le calvaire du cimetière mérite d'être cité.

En 1364, le connétable Du Guesclin détruisit si bien le château de Pestivien que l'emplacement en est difficile à indiquer.

Cette commune occupe le nord-est du canton ; sur son territoire se trouvent les sources du Guer. Les coteaux, coupés de profondes vallées, sont nus et découverts. Les terres sont légères et sablonneuses. La nature du sol est en général granitique ; cependant on trouve au nord et nord-ouest des carrières de gneiss et de la tourbe dans les vallons.

Une école communale, pour chaque sexe, existe dans cette commune.

Le bourg est traversé par les chemins de grande communication N°s 31 et 50.

CALANHEL

Superficie : 1,431 hectares. — Population : 1,127 habitants.

Le territoire de cette commune s'étend au nord-ouest de Callac et est arrosé par des ruisseaux affluents de l'Hière.

Il est fort montueux, peu boisé et absolument nu dans la partie ouest. Les terres sont légères et les landes couvrent encore une notable partie du territoire.

Le sol est de nature schisteuse et renferme dans quelques endroits des roches amphiboliques.

L'église, dédiée à saint Vincent, n'offre rien de remarquable. Il convient de citer les chapelles de Saint-Maur et de Saint-Yves, qui attirent un grand nombre de paralytiques, et celle de Saint-Grégoire, rendez-vous des fiévreux.

Entre Calanhel et Lohuec, on trouve la voie romaine de Carhaix à Lannion, qui limite ces deux communes.

Deux écoles communales desservent cette localité.

Le bourg est traversé par le chemin de grande communication N° 42.

CARNOET

Superficie : 4,114 hectares. — Population : 2,202 habitants.

Cette commune, située au sud-ouest de Callac, est limitée à l'ouest par le Finistère.

En général, le sol est de nature argilo-siliceuse à la surface. Le schiste y domine ; on y trouve du quartz, du pyrite de fer et du plomb argentifère, à Quénécan, à Kerlastre et à Kerhayet ; ce dernier a été exploité.

Le territoire est très accidenté, il est arrosé par l'Hière et ses affluents ; des monticules nus et presque toujours arides, et des vallées encaissées, boisées et fertiles, tel est l'aspect du pays.

L'église, dédiée à saint Pierre et saint Paul, n'offre rien à remarquer. La principale cloche porte la date de 1717.

A Locmaria, autrefois bourg de la trève de ce nom, on voit encore le cimetière et l'emplacement de l'église, dont le portail est debout, ainsi qu'une vieille maison appelée la Salle. La chapelle de Saint-Corentin avec son calvaire mérite d'être visitée.

Mais ce qui excite l'attention du visiteur, c'est l'antique chapelle ogivale de Saint-Gildas, avec le tombeau du saint. Dans une crypte se trouve de beaux restes de verrières ; elle est située sur un mamelon d'où l'on jouit d'un coup d'œil très étendu.. Sur le mamelon on aperçoit encore les traces d'un camp romain circulaire, dont les fossés ont 7 mètres de profondeur. Signalons le beau menhir (5^m) de Lincarnoët et la chapelle de Penity, lieu de pèlerinage.

Carnoët possède depuis 1835 une école communale de garçons ; une école communale de filles y a été créée en 1867.

Le bourg est traversé par le chemin de grande communication N° 23.

DUAULT

Superficie : 2,164 hectares. — Population : 1,430 habitants.

Il n'y a que quelques années que, de cette grande commune ont été formées celles de Saint-Nicodème et de Saint-Servais, pendant longtemps des sections de Duault.

Situé au sud du canton de Callac et arrosé par l'Aven, le territoire est élevé, très accidenté. L'aspect en est triste. Cependant la plupart des terres sont cultivées, les pommiers à cidre y prospèrent bien. Les landes tendent à disparaître, mais l'agriculture est toujours à l'état précaire, faute d'engrais et d'argent. L'élevage des bestiaux, particulièrement du cheval de trait, est la principale ressource des laboureurs.

Le schiste argileux domine dans le sol ; aux environs du bourg, on trouve du porphyre quartzifié.

La belle forêt de Duault, qui contient 500 hectares environ, appartenait jadis aux ducs de Bretagne. C'était un de leurs rendez-vous de chasse préférés.

Cette paroisse faisait partie du diocèse de Quimper. L'église date de 1589 et a été restaurée en 1770 ; elle est dédiée à saint Maudez.

Dans la commune, on remarque encore les chapelles de Saint-Jean et de Saint-Yves.

L'ancien château de Rosviliou, qui remonte au XVIe siècle, a été restauré par Fleuriot de Langle, compagnon de La Peyrousse ; plusieurs membres de cette famille se sont fait un nom dans la marine.

On remarque encore des traces d'un camp romain, près de Kerfichant, sur une hauteur appelée Bey-ar-Soudardet.

Le gibier abonde sur le territoire de Duault, et les ruisseaux qui le sillonnent sont très poissonneux.

On y trouve de nombreux menhirs et deux dolmens, dont l'un près de Rosviliou.

A Duault existe, depuis 1871, deux écoles communales.

Le bourg n'est traversé que par un chemin vicinal ordinaire.

LOHUEC

Superficie : 1,718 hectares. — Population : 1,079 habitants.

Le territoire de cette commune était autrefois une trève de Plougras. Il est très accidenté, les vallées sont boisées, mais le sommet des collines ou des plateaux est nu et découvert.

L'agriculture, malgré de réels efforts pour la développer, est en retard. Les hommes préfèrent s'occuper du commerce des bestiaux. Ils délaissent les champs pour courir les foires.

Lohuec occupe la partie nord-ouest du canton et confine à l'arrondissement de Lannion et au Finistère.

Dans l'église, qui est sous le patronage de saint Judoce, on remarque le beau vitrail du maître-autel.

La voie romaine de Carhaix à Lannion traverse la commune au sud-est et la sépare de Calanhel.

A Kernescop, existe un beau dolmen.

Depuis quelques années, deux écoles communales, une pour chaque sexe, ont été établies à Lohuec.

Le bourg est traversé par le chemin de grande communication N° 42.

MAEL-PESTIVIEN

Superficie : 3,129 hectares. — Population : 1,632 habitants.

Cette commune s'étend à l'est de Callac et au sud de Bulat-Pestivien.

Le sol, de nature granitique, est très accidenté. C'est une suite de collines séparées par des vallées étroites et profondes où serpentent de nombreux ruisseaux tributaires du Blavet ou du Sulon. La ligne de faîte des Monts d'Arrèz traverse

Maël-Pestivien de l'ouest à l'est. Vers le sud-ouest se détachent les premiers chaînons des montagnes noires.

Au sud et à l'est, le territoire est arrosé par le Blavet et ses affluents. Dans le versant nord on trouve quelques ruisseaux qui vont se jeter dans le Sulon.

Les terres sont de médiocre qualité ; elles sont légères et peu propres à la culture du froment.

C'est aux environs de Kerohou, si l'on en croit la légende, que se trouvait un château que vint assiéger Du Guesclin. Tout près de là, on remarque un amas considérable de pierres superposées.

Dans le bois de Coat-Maël, reste de l'ancienne forêt, on voit les débris d'un double et peut-être triple cromlech. Ce sont d'énormes blocs qui forment deux piles colossales, comptant chacune trois roches superposées.

Il convient de citer les chapelles rurales de Saint-Isidore, de Saint-Gildas et de Saint-Pierre

Deux écoles communales, une pour chaque sexe, desservent la commune. Celle des garçons date de 1845 et celle des filles de 1869.

Le bourg est traversé par les chemins de grande communication Nos 50 et 52, et par le chemin d'intérêt commun N° 64.

PLOURAC'H

Superficie : 3,215 hectares. — Population : 1,547 habitants.

Cette commune, très étendue, occupe l'ouest du canton ; elle forme comme une presqu'île s'avançant dans le Finistère et comprend sur son territoire les sources de l'Aulne et de plusieurs ruisseaux qui forment l'Hière.

Le sol est de nature diverse : schiste argileux au sud-est, roches amphiboliques et quartz, grès au nord-ouest et îlot de granit près le bourg. Dans les vallées, on trouve de la tourbe.

L'aspect du pays présente une quantité de collines séparées par des ruisseaux, dont les bords sont boisés.

L'agriculture progresse lentement, les voies de communication sont rares et difficiles, et les terres sont de médiocre qualité. Les cultivateurs se livrent avec succès à l'engraissage des bœufs.

Une rencontre sanglante eut lieu dans le cimetière de Plourac'h vers 1793, entre les chouans qui venaient de voler la malle-poste de Paris, et une colonne mobile partie de Guingamp.

Le portail de l'église paroissiale, dédiée à saint Jean-Baptiste, est assez remarquable ; on montre dans la sacristie un calice en vermeil et de grande dimension donné par la duchesse Anne.

Il existait jadis à Plourac'h un menhir en quartz, haut de 8^m, nommé Min-ar-Groac'h, il a été exploité pour l'empierrement des routes, à l'intersection desquelles il se trouvait. Tout près, on a trouvé des bracelets en bronze, des poignards de même métal, etc., qui ont été envoyés à Morlaix.

Deux autres menhirs existent à gauche de la route de Plourac'h à Carnoët (ancienne voie romaine), et à 2 kil. du bourg, on voit encore les vestiges d'une enceinte fortifiée de forme rectangulaire, nommée Castel-ar-Poder ou Poher, entouré d'un double talus en terre, séparé par un fossé. Au village de Bourgerel, on remarque un tumulus peu élevé, au sommet duquel on a trouvé des restes de construction.

C'est depuis 1869 qu'existent les deux écoles communales de Plouarc'h.

Le bourg n'est traversé que par des chemins vicinaux ordinaires.

PLUSQUELLEC

Superficie : 2,631 hectares. — Population : 1,597 habitants.

Plusquellec est situé au sud-ouest de Callac, sur la route de Carnoët.

Le territoire est boisé, très accidenté ; il est sillonné par de nombreux ruisseaux, affluents de l'Hière.

Sur les hauteurs, le sol est aride et dépourvu de calcaire ; les vallées renferment d'excellentes prairies. Les habitants se livrent avec succès à l'engraissage des porcs et des bœufs.

L'église, sous le patronage de Notre-Dame, possède une chaire, un autel et des vitraux qui attirent l'attention.

Les comtes de Poher possédaient à Plusquellec un château dont on aperçoit à peine les vestiges. La route romaine de Lannion à Carhaix traversait le territoire de cette commune.

Charles Hercule de Keranflec'h, auteur de plusieurs ouvrages philosophiques, est né à Plusquellec.

Deux écoles existent : une pour chaque sexe.

Le bourg n'est traversé que par des chemins vicinaux ordinaires.

SAINT-NICODÈME

Superficie : 1,701 hectares. — Population : 614 habitants.

Cette commune a été créée en 1870, d'une section de celle de Duault. Depuis 1840, elle formait une paroisse.

Son territoire occupe l'extrémité sud-est du canton

Le sol est généralement nu et couvert de landes, dont le défrichement ou la plantation s'opère lentement.

On trouve des prairies, mais de qualité médiocre, reposant sur un fond tourbeux. L'exploitation et la vente de la tourbe comme combustible, occupe un grand nombre d'habitants.

Comme à Plusquellec et dans plusieurs communes du canton, l'élevage et l'engraissement des bœufs est une source de richesse pour les cultivateurs.

On y élève aussi des chevaux de race bretonne. Le froment n'y est point cultivé.

Au fond des tourbières, on trouve des arbres souvent énormes ; ce qui indique que des forêts existaient primitivement dans cette région.

On voit sur une longueur de 5 kilomètres, les restes du mur qui entourait jadis le Parc-de-Duault, grande forêt dont il ne reste qu'un taillis.

L'église paroissiale, sous le vocable de saint Nicodème, n'offre aucun intérêt ; depuis 1883, cette commune possède deux écoles communales.

Le bourg est traversé par le chemin d'intérêt commun N° 64.

SAINT-SERVAIS

Superficie : 2,817 hectares. — Population : 1,405 habitants.

De même que Saint-Nicodème, la commune de Saint-Servais a été formée d'une partie de Duault.

Elle est située au sud de Callac, dans une région très montagneuse, coupée par de nombreux ruisseaux, qui vont se jeter dans l'Hière.

Le sol est de nature légère, peu propre à la culture du froment ; l'élevage des bestiaux est la principale ressource des cultivateurs.

L'ancienne chapelle de Saint-Servais, qui sert d'église paroissiale, n'offre rien de bien remarquable. Un pardon renommé s'y tient les 12 et 13 mai de chaque année. Il s'y rend une foule de pèlerins des environs du Finistère et même du Morbihan. Il y a peu d'années encore, après la procession, un véritable combat avait lieu entre les jeunes gens, à l'effet de s'emparer de la bannière de saint Servais, dont la possession, dit-on, assurait de bonnes récoltes au vainqueur. De graves accidents s'y sont quelquefois produits.

Saint-Servais possède deux écoles communales.

Le bourg est traversé par le chemin de grande communication N° 52.

CANTON DE MAEL-CARHAIX

(8 communes).

Maël-Carhaix ; Locarn ; Le Moustoir ; Paule ; Plévin ; Trébrivan ; Treffrin ; Tréogan.

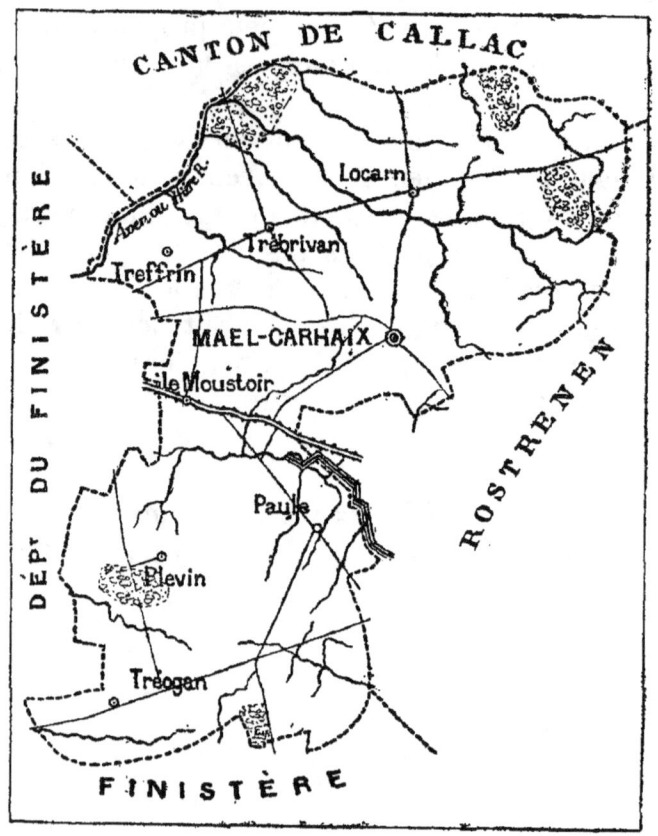

Le canton de Maël-Carhaix est borné au nord par le canton de Callac ; à l'est par le canton de Rostrenen ; au sud et à l'ouest par le département du Morbihan. — Il est traversé de l'est à l'ouest par le canal de Nantes à Brest ; par la route nationale 164 *bis*, de Rennes à Brest ; par les chemins de grande communication N°s 9, de Carhaix au Portrieux ; 10, de Saint-Brieuc à Quimper ; 11, de Perrós à

Lorient ; 23, de Rostrenen à Morlaix, et 49, de Saint-Nicolas à Carhaix, et par les chemins d'intérêt commun N°s 63, du Faouët à Carhaix ; 64, de Carhaix au chemin de grande communication N°s 9 et 73, de Plouray à Carhaix.

La population du canton est de 9,665 habitants ; sa superficie de 18,631 hectares.

Le canton de Maël-Carhaix appartient à la partie de la Bretagne connue sous le nom de Cornouaille. La race bretonne s'y retrouve pour ainsi dire à son état primitif : mœurs, langage, habitudes, costumes y sont tels qu'aux siècles passés, et rien n'a pu encore effacer le caractère national de sa population, néanmoins soumise aux lois et respectueuse à l'autorité. — Son territoire fait partie de la chaîne des Montagnes-Noires (*Menez-Dù*) ; il est très accidenté, assez bien boisé dans ses parties cultivées, nu et découvert dans les autres, qui sont à peu près stériles et qui forment un peu plus du quart de sa superficie. La rivière de l'Aulne, canalisée, le traverse au sud. Ses terres sont semi-argileuses ou légères et ne produisent qu'exceptionnellement du froment. Des progrès agricoles s'y produisent cependant, et tout fait présager que l'introduction de l'élément calcaire dans ce canton, comme dans ceux qui lui sont limitrophes, changera promptement la nature du sol en développant sa puissance productrice. L'élève du bétail et des chevaux légers forme la principale ressource agricole du canton, compris dans la zone pastorale ou du midi du département.

MAEL-CARHAIX

Superficie : 3,657 hectares. — Population : 2,364 habitants.

Le bourg de Maël-Carhaix est peu important ; ce qui s'explique par son éloignement de toute grande voie de communication.

Le territoire de la commune est accidenté, peu boisé et coupé de nombreux ruisseaux qui se jettent dans l'Hière. Les landes en occupent une notable partie.

L'église n'offre rien de remarquable. Elle est sous le vocable de saint Pierre. La paroisse faisait autrefois partie de l'évêché de Quimper. La tour porte la date de 1630. Le cimetière est entouré d'une grille en fer, près de laquelle on voit une pierre cylindrique de deux mètres de haut, qu'on croit être une borne miliaire.

A Kerléon, existait un prieuré qui a disparu pendant la Révolution. La chapelle de la Trinité, bien conservée et entretenue, date du xvie siècle.

Une source d'eau jaillissante, qui sort d'une grotte profonde, près de Krouguel, attire l'attention des touristes. On croit que les Romains faisaient arriver ses eaux jusqu'à Carhaix, par un aqueduc, dont on voit encore les restes.

Le sol est de nature schisto-argilleuse ; au nord-ouest on trouve du grauwach (grès très fin).

Des écoles communales pour chaque sexe sont établies depuis longtemps à Maël-Carhaix.

Le bourg est traversé par les chemins de grande communication N°s 19 et 23.

LOCARN

Superficie : 3,236 hectares. — Population : 1,673 habitants.

Cette commune, autrefois trève de Duault, occupe toute la partie nord du canton.

Des collines et des vallées profondes s'y rencontrent communément. Les terres sont de qualité médiocre. Beaucoup de landes, peu susceptibles d'être mises en culture, occupent encore une assez grande étendue.

Le sol est argileux et pierreux ; le schiste domine ; plusieurs ardoisières sont exploitées.

Le nom de la commune viendrait de saint Harn, Hernin ou Carné, patron de la paroisse, qui y mourut dans un ermitage existant, dit-on, sur l'emplacement de l'église actuelle, où sont conservés son tombeau et ses reliques. Un grand nombre dé pèlerins viennent chaque année, le premier dimanche de mai, invoquer le saint pour la guérison des maux de tête.

On remarque la grande fenêtre flamboyante de l'église

qui est placée dans un site très pittoresque, sur le flanc d'un mamelon entouré d'arbres.

Plusieurs chapelles existent dans la commune, celles de Sainte-Barbe, de Saint-Conidy, de Notre-Dame de Loquetour et de Notre-Dame de Bleuen.

On voit les ruines des châteaux de Quelen et de Loguevel. Près de Quellenec, existe un beau menhir.

La commune de Locarn est traversée de l'est à l'ouest par le ruisseau très poissonneux de Kersaoul, affluent de l'Hière.

Elle possède deux écoles.

Le bourg est traversé par le chemin de grande communication N° 11, et le chemin d'intérêt commun N° 64.

LE MOUSTOIR

Superficie : 1,490 hectares. — Population : 903 habitants.

Le nom de cette commune, qui signifie en breton, *monastère*, lui vient d'un couvent de moines de Saint-Augustin, dont on voit les ruines à un kilomètre du bourg.

Le bourg est placé sur la route de Rostrenen à Carhaix, et au sud-ouest de Maël-Carhaix. Le Moustoir est une ancienne trève de Trébrivan. L'église, sous le patronage de saint Juvenal, est du XVIe siècle et mérite d'être visitée. La maîtresse vitre représente diverses scènes de la vie de Jésus-Christ.

A Pors-en-Place, on voit un tumulus, et non loin de là, les traces visibles d'un aqueduc romain destiné à amener des eaux à la station romaine de Carhaix.

Le territoire de la commune de Moustoir est compris presque entièrement dans une vallée allant de l'est à l'ouest ; il est bien boisé et arrosé par plusieurs ruisseaux. Le canal de Nantes à Brest le traverse.

Le sol, de nature schisteuse, renferme des terres fortes, très fertiles. Grâce au dévouement de plusieurs agriculteurs intelligents, notamment de M. Guillaume Le Deuff jeune, l'agriculture, l'élevage des bestiaux ont fait de grand progrès depuis une douzaine d'années. Un sixième des terres est encore en landes peu cultivables.

Plusieurs carrières d'ardoises sont exploitées.

Depuis 1870, Le Moustoir possède une école communale pour chaque sexe.

Le bourg est sur le bord de la route nationale N° 164.

PAULE

Superficie : 3,758 hectares. — Population : 1,497 habitants.

Cette commune s'étend au sud de Maël-Carhaix ; son nom lui vient de sainte Paule, patronne de la paroisse.

C'est l'une des communes du département où l'on trouve le type celtique le plus pur et où l'on garde avec le plus de ténacité peut-être les superstitions bretonnes. La célèbre légende de Leiz-Breiz s'y trouve dans toutes les mémoires.

Le territoire, de nature argileuse et schisteuse, est très accidenté ; il est traversé par une chaîne de collines qui se rattachent aux Montagnes-Noires. Les vallées sont boisées, tandis que les parties élevées sont nues.

L'agriculture y a fait quelque progrès depuis l'établissement de la ferme-école de Castellaouënan, fondée en 1849.

L'église paroissiale n'offre rien de remarquable. On trouve dans la commune plusieurs chapelles des xv° et xvi° siècles : Saint-Eloi, Lan-Salaün et Saint-Amand. Celle de Saint-Symphorien, aujourd'hui en ruines, possédait une cloche hexagonale, modèle très rare, datant du v° ou du vi° siècle. Elle est aujourd'hui au bourg.

On trouve à Paule d'intéressants vestiges de la domination romaine : l'enceinte circulaire de Bressilien, le quadrilatère de Castellodic et la voie romaine de Carhaix à Vannes. Il convient de citer les restes de fortification féodale de Castellaouënan, la motte de Kerjan, près de la forêt du même nom qui garde un monument en l'honneur du comte du Botderu, célèbre chasseur.

Au xv° et au xvi° siècle, sur les bords de la forêt existait une verrerie exploitée par des gentilshommes qui, selon l'usage, ne dérogeaient pas en s'occupant de ce travail manuel. L'industrie des ardoises est la seule qu'il y ait aujourd'hui à Paule.

Deux écoles communales existent dans la commune.

Le bourg est traversé par le chemin de grande communication N° 11, et le chemin d'intérêt commun N° 73.

PLÉVIN

Superficie : 2,728 hectares. — Population : 1,316 habitants.

Cette commune comprend un assez vaste territoire qui s'étend au sud-ouest du canton, au sud du canal de Nantes à Brest et à l'ouest du Finistère.

Les 2/3 de la superficie c rent une inclinaison en pente douce du Mont-Noir au sud, jusqu'au canal au nord. L'autre partie est assez accidentée. Pas un cours d'eau important ne s'y rencontre ; quelques ruisseaux, à sec l'été, font tourner plusieurs moulins.

Les terres sont, en général, légères, de qualité médiocre, mais cependant d'un assez bon rapport, grâce à une culture bien entendue. Les landes couvrent encore une grande surface qu'il serait possible de défricher ou de planter.

Les bois ne font pas défaut ; on remarque également beaucoup de champs bien plantés en pommiers.

Le sol est de nature schisteuse ; quelques carrières d'ardoises sont exploitées. On y trouve des amas de quartz et quelques filons de grès.

A un kilomètre du bourg, on remarque les ruines du manoir de Kerlouët, dont les restes sont convertis en ferme.

L'église, dédiée à Notre-Dame, a été en partie reconstruite. Le chœur et le transept (côté midi) datent de 1687, de même que la tour.

La belle verrière qui éclaire le maître-autel, mérite d'être citée. C'est dans la nef qu'a été inhumé en 1683 le Père Julien Maunoir, missionnaire, mort au presbytère de la paroisse pendant une mission L'oratoire édifié en son honneur, à l'endroit même de sa mort, attire tous les ans de nombreux pèlerins.

On trouve en Plévin la chapelle de Saint-Jean, près de

laquelle se tient un pardon et une foire le 23 juin, celles de Sainte-Anne qui vient d'être reconstruite, de Saint-Abobin et de Saint-Thuriau. Cette dernière est en ruines. Mais une légende, qui a beaucoup perdu en créance, dit *que le saint la rebâtira lui-même.*

L'école communale des garçons date de 1847, et celle des filles de 1877.

Le bourg est traversé par le chemin d'intérêt commun N° 63.

TRÉBRIVAN

Superficie : 2,296 hectares. — Population : 1,231 habitants.

Cette commune est bornée au nord par le ruisseau de Kersault, qui la sépare de Locarn et de Carnoët ; à l'ouest, par Treffrin et Maël-Carhaix ; au sud, par Le Moustoir.

Le territoire, à base de schiste et de gauwach, est très accidenté, excepté dans la partie centrale. Le bourg se trouve sur un plateau assez élevé qui s'incline vers le nord jusqu'à l'Hière.

Quelques bois taillis existent dans cette partie. Les pommiers sont bien cultivés et produisent un cidre estimé.

Plusieurs ruisseaux, affluents de l'Hière, sillonnent la commune et lui donne un aspect varié.

L'agriculture y fait des progrès qui seraient plus sensibles encore, si les engrais et les amendements ne faisaient pas défaut.

Depuis plusieurs années, l'élevage des bêtes à corne et des chevaux légers se fait avec succès à Trébrivan.

L'église n'offre aucun intérêt. Quelques chapelles existent encore : celles de Sainte-Anne, de Notre-Dame de Clarté et de Saint-Tugdual.

Trébrivan revendique avec Carhaix l'honneur d'être le lieu de naissance du célèbre La Tour d'Auvergne, qui serait venu au monde en cette commune, au village de Guénaric, et aurait seulement été baptisé et élevé à Carhaix.

A 300 mètres au nord du hameau de Bourgerel, se trouvent, sur une éminence appelée Castelhuel les vestiges d'un camp romain dont les limites sont encore bien déterminées.

L'école communale de garçons existe depuis 1842, et celle des filles depuis 1878.

Le bourg est traversé par le chemin de grande communication N° 23, et le chemin d'intérêt commun N° 64.

TREFFRIN

Superficie : 747 hectares. — Population : 345 habitants.

Anciennement, ce nom était prononcé Tréverin, et en breton Travrin. D'aucuns prétendent que la traduction serait *trève de Sainte-Tréphine*.

Cette commune s'étend à l'ouest du canton entre Trébrivan et le Finistère. Elle était autrefois une trève de Plouguer-Carhaix.

Le territoire, de même nature que celui de Trébrivan, est montueux, bien boisé et très accidenté. Le sol, mi-partie argileux, est de bonne qualité et susceptible de devenir meilleur par la culture.

Les landes, sur les coteaux à pentes rapides, ne peuvent guère être que plantées en pins.

Le froment est très peu cultivé : le seigle, l'avoine et le sarrasin dominent. On récolte depuis quelque temps plusieurs plantes fourragères pour l'élevage des bestiaux.

En 1790, Treffrin fut détaché de Plouguer pour former une commune distincte. On fut quelque temps sans savoir à quel département elle serait rattachée. Les districts de Rostrenen et de Carhaix se la disputaient. Au bout de deux ou trois ans, il fut décidé qu'elle ferait partie des Côtes-du-Nord. Elle n'a été érigée en succursale qu'en 1838, jusqu'alors elle dépendait de la paroisse de Trébrivan.

L'église appartient à la première moitié du XVI° siècle. La maîtresse-vitre et une croisée latérale semblent l'indiquer. La porte, qui est richement décorée de sculptures et de niches qui abritent les douze apôtres, date de 1585.

On voit encore les ruines du château de Toulgoët. En

1486, il était habité par Du Méné, seigneur de Toulgoët et chambellan du duc de Bretagne.

Une école mixte communale a été établie en 1882.

Le bourg n'est traversé que par un chemin vicinal ordinaire.

TRÉOGAN

Superficie : 719 hectares. — Population : 336 habitants.

Cette commune est située à l'extrême limite sud-ouest du département et touche à la fois au Finistère et au Morbihan.

Son territoire est pour ainsi dire renfermé entre deux chaînes de montagnes ; il est bien boisé dans les parties cultivées, qui sont de nature médiocre. Les landes occupent encore une portion considérable du terrain ; mais ce sont des roches abruptes qui ne peuvent guère être semées qu'en conifères.

La constitution générale du sol est de nature argilo-schisteuse. Vers Kernon, on trouve de l'amphibole.

L'école communale est mixte.

Le bourg est à proximité du chemin de grande communication N° 10.

CANTON DE PLOUAGAT

(7 communes).

Plouagat ; Bringolo ; Goudelin ; Lanrodec ; Saint-Fiacre ; Saint-Jean-Kerdaniel ; Saint-Péver.

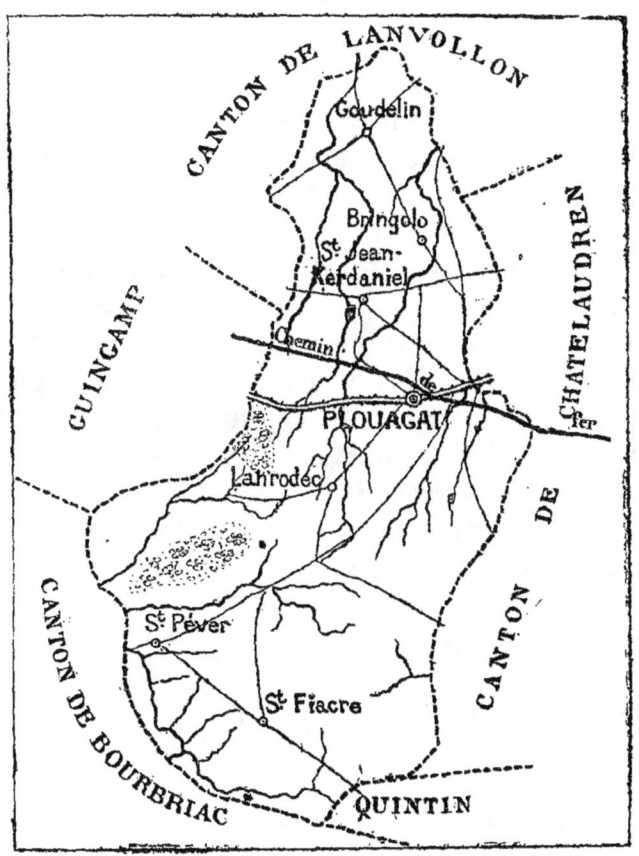

Le canton de Plouagat est borné au nord par le canton de Lanvollon ; à l'est, par les cantons de Lanvollon, Châtelaudren et Quintin : le Leff le sépare des deux premiers cantons ; au sud, par le canton de Bourbriac ; à l'ouest, par les cantons de Bourbriac, Guingamp et Lanvollon. — Il est traversé par le chemin de fer de Rennes à Brest ; par la route nationale N° 12, de Paris à Brest ; par les chemins de grande communication N°s 7, de Paimpol à Josselin ; 9, de Carhaix à Pontrieux ; 24, de Callac à Plouagat ; 46, de Guingamp à [Guéméné, et 56, de Lanrodec au Légué, et par les chemins d'intérêt commun N°s 17, de Guingamp à Quintin ; 21, de Châtelaudren à Quemper-Guézennec ; 25, de Saint-Nicolas à Châtelaudren ; 27, de Faouët à Châtelaudren ; 28, de Bégard au Port-Moguer, et 75, de Plélo à Guingamp.

La population du canton est de 8,902 habitants ; sa superficie de 13,018 hectares.

Le territoire de ce canton, de forme très allongée, est accidenté au nord, assez plat dans sa partie centrale, et très montueux et élevé au sud ; il est boisé et planté de pommiers dans ses parties productives. La qualité et la fertilité du sol présentent des différences notables : en effet, au nord, les terres sont bonnes ; au centre, elles diminuent de valeur ; enfin, à l'extrémité sud, elles deviennent plus que médiocres. Le progrès agricole se fait cependant sentir dans quelques communes de ce canton, où l'emploi des engrais de mer donne les plus heureux résultats. Les landes, dont une partie pourrait être cultivée et l'autre boisée, entrent encore pour 1/5e dans sa superficie totale. Il appartient à la zone intermédiaire.

PLOUAGAT

Superficie : 3,197 hectares. — Population : 2,170 habitants.

Le territoire de Plouagat s'étend à l'ouest et au sud de Châtelaudren ; une partie même de l'agglomération de cette petite ville lui appartient.

Deux ruisseaux, coulant du sud au nord, celui de la Ville-Chevalier et de Kerbarbo, arrosent cette commune. Ils vont porter leurs eaux dans le Leff qui sépare Plouagat de Plouvara, de Châtelaudren et de Plélo.

Les terres sont généralement de bonne qualité ; on y trouve peu de bois, mais en revanche, elles sont bien plantées en pommiers. Les landes sont à peu près toutes défrichées. Le sol est de nature granitique, avec roches amphiboliques.

Le bourg de Plouagat est peu important pour un chef-lieu de canton ; le voisinage de Châtelaudren nuit à son accroissement.

L'église vient d'être récemment surmontée d'une belle tour. Elle est sous le patronage de saint Pierre. On voit dans le cimetière deux ifs d'une grosseur peu commune et un petit menhir sur lequel sont gravés des caractères qu'on n'a pas encore déchiffrés.

Deux chapelles, sous le vocable de Saint-Jacques et de Saint-Emilion, existent dans la commune.

C'est au château de la Ville-Chevalier qu'est né Monseigneur de Quélen, décédé archevêque de Paris.

Plouagat possède deux écoles communales. Le chemin de fer de Paris à Brest passe près du bourg, et la gare de Châtelaudren est située en Plouagat.

Le bourg est traversé par la route nationale N° 12, et le chemin d'intérêt commun N° 75 (embrachement).

BRINGOLO

Superficie : 938 hectares. — Population : 739 habitants.

Cette commune est située au nord de Plouagat et au sud de Goudelin, le Leff à l'est la sépare de Plélo.

Le sol est de même nature que celui de Plouagat, de plus on trouve quelques veines de porphyre vert.

Le territoire est généralement plat, excepté sur les bords du Leff. Les terres sont fertiles, bien boisées et surtout bien plantées de pommiers.

L'église, sous le vocable de la Vierge, porte la date de 1664 ; elle n'offre de remarquable que son porche qui appartient à l'architecture du XVe siècle.

Il convient de citer le château de La Granville, appartenant à la famille de Kergariou. Le comte de Kergariou de La Granville, préfet, puis chambellan de Napoléon Ier, avait fait de son château un véritable musée, au point de vue historique et archéologique. La collection de médailles était surtout admirée.

De vieux manoirs sont maintenant convertis en fermes, tels que Kistilly, Kervisio et Bringolo.

A Kerymber, près du confluent du Leff et du ruisseau de Coataudon, on remarque les vestiges d'une ancienne forteresse.

Bringolo possède deux écoles.

Le bourg est traversé par le chemin d'intérêt commun N° 27.

GOUDELIN

Superficie : 2,298 hectares. — Population : 2,211 habitants.

Situé au nord du canton, le territoire de Goudelin forme pour ainsi dire une presqu'île terrestre qui s'enfonce profondément dans le canton de Lanvollon.

De nature schisteuse ou granitique, le sol de Goudelin est fertile et bien cultivé. Les champs sont couverts de pommiers qui donnent un cidre renommé.

Indépendamment du Leff, cette commune est arrosée par le ruisseau de l'Isle, dont les bords sont très accidentés et très pittoresques. Au village de ce nom, se tient le 2ᵉ dimanche de juillet, un pardon très suivi. Les cultivateurs y amènent leurs chevaux qu'ils baignent dans le petit étang voisin de la chapelle de Notre-Dame de l'Isle, en les mettant sous la protection de saint Eloi. Elle a été restaurée dans le style primitif (xiiiᵉ et xivᵉ siècle).

L'église paroissiale, récemment reconstruite, est surmontée d'une tour très élevée. Elle renferme une pierre tombale du xvᵉ siècle, sur laquelle est représentée Marie de Portz-Tréveunou, les mains jointes et couchée près d'un cercueil en saillie, celui de son mari, Guillaume de Goudelin, décapité en 1420, pour avoir trempé dans la conspiration des Penthièvres contre le duc de Bretagne Jean V.

Depuis longtemps, une école communale de garçons existe à Plouagat ; ce n'est qu'en 1883 qu'une école communale de filles y a été créée.

On conserve à Goudelin le souvenir de M. Desbois, chevalier de la Légion d'honneur, ancien soldat de l'Empire, et curé de la paroisse pendant 38 ans.

Le bourg de Goudelin est traversé par les chemins de grande communication N° 9 et d'intérêt commun N° 27.

LANRODEC

Superficie : 3,196 hectares. — Population : 1,698 habitants.

Très accidenté et élevé à l'ouest et au sud, plat à l'est et au nord vers Plouagat et Châtelaudren, le territoire de Lanrodec est couvert en grande partie par les taillis de Boismeur, de Coëtando, de Goudmail et une partie de la forêt de Malaunay.

Le sol, à base granitique, avec roches amphiboliques vers le sud, est bien cultivé dans certaines parties où les terres sont de bonne qualité, mais les landes dominent sur un quart de sa superficie.

Il est arrosé par des ruisseaux de peu d'importance qui vont se jeter dans le Leff.

L'église est de construction moderne et offre peu d'intérêt ; elle est sous le patronage de la sainte Vierge.

On remarque les chapelles de Saint-Jean-Baptiste, de Sainte-Marguerite et de Saint-Méen. Il convient de citer les châteaux de Goudmail et de Coëtando. On voit encore quelques restes des châteaux forts de Perrien, de Castel-Tanguy et de Castel-Vally.

Lanrodec a deux écoles communales au bourg et une école mixte au hameau de Senven.

Le bourg est traversé par le chemin de grande communication N° 24.

SAINT-FIACRE

Superficie : 964 hectares. — Population : 624 habitants.

La commune de Saint-Fiacre occupe la partie sud du canton. Le territoire est élevé, très accidenté et peu boisé sur les hauteurs. On y rencontre encore beaucoup de landes, de terrains incultes peu susceptibles d'être mis en culture. Le sol est granitique et renferme en certaines parties des roches amphiboliques.

L'église de Saint-Fiacre, fondée au xve siècle, a été presque entièrement remaniée.

La grande fenêtre en style flamboyant, garnie de vitraux portant les armes de Le Gonidec de Tressan, les sculptures placées au-dessus de la porte de la sacristie et les mosaïques du porche méritent d'être signalées.

On admire dans le cimetière un if de près de 8 mètres de circonférence.

Saint-Fiacre dépendait autrefois de la seigneurie de Tolborzou, en Saint-Péver. Il était d'usage que les seigneurs du lieu, les Le Gonidec de Tressan, ne vinssent à la messe à Saint-Fiacre qu'en voiture attelée de bœufs, et le curé devait les attendre pour commencer l'office divin.

Un beau tumulus, appelé dans le pays Mont-ar-Chuidolou ou Hudolou, se trouve à un kilomètre du bourg. On en voit un autre dans un étang situé sur les limites de Lanrodec et de Saint-Fiacre.

On remarque encore la chapelle de Saint-Jean-du-Cloître, près de laquelle les Templiers avaient, dit-on, un établissement, et celle de Notre-Dame de Lorette au village de Crec'h-Métern, qui faisait naguère partie de Lanrodec.

C'est à Saint-Fiacre qu'est né M. Lucas, prêtre et député à l'Assemblée Nationale de 1789. Il y est revenu mourir à l'âge de 44 ans.

Saint-Fiacre ne possède qu'une école communale mixte créée en 1844.

Le bourg est traversé par les chemins d'intérêt commun Nos 17 et 21.

SAINT-JEAN-KERDANIEL

Superficie : 1,112 hectares. — Population : 745 habitants.

Située au nord-ouest de Plouagat et au sud-ouest de Bringolo, cette commune comprend en général un territoire fertile, bien cultivé et bien planté en pommiers. Il renferme aussi une partie de la forêt de Malaunay.

Le sol est en majeure partie granitique, avec gneiss et roches amphiboliques.

L'église, sous le patronage de saint Jean, vient d'être réédifiée et couronnée d'une belle tour.

Dans la chapelle de Saint-Guignan, un autel est dédié à saint Eloi. C'est, le 24 juin, le rendez-vous des cultivateurs des environs qui y viennent en pèlerinage avec leurs chevaux.

On remarque le beau château de Kerdaniel, possédé par la famille Budes de Guébriant, qui descend du célèbre maréchal de France.

C'est par son style et son importance, une des plus belles résidences du département. Il renferme une bibliothèque importante et une curieuse galerie de tableaux dans laquelle on voit un grand nombre de portraits de Guébriant.

Saint-Jean-Kerdaniel possède deux écoles communales.

Le bourg n'est traversé que par des chemins vicinaux ordinaires.

SAINT-PÉVER

Superficie : 1,313 hectares. — Population : 715 habitants.

Cette commune s'étend sur la rive gauche du Trieux, dans la partie sud-ouest du canton.

Le sol, granitique en grande partie avec couche arable argileuse ou légère, est très productif. Depuis quelques années l'agriculture a fait des progrès notables.

Une grande étendue de landes a été défrichée ou semée en pins maritimes.

Le territoire est très accidenté et boisé seulement dans les vallées. Les champs sont bien plantés en pommiers, donnant un excellent cidre.

L'église, sous le patronage de saint Péver ou Bever, solitaire breton du VIe siècle, vient d'être récemment reconstruite.

Les chapelles d'Avaugour et de Restudou, toutes deux dédiées à la Vierge, sont remarquables par leur architecture gothique.

Près de la première, on voit les ruines du château d'Avaugour qui a été le siége d'une des premières baronnies de la Bretagne. On voit encore à Toulborzo les ruines d'un château ayant appartenu aux Le Gonidec de Tressan. Enfin, à Danoët, se trouvent les ruines d'un autre château et d'une vieille chapelle.

Il convient de citer les bois importants d'Avaugour et de Coëtmeur.

A Saint-Péver existent deux écoles communales, l'une de garçons créée en 1838, et l'autre de filles de création plus récente.

Le bourg est traversé par les chemins de grande communication N°s 24 et 56.

CANTON DE PONTRIEUX

(8 communes).

Pontrieux ; Brélidy ; Ploëzal ; Plouëc ; Quemper-Guézennec ; Runan ; Saint-Clet ; Saint-Gilles-les-Bois.

Le canton de Pontrieux est borné au nord par le canton de Lézardrieux ; au nord-est par le canton de Paimpol ; à l'est par le canton de Lanvollon ; au sud par les cantons de Lanvollon et de Bégard ; à l'ouest par le canton de La Roche-Derrien. — Il est traversé par les chemins de grande communication Nos 5, de Guingamp au Sillon de Talberg ; 8, de Tréguier à Gouarec ; 15, de Belle-Isle à Bréhat ; 16, de

Saint-Brieuc à Perros-Guirec, et 20, de Runan à Pleumeur-Gautier, et par les chemins d'intérêt commun N⁰ˢ 21, de Châtelaudren à Quemper-Guézennec ; 23, de Lannion à Plouha, avec embranchement sur Ploëzal et le port Servel ; 24, de Pontrieux à Carhaix ; 26, de Caouënnec à Runan ; 27, du Faouët à Châtelaudren ; 48, de Plouëc à Guingamp ; 53, de Guingamp à Plouëzec, et 82, de Saint-Clet à Runan.

La population du canton est de 13,414 habitants ; sa superficie de 10,582 hectares.

Le territoire de ce canton, arrosé non seulement par les rivières le Leff, le Jaudy et le Trieux, mais encore par d'autres cours d'eau moins importants, et très montueux au nord-est, au sud-ouest et au centre ; ses autres parties présentent des plateaux étendus. En général, il est assez bien boisé, et la plantation des pommiers commence à s'y répandre. Le voisinage de la mer, indépendamment des avantages qu'il procure à la population par le commerce et la navigation, est aussi très utile aux cultivateurs, qui en tirent parti pour se procurer des engrais marins de diverses natures. — Le sol du canton est généralement bon et bien cultivé, et les prairies artificielles suppléent avec les ajoncs à l'insuffisance des prés naturels qui ne comptent guère que pour 1/23ᵉ dans sa superficie totale. — Le lin se cultive avec succès dans le canton et l'élève du bétail y a de l'importance, mais il se fait surtout remarquer par la production de chevaux de trait recherchés pour leur bonne qualité. — On y trouve encore beaucoup de propriétés soumises au régime convenancier ou du domaine congéable. — Il appartient à la zone du littoral.

PONTRIEUX

Superficie : 107 hectares. — Population : 2,236 habitants.

Cette petite ville, située sur le bord du Trieux, à 19 kilomètres de la Manche, possède un petit port qui donne lieu à de nombreuses et assez importantes transactions.

C'est, peut-on dire, l'entrepôt commercial de toutes les communes qui l'avoisinent. On y expédie du blé, de l'avoine, du lin, du beurre, etc., et on y reçoit des vins, des alcools, de la houille, des bois, etc.

Plusieurs gabarres sont employées journellement à y apporter le warech recueilli sur les rochers avoisinant la mer et le sablon calcaire : engrais et amendements précieux pour les agriculteurs des environs.

Depuis quelques années, un bateau à vapeur, attaché au port de Pontrieux, remorque les navires qui montent ou descendent la rivière, jusqu'à la mer.

La pêche, en particulier celle des huîtres et du saumon, est très active et très fructueuse. Une quantité notable de poissons est envoyée journellement à Paris. C'est une source de grand profit pour la population.

La ville de Pontrieux, dont le nom s'explique par sa position, n'a pas toujours occupé l'emplacement actuel. Son centre était autrefois autour du château-fort de Châteaulin, dans la charmante vallée bien connue des visiteurs.

Deux fois pendant la guerre de succession de Bretagne, ce château et la ville furent pris et repris par les Anglais et enfin détruits par eux. Cette seigneurie dépendait du comte de Penthièvre, et en 1789, elle était possédée par les princes de Soubise.

En 1790, Pontrieux devint chef-lieu de district, et après 1880, chef-lieu de canton, dépendant de Guingamp.

L'étranger qui visite cette ville, est frappé de son joli aspect. De belles rues pavées et alignées, des places régulières et bien plantées, de jolis édifices font bien augurer de l'intelligence de ses administrateurs, et de son avenir commercial et industriel.

A ce point de vue, nous remarquons déjà la scierie et le four à chaux, deux tanneries importantes, une brasserie et surtout la minoterie et la cartonnerie de MM. Huet, frères.

L'église paroissiale est un vaste monument construit en 1838 et dédiée à Notre-Dame des Fontaines, dont la fête se célèbre en grandes pompes le 3e dimanche de juillet, en se terminant le soir par une procession aux flambeaux, une des plus suivies de Bretagne.

C'est de plus un centre scolaire important. Pontrieux possède une école de garçons, nombreuse et bien suivie, une école communale de filles avec école maternelle et un pensionnat primaire privé de jeunes filles.

Plusieurs personnages renommés ont été enterrés à Pontrieux, citons d'abord, Le Brigand, savant philologue, ami de La Tour d'Auvergne, Gaultier-Porteneuve, député à la Convention nationale, Guillaume Le Gorrec, député au conseil des Cinq-Cents, et ensuite procureur impérial à Saint-Brieuc, Claude Le Gorrec, secrétaire général de la Préfecture des Côtes-du-Nord et député pendant les Cent-Jours, Pierre Le Provost, député sous Louis-Philippe, Bastiou, Yves, ancien prieur de l'abbaye de Sainte-Geneviève à Paris, et auteur d'une grammaire française, etc.

Terminons en disant que le territoire de cette commune est peu étendu (102 hectares) et est presque tout entier compris dans la vallée profonde du Trieux. Le sol schisteux avec granite et gneiss au sud et au nord, entremêlés en général de roches amphiboliques, est fertile, bien boisé et bien cultivé.

La ville de Pontrieux est traversée par les chemins de grande communication N°s 5, 15 et 96.

BRÉLIDY

Superficie : 814 hectares. — Population : 712 habitants.

Cette commune, à territoire plat, uni, même marécageux dans certaines parties, s'étend entre le Jaudy et son affluent le Theoulas, à l'extrémité nord-ouest du canton. Seuls les bords de ces rivières sont accidentés.

Les terres, de constitution granitique, sont bien cultivées et productives.

Près de Porz-an-Parc, on voit les vestiges d'un château-fort dont dépendait la chapelle de Kerbiguer, et non loin du hameau de la Chavraie, dans un champ nommé Loquelar-Hastel (parcelle du château), on a cru reconnaître les traces d'un camp romain.

Une voie romaine s'y rendait.

Dédiée à saint Colomban, l'église n'offre rien de remarquable. Elle date de 1720, et sous le porche on voit les tombeaux d'un maire et de deux recteurs.

Deux écoles, une pour chaque sexe, existent depuis quelque temps à Brélidy.

Le bourg n'est traversé que par des chemins ordinaires.

PLOEZAL

Superficie : 2,628 hectares. — Population : 2,812 habitants.

Cette commune, la plus étendue du canton, occupe toute la partie nord et nord-ouest du canton, depuis la rive gauche du Trieux jusqu'à la limite de Pommerit-Jaudy, dans l'arrondissement de Lannion. Elle forme un plateau élevé à ondulations légères, excepté sur les bords du Trieux. Les champs sont entourés de fossés bien plantés, les prairies sont productives et les terres, à base argilo-schisteuse, sont bien cultivées. Les landes ont complétement disparu depuis plusieurs années.

Deux fours à chaux, donnant annuellement 10 à 12,000 hectolitres, sont établis depuis longtemps à Ploëzal.

Sur les bords du Trieux et dominant la rivière se dressent les restes du château-fort de la Roche-Jagu. Il a donné lieu à bien des légendes : vers la fin du XIIIe siècle, il appartenait à Richard Péan de la Roche-Jagu. Après avoir passé dans les maisons d'Acigné, de Richelieu et Le Gonidec de Tressan, il appartient aujourd'hui à la famille d'Argentré.

Près du bourg, on remarque deux tumulus. Ploëzal compte sept chapelles, et près de chacune d'elles a lieu un pardon le jour de la fête du patron.

L'église, reconstruite en 1842, est vaste.

Elle est sous le patronage de saint Pierre.

Deux écoles communales importantes desservent cette commune.

Le bourg est traversé par les chemins de grande communication N°s 5 et 20, et par celui d'intérêt commun N° 23, embranchement.

PLOUEC

Superficie : 1,827 hectares. — Population : 2,070 habitants.

Cette commune, qui s'étend au sud-ouest de Pontrieux, est bornée à l'est par le Trieux.

Le sol, de nature granitique, est fertile et bien cultivé ; l'agriculture y a fait depuis quelques années de notables progrès, grâce surtout à l'emploi de plus en plus répandu des instruments agricoles perfectionnés. Le cidre de Plouëc est très renommé. La principale industrie consiste dans la préparation du lin ; 120 ouvriers y sont employés, répartis entre deux usines, dont la plus importante est à Châteaulin-sur-Trieux.

De l'antique forteresse de Châteaulin qui défendit si longtemps Pontrieux, il ne reste plus le moindre vestige. Elle fut détruite en 1149, par le vicomte de Rohan, alors maître de Guingamp.

L'ancien château de Kercabin, possédé autrefois par les comtes de Lannion, est remplacé par une belle maison moderne à laquelle on accède par une magnifique avenue plantée de quatre rangées de châtaigniers.

L'église paroissiale, dédiée à saint Pierre, n'offre rien de remarquable. Il n'en est pas de même de la chapelle de la Trinité, appelée la Belle-Eglise, dédiée à saint Jorand et qui renferme son tombeau. L'architecture est du XVIe siècle. Sur les murs intérieurs, des peintures représentent les principaux actes de la vie du saint, rapportés par la légende. Près de cette chapelle, Jorand avait bâti une abbaye dont il ne reste plus de traces. Les habitants des environs l'invoquent pour la guérison des animaux. A Kamarel, on voit un menhir haut de 3 mètres, appelé la Roche-Bayo.

La commune de Plouëc possède deux écoles communales, l'une pour les garçons qui date de 1833, et une pour les filles.

Le bourg est traversé par les chemins de grande communication N° 15 et d'intérêt commun N°^{s} 48 et 82.

QUEMPER-GUÉZENNEC

Superficie : 2,304 hectares. — Population : 2,328 habitants.

Le nom de cette commune (Quemper, en breton confluent) lui vient de sa position dans l'angle formé par le Trieux à l'ouest et le Leff à l'est. Ces deux cours d'eau se réunissent au point nommé Frinandour (Fri-an-daou-dour) littéralement : nez des deux eaux. Son territoire est très accidenté, particulièrement sur les bords des deux cours d'eau : il est boisé, fertile et généralement bien cultivé.

Dans l'église, on remarque une belle rosace du XVe siècle. La chapelle de Saint-Maudez n'offre pas d'intérêt.

On ne voit plus que quelques ruines du château de Frinandour, place fortifiée, prise en 1393 par le connétable Olivier de Clisson, et qui la conserva pendant plusieurs années.

Au manoir de Kerlouet sont nés : en 1742, Jérôme Fleuriot de Langle, auteur de plusieurs ouvrages philosophiques et littéraires, et en 1747, Paul-Antoine, son frère, qui accompagna La Peyrouse dans son voyage autour du monde. Il commandait l'*Astrobale*, et fut massacré en 1787 dans l'île de Maouna (Polynésie).

A Quemper-Guézennec existent deux écoles communales, et une école privée de filles.

Le bourg est traversé par les chemins de grande communication N° 15 et d'intérêt commun N° 21.

RUNAN

Superficie : 512 hectares. — Population : 646 habitants.

Le nom de Runan viendrait de Run-ar-Gann (butte aux luttes) : ce qui tendrait à faire croire qu'en cet endroit, aux environs de la chapelle, aujourd'hui église paroissiale, les luttes du *pardon* étaient devenues légendaires.

Le territoire de Runan, situé entre Ploëzal et Plouëc, s'étend à l'ouest du canton. Il est fertile et bien cultivé. Les céréales et le lin notamment donnent de bonnes récoltes. Le Jaudy l'arrose et le borne à l'ouest.

Jean V, duc de Bretagne, dit la tradition, affectionnait particulièrement Runan, alors trève de Plouëc.

La chapelle Notre-Dame, aujourd'hui église paroissiale, est un bel édifice de la fin du xve siècle. On y remarque une belle verrière, longtemps dissimulée derrière des boiseries de mauvais goût, et un rétable en pierre sculptée, représentant les diverses scènes de la vie de la sainte Vierge.

Les armoiries de Bretagne et d'autres familles ornent les pignons. L'intérieur de cette église se compose de trois nefs divisées en compartiments communiquant entre eux par des arcades disposées dans le sens de la largeur.

Les piliers diffèrent notablement ; il y en a de prismatiques, d'autres formés de colonnettes et enfin on en voit qui sont ronds, massifs et sans ornementation.

L'attention des visiteurs est aussi attirée vers une pierre tombale sur laquelle sont sculptés un homme et une femme de grandeur naturelle. C'est la fille de Charles VI, roi de France, Jeanne et son époux, Jean V, qui sont ainsi représentés, sans doute en souvenir du séjour de 24 heures que firent les restes mortels de celui-ci, quand on les transportait de Nantes à Tréguier. Les roues du chariot qui les conduisait, se brisèrent en face de l'église, et ils y furent déposés. « Dieu ne voulut pas, dit la légende, que les restes du fondateur et du bienfaiteur de Runan passassent à Runan sans s'y arrêter. »

L'église est surmontée d'une tour élevée datant de 1822, mais qui n'est pas dans le style de l'église.

Dans le cimetière, on remarque un calvaire à trois croix, dont les sculptures ont été mutilées en 1793.

C'est à Runan qu'est né Olivier de Monteville, un des héros du combat des Trente.

La chapelle de Saint-Vincent-Ferrier est visitée tous les ans, par des personnes atteintes de la fièvre, qui viennent prier le saint de les guérir.

Les châteaux de Kerbellec et de Lestrézec n'offrent plus que des ruines ; les dépendances sont converties en fermes.

Dans ce dernier château, existait un souterrain qui communiquait avec l'église ; il a été comblé en partie.

Runan possède depuis 1835 une école communale de garçons, et depuis 1868, une école communale de filles.

Le bourg est traversé par les chemins de grande communication N°s 8 et 90 et d'intérêt commun N° 23.

SAINT-CLET

Superficie : 1,445 hectares. — Population : 1,675 habitants.

Cette commune occupe au sud de Pontrieux la rive droite du Trieux.

Le sol est de nature diverse : schiteux au nord, il est granitique au sud avec roches amphiboliques.

Le territoire est généralement plat et uni, excepté sur les bords du Trieux. Les terres de bonne qualité sont bien cultivées et bien boisées; il n'existe plus que très peu de landes.

L'église est ancienne et n'est remarquable que par ses vitraux.

La chapelle de Saint-Yves date de 1850, et celle de Notre-Dame de Clérin ou de Saint-Cado est dans le style du XVI° siècle. Cette dernière attire de nombreux pèlerins, au mois de mai, qui viennent invoquer le saint pour la guérison des yeux et des ulcères.

On voit encore les ruines des châteaux de Beauregard et de Karnavalet.

A Saint-Clet se trouvent créées depuis longtemps, une école communale de garçons et une de filles.

Le bourg est traversé par les chemins de grande communication N° 5 et d'intérêt commun N°s 21 et 82.

SAINT-GILLES-LES-BOIS

Superficie : 945 hectares. — Population : 935 habitants.

Saint Gilles, l'un des patrons de la paroisse, a donné son nom à cette commune. En 1793, elle prit pour quelque temps celui de Bellevue.

Son territoire occupe la partie sud-est du canton. Il est plat et uni, à l'exception de la partie ouest bordée par le Trieux. Il est bien planté de pommiers. Le sol, de nature granitique en général, est bien cultivé et productif, quoique humide en plusieurs parties. On y trouve peu de prairies, aussi les cultivateurs ont-ils recours à la culture des plantes fourragères pour l'élevage du bétail.

Le clocher porte la date de 1680, et le corps principal celui de 1757, et les porches celle de 1782.

Au village de Kerdanet, se trouve un souterrain voûté, en pierres de taille, d'une longueur de 160 mètres, qui communiquait autrefois avec le manoir de la Garde, dont les derniers vestiges ont disparu.

Du nord-ouest au sud-est se trouve une voie romaine de 2,000 mètres de long.

A Saint-Gilles est né Geffroy de Kermoisan, évêque de Cornouaille en 1358 et de Dol en 1373.

Saint-Gilles possède deux écoles communales situées au bourg. Celle des garçons a été créée en 1840, et celle des filles est devenue communale en 1873.

Le bourg est traversé par les chemins d'intérêt commun Nos 21 et 53.

CANTON DE ROSTRENEN

(6 communes).

Rostrenen; Glomel; Kergrist-Moëlou; Plouguernével; Plounévez-Quintin; Trémargat.

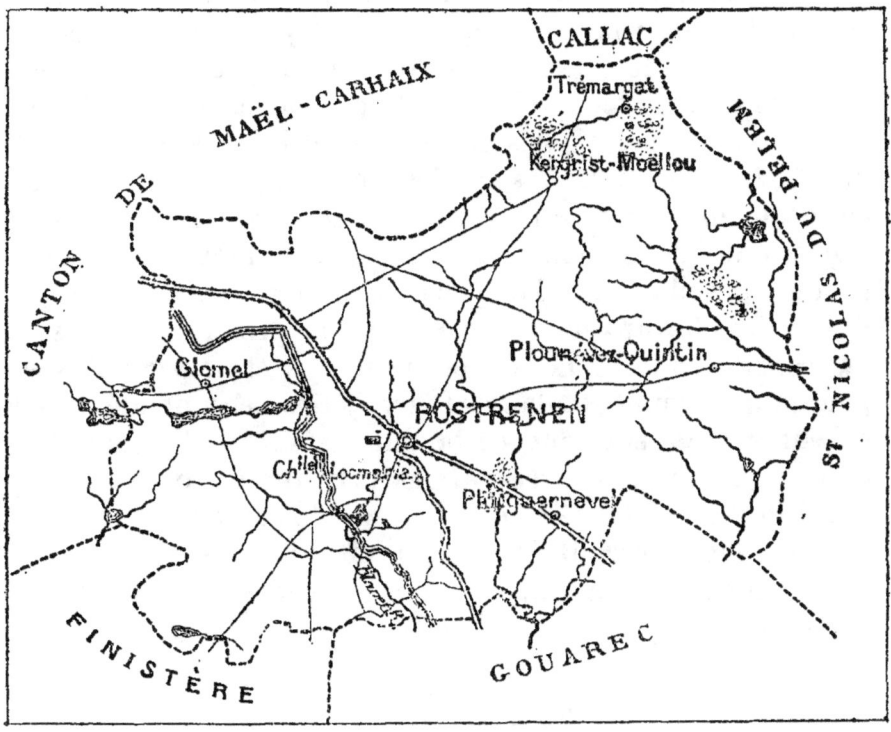

Le canton de Rostrenen est borné au nord par les cantons de Callac et de Saint-Nicolas-du-Pélem ; à l'est par les cantons de Saint-Nicolas-du-Pélem et de Gouarec ; au sud par le canton de Gouarec et par le département du Morbihan ; à l'ouest par le canton de Maël-Carhaix. Le canton est limité dans l'est par le Blavet. — Il est traversé par le canal de Nantes à Brest ; par les routes nationales N°s 164, d'Angers à Brest et 164 *bis*, de Rennes à Brest ; par les chemins de grande communication N°s 8, de Tréguier à Gouarec ; 10, de Saint-Brieuc à Quimper ; 23, de Rostrenen à Morlaix ; 31, de Lannion à Guémené ; 47, de Rostrenen à Lorient, et 49, de Saint-Nicolas à Carhaix, et par le chemin d'intérêt commun N° 80, de Lanrivain à Glomel, et 73, de Plouray à Carhaix.

La population du canton est de 13,431 habitants ; sa superficie de 25,759 hectares.

Le canton de Rostrenen appartient à l'ancienne Cornouaille, et nous pouvons dire que ses habitants, comme ceux de Maël-Carhaix, ont conservé presque sans altération, avec le type de leur race, les usages, la langue et les mœurs de leurs pères. Son territoire est fort élevé, très accidenté et montueux ; ses parties cultivées sont boisées, mais il est nu et découvert dans les landes beaucoup trop vastes qui en occupent environ le tiers. Ses prairies nombreuses, situées dans des vallons frais et humides, donnent de bons produits, appliqués à l'engraissement du bétail qui, avec l'élève des chevaux légers, constitue la principale richesse agricole du canton. Le sol est médiocre et ne produit que peu de froment et de plantes fourragères. Les amendements calcaires augmenteront certainement sa fertilité aussitôt qu'ils pourront être livrés à bas prix aux cultivateurs. Le canal de Nantes à Brest, qui traverse le canton, est la voie par laquelle ils seront facilement introduits. — Le canton de Rostrenen appartient à la zone pastorale du midi du département.

ROSTRENEN

Superficie : 2,162 hectares. — Population : 272 habitants.

La petite ville de Rostrenen est très pittoresquement située sur le versant ouest d'une colline.

C'est un centre de commerce local très important. En outre des marchés qui ont lieu le mardi de chaque semaine, 26 foires s'y tiennent chaque année ; elles donnent lieu à de nombreuses transactions, notamment sur le bétail.

Le sol est en général granitique ; toutefois au sud on trouve du schiste modifié. Le territoire est très accidenté et montagneux, le faible ruisseau de Saint-Jacques le traverse. Dans les vallons, les terres sont bien boisées, tandis que les hauteurs sont nues et découvertes. La culture est bien entendue ; les landes ont à peu près disparu.

On remarque à Rostrenen beaucoup de maisons en bois très anciennes. L'église, dédiée à Notre-Dame du Roncier, est un monument nouvellement restauré qui date des XIIIe et XIVe siècles. Les magnifiques vitraux et les autels sculptés des chapelles latérales attirent l'attention des visiteurs. On y voit un beau tableau d'Olivier Perrin, qui en a fait hommage à sa ville natale.

Dans le cimetière, se trouve la petite chapelle de Saint-Jacques, qui renferme un bas-relief représentant la Passion. Elle dépendait, dit-on, d'une commanderie de Templiers.

La vieille forteresse des comtes de Rostrenen, qui avait un donjon très élevé, n'existe plus ; sur son emplacement et dominant l'étang, on a bâti un château moderne qui est occupé par la mairie et l'école communale des filles.

Plusieurs seigneurs de Rostrenen ont eu un renom ; on compte parmi eux, un sénéchal de Bretagne, Rivoalon de Rostrenen, un croisé Geoffroy, et un chambellan de Charles VII, Pierre de Rostrenen.

Le nom de cette ville, vient de Roz-Dreinen, tertre des Ronces, sous lesquelles une statue miraculeuse de la Vierge aurait autrefois été découverte. A Rostrenen sont nés : Olivier Perrin, peintre de talent, et le père Grégoire, auteur d'une grammaire et d'un dictionnaire bretons.

Au-dessus du moulin de Kerbescond, on aperçoit encore les traces d'un camp retranché. Le beau bois taillis de Sainte-Hélène, est un joli lieu de promenade pour les habitants de Rostrenen ; il renferme une fontaine consacrée à cette sainte.

Rostrenen est aussi un centre scolaire important : deux écoles communales, une pour chaque sexe, avec pensionnat, comptent un grand nombre d'élèves ; en 1885, une école maternelle y a été créée.

La ville est traversée par les routes nationales 164 et 164 bis, et par les chemins de grande communication N°s 10 et 31.

GLOMEL

Superficie : 8,401 hectares. — Population : 3,692 habitants.

Cette commune, dont la superficie territoriale est de 8,401 hectares, est une des plus étendues du département. Son territoire, qui est traversé au nord par le canal de Nantes à Brest, sur une longueur de 11 kilomètres, occupe toute la partie sud du canton sur les confins du Morbihan. On y rencontre du granit près de Trégornan, des roches amphiboliques près du bourg, à l'est et au nord, du schiste, et à l'ouest du schiste encore et deux îlots de grès.

Les nombreux accidents de terrain et l'élévation de certains mamelons rendent la culture difficile. Les landes se défrichent et se plantent peu à peu, grâce aux efforts de quelques propriétaires, notamment de M. le comte de Saisy qui, par leur exemple, ont montré aux cultivateurs qu'on peut tirer de tout terrain un parti quelconque.

La commune de Glomel se divise en trois paroisses : Glomel, sous le patronage de saint Germain-l'Auxerrois, Trégornan et saint Michel. Deux autres chapelles existent en Glomel, celles de Saint-Conogan et de Sainte-Christine.

C'est en Glomel que se trouve le seuil du canal, c'est-à-dire le point de partage des bassins de l'Hière et du Blavet, à la jonction des Montagnes-Noires et des Monts d'Arrez. C'est à 1 kilomètre au nord qu'est la tranchée de 4 kilomètres de longueur sur 17 mètres de profondeur en moyenne; elle reçoit les eaux de réserve de l'étang de Goron, qui mesure 76 hectares et contient 2,770,000 mètres cubes d'eau.

Non loin de cette tranchée et au nord on trouve une source d'eau ferrugineuse très importante et peu exploitée.

Outre l'étang de Goron, il y a encore celui de Moulin, tous les deux très poissonneux.

L'Ellé, affluent du Blavet, prend sa source en cette commune.

Parmi les châteaux anciens, nous citerons ceux de Rodenou et celui de Kersaint-Eloy, qui appartient à M. de Saisy, sénateur.

La voie romaine de Vannes à Carhaix traverse Glomel. On voit au village du Menhir, sur un point très élevé, une pierre druidique de 8 mètres 60 de haut, dont le poids est évalué à 83,000 kilos. Enfin, au Faouédic, on aperçoit encore quelques vestiges d'un camp romain.

Deux écoles communales existent au bourg; deux autres seront prochainement établies à Saint-Michel et à Trégornan.

Le bourg est traversé par le chemin de grande communication N° 10, et le chemin d'intérêt commun N° 73.

KERGRIST-MOELOU

Superficie : 5,470 hectares. — Population : 2,503 habitants.

Le territoire de cette commune s'étend au nord de Rostrenen, dans la partie nord-ouest du canton. Très accidenté au nord, le sol est assez uni vers le sud. Le schiste y domine. Les terres semi-argileuses sont généralement bonnes, l'agriculture en tire bon profit. Depuis quelques années, une certaine étendue de landes a été défrichée ou plantée, mais il reste encore beaucoup à faire pour les rendre toutes productives. Le bois de Kergrist est en cette commune.

L'église de Kergrist, sous le patronage de la sainte Trinité, est certainement un des monuments religieux les plus remarquables de la Cornouaille. Elle offre le type le plus complet de l'architecture usitée au XVI° siècle dans la région. On y admire surtout les fenêtres géminées des transepts et du chevet décorées magnifiquement, et la porte principale encadrée d'innombrables et riches sculptures. La tour est surmontée d'une flèche en granit, haute de 25^m, dont les arêtes sont à crochets. Ce monument porte la date de 1554.

Dans le cimetière, entouré d'ifs énormes, on aperçoit les débris mutilés d'un grand nombre de statues groupées sans doute autrefois autour d'un calvaire.

Il convient de citer la chapelle de l'Isle, qui se trouve au village d'Illismoëlou.

Kergrist-Moëlou possède deux écoles communales.

Le bourg est traversé par les chemins de grande communication N° 31 et d'intérêt commun N° 80.

PLOUGUERNÉVEL

Superficie : 5,933 hectares. — Population : 3,494 habitants.

Le bourg de Plouguernével est situé à mi-route à peu près entre Gouarec et Rostrenen. Le territoire qui occupe la partie sud-est du canton est très montueux, à mamelons fort élevés. Les terres, à base générale de granit, sont de médiocre qualité, boisées où elles sont cultivées, nues sur les hauteurs couvertes de bruyères que le défrichement n'a pas encore conquis à la culture, ou couronnées de belles futaies de pins.

Dans l'église dédiée à Notre-Dame, on remarque quatre fonts baptismaux. Cette bizarrerie s'explique ainsi : autrefois cette grande paroisse était administrée par quatre recteurs possédant chacun une piscine baptismale. Les deux trèves que comprenait Plouguernével, Bonen et Saint-Gilles ont été érigées en paroisses : la chapelle de cette dernière est devenue l'église paroissiale de Gouarec.

On visite avec intérêt l'antique chapelle de Locmaria qui était aussi une ancienne trève ; la flèche, en pierres de taille, est élégante et hardie ; dans l'intérieur de cette chapelle se trouve la tombe armoriée d'un sire de Quenec'h-Quevillic.

Près du château de Coethual, se trouvent les vestiges d'une vieille forteresse et entre les deux villages de Bodeleo les restes d'un vaste camp romain. Citons en outre les menhirs de Keringant, de Kerauffret et de Keralain.

A Plouguernével se trouve un des Petits-Séminaires du diocèse, fondé en 1669, par le recteur Picot de Coethual, dont la tombe se voit encore dans le cimetière. Supprimé en 1791, il a été rétabli en 1815.

Cette commune ne possède pas encore d'école communale de garçons. On compte une école de filles au bourg, et une école mixte au hameau de Bonen.

Le bourg est traversé par la route nationale N° 164 *bis* et le chemin de grande communication N° 8, embranchement.

PLOUNÉVEZ-QUINTIN

Superficie : 4,293 hectares. — Population : 2,549 habitants.

Cette commune s'étend au nord-est du canton et est limitée au nord et à l'est par le Blavet. Plusieurs petits ruisseaux tributaires de cette rivière en sillonnent le territoire en tous sens.

Le sol renferme du granit dans le nord, mais au sud le schiste domine. Le territoire est très élevé et très accidenté au sud, où les terres sont de bonne qualité, bien plantées en pommiers qui donnent un excellent cidre.

Depuis quelques années, l'agriculture y a fait des progrès sensibles ; néanmoins, beaucoup de terres qu'on pourrait cultiver, restent en friche ; les habitants s'adonnent avec succès à l'élevage des chevaux légers et à l'engraissement des bœufs.

L'église, qui n'a rien de remarquable, est dédiée à saint Pierre. On compte plusieurs chapelles en la commune : Notre-Dame de Kerhir, qui porte la date de 1596 et qui est surmontée d'un joli clocher en granit, Saint Colomban, Saint-Roch et Saint-Bonaventure.

A deux kilomètres du bourg, on voit les traces de l'ancienne voie romaine de Corseul à Carhaix.

Près du château de Trovran, se trouve un tumulus.

Deux écoles communales existent à Plounévez ; elles forment un groupe scolaire dont les bâtiments ont été construits récemment.

Le bourg est traversé par les chemins de grande communication Nos 8 et 10.

TRÉMARGAT

Superficie : 1,390 hectares. — Population : 538 habitants.

C'est en 1851, que le territoire de cette commune a été distrait de Plounévez-Quintin. Toute la partie de l'extrême nord du canton est occupée par Trémargat. Le territoire, à base granitique, est très élevé et très accidenté, notamment sur les bords du Blavet qui le sépare de celui de Lanrivain ; les terres qui couvrent plus d'un quart de cette commune, sont de médiocre qualité.

L'église, sous le vocable de Notre-Dame, n'offre aucun intérêt.

A Toul-Goulic, le Blavet qui n'est encore qu'un fort ruisseau, disparaît sous des rochers dans un espace de 25 à 30 mètres.

Nous n'oublierons pas de citer le manoir de Lampoul, qui appartient aux héritiers du célèbre La Tour d'Auvergne. On y conserve le lit et l'armoire dont il se servait quand il venait y séjourner.

Une seule école mixte dessert cette commune.

Le bourg est traversé par le chemin d'intérêt commun N° 80.

CANTON DE SAINT-NICOLAS-DU-PÉLEM

(8 communes).

Saint-Nicolas-du-Pélem ; Canihuel ; Kerpert ; Lanrivain ; Peumerit-Quintin ; Saint-Connan ; Saint-Gilles-Pligeaux ; Sainte-Tréphine.

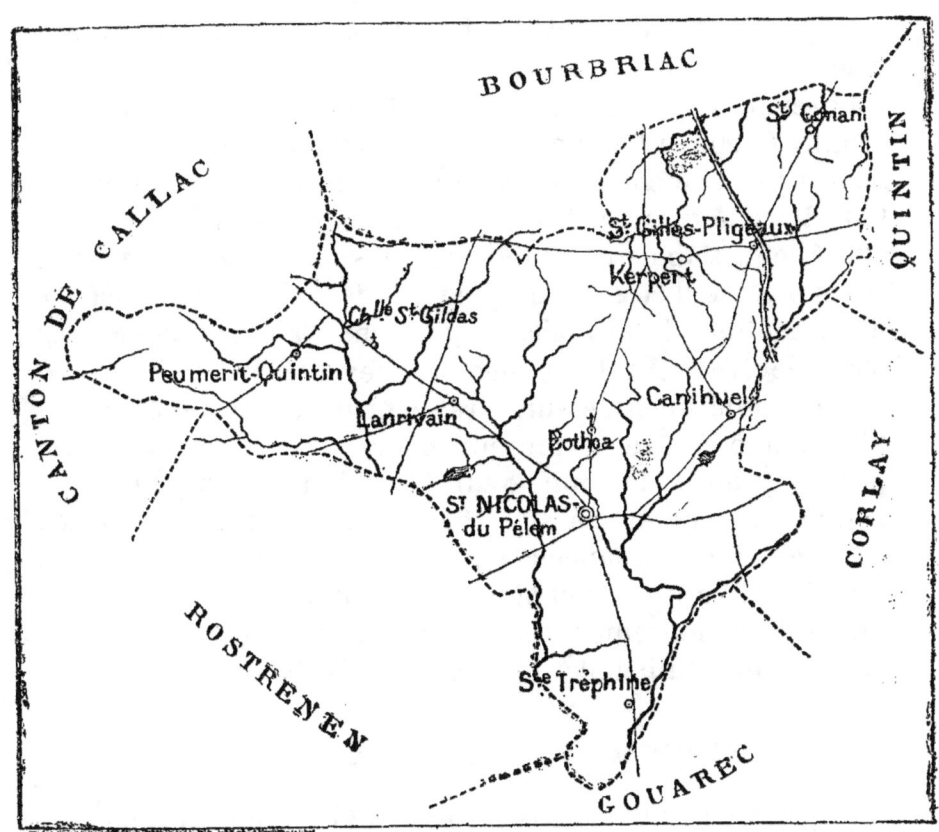

Le canton de Saint-Nicolas-du-Pélem est borné au nord par les cantons de Callac et de Bourbriac ; à l'est par les cantons de Quintin et de Corlay ; au sud-est par le canton de Gouarec, dont il est séparé par le Sulon ; à l'ouest par le canton de Rostrenen, dont il est séparé par le Blavet, et par le canton de Callac. — Il est traversé du sud au nord par la route nationale N° 167, de Vannes à Lannion ; par les chemins de grande communication N°s 8, de Tréguier à Gouarec ; 10, de Saint-Brieuc à Quimper ; 31, de Lannion à Guéméné ; 46, de Guingamp à Guéméné ; 50, de Saint-Nicolas à Belle-Isle, et 52, de Quintin à Morlaix, et par les chemins d'intérêt commun N°s 22, de Bourbriac à Corlay ; 25, de Saint-Nicolas à Châtelaudren ; 64, de Carhaix au chemin de grande communication N° 9 ; 71, de Saint-Nicolas à Uzel, et 80, de Lanrivain à Glomel.

La population du canton est de 10,761 habitants ; sa superficie de 19,122 hectares.

Le canton de Saint-Nicolas-du-Pélem appartient à l'ancienne Cornouaille. Son territoire est traversé de l'est à l'ouest par une chaîne de montagnes granitiques, continuation de celle d'Arrèz. Il est généralement très élevé et accidenté, et il s'abaisse seulement au sud. Dans cette partie, son sol cesse d'être granitique pour devenir argilo-schisteux et susceptible de produire le froment. Partout ailleurs, ses terres légères sont d'une médiocre fertilité. Des vallées profondes, dont quelques-unes récèlent de la tourbe combustible, sillonnées de nombreux cours d'eau, sont occupées par des prairies de bonne qualité. Les landes comptent pour 1/5e au moins dans sa superficie. Les propriétés soumises au régime convenancier s'y retrouvent encore en assez grand nombre. — Ce canton, qui appartient à la zone pastorale du département, se livre tout spécialement à l'engraissement du bétail ; il élève aussi des chevaux légers.

SAINT-NICOLAS-DU-PÉLEM

Superficie : 4,104 hectares. — Population : 2,886 habitants.

Le bourg de Saint-Nicolas n'était autrefois qu'un village de Bothoa, paroisse qui dépendait de l'évêché de Quimper. Bothoa fut chef-lieu de canton jusqu'en 1836, et cure jusqu'en 1861. Ce n'est plus qu'une simple succursale de Saint-Nicolas.

Comme seigneurs de la paroisse, les sires de Loz de Beaucourt avaient droit à une redevance de la fabrique pour louage de la chapelle Saint-Nicolas, aujourd'hui église paroissiale, s'élevant à 5 fr. par an et une pelotte de fil.

Le territoire est borné à l'ouest par le Blavet et à l'est par un de ses affluents, le Sulou. Il est très accidenté, notamment dans la partie nord. Dans le sud on rencontre beaucoup de champs plantés de pommiers. L'agriculture y progresse et consiste surtout dans l'élevage des bestiaux.

L'église est un beau monument du xve siècle, on y remarque un magnifique vitrail représentant l'histoire de saint Nicolas. Celle de Bothoa a pour patron saint Pierre ; sa maîtresse vitre, qui date du xive siècle, attire l'attention.

La chapelle de Saint-Eloy est surmontée d'un élégant clocher de granit. Il s'y tient, le 24 juin, un pardon où les éleveurs conduisent leurs chevaux pour les mettre sous la protection du saint.

Du nord-est au sud-ouest, le territoire de Saint-Nicolas est traversé par la voie romaine de Corseul à Carhaix.

Non loin du Danoudel et de Kerascouët, on trouve deux dolmens assez bien conservés et un menhir près du Rosset.

Cette commune possède une école communale de garçons et deux écoles de filles, dont l'une est publique.

Le bourg est traversé par les chemins de grande communication N°s 10 et 46.

CANIHUEL

Superficie : 3,214 hectares. — Population : 1,588 habitants.

Cette commune s'étend au nord-est de Saint-Nicolas et comprend un territoire élevé, très accidenté. En dehors de quelques bois taillis, il est nu et découvert. Les landes qui existent encore, sont peu susceptibles d'être défrichées, seuls des semis de pins maritimes pourraient bien réussir.

L'élevage des bœufs et surtout des chevaux est la grande branche agricole de cette commune.

La tradition porte à croire qu'au village de Restopert, traversé par la voie romaine de Carhaix à Corseul, existait une agglomération importante. De nombreuses voies semblent y avoir pris naissance, on croit y découvrir les traces d'une ancienne église ; une cuve énorme en granit, où les ménagères lavent aujourd'hui, gît dans l'herbe, non loin de là. D'un autre côté, ce qui confirmerait dans cette opinion, c'est la découverte que l'on a faite dans cet emplacement d'un certain nombre de cercueils qui remonteraient à l'époque mérovingienne.

Canihuel faisait partie de l'ancienne paroisse de Bothoa. Elle fut érigée en paroisse le 1er frimaire an XII.

L'église, dédiée à Notre-Dame, est en grande partie du xve siècle, on en attribue la première fondation aux Templiers. Sa maîtresse vitre est remarquable par ses grandes dimensions. Le clocher, qui date de 1839, est de mauvais goût.

Un grand nombre de menhirs sont disséminés sur le territoire de Canihuel. Au Pelinec, près d'un bel étang, se trouve un plateau de 60 mètres de diamètre, entouré d'un large fossé qui semble indiquer l'emplacement d'un camp romain.

On remarque les châteaux du Glazan et du Bois-Berthelot; un des seigneurs de ce dernier était pendant la 7e croisade en Egypte.

Canihuel possède deux écoles ; celle des garçons a été créée en 1861, et celle des filles en 1871.

Le bourg est traversé par les chemins d'intérêt commun Nos 22 et 25.

KERPERT

Superficie : 2,100 hectares. — Population : 1,190 habitants.

Le territoire de Kerpert comprend la ligne de partage des eaux du bassin du Blavet et de celui du Trieux. Cette dernière rivière a au village de Crec'h an-Zivi, une de ses principales sources.

Très montueux, très accidenté, le sol, de nature granitique, est léger, sablonneux et par conséquent de médiocre qualité. L'élevage des bestiaux, surtout des chevaux, est la principale préoccupation des cultivateurs. Le froment est la seule céréale dont la culture ne soit pas encore acclimatée.

Kerpert était autrefois une trève de Saint-Gilles-Pligeaux. Elle en a été distraite en 1790.

L'église n'offre de remarquable qu'un beau vitrail représentant plusieurs scènes de la vie de saint Pierre.

L'abbaye de Coëtmaloën, dont on ne voit plus que les ruines à 300 mètres de la route nationale, a été fondée en 1342 par Alain Le Noir, comte de Penthièvre. Elle a été occupée pendant près de sept siècles par les moines de Citeaux. Située dans un lieu agréable, environnée de bois magnifiques, elle était le monastère le plus important de la région.

Au sommet de la côte qui domine le moulin Trieux, dans une lande appelée Mez-Pannou, on trouve une pierre branlante de 9 mètres de circonférence à la base et d'une hauteur de 2 mètres. Une seule personne, avec la main, la met facilement en mouvement, et les efforts réunis de plusieurs hommes n'en pourraient obtenir de plus fortes oscillations. Mais ce qui attire le plus la curiosité, ce sont les grosses pierres parsemées dans cette même lande. Toutes portent des empreintes différentes. Ici, on voit la forme d'un corps humain, là, la tête et le tronc ; puis, à côté et sur la même pierre, les membres inférieurs. Plus loin, des croix taillées dans le roc, des bassins ou piscines. Une pierre porte l'empreinte d'un soulier, une autre d'un sabot. Au premier abord, on croit voir un lieu de supplice ou de sacrifice, mais tout porte à croire que c'était un sanctuaire très vénéré où avaient lieu des cérémonies religieuses celtiques.

Deux écoles communales existent à Kerpert, une de garçons et l'autre de filles.

Le bourg est traversé par le chemin de grande communication N° 52.

LANRIVAIN

Superficie : 3,674 hectares. — Population : 1,594 habitants.

Le nom de cette commune qui se prononce en breton Lanruen, viendrait de Lan, pays, et de Rioven ou Ruen, nom d'un saint venu en Cornouaille des environs de Rennes.

Son territoire s'étend à l'ouest de Saint-Nicolas jusqu'au Blavet, qui le sépare de Trémargat. Il a la forme d'un triangle, dont le sommet serait au sud. Quelques affluents du Blavet le sillonnent et forment des vallées fertiles et bien boisées, tandis que les hauteurs sont couvertes de landes incultes.

La constitution du sol est granitique comme toutes les collines qui forment la ligne de partage des eaux du bassin de la Manche de celui de l'Atlantique. Dans le nord-est, le terrain est assez plat et généralement boisé.

L'élevage des bestiaux est la grande branche agricole. Le blé récolté est à peine suffisant aux besoins des habitants. L'agriculture progresse cependant peu à peu dans cette région si déshéritée de voies de communications.

Lanrivain est une ancienne trêve de Bothoa ; elle a été érigée en paroisse distincte en 1802. Plusieurs manoirs existaient dans cette commune, notamment celui de Beaulieu, dont le seigneur exerçait sur le pays le droit de haute, moyenne et basse justice : dans le bourg, une vieille maison dite *maison du baron*, lui aurait appartenu ; celui de Kerbastard converti en maison de ferme, et celui de Kerphilippe isolé au milieu de la lande.

Au hameau de Guéodet ou de Guyaudet, se trouve une chapelle dédiée à Notre-Dame, bâtie à un endroit où une statue de la Vierge aurait été trouvée en 1692. De nombreux pèlerins s'y rendent tous les ans. On compte encore celles de Saint-Antoine et de Lancgan.

L'église paroissiale, dédiée à saint Grégoire, date de 1849 ; elle possède une très jolie chaire à prêcher. Dans le cimetière, entouré de beaux ifs, on remarque un calvaire qui date de 1548 et qui vient d'être restauré.

C'est entre Lanrivain et Trémargat que se trouve le passage souterrain du Blavet, sous des rochers énormes amoncelés sur son cours.

Lanrivain possède deux écoles communales, celle des garçons a été créée en 1846, et celle des filles ne date que de 1868.

Le bourg est traversé par le chemin d'intérêt commun N° 50.

PEUMERIT-QUINTIN

Superficie : 1,480 hectares. — Population : 643 habitants.

Le territoire de cette commune s'étend à l'ouest du canton et du Blavet. Très élevé et accidenté, surtout au nord et au sud, il est arrosé par le Blavet et quelques-uns de ses affluents, notamment Le Loch.

Les terres sont légères et reposent sur un sous-sol granitique. De qualité médiocre, elles ne fournissent en céréales que l'avoine, le seigle et le blé-noir. L'élevage des bestiaux prend de jour en jour plus d'extension, au grand profit de ceux qui s'y livrent.

L'église paroissiale, dédiée à la sainte Vierge, a été agrandie à diverses époques ; elle offre peu d'intérêt. Il n'en est pas de même de la chapelle de Saint-Jean du Loch, près de l'étang de ce nom. Sur l'un des murs on lit la date de 1446, on remarque ses autels en pierre, ornés de curieux bas-reliefs.

Près de Pempoul, on voit un dolmen bien conservé de 10 mètres de longueur. Deux tumulus ou tombelles existent encore dans cette commune.

Une école communale mixte, créée il y a quelques années, dessert cette commune.

Le bourg n'est traversé que par des chemins vicinaux ordinaires.

SAINT-CONNAN

Superficie : 1,354 hectares. — Population : 904 habitants.

La commune de Saint-Connan est une ancienne trêve de

Saint-Gilles-Pligeaux. Elle a été créée en 1791. Elle doit son nom à saint Connan, missionnaire du vi° siècle.

Son territoire élevé et très accidenté occupe la partie nord-est du canton, sur les limites des cantons de Bourbriac et de Quintin. Les terres sont légères et de qualité médiocre. Plus de 1/6° du sol est encore sous landes, peu susceptibles d'être cultivées, mais qui pourraient être semées ou plantées en pins ou sapins. Le bois y est rare ; un seul taillis, celui de Saint-Bernard, qui fait partie de la forêt de Coëtmaloën, se trouve en Saint-Connan.

Deux des principales branches du Trieux arrosent la commune et forment chacune un bel étang, celui de l'Etang-Neuf, près du village de ce nom, et celui de Saint-Connan, proprement dit, au sud du bourg. Ces deux étangs sont poissonneux et sont couverts d'oiseaux aquatiques pendant l'hiver et le printemps.

L'église, dédiée à saint Corentin, est en partie moderne. On remarque près de l'Etang-Neuf, la chapelle de Notre-Dame du Loyo.

A 1,500 mètres environ à l'est du bourg, dans une lande dite Crech-ar-Leurren, on voit les vestiges d'un camp traversé du nord au sud par une voie romaine. Non loin de là, dans la lande appelée Le Verrouvin, se trouve un dolmen assez remarquable, et les ruines de l'ancien château-fort de la Ville-Neuve.

L'aspect du bourg est triste et pauvre. Seules, la maison d'école et le presbytère font contraste avec le mauvais état extérieur des autres habitations.

Saint-Connan ne possède encore qu'une école de garçons ; les filles sont obligées de se rendre à Senven-Léhart.

Le bourg est traversé par le chemin d'intérêt commun N° 25.

SAINT-GILLES-PLIGEAUX

Superficie : 1,944 hectares. — Population : 1,221 habitants.

D'après la tradition, les anciens seigneurs avaient coutume de réunir, au chef-lieu de cette commune, leurs vassaux et tenanciers pour tenir leur plaid (en breton *plejao*) ; de là viendrait le surnom de Pligeaux donné à cette paroisse pour la distinguer des autres du même nom.

Il y a peu d'années, on voyait encore près du cimetière, une énorme pierre aplatie au sommet, qu'on appelait « la pierre du plaid » et qui aurait servi de tribune pour les assises du seigneur.

Le territoire de Saint-Gilles s'étend à l'ouest du canton et est traversé comme Saint-Connan et Canihuel par la route nationale de Guingamp à Pontivy.

De 1792 à 1801, cette commune a été chef-lieu de canton. Très élevé, très accidenté, de nature granitique, excepté dans le sud où l'on trouve du schiste, le sol est de qualité médiocre, excepté aux environs du bourg. L'agriculture s'y développe ; l'élevage des bestiaux, bœufs de boucherie et chevaux, est la principale industrie des habitants. On voit encore beaucoup de landes non cultivées qui attendent des semis de pins.

De nombreux ruisseaux sillonnent la commune en tous sens, les uns coulent vers le nord et vont former le Trieux, les autres se dirigent vers le sud et sont des sous-affluents du Blavet. Le bourg est un des points culminants des monts d'Arrèz et de la ligne de partage des eaux ; une partie des eaux de la fontaine placée au sud de l'église s'écoule vers la Manche et l'autre vers l'Océan.

L'église paroissiale, dédiée à saint Gilles, est assez remarquable. Elle est surmontée d'une tour en granit très élevée, du sommet de laquelle on jouit d'une vue très étendue. Cette tour porte la date de 1644 ; mais l'église paraît beaucoup plus ancienne. Dans le cimetière, la chapelle Saint-Laurent mérite l'attention à cause du groupe de statues qu'elle renferme et qui figurent l'ensevelissement du Christ. Il existe en Saint-Gilles deux autres chapelles, celle de Notre-Dame de la Clarté, dont le pardon qui a lieu le 8 septembre, attire un grand nombre de pèlerins et de promeneurs, et celle de Saint-Gildas-des-Prés.

On remarque deux beaux menhirs, dont l'un, celui de

Kergornec, a 7 mètres de hauteur, et la caverne de Kertanguy qui, d'après la légende, aurait été habitée par une sibylle.

Les anciens manoirs de Kervilio et de Kergornec n'existent qu'à l'état de ferme. Les landes qui entouraient le premier disparaissent peu à peu, grâce au propriétaire actuel qui les fait planter de bois de toute essence.

A Saint-Gilles-Pligeaux sont nés : Claude Jégou de Kervilio, qui fut président au Parlement de Bretagne en 1672, et Olivier Jégou, évêque de Tréguier en 1698.

Un beau groupe scolaire, dans lequel sont installées l'école communale des garçons et celle des filles, a été achevé en 1883.

Le bourg est traversé par les chemins de grande communication N° 52 et d'intérêt commun N° 25.

SAINTE-TRÉPHINE

Superficie : 1,252 hectares. — Population : 736 habitants.

Cette commune doit son nom à sainte Tréphine, patronne de l'église paroissiale et mère de saint Trémeur, épouse de Comore le maudit, mise à mort par ce dernier et ressuscitée, dit-on, par saint Gildas.

Son territoire, qui occupe l'extrême sud du canton et qui est compris entre le Blavet et le Sulon, est de nature schisto-argileux. Il est généralement uni, excepté sur les bords du Blavet ; il est bien boisé et en général bien planté et bien cultivé.

L'église est du xv° siècle ; elle conserve les reliques de sa patronne et de saint Trémeur depuis le vi° siècle.

Dans le cimetière, fermé d'une élégante grille de fer, on voit une fosse garnie de pierres plates, on l'appelle le tombeau de saint Trémeur ; une autre pierre creusée est, dit-on, la tombe de sa mère.

On remarque dans cette commune deux autres chapelles, celle de Saint-Trémeur et celle de la Sainte-Vierge.

Sur la place du bourg, se trouve une pierre carrée et

percée d'un trou à son sommet ; on la nomme *men pebre* (pierre au poivre). C'était, selon toute apparence, une mesure destinée à recevoir en nature la redevance de cette épice.

Comme maison d'habitation importante, il convient de citer le château moderne de Kerauter.

Plusieurs carrières d'ardoises sont en exploitation.

Une seule école mixte dessert cette commune.

Le bourg est traversé par le chemin de grande communication N° 46.

ARRONDISSEMENT DE LANNION.

L'arrondissement de Lannion se subdivise en 7 cantons, savoir : Lannion, La Roche-Derrien, Lézardrieux, Perros-Guirec, Plestin, Plouaret et Tréguier. Ces 7 cantons comprennent 64 communes ; soit, en moyenne, 9 municipalités par circonscription cantonale. Sa population est de 109,428 habitants, et sa superficie de 93,647 hectares.

Il est borné au nord par la Manche ; à l'est par les arrondissements de Saint-Brieuc et de Guingamp ; au sud par l'arrondissement de Guingamp, et à l'ouest par l'arrondissement de Morlaix (Finistère) et par la Manche.

L'arrondissement de Lannion appartient tout entier au versant nord de la Bretagne et forme une partie importante du littoral du département. Son territoire est, en général, accidenté ; mais il devient élevé et montagneux dans ses parties sud et sud-ouest. Il est coupé de nombreux cours d'eau qui parcourent de charmantes vallées et dont les principaux sont les rivières le Guer et le Jaudy. Son sol est généralement bon, fertile et parfaitement cultivé. La partie sud, plus éloignée des engrais calcaires et autres que la mer produit, est inférieure à celles qui bordent ou avoisinent les côtes. Les terres y sont sablonneuses et légères, et les points élevés couverts de bruyères. Le bois vient bien dans cet arrondissement ; mais il n'est pas commun dans la partie nord, où l'on plante peu, afin de ne pas nuire aux récoltes. On y supplée pour le chauffage au moyen des ajoncs qui servent à utiliser les landes qu'on ne pourrait cultiver autrement avec avantage. On ne compte, dans cet arrondissement, qu'une forêt, celle de Beffou, située dans le sud.

L'arrondissement de Lannion, bien que le moins grand des cinq qui composent le département, peut en être considéré comme le plus riche. En effet, à une agriculture avancée, qui produit d'excellents et forts chevaux, des céréales de premier ordre en abondance, des lins égaux en qualité à ceux de la Flandre, des chanvres qui, bien préparés, peuvent rivaliser avec les meilleurs de France, des colzas, etc., il joint le commerce, la marine et la pêche côtière. — Tous les habitants de son littoral, hérissé de roches, découpé de baies profondes, bordé d'îles et d'îlots, sont marins et les cultivateurs le deviennent aux époques de la coupe des varechs, qui croissent si abondants sur ses côtes, que l'agriculture, après en avoir employé d'énormes masses, laisse encore à l'industrie des quantités notables de ces plantes marines pour l'incinération en vue de l'extraction de la soude qu'elles contiennent. — Ses rivières, le Guer particulièrement, sont poissonneuses, et ses rivages, fréquentés par les poissons voyageurs, abondent en crustacés et mollusques qui, comme les huîtres de Tréguier, par exemple, sont une source de bénéfice pour les riverains. L'industrie même n'y est pas négligée, et les toiles dites de Tréguier, fabriquées dans le canton de ce nom et dans ceux qui le limitent, ont trouvé et trouvent toujours des débouchés faciles. — La population de l'arrondissement de Lannion est généralement vigoureuse et présente des types énergiques de la race bretonne, qui la compose en immense majorité.

CANTON DE LANNION

(9 communes).

Lannion ; Brélevenez ; Buhulien ; Caouënnec ; Loguivy-lès-Lannion ; Ploubezre ; Ploulec'h ; Rospez ; Servel.

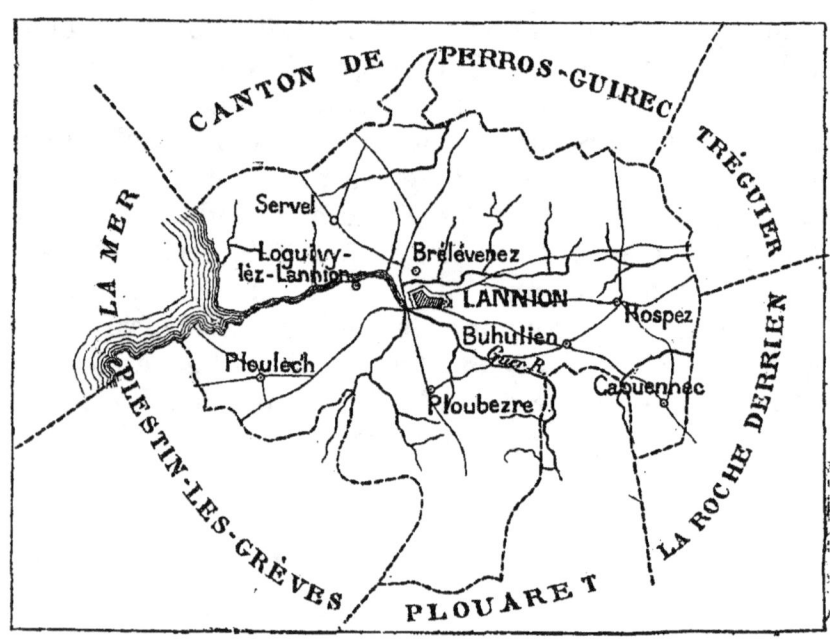

Le canton de Lannion est borné au nord par le canton de Perros-Guirec ; à l'est par les cantons de Tréguier et de La Roche-Derrien ; au sud par le canton de Plouaret ; à l'ouest par le canton de Plestin et par la Manche ; il est arrosé par le Guer et limité dans l'est par le Guindy. — Il est traversé par le chemin de fer de Plouaret à Lannion ; par la route nationale N° 167, de Vannes à Lannion ; par les chemins de grande communication N°s 1er, de Saint-Brieuc à Morlaix ; 11, de Perros à Lorient ; 31, de Lannion à Guéméné ; 38, de Lannion au Guerlesquin, et par les chemins d'intérêt commun N°s 23, de Lannion à Plouha ; 26, de Caouënnec à Runan ; 32, de Plounévez-Moëdec à

Lannion ; 34, de Lannion à la grève de Trévou ; 35, de Lannion à Plougrescant ; 37, de Rospez à La Roche-Derrien ; 38, de Trélivan à Rospez ; 42, de Bégard à Locquémeau ; 72, de Lannion à Trébeurden, et 78, de Lannion à l'Ile-Grande.

La population du canton est de 17,334 habitants ; sa superficie de 10,720 hectares.

Le territoire de ce canton, qui appartient à la zone du littoral, est généralement accidenté et coupé, dans sa partie centrale, d'une large et profonde vallée formée par la rivière navigable du Guer ; à l'est, il est sillonné par la vallée du Guindy et par celle du ruisseau de Kerniffet ; en outre de nombreux cours d'eau moins importants l'arrosent. Les terres du canton sont de bonne qualité ; elles sont boisées et plantées de pommiers dans les parties sud et est, et une agriculture en progrès sait en tirer parti en leur demandant des récoltes productives, telles que le froment et le lin. C'est à la belle race bretonne qu'appartiennent les chevaux du canton, qui sont recherchés par les acheteurs étrangers et l'artillerie. — On peut considérer le canton de Lannion comme maritime, et la navigation ainsi que la pêche du Guer, où le flot de la mer se fait sentir depuis son embouchure jusqu'au chef-lieu, est un avantage sérieux pour ses riverains. La proximité du port et de la ville de Lannion sont aussi une source d'aisance dont tout le canton ne peut manquer de se ressentir.

LANNION

Superficie : 349 hectares. — Population : 6,205 habitants.

Ce chef-lieu d'arrondissement est situé sur le Guer ou Leguer, et à 7 kilomètres environ de la mer.

De quelque côté que le voyageur arrive à Lannion, la petite cité lui offre un beau panorama. Délicieusement assise au fond d'une vallée dans laquelle coule le Guer, ses faubourgs s'étendent avec leurs jolies maisons et leurs jardins sur les collines qui, de toutes parts, encadrent le paysage.

Il est vrai que la bonne impression produite par la vue

panoramique de Lannion se dissipe quand on pénètre dans la ville par ses rues tortueuses, étroites et très en pente ; mais, il faut le dire, depuis quelque années, la municipalité fait tous ses efforts pour élargir les voies, et des constructions nouvelles, remplaçant des maisons noires et peu saines, contribuent à l'embellissement de la ville.

Ce n'est pas que Lannion manque de promenades ; les quais bien plantés nous en offrent de délicieuses, de même que l'Allée-Verte plantée en quinconces d'arbres magnifiques.

Les environs de la gare, avec les belles propriétés qui l'environnent, sont le rendez-vous de nombreux promeneurs.

L'église paroissiale de Saint-Jean du-Baly est à cinq nefs, avec chevet à trois pans, éclairé, ainsi que l'église, par des fenêtres à réseaux flamboyants de la dernière période ogivale. On lit sur l'angle nord de la tour la date de 1519. La sacristie, appuyée sur le chevet et sur le transept sud, a été construite en 1690.

La ville a pour armes *d'azur à un agneau pascal d'argent tenant entre ses pieds de devant une croix de triomphe d'or avec un guidon de gueules où se lit la devise* : LAUS DEO.

Parmi les monuments de Lannion, nous citerons l'Hôtel-de-Ville, l'ancien couvent des Ursulines, occupé par le collège et la prison, la communauté de Sainte-Anne, propriété des Dames Hospitalières de Saint-Augustin, qui y tiennent un pensionnat, le couvent des Dames de la Retraite, très pittoresquement situé sur la colline de C'hrec-Aven, la maison de la Providence, dirigée par les sœurs du Saint-Esprit, qui y tiennent une école primaire et une école maternelle, l'établissement des Frères de l'Instruction chrétienne. Enfin, nous devons citer les belles écoles communales de garçons et de filles, avec pensionnats annexés, que la ville de Lannion vient d'édifier.

Le commerce de Lannion, sauf l'arrivage et le départ de quelques navires, est presque exclusivement local. On y compte des scieries mécaniques, des fabriques de chandelles, deux brasseries et des tanneries.

Le mouvement du port a bien diminué, mais en revanche

l'ouverture de la ligne de Lannion à Plouaret, où elle se raccorde sur la grande ligne de Paris à Brest, donne lieu à de nombreuses transactions.

Près du village de la Corderie existe une source d'eau ferrugineuse.

C'est à Lannion que sont nés : 1° Baudouin de Maison-Blanche, savant jurisconsulte ; 2° le comte de Kergariou, agronome distingué ; 3° Grégoire Desaunays, bibliographe et bibliophile distingué ; 4° Callouet de Kerbrat, avocat général à la Chambre des comptes de Bretagne ; 5° Mathieu Roëdère, évêque de Tréguier en 1407.

La ville de Lannion est traversée par la route nationale N° 167, par les chemins de grande communication N°s 1er et 11, et par le chemin d'intérêt commun N° 34.

BRÉLÉVENEZ

Superficie : 1,463 hectares. — Population : 1,738 habitants.

Brélévenez est pour ainsi dire un faubourg de Lannion. La plupart des maisons qui forment l'agglomération, sont disposées en gradins sur le flanc d'une colline pittoresque que domine l'église, beau monument mi-partie du XIIe et du XVe siècle.

Il existait à Brélévenez une commanderie de Templiers, dont l'église paroissiale faisait partie. C'est un édifice remarquable à tous les points de vue. Tout y attire l'attention : le portail richement sculpté, les chapelles absidiales, la crypte du Saint-Sépulcre, à personnages de grandeur naturelle, un beau rétable du XVIIe siècle, un bénitier en forme d'auge, les dalles tumulaires, la tribune sculptée où est placé l'orgue, et enfin la belle flèche en pierres. On n'en trouve pas de mieux conservé et de plus complet dans le département.

Le territoire n'est accidenté que dans l'ouest, partout ailleurs il est compris dans un plateau sans déclivité.

A base de schiste talqueux, le sol est de bonne qualité, bien boisé et planté d'arbres fruitiers, notamment dans le sud. Il est arrosé par les ruisseaux de Maudez et de Goasven, affluents du Leguer.

Deux chapelles sont à citer : celle de Saint-Roch, du xv⁰ siècle, et celle de Saint-Pierre, qui date du xvii⁰ siècle.

C'est à Brélévenez qu'est né un des champions du combat des Trente : Huon de Saint-Yon.

Il n'y a encore au bourg de Brélévenez qu'une école communale de filles ; les garçons sont reçus dans les écoles de Lannion. Une école mixte de hameau vient d'être créée dans le nord de la commune.

Le bourg n'est traversé que par des chemins vicinaux ordinaires.

BUHULIEN

Superficie : 870 hectares. — Population : 950 habitants.

Limité à l'ouest par la rivière du Guindy, le territoire de cette commune est plat et uni au nord, accidenté au sud et à l'ouest. Il est de nature schisteuse au nord, et granitique au sud. Les terres, bien cultivées, sont boisées et les champs sont couverts de pommiers très productifs. Les agriculteurs donnent avec raison tous leurs soins à l'entretien des prairies.

L'église paroissiale, sous l'invocation de sainte Marguerite, est de construction récente ; elle offre peu d'intérêt.

Dans le cimetière, on remarque un calvaire portant la date de 1679, et le tombeau de M. de Caradec, ancien maire de Buhulien.

Il convient de citer la chapelle de Saint-Elivet, dédiée à saint Yves, et le château moderne de Keryvon, remarquable par ses étangs, ses beaux jardins et ses bois.

Deux écoles communales, une pour chaque sexe, sont établies depuis longtemps à Buhulien.

Le bourg est traversé par la route nationale N⁰ 167 et le chemin de grande communication N⁰ 31.

CAOUENNEC

Superficie : 551 hectares. — Population : 556 habitants.

Cette commune s'étend au sud-est de Lannion. Le bourg est traversé par la route nationale de Lannion à Guingamp et Pontivy.

Le territoire est élevé, accidenté et médiocrement boisé. Des deux côtés de la route nationale, on voit plusieurs monticules qui forment comme les anneaux d'une chaîne qui s'étend dans la direction de Lannion. Le Guindy et quelques ruisseaux qui en sont tributaires arrosent la commune.

Le sol est de constitution granitique. Les terres sont très bien cultivées et productives.

L'église paroissiale, dédiée à la sainte Vierge, a été récemment reconstruite ; située sur une hauteur, elle s'aperçoit de très loin. Le clocher, qui date de 1760, est flanqué de deux tourelles avec dôme en pierre et surmonté d'une petite flèche à six pans.

Les maisons nobles de la commune étaient Coat-Loury, château avec chapelle sur les débris duquel passe aujourd'hui la charrue, Runaudren et Quélénec. Le seigneur du Cosquer avait le droit de haute justice sur Caouënnec.

Une école communale mixte avait été fondée dans la commune en 1847 ; en novembre 1882 elle a été dédoublée.

Le bourg est traversé par la route nationale N° 167, et le chemin de grande communication N° 26.

LOGUIVY-LÈS-LANNION

Superficie : 302 hectares. — Population : 362 habitants.

Cette petite commune s'étend à l'ouest de Lannion, au sud du Guer.

Le nom de Loguivy ou Loc-Ivit, lui vient du patron de la paroisse saint Ivit ou Avit ; le voisinage de Lannion justifie sa seconde dénomination.

Le territoire est accidenté et en pente accentuée vers le

nord, sur le bord du Guer. Il est boisé, mais peu planté en pommiers ; les terres, de qualité ordinaire, sont bien cultivées. La population de Loguivy fournit beaucoup de marins ; la pêche côtière à laquelle se livrent les habitants, est éminemment propre à donner le goût de la marine. Du reste, un petit port de pêche y existe, plusieurs bateaux de pêche y sont attachés.

La paroisse de Loguivy faisait autrefois partie de l'évêché de Dol.

L'église paroissiale est un édifice bien conservé et bien complet du XVIe siècle, c'est un modèle du style de cette époque. Près du portail sud du cimetière, existe une belle fontaine de la Renaissance, dont la vasque est maintenant à sec ; l'eau qui l'alimentait n'y arrive plus.

A Loguivy est né Claude de Kerguezec, sieur de Kergomar, chef de l'armée de Henri IV en Bretagne, pendant la Ligue.

Une école mixte existe depuis quelques années à Loguivy-lès-Lannion.

Le bourg n'est traversé que par des chemins vicinaux ordinaires.

PLOUBEZRE

Superficie : 3,112 hectares. — Population : 3,129 habitants.

Le nom de cette commune se compose de deux mots celtiques, *Plou* (paroisse), et *Bezre* ou Pezre (Pierre). La paroisse est en effet sous le patronage de saint Pierre.

Ploubezre s'étend au sud de Lannion, entre le Guer à l'est et une partie du Goastielguès, un de ses affluents, à l'ouest.

Le territoire de la commune est bien boisé. Il présente quelques ondulations légères. De nature granitique, excepté au nord-est, où l'on trouve du schiste talqueux, le sol est de bonne qualité ; les terres bien cultivées, sont bien plantées de pommiers, dont les produits sont estimés.

L'agriculture y est prospère ; l'élevage des chevaux de trait y est en honneur. Le lin est cultivé sur une assez grande échelle, il est travaillé dans quelques usines établies sur le bord du Guer et du Goastielguès.

La paroisse de Ploubezre faisait partie de l'évêché de Tréguier et relevait du roi.

L'église est plus ancienne que son clocher en granit, lequel est très élevé et d'un bon style. Il porte la date de 1577. Le cimetière contient le remarquable mausolée élevé à la mémoire de M. du Rumain, ancien recteur de la paroisse, et un magnifique calvaire en granit sculpté dû au ciseau de Yves Hernot.

A l'angle nord-ouest du cimetière, on lit les deux vers bretons suivants, en gothique :

> Tud mad, ho pater leverer,
> O tremen Ploubezre hon beret.

> Bonnes gens, dites votre prière,
> En passant à Ploubezre, devant notre cimetière.

A un kilomètre environ du bourg, sur le bord de la route départementale, on voit le monument des Cinq-Croix, qui aurait été élevé, d'après la légende locale, en commémoration d'un combat dans lequel cinq Ploubezriens auraient tué cinq Anglais. Ce qui ferait accréditer cette version, c'est que la mare située de l'autre côté de la route, s'appelle encore *Poul goad* (mare de sang).

Parmi les quatre chapelles que possède Ploubezre, on distingue celle de Kerfaouès, belle construction, qui date de 1559. Elle renferme un jubé remarquable en bois sculpté.

On trouve encore en Ploubezre, le château de Kergrist, dont les constructions forment un ensemble important, et les anciennes forteresses de Runfaou et de Coatfrec devant lesquelles se sont passés de nombreux faits d'armes au xiiie et au xvie siècles, mais qui ne présentent plus que des ruines.

Il convient de citer la jolie habitation de Keranglas, située au fond d'une riche vallée, sur le bord du Goastielguès, et qui a été la résidence d'un célèbre chef royaliste, Guesno de Penanster. Il y est mort en 1840.

La ligne du chemin de fer de Plouaret à Lannion traverse Ploubezre sur une grande étendue. La station de Kerauzern est sur son territoire.

Sous le rapport scolaire, Ploubezre possède au bourg une école communale de garçons depuis 1834, et une école communale de filles depuis 1855, à laquelle a été annexée une classe enfantine en 1883. De plus, au hameau de la Lande, une école mixte a été fondée en 1873.

Le bourg est traversé par le chemin de grande communication N° 11.

PLOULEC'H

Superficie : 1,015 hectares. — Population : 1,143 habitants.

Situé au sud-ouest du canton, le territoire de cette commune est borné au nord par le Guer, et s'étend jusqu'à la mer. Il est très accidenté sur son périmètre, particulièrement sur les bords du Guer. Le centre forme un plateau élevé. Les terres, de nature granitique, sont généralement bonnes, mais l'agriculture progresse peu ; les cultivateurs ont peine à se débarrasser des procédés routiniers.

En dehors du Guer, Ploulec'h est arrosé par le Yaudet et le Mincam.

Le voisinage de la mer favorise chez les habitants le goût de la pêche et de la marine. Un tiers d'entr'eux sont marins.

L'église paroissiale, sous le patronage de saint Pierre, n'offre de remarquable que le tombeau du Père Nault, docteur en Sorbonne et missionnaire, décédé en 1709.

On remarque trois chapelles : celles de Saint-Herbaud, de Saint-Lavant, aujourd'hui en ruines, et celle de Notre-Dame, très vénérée dans le pays.

C'est près de cette chapelle, non loin de la grève, que s'étend le village de Coz-Yaudet, bâti sur l'emplacement d'une ville gallo-romaine, appelée Lexobie, d'après légende, et qui aurait été le siège d'un évêché. Vers 836, un chef normand du nom de Hasting, vint débarquer l'embouchure du Guer et assiégea la ville. Après avoir repoussé plusieurs assauts, les habitants furent obligés de se rendre et furent tous massacrés.

Si l'histoire de Lexobie est une fable, il est toutefois impossible de nier qu'à cet endroit ait existé, sous la domination romaine, un établissement important. Quiconque visite le Yaudet, examine les débris de fortifications, ne doute pas un instant que les conquérants de la Gaule n'y aient séjourné. Situé sur la pointe d'un promontoire abrupt, et défendu du côté de l'est par un rempart en terre, Coz-Yaudet montre sur les autres côtés les restes d'une muraille gallo-romaine qui complétait sa défense. On y a trouvé des briques à crochets, des fragments de vases, de petites meules, des monnaies gauloises et même quelques pièces Carthaginoises.

A Ploulec'h existent, depuis 1881, deux écoles communales. Avant cette époque, une seule école mixte desservait la commune.

Le bourg n'est traversé que par des chemins vicinaux ordinaires.

ROSPEZ

Superficie : 1,325 hectares. — Population : 1,504 habitants.

Cette commune s'étend à l'ouest de Lannion et est limitée au sud-est par le Guindy. Le territoire est plutôt plat qu'accidenté, excepté sur les bords du Guindy ; il est bien boisé. Les terres bien cultivées et les prairies que traversent cette rivière et de nombreux ruisseaux, sont bien aménagées.

Le schiste talqueux domine dans le sol et donne lieu à l'exploitation de l'ardoise.

La paroisse de Rospez a une origine très ancienne. Dès le IVe ou le Ve siècle, elle aurait été évangélisée par saint Dogmel ou Dogmaël, évêque de Lexobie. Une chapelle érigée en l'honneur de ce saint et sous laquelle il aurait été enseveli, existe encore et est bien conservée.

L'église paroissiale, sous le vocable de saint Pierre, a été reconstruite de 1863 à 1870. C'est un bel édifice surmonté d'une tour encore inachevée, qui s'aperçoit de très loin. On y remarque un autel sculpté et les verrières du chœur.

Au hameau de la Ville-Blanche, se trouve la chapelle de Saint-André, qui renferme une statue de Notre-Dame de Grâce, et près de laquelle se tient, le dimanche qui suit le 8 septembre, un pardon renommé.

On remarque en outre plusieurs anciens manoirs, aujourd'hui convertis en fermes.

A Rospez s'est conservé comme, du reste, dans beaucoup de localités bretonnes, l'usage des luttes de corps, le jour des pardons. Cette habitude tend à diminuer, car souvent ces assauts ne sont pas sans suites graves pour la santé des lutteurs.

Deux écoles communales existent à Rospez, une pour chaque sexe.

Le bourg est traversé par les chemins d'intérêt commun Nos 23 et 37.

SERVEL

Superficie : 1,733 hectares. — Population : 1,747 habitants.

Le territoire de cette commune comprend toute la partie nord-ouest du canton, au nord du Guer ou Léguer, qui la sépare de Ploulec'h.

Il est très accidenté surtout sur les bords de la rivière où l'on voit de fertiles vallons et des prairies bien aménagées, arrosées par de petits ruisseaux qui coulent vers le sud. Au nord, le pays est assez élevé ; on remarque à Crec'h-Maulvuarn un petit phare destiné à indiquer l'entrée de la rade de Perros. A l'ouest, le territoire est découvert, on y voit quelques landes, d'où émergent çà et là des blocs de granit. Au bord de la mer, un petit phare éclaire l'entrée du Guer.

Les terres sont de bonne qualité ; au sud, on trouve des roches feldspathiques, mélangées de mica-schiste, au nord-est, du schiste modifié, et à l'ouest du granit non exploité. Les agriculteurs se livrent depuis quelques années à l'élevage des chevaux. Ils ont du succès dans plusieurs concours hippiques.

L'église de Servel, dédiée à saint Pierre, vient d'être nouvellement reconstruite ; elle est d'un bel effet.

On voit en Servel un dolmen au lieu dit Crec'h-Alia, et une élévation de terre que l'on croit être un tumulus, au Carbon.

Trois chapelles sont à signaler : celles de Saint-Urien, de Saint-Nicodème et des Cinq-Plaies. Cette dernière, qui date de 1544, possède des fresques et des vitraux bien conservés. Elle est l'objet, ainsi que la fontaine qui l'avoisine, d'une grande vénération de la part des populations voisines.

Il convient de citer les châteaux de Ville-Neuve-Crezolles, de Kerhengant et de Launay.

Servel est la patrie de l'abbé Lagain, célèbre missionnaire, décédé curé de Guingamp en 1804, et du Père Huet, élu abbé de Beauport en 1442.

La commune de Servel est pourvue de deux écoles communales, dont une de garçons et une de filles. La première a été créée en 1833, l'autre en 1854.

Le bourg n'est traversé que par des chemins vicinaux ordinaires.

CANTON DE LA ROCHE-DERRIEN

(12 communes).

La Roche-Derrien ; Berhet ; Cavan ; Coatascorn ; Hengoat ; Lanvézéac ; Mantallot ; Pommerit-Jaudy ; Pouldouran ; Prat ; Quemperven ; Troguéry.

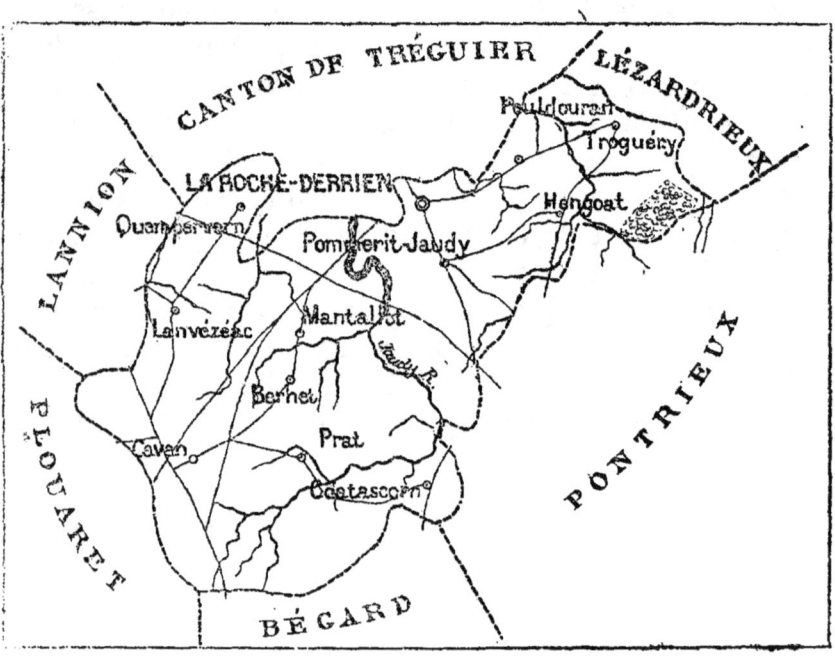

Le canton de La Roche-Derrien est borné au nord par les cantons de Tréguier et de Lézardrieux ; à l'est par le canton de Pontrieux ; au sud par le canton de Bégard ; à l'ouest par les cantons de Plouaret et de Lannion. Il est arrosé par le Jaudy et limité dans l'ouest par le Guindy. — Il est traversé par la route nationale N° 167, de Vannes à Lannion ; par les chemins de grande communication N°s 8, de Tréguier au canal ; 16, de Saint-Brieuc à Perros-Guirec ; 33, de Callac à Cavan, et 55, de Lézardrieux à Belle-Isle-Bégard, et par les chemins d'intérêt commun N°s 23, de Lannion à Plouha ; 26, de Caouënnec à Runan ; 41, de

Bégard au Port-Blanc, et 83, de Pommerit-Jaudy à Pleudaniel.

La population du canton est de 11,533 habitants ; sa superficie de 9,465 hectares.

Le territoire de ce canton est accidenté et coupé de vallées. Divers ruisseaux et la rivière du Jaudy l'arrosent. Les bords de celle-ci sont fort tourmentés. Les bois de chauffage et de construction suffisent, et au-delà même, aux besoins du canton. Son sol est bon, fertile et productif dans son ensemble, et les landes n'en forment que le dix-neuvième. La culture du lin y est généralement pratiquée avec succès et y forme une des bonnes ressources de l'agriculture. Ce canton est bien situé et à proximité de ports qui lui rendent facile l'exportation de ses grains ; enfin, la rivière du Jaudy, navigable depuis son embouchure jusqu'à La Roche, permet d'introduire aisément, assez loin de la mer, les amendements calcaires et les varechs. On remarque que le cinquième au moins des propriétés de ce canton est encore sous le régime du domaine congéable.

LA ROCHE-DERRIEN

Superficie : 183 hectares. — Population : 1,426 habitants.

Cette petite ville qui faisait partie de l'ancien évêché de Tréguier, doit son nom à sa situation topographique et à son fondateur Derrien, comte de Penthièvre, qui y fit bâtir un château-fort en 1070.

La commune est bornée à l'ouest et au nord par le Jaudy qui la sépare de Langoat et de Minihy-Tréguier, à l'est et au sud par Pommerit-Jaudy.

Le territoire de La Roche-Derrien est peu étendu (183 hectares) très accidenté et de qualité supérieure. Il est traversé par le Jaudy sur lequel un beau pont a été jeté, et qui va se perdre dans la mer à 6 kilomètres au-dessous de Tréguier, après avoir reçu le Guindy.

Le sol est de nature schisto-argileuse. Des carrières d'ardoises sont exploitées. L'agriculture est bien entendue, et grâce aux engrais marins qui sont à proximité, la terre

donne de très belles récoltes. Le commerce des grains et celui des chiffons sont les seuls importants de la localité. La seule industrie consiste dans la construction des machines et instruments agricoles, et dans une scierie mécanique.

Au xive siècle, pendant la guerre de la succession de Bretagne, la ville et le château furent pris et pillés à plusieurs reprises. Charles de Blois, qui l'assiégeait en 1347, y fut blessé et fait prisonnier. Après avoir subi plusieurs autres assauts, la place fut définitivement rasée en 1394 par les ordres du duc de Bretagne. La seigneurie de La Roche-Derrien a été pendant quelque temps la propriété du connétable Bertrand Duguesclin. On a élevé récemment sur l'emplacement du château une chapelle et un beau calvaire.

L'église de La Roche, sous le vocable de sainte Catherine de Suède, offre un spécimen intéressant du style de transition en Bretagne. La nef, du xie siècle, est romane ; la flèche élancée date du xive siècle ; le transept est de la même époque, de même que le croisillon sud appelé chapelle du château. Son maître-autel, en chêne sculpté, est un chef-d'œuvre de la Renaissance ; il est décoré de torsades, niches, statuettes et rinceaux exécutés avec un art merveilleux.

Les chapelles de Saint-Jean, de Saint-Eutrope et de Notre-Dame de Pitié existent encore.

Cette petite ville possède tous les établissements qui se trouvent réunis dans les chefs-lieux de cantons.

Sous le rapport scolaire, elle compte une école de garçons, créée en 1818, une école de filles à laquelle sont annexées deux classes enfantines.

La ville de La Roche est traversée par les chemins de grande communication N°s 8, 16 et 55.

BERHET

Superficie : 323 hectares. — Population : 440 habitants.

Cette petite commune s'étend dans la partie sud du canton au sud-ouest de La Roche-Derrien. Le territoire est plat et arrosé par plusieurs petits ruisseaux qui coulent vers le nord. Les terres, à base granitique, sont de bonne qualité. Depuis quelques années, les terres incultes ont tout à fait disparu.

L'église a été rebâtie en 1850 par les soins de la famille Le Huérou, et sur le modèle de l'ancienne qui tombait de vétusté. Elle est dédiée à sainte Brigide, dont la fête se célèbre le dimanche de la Trinité. La veille de ce jour, dans la soirée, les pèlerins arrivent silencieusement et franchissent, à l'heure mystérieuse de minuit, l'enceinte du cimetière, afin d'obtenir la réalisation de leurs vœux.

On remarque la curieuse chapelle de Notre-Dame de Confort, bâtie par Jehan du Perrier, sire de Quintin, en 1523. Elle renferme un beau rétable en bois sculpté. La singulière statue dite *saint à la roue* (santerod) n'existe plus depuis une vingtaine d'années. A cause des distractions qu'elle donnait aux fidèles, elle fut reléguée dans les greniers du presbytère. Sa mission était de faire mouvoir, pendant l'office divin, à l'aide d'un mécanisme caché, un cercle en bois, avec carillon de clochettes, à la grande satisfaction des curieux qui venaient de très loin pour jouir de ce phénomène.

Une école communale mixte existe à Berhet ; de 1850 à 1863, elle était exclusivement affectée aux garçons ; il n'y avait pas d'école de filles.

Le bourg n'est traversé que par des chemins vicinaux ordinaires.

CAVAN

Superficie : 1,638 hectares. — Population : 1,659 habitants.

Le nom de cette commune vient probablement du patron de l'église paroissiale, saint Chéron, qui est prononcé Garan ou Gavan, en breton, d'où Cavan.

Elle s'étend dans la partie sud-ouest du canton, jusque sur les bords du Guindy qui la sépare de Tonquédec et de Pluzunet.

Le territoire est accidenté vers sa circonférence, mais assez uni dans la partie centrale. De constitution granitique, les terres sont en général de bonne qualité, bien cultivées et bien plantées en pommiers ; les prairies sont bien aménagées.

L'église appartient en grande partie au xv⁰ siècle.

La tour, surmontée d'une flèche élancée et flanquée de deux tourelles couronnées en dôme, porte la date de 1684.

Plusieurs chapelles près desquelles se tiennent des pardons, existent en Cavan : citons celle de Saint-Mémoire près de laquelle se trouve un menhir et celle de Saint-Herbaut.

On compte jusqu'à quatre tumulus sur le territoire de cette commune et deux menhirs.

Des ruines d'anciens forts romains ont été découvertes à Trao-an-Hoat et à Kerampoul.

Deux écoles communales, une pour chaque sexe, existent à Cavan ; une classe enfantine a été récemment annexée à l'école des filles.

Le bourg est traversé par la route nationale N° 167.

COATASCORN

Superficie : 805 hectares. — Population : 716 habitants.

D'après les légendes du pays, le nom de cette commune viendrait des nombreux bois (*coat*) qui la couvraient autrefois, et de *ascorn*, ossements, peut-être en souvenir d'anciennes sépultures.

Elle est située au sud-est du canton, et son territoire s'enfonce assez profondément dans le canton de Bégard. Le Jaudy et un de ses affluents l'arrosent. Les terres, à base granitique, sont de bonne qualité et bien plantées de pommiers. Dans les nombreux vallons, on trouve des prairies excellentes.

Les landes, terres incultes et rocheuses, ne se rencontrent que sur les collines élevées qui bordent le Jaudy.

L'église, sous le patronage de saint Maudez, vient d'être reconstruite. L'ancienne portait la date de 1717.

Une seule chapelle, dédiée à saint Emilion, existe en Coatascorn.

En 1858, une école mixte y avait été créée, elle a été dédoublée en 1882.

Le bourg n'est traversé que par des chemins vicinaux ordinaires.

HENGOAT

Superficie : 619 hectares. — Population : 712 habitants.

Le territoire d'Hengoat occupe la partie la plus à l'est du canton, sur les confins de ceux de Pontrieux et de Lézardrieux. C'était autrefois une paroisse importante dont dépendaient les deux trèves qui ont formé les communes de Troguéry et de Pouldouran.

Le sol granitique est très accidenté et coupé de nombreux vallons, notamment sur les bords du Bizien, affluent du Jaudy. Les terres sont de bonne qualité, bien plantées, excepté vers le sud, où l'on trouve les landes de Landezvéac, couvertes d'ajoncs et de bruyères, et qui ne se défrichent que lentement.

L'église, reconstruite en 1846, est sous le patronage de saint Maudez.

Il reste à peine quelques traces du château du Rumain, où est né Éven de Begaignon, qui devint évêque de Tréguier et fut nommé cardinal par le pape Urbain V. Il se démit de son évêché en 1371 et mourut à Rome en 1378.

L'école des filles est située au bourg et fut créée avant celle des garçons ; cette dernière, qui date de 50 ans environ, se trouve à peu près à égale distance de Hengoat, Troguéry et Pouldouran.

Le bourg est traversé par le chemin d'intérêt commun N° 27.

LANVÉZÉAC

Superficie : 167 hectares. — Population : 145 habitants.

Cette commune est la moins peuplée du département. Son nom s'est écrit autrefois *Lanvézaéc* et *Lanvézec*.

Elle est comprise entre Quemperven et Caouënnec, au sud-ouest de La Roche-Derrien.

Le territoire est accidenté, surtout au nord-ouest et au sud-est. Les terres, de médiocre qualité, sont peu boisées. Il reste encore quelques landes non défrichées.

L'église paroissiale, desservie par un recteur voisin, est sous le patronage de saint Ezéchiel ; elle n'offre rien d'intéressant.

Une école mixte communale y a été créée en 1875.

Le bourg n'est traversé que par des chemins vicinaux ordinaires.

MANTALLOT

Superficie : 276 hectares. — Population : 309 habitants.

Dans les anciens titres et jusqu'au xvii° siècle, l'orthographe du nom de cette commune a varié : on trouve *Mentaloët, Manthaloët* et *Mentallot*.

Son territoire accidenté et coupé par beaucoup de petits ruisseaux, s'étend sur la rive droite du Jaudy au sud du canton de Tréguier. Le granit domine dans le sol, cependant dans le nord et le nord-ouest on rencontre du schiste.

L'agriculture a fait de grands progrès dans cette commune depuis quelques années, grâce aux engrais marins que des bateaux amènent à La Roche et à la bonne nature des terres. On y cultive beaucoup de lin.

L'église paroissiale, sous le patronage de saint Méderic ou Merry, porte sur son clocher la date de 1732. On voit en cette commune une chapelle dédiée à Notre-Dame des Vertus.

Claude Le Gorrec, ancien secrétaire général de la préfecture des Côtes-du-Nord et membre de la Chambre législative en 1815, est né à Mantallot en 1768.

La voie romaine de Tréguier à Carhaix est en grande partie occupée par un chemin vicinal.

De 1850 à 1876, une école spéciale de garçons a existé à Mantallot ; à cette dernière époque, elle a été transformée en école mixte.

Le bourg, situé à proximité du chemin de grande communication N° 55, n'est traversé que par des chemins vicinaux ordinaires.

POMMERIT-JAUDY

Superficie : 2,037 hectares. — Population : 2,266 habitants.

Cette commune, une des plus étendues du canton, est située au sud de La Roche et sur la rive gauche du Jaudy, qui lui donne son nom pour la distinguer de Pommerit-le-Vicomte.

Le territoire, à base schisto-argileuse, est assez plat, excepté sur les bords du Jaudy. Les terres bien cultivées et fortement amendées, sont productives.

Elles sont bien boisées et bien plantées de pommiers, excepté dans le sud, où l'on trouve encore une assez grande étendue de landes, dont une partie pourrait être cultivée.

L'église paroissiale, dédiée à saint Pierre-ès-Liens, a été reconstruite en 1845. Un grand nombre de chapelles (on en compte sept) sont disséminées sur le territoire de la commune ; près de chacune d'elle est établi un pardon qui donnait lieu autrefois à des luttes parfois dangereuses.

Dans le cimetière, on remarque le magnifique tombeau de M. Le Provost de Launay, ancien préfet, ancien député et sénateur, décédé en 1886.

Non loin de l'ancien château de Coat-Nenevez, existe un tumulus entouré de douves.

Le château du Chef-du-Bois, de construction récente, est l'une des plus belles habitations du pays ; il est bâti, dit-on, sur l'emplacement de celui où naquit dame Azo du Plessix, épouse d'Hélory, sieur de Kermartin et mère de saint Yves.

Cette terre appartenait en 1543 à Maurice de Quélen.

Le château seigneurial de Kermezen est fort ancien ; il a été restauré dans le style du xviie siècle. Dans le champ dit Parco-ar-Justis, l'on voit encore les restes des fourches patibulaires, où étaient envoyés les condamnés du seigneur qui avait droit de haute justice. De cet endroit, on jouit d'un magnifique panorama.

On fabrique toujours, mais en moins grande quantité qu'autrefois, en Pommerit-Jaudy, des toiles dites de Tréguier.

La commune possède une école de garçons, créée en 1852, et une école de filles à laquelle a été annexée en 1883 une classe enfantine.

Le bourg est traversé par les chemins de grande communication N⁰ˢ 8 et 16.

POULDOURAN

Superficie : 102 hectares. — Population : 342 habitants.

Situé au nord du canton, à l'endroit où le Bizien se jette dans le Jaudy, le territoire de cette petite commune, ancienne trève de Hengoat, est d'excellente qualité, bien cultivé et bien planté d'arbres forestiers et de pommiers.

Il est presque tout entier compris dans le vallon qui borde l'affluent du Jaudy sur la rive droite.

La mer, qui remonte jusqu'au bourg, a permis d'installer un petit quai où les habitants déchargent les engrais de mer dont ils font le commerce.

L'église, de construction moderne, a pour patron saint Pergat, disciple de saint Tugdual.

En 1849, le choléra décima la population de Pouldouran. On voit encore les ruines du château de Poul-an-Coadout ; celui de Pouldouran a été converti en ferme. Depuis plusieurs années, une école mixte a été créée en cette commune.

Le bourg de Pouldouran est traversé par les chemins de grande communication N⁰ˢ 20 et 55.

PRAT

Superficie : 2,186 hectares. — Population : 2,111 habitants.

Bornée au nord par Berhet et Mantallot, à l'ouest par Cavan, au sud et à l'est par le Jaudy, la commune de Prat est la plus étendue du canton.

Son territoire montueux et accidenté sur les bords du Jaudy, est assez uni dans les autres parties.

La couche de terre arable repose sur le granit ; elle est de bonne qualité, améliorée qu'elle est depuis plusieurs années par les engrais marins. La culture du lin est la plus importante. On compte beaucoup de prairies naturelles où pousse un bon herbage.

C'est à cette nature du sol qu'est dû sans doute le nom de Prat qui, en celtique, veut dire *pré*.

Les terres sont bien plantées en pommiers qui donnent un excellent cidre.

Au village du Distric, sur la voie romaine, dite Hent-Ahès, de Tréguier à Carhaix, on voit un superbe dolmen appelé Bé-Aës, et où se trouve une grosse pierre de granit désignée sous le nom de Bé-ar-Groac'h (tombeau de la vieille).

De 1790 à 1801, Prat fut le chef-lieu d'un canton, duquel ressortissaient les communes de Cavan, Tonquédec, Caouënnec, Lanvézéac, Mantallot, Berhet et Coatascorn.

En 1792, les habitants de Prat, soulevés contre le pouvoir, prirent part avec ceux de la région, à une attaque contre Lannion, à cause du serment imposé au clergé et de la levée de 300,000 hommes. Armés de fourches, de coutres, de faulx, de bâtons et de mauvais fusils, ils furent facilement repoussés par la garde nationale de Lannion.

L'église, dédiée à saint Pierre, porte sur le clocher la date de 1622. Elle est vaste et bien ornée. En 1674 et en 1719, elle fut considérablement agrandie, malgré la résistance de l'évêque de Tréguier.

On remarque la jolie chapelle de Sainte-Anne, rendez-vous de nombreux pèlerins, le 26 juillet de chaque année, et celle de Trévoazan (trève de Jean), jadis desservie par un vicaire. Cette dernière porte la date de 1587, et sa construction est attribuée aux Hospitaliers de Jérusalem. Les vitraux sont très remarquables.

Il convient de citer l'ancien château de Coatezlan (bois de l'Elan), dont il reste encore des vestiges de fortifications. Il est actuellement la propriété de M. le vicomte de Kergariou. Il fut occupé du temps de la Ligue par le fameux

Eder de Beaumanoir, baron de la Fontenelle, qui y enleva, dit un chant breton, la Pennerès, fille unique du seigneur de Coatezlan, âgée de 14 ans. La chapelle de Saint-Maudez, qui en dépendait, est maintenant en ruines.

Les manoirs de Pouillado et de la Saudraye sont maintenant convertis en fermes.

Deux tumulus se trouvent en Prat : celui de Ruguézec (route des chevaux) sur le bord de la voie romaine, et celui de Kergourognou (village des beaux choux), près d'un ancien camp romain. Des fouilles, pratiquées en 1880, ont mis à découvert un glaive, deux épées, plusieurs flèches en silex et un poignard. Dans le Tertre, temple situé à 250 mètres environ du tumulus, on a trouvé une urne cinéraire en forme d'amphore, contenant une pièce romaine de Septime Sévère. Enfin, à Kermerziou, près d'un camp circulaire, on a découvert des chambres souterraines indiquant qu'autrefois en cet endroit une importante construction avait été élevée. Dans un champ, près de Kerforn, on a trouvé, il y a quinze ans, plusieurs belles pièces d'or, à l'effigie de François Ier, et une pièce espagnole de Ferdinand-le-Catholique.

A Prat, est né Le Huérou, professeur d'histoire à Rennes, auteur de plusieurs ouvrages remarquables, mort à Nantes en 1844.

On voit sur les registres de la paroisse que, dès 1715, Pierre Le Gros était maître d'école à Prat, et Isabeau Querguntul, maîtresse d'école. Le 15 pluviôse an ix, Prat fut doté d'une école mixte dirigée par un instituteur.

Actuellement il existe une école de garçons, une école communale de filles et une école privée avec pensionnat de jeunes filles et une école maternelle.

Le bourg est traversé par le chemin d'intérêt commun N° 26.

QUEMPERVEN

Superficie : 769 hectares. — Population : 803 habitants.

Le nom de cette commune composé de *quemper* (confluent) et *ven* ou *guen* (blanc) se justifie par sa situation géographique. Situé au sud-ouest de La Roche-Derrien, son territoire est tout entier compris entre le Guindy à l'ouest et un de ses affluents à l'est, qui ont leur confluent au nord de la commune.

Il est très accidenté et coupé par de nombreux vallons. Sur les bords du Jaudy, il est plus particulièrement tourmenté. Les terres sont bonnes, bien cultivées, mais peu boisées.

L'église paroissiale, sous le vocable de saint Hervé, offre peu d'intérêt. Dans le cimetière on remarque le tombeau de Maudez Le Cozannet, mort vicaire de la paroisse, le 20 avril 1720 ; sa réputation de sainteté fit affluer un grand nombre de pèlerins sur sa tombe.

Deux chapelles existent à Quemperven, une dédiée à saint Maudez et l'autre à la sainte Vierge.

Le filon schisteux qui passe à La Roche, s'étend sous Quemperven.

Deux écoles communales existent en cette commune : une pour chaque sexe.

Le bourg, situé à proximité du chemin d'intérêt commun N° 23, n'est traversé que par des chemins vicinaux ordinaires.

TROGUÉRY

Superficie : 360 hectares. — Population : 604 habitants.

Ancienne trève de Hengoat, la commune de Troguéry s'étend à l'est de La Roche-Derrien, sur la rive gauche du Jaudy.

Le territoire est assez uni, excepté vers l'ouest, sur les bords du Jaudy. Le sol, schisto-argileux, est recouvert d'une couche arable de bonne qualité ; les prairies donnent d'excellents fourrages.

L'église, sous le patronage de saint Iltud, est fort ancienne. Son pardon se célèbre le jour de la Trinité. Les pèlerins s'y rendent la nuit, dans un silence absolu, pour demander au saint la guérison de leurs infirmités ou celles de leurs parents.

Une petite chapelle, dédiée à sainte Anne, existe à Troguéry.

Deux écoles communales sont établies au bourg ; celle des garçons a été créée en 1852 et celle des filles en 1877.

Le bourg n'est traversé que par des chemins vicinaux ordinaires.

CANTON DE LÉZARDRIEUX

(7 communes).

Lézardrieux ; Kerbors ; Lanmodez ; Pleubian ; Pleudaniel ; Pleumeur-Gautier ; Trédarzec.

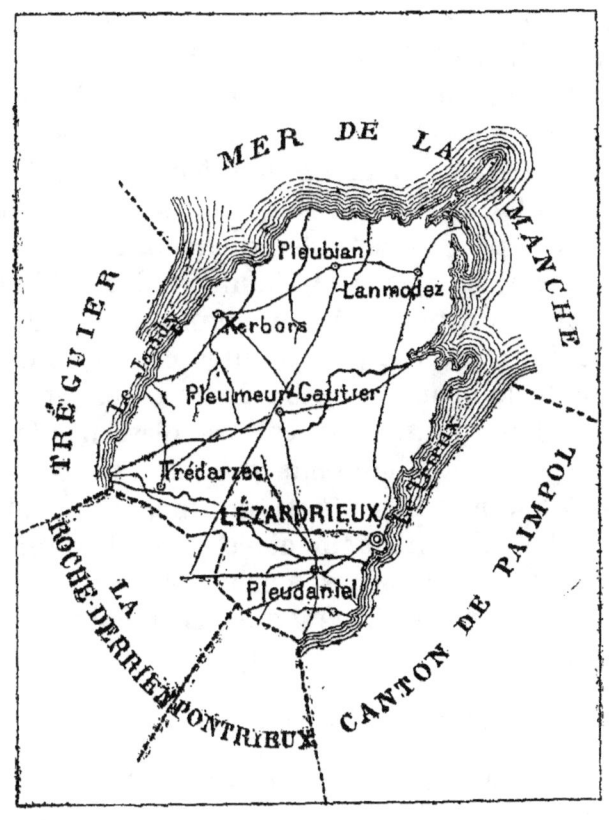

Le canton de Lézardrieux est borné au nord par la Manche ; à l'est par la Manche et par le Trieux, qui la sépare du canton de Paimpol ; au sud par le canton de Pontrieux ; à l'ouest par le canton de La Roche-Derrien et par la rivière de Tréguier, qui la sépare du canton du même nom. — Il est traversé par les chemins de grande communication Nos 1er, de Saint-Brieuc à Morlaix ; 5, de Guingamp à Pleubian et au sillon de Talberg ; 20, de Runan à Pleumeur-Gautier, et 55, de Lézardrieux à Belle-Isle-Bégard, et par les chemins d'intérêt commun N°s 39, de Pleumeur-Gautier à Lézardrieux, et 83, de Pommerit-Jaudy à Pleudaniel.

Sa population est de 13,078 habitants ; sa superficie de 9,238 hectares.

Le territoire de ce canton maritime, accidenté et coupé par des vallons dans les parties sud et ouest, est généralement plat au nord et à l'est, à l'exception cependant des bords des rivières le Trieux et le Jaudy qui, le limitant l'une à l'est et l'autre à l'ouest, lui ont valu la désignation de *presqu'île*. Les terres sont en général de très bonne qualité et cultivées d'une manière supérieure ; elles donnent de riches produits. Un quatorzième de la contenance est encore en landes peu susceptibles d'être défrichées, mais qui donnent des ajoncs pour le chauffage des habitants et pour la nourriture du bétail. A ses importants produits en céréales et en lin, le canton peut ajouter ceux que lui procure l'élève de forts beaux chevaux de trait très recherchés et achetés à un haut prix. L'agriculture n'est pas la seule branche de revenus des habitants de cette riche circonscription, ils s'adonnent aussi à la marine, à la pêche du poisson et à celle des amendements et engrais de mer, et l'on peut dire qu'en dehors des marins de profession qu'il fournit en grand nombre, personne n'est complètement étranger à la navigation.

LÉZARDRIEUX

Superficie : 1,190 hectares. — Population : 1,991 habitants.

Le bourg de ce chef-lieu de canton est presque entièrement composé d'une vaste place rectangulaire entourée de maisons de bonne apparence. L'église paroissiale forme l'un des petits côtés du rectangle. C'est un ancien prieuré qui date de 1580, et qui dépendait de l'ancien abbaye de Saint-Jacut. Elle est sous le patronage de saint Jean-Baptiste.

Le territoire de Lézardrieux, ancienne trève de Pleumeur-

Gautier, s'étend sur la rive droite du Trieux, rivière navigable pour tout navire depuis Pontrieux ; il est montueux vers l'ouest et assez uni ailleurs. Les terres sont fertiles, bien cultivées, mais en général peu boisées.

Le commerce et l'industrie de Lézardrieux ne peuvent guère s'étendre ; le voisinage de Paimpol, Pontrieux et Tréguier rendent les marchés de cette localité sans importance.

On remarque plusieurs chapelles en cette commune, celles de Kermouster, hameau important, de Kermaria, de Notre-Dame des Fontaines et surtout celle de Saint-Christophe, près du pont suspendu, dans laquelle on voit une statue colossale du saint, invoqué le jour de son pardon, par un grand nombre de pèlerins.

Le pont qui met en relation les deux rives du Trieux, est en son genre un des plus beaux de France. Il excite l'admiration par son élégance, sa hardiesse et sa hauteur qui permet aux navires de 200 à 300 tonneaux de passer, toutes voiles déployées, sous son tablier. D'une rive à l'autre, il mesure 154 mètres, et ses câbles, scellés dans le roc, reposent sur quatre pyramides en granit, établies sur d'énormes piles. Il est de 30 mètres plus élevé que le niveau des plus hautes marées.

Il a été construit par une compagnie, et livré à la circulation le 10 juin 1840. Pendant vingt-six ans, il a été *à péage*.

Lorsqu'on s'arrête sur le milieu du pont, on jouit d'un coup d'œil splendide ; en aval comme en amont, se découvrent les sites les plus pittoresques.

La situation maritime de Lézardrieux avait frappé Vauban ; il avait l'intention d'y établir un port de refuge pour la marine de guerre. Cette idée vient d'être reprise par le Ministre de la marine, et tout porte à croire que l'embouchure du Trieux sera utilisée pour la défense nationale.

Le petit port sert au commerce des grains et à l'atterrage des bateaux qui vont chercher les engrais marins, sable ou goëmon.

On voit encore quelques vestiges du château de Lézardré, au lieu dit Ar-Castel.

A Lézardrieux sont nés : Olivier Arrel, un des héros du combat des Trente ; Alain de Lezhardrieu, évêque de Tréguier en 1266 ; G. Jouan, blessé à Sébastopol, décoré, pour sa belle conduite devant l'ennemi, de la croix de la Légion d'honneur.

La constitution du sol de Lézardrieux est en partie granitique, avec roches amphiboliques, et schisteuse avec roches feldspathiques.

Sous le rapport religieux, la paroisse dépend de la cure de Pleumeur-Gautier, où réside le curé de canton.

Deux écoles communales existent au bourg ; au hameau de Kermouster une école mixte vient d'être créée.

Le bourg est traversé par le chemin de grande communication N° 1er, et le chemin d'intérêt commun N° 39.

KERBORS

Superficie : 698 hectares. — Population : 926 habitants.

La commune de Kerbors est située sur le bord de la mer et sur la rive droite de la rivière dite de Tréguier, formée par la réunion du Jaudy et du Guindy. Elle occupe la partie nord-ouest du canton.

Son territoire forme un plateau élevé au-dessus de la rivière et de la mer. Toutefois, sur les bords, il est fort accidenté.

Les terres, à base granitiques, sont bien cultivées et grandement fertilisées par les engrais marins, varechs, goëmons ou sables, qui sont à proximité. Elles sont boisées vers le sud-est.

Ancienne trève de Pleubian, Kerbors a été érigée en commune le 17 mai 1856.

L'église, dédiée à Notre-Dame des Neiges, a été construite en 1859 ; elle présente un très joli aspect. On y remarque surtout les vitraux coloriés provenant d'un ancien oratoire.

La chapelle de Saint-Aubin, qui date de 1719, est en ruines.

Sous le portail de la nouvelle église, on voit la pierre tombale d'un chevalier de Bonaban, retirée de l'église démolie, dans laquelle ce seigneur avait été inhumé.

Il convient de citer le château de Kerbors dont la construction remonte à une époque reculée.

Sur la côte vis-à-vis de l'Ile-à-Poule, aujourd'hui habitée, on trouve trois dolmens connus dans le pays sous le nom de Men-ar-Rompet (pierres des druides), et non loin d'eux les débris d'un cromlec'h.

Ce monument paraît avoir été composé de cinq grandes pierres supportées chacune par trois autres pierres verticales, ayant plus d'un mètre de haut. Une seule de ces pierres, la plus grande, a conservé sa première position. Trois autres, celles du côté est, sont renversées à côté de leurs supports, dont quelques-uns sont encore intacts ; la cinquième, du côté ouest, est presque complétement enfouie dans le fossé. Ces pierres paraissent avoir formé une galerie longue de 8 mètres sur une largeur de 1^{m}40 et une hauteur de 1 mètre. L'ouverture de la galerie faisait face au levant.

Kerbors possède une école communale de garçons créée en 1857, et une pour les filles depuis 1868.

Le bourg n'est traversé que par des chemins vicinaux ordinaires.

LANMODEZ

Superficie : 432 hectares. — Population : 586 habitants.

Cette commune tire son nom de saint Maudez, son patron, qui y aurait passé une grande partie de sa vie.

Comme paroisse, Lanmodez dépendait de l'ancien évêché de Dol

Le territoire, de constitution granitique et généralement plat, excepté vers le nord-ouest où quelques petits cours d'eau se jetant dans la mer, forment d'agréables vallées. Les côtes sont très pittoresques, et les grèves nombreuses contiennent un sable calcaire très recherché par les agriculteurs.

Les terres sont bonnes et bien cultivées. L'île Maudez, qui renferme une métairie et un corps de garde, dépend de Lanmodez, de même que les îlots de Coalin et de Castelgar.

La situation de Lanmodez à l'embouchure du Trieux, devait attirer l'attention de l'ennemi, lors de nos guerres. Sur l'emplacement où un combat eut lieu en 1591, entre les Anglais et les Huguenots d'une part, et les Catholiques de l'autre, a été élevée la chapelle de Kermassac'h (village du massacre), dédiée à la Vierge, pour servir de sépulture au sire de Derval, chef des catholiques, qui fut tué pendant l'action. Le capitaine protestant Simono ou Symoneaux, périt également et fut enterré dans un champ qui porte le nom de *Berret-Simono*. Une lance, décorée d'une hampe ornée d'ivoire, a été trouvée dans l'enfeu de Derval, d'autres disent dans celui de Simono. Elle est déposée au presbytère.

Dans le cimetière, on remarque le tombeau de M. Le Provost de Launay, ancien préfet. Les restes de son frère P. Le Provost, ancien député, reposent dans la chapelle de Kermassac'h, qui appartient à la famille. On doit être reconnaissant à ce dernier pour l'impulsion qu'il donna aux progrès agricoles dans sa région.

On remarque encore en Lanmodez la chapelle de Bonne-Nouvelle et le château de Ville-Neuve.

Lanmodez possède deux écoles communales ; l'une, celle de filles, est installée au bourg, l'autre affectée aux garçons, est établie dans un endroit charmant appelé le Paradis ; c'est une des plus anciennes du canton.

Le bourg n'est traversé que par des chemins vicinaux ordinaires.

PLEUBIAN

Superficie : 2,010 hectares. — Population : 3,468 habitants.

Pleubian, dont le nom signifie littéralement *peuple petit*, est la commune la plus étendue du canton. Elle est située au nord de Pleumeur-Gautier, et comprend toute la partie centrale de la presqu'île qui s'étend entre le Trieux et l'embouchure de la rivière de Tréguier.

Le sol, à base granitique, est généralement plat et uni, découvert et peu planté en pommiers. Les terres, grâce aux engrais marins qui abondent sur les côtes, sont très productives.

Au nord, le territoire de Pleubian se termine par le sillon de Talbert, chaussée naturelle de galets qui s'avance dans la mer, longue de 2 kilomètres et large de 35 mètres. Son aspect est très pittoresque.

Plus peut-être que sur les autres parties du littoral, on trouve à Pleubian du goëmon et du sable calcaire en quantité. Ce dernier renferme 52 0/0 de matières fertilisantes. Beaucoup de bateaux sont occupés chaque année, et non sans danger, à aller chercher le goëmon et le sable, si recherchés maintenant par les cultivateurs.

Un peu au nord du Sillon, se trouve le beau phare de 1er ordre des Héaux, à feu fixe et de 45 mètres d'altitude. A l'embouchure de la rivière de Tréguier, on trouve aussi celui de la Chaîne, de 4e ordre, haut de 11 mètres ; celui de la Corne, qui est de même ordre et de moindre hauteur, et celui de Saint-Antoine qui est élevé de 32 mètres.

Le cimetière renferme une chaire à prêcher en granit, dont les faces extérieures représentent les scènes de la Passion du Christ. Elle est octogone, et au centre s'élève une croix également en granit. Sa construction remonte au XVe siècle.

On y voit les tombeaux de M. de Boisgelin de Kerdu, de sa sœur, ancienne chanoinesse ; de MM. Le Collin, ancien capitaine, et Le Goff, décédés tous deux chevaliers de la Légion d'honneur.

On compte cinq chapelles en Pleubian ; les plus vénérées sont celles de Rojadou, de Brutan et de Saint-Laurent, près desquelles se tiennent chaque année des pardons renommés.

Un petit port naturel existe à Port-Béni, fréquenté seulement par quelques caboteurs, des bateaux de pêche et ceux qui se livrent à la récolte du goëmon ou qui transportent le sable calcaire.

Un hospice, fondé par la famille de Boisgelin, a été établi au château de Launay. Il est tenu par des sœurs qui y ont ouvert une école privée.

Pleubian compte deux écoles communales au bourg, une de garçons et une de filles ; au hameau de l'Armor, une école mixte a été récemment créée.

Le bourg est traversé par le chemin de grande communication N° 5.

PLEUDANIEL

Superficie : 1,843 hectares. — Population : 2,205 habitants.

Cette commune occupe la partie sud du canton et s'étend sur la rive gauche du Trieux.

Le sol renferme du schiste; toutefois, à l'extrême sud, on trouve quelques filons de grès rose. Le territoire est assez uni, à l'exception de la partie avoisinant le Trieux, qui est très accidentée et très découpée. Dans le nord, il est assez boisé, tandis que vers le sud, on voit encore quelques landes nues qui tendent à disparaître sous l'effort des cultivateurs intelligents et travailleurs.

Les terres sont de bonne qualité, mais leur degré de fertilité est atteint par l'abondance des engrais qu'on leur dispense.

L'église est sous le patronage de saint Pierre. C'est un édifice sans grand intérêt qui date du siècle dernier.

Dans le cimetière, on remarque un des plus beaux calvaires qui soient sortis des mains de Y. Hernot, l'artiste sculpteur lannionais.

Plusieurs chapelles existent en Pleudaniel, la plus vénérée est celle de Vieille-Eglise. Les marins ne manquent jamais d'invoquer la Vierge, patronne de la chapelle.

Sur les bords du Trieux, on trouve encore quelques vestiges du château-fort de Botloï, démantelé en 1692, qui a été quelque temps la propriété du maréchal de Richelieu.

Le château du Parc et d'autres anciens manoirs convertis en fermes, méritent d'être cités.

Trois écoles existent à Pleudaniel ; une spéciale aux garçons, et deux spéciales aux filles.

Le bourg est traversé par les chemins de grande communication Nos 5 et 55.

PLEUMEUR-GAUTIER

Superficie : 1,899 hectares. — Population : 2,390 habitants.

Pleumeur signifie *grande paroisse, grand peuple*. Pour distinguer cette localité de Pleumeur-Bodou, on a ajouté le mot Gautier. Il est probable qu'un personnage important de ce nom a vécu autrefois dans la paroisse.

C'est une des communes les plus importantes du canton. Par sa position centrale, elle est restée depuis 1801 le chef-lieu curial.

Le territoire de Pleumeur-Gautier forme un plateau assez élevé, accidenté au nord et au sud. Il comprend toute la largeur du canton, depuis le Trieux jusqu'à une branche de Jaudy. Au point culminant de ce plateau, se trouve le bourg, bien bâti et l'un des plus importants du canton.

Le sol de la commune n'est arrosé que par deux petits ruisseaux qui la séparent, l'un au nord de Pleubian, l'autre au sud de Pleudaniel. Les terres sont généralement de bonne qualité, humides à l'est. On trouve au nord un granit très dur ; au sud des roches feldspathiques et du schiste modifié. A l'ouest on voit quelques anciennes carrières d'ardoises dont l'exploitation a été abandonnée.

Les landes ont complètement disparu ; elles sont presque toutes cultivées. L'engrais marin qu'il est si facile de se procurer, est pour les cultivateurs un puissant auxiliaire. La culture du lin est encore assez étendue, mais l'élevage des bestiaux est la principale branche agricole de la commune.

Comme industrie, Pleumeur ne compte guère qu'une tannerie assez importante. Le lin est travaillé à domicile à l'aide de machines à bras nommées *teilleuses*.

L'église a pour patron saint Pierre ; elle date en grande partie du xiv⁰ siècle. On y remarque une chaire à prêcher et un christ, dont l'expression de tristesse est devenue proverbiale dans le canton, où l'on entend souvent dire : *Trist vel Doué Pleumeur.*

Quatre chapelles se trouvent sur le territoire de cette commune. Celle de Plomor renferme deux statues très anciennes.

Près du Launay, on remarque une motte féodale.

Sont nés à Pleumeur-Gautier : l'abbé Le Brouster, mort en 1847, âgé de 53 ans, ancien professeur au petit séminaire de Tréguier, auteur de nombreux ouvrages relatifs à l'instruction de la jeunesse, et François Kerroux, maire de la commune pendant 60 ans, chevalier de la Légion d'honneur et de Saint-Grégoire-le-Grand, mort le 14 mars 1878 dans sa 101ᵉ année.

La commune possède trois écoles, une école publique de garçons fondée en 1830, une école publique de filles qui date de 1842 et une école privée de filles établie depuis 1876.

Le bourg est traversé par les chemins de grande communication Nᵒˢ 5 et 20.

TRÉDARZEC

Superficie : 1,166 hectares. — Population : 1,512 habitants.

Situé à l'ouest du canton sur les bords du Jaudy, le territoire de Trédarzec est accidenté à l'ouest et au sud, tandis qu'il est généralement plat dans les autres parties.

Il est bien boisé et bien planté de pommiers. Les terres, de nature schisteuse en général, sont de bonne qualité et bien cultivées.

L'église, reconstruite en 1837, offre peu d'intérêt. Elle est, comme la plupart des églises de la région, sous le vocable de saint Pierre.

On trouve en Trédarzec sept chapelles, toutes modernes, excepté celle de Saint-Nicolas, qui dépendait du château de Kerhir, seul ancien manoir qui ait été restauré et conservé en son état primitif.

Une foire importante se tient chaque année près de cette chapelle. Sa fondation remonte à Henri III, roi de France, qui par lettres-patentes en date d'avril 1579, l'accorda, avec priviléges ordinaires, au sieur de Kerousi.

Dans la vallée de Traoumeur, on remarque une minoterie très importante.

A Trédarzec est né le Père Le Saint, savant bénédictin.

Deux écoles communales existent depuis longtemps en cette commune, une pour les garçons, l'autre pour les filles.

Le bourg est traversé par le chemin de grande commucation N° 1er.

CANTON DE PERROS-GUIREC

(9 Communes).

Perros-Guirec ; Kermaria-Sulard ; Louannec ; Pleumeur-Bodou ; Saint-Quay ; Trébeurden ; Trégastel ; Trélévern ; Trévou-Tréguignec.

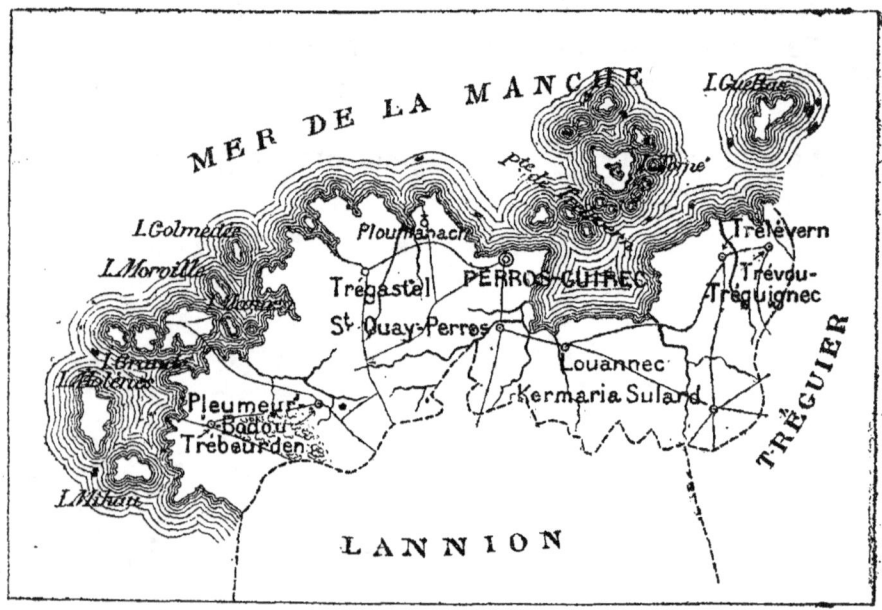

Le canton de Perros-Guirec est borné à l'ouest et au nord par la Manche ; à l'est par le canton de Tréguier, et au sud par le canton de Lannion. — Il est traversé par les chemins de grande communication Nos 11, de Perros-Guirec à Lorient et 16, de Saint-Brieuc à Perros-Guirec, et par les chemins d'intérêt commun Nos 33, de Tréguier à la grève de Saint-Guinolé ; 34, de Lannion à la grève de Trévou ; 35, de Lannion à Plougrescant ; 38, de Trélévern à Rospez ; 43, de Tréguier à Trévou ; 44, de Perros à la rade de Milliau ; 72, de Lannion à Trébeurden, et 78, de Lannion à l'Ile-Grande.

La population du canton est de 13,806 habitants ; sa superficie de 10,222 hectares.

Le littoral de ce canton, essentiellement maritime, bordé d'îles nombreuses, est littéralement hérissé de rochers et d'écueils. Heureusement aussi, il présente des rades qui reçoivent les navires surpris par le mauvais temps dans ces dangereux parages, si voisins de l'entrée de la Manche. Son territoire est généralement accidenté, mais sans vallées profondes ; toutefois la partie centrale et celle de l'est présentent quelques plateaux. La violence des vents s'oppose au succès des plantations, aussi le canton est-il peu couvert de bois. Les terres sont bonnes aux abords de la mer et médiocres à l'intérieur ; néanmoins elles donnent d'abondantes récoltes, travaillées qu'elles sont avec soin et intelligence et puissamment fumées et amendées. Le lin et le chanvre y réussissent parfaitement, et la culture de ce dernier textile, dirigée par les enseignements d'ouvriers angevins, que M. le préfet Rivaud de la Raffinière, d'accord avec le Conseil général, fit venir à Perros, plusieurs années de suite, y a atteint un degré si réel de perfection, que le placement des filasses qu'il fournit est désormais assuré dans l'arsenal de Brest. L'élève de belle race de chevaux de trait breton et celui du bétail sont aussi pratiquées avec succès dans ce canton. — Nous pouvons dire ici, et avec plus de raison encore, ce que nous disions du canton de Lézardrieux, que tout le monde est, à proprement parler, marin dans le canton de Perros.

PERROS-GUIREC

Superficie : 1,402 hectares. — Population : 2,713 habitants.

Le nom de cette commune vient de *Pen-Ros* (sommet de la colline) et de saint Guirec, abbé qui aurait évangélisé le pays vers le ve ou vi^e siècle.

Son territoire est baigné au nord par la Manche, à l'est par un bras de mer qui le sépare de Trévou-Tréguignec, Trélévern et Louannec, au sud il est borné par Saint-Quay, et à l'ouest par Pleumeur-Bodou et Trégastel. Le sol est partout très accidenté ; les bords de la mer présentent de nombreuses et profondes découpures. Peu de bonnes terres, mais grâce aux engrais marins, les cultivateurs ont pu modifier avantageusement la constitution de certains terrains qui, à l'heure actuelle, donnent de bons produits. Toutes les céréales sont cultivées, mais la pomme de terre est la principale récolte de la contrée.

Le port de Perros, situé à 1 kilomètre du bourg, est d'un accès facile ; il peut recevoir des navires de 350 tonneaux. Les transactions qui s'y opèrent ont lieu sur le bois de construction, les céréales et les pommes de terre.

Vu du haut de la côte qui le domine, le port de Perros offre un beau coup d'œil. Aussi devient-il de plus en plus le rendez-vous de nombreux touristes et baigneurs pendant la belle saison.

La population de Perros est en grande partie adonnée à la marine ou à la pêche. C'est surtout à Ploumanac'h, hameau maritime, situé sur la côte, entre Perros et Trégastel, que se trouvent le plus grand nombre de pêcheurs.

Ploumanac'h est pittoresquement assis au milieu de rochers énormes, entassés les uns sur les autres. Ces blocs erratiques de poudingues roses, offrent au pinceau de l'artiste des sujets inépuisables de vues maritimes, à l'aspect sauvage. Tous les jours, la mer vient se briser contre ces monstres qui semblent la défier dans leur morne attitude. Sous l'effort d'un homme, plusieurs de ces pierres remuent. Les plus curieuses sont celles qui forme l'amoncellement sur lequel est bâti le phare de Ploumanac'h.

En face Ploumanac'h, à 7 ou 8 kilomètres en mer, se trouve le groupe des Sept-Iles : l'île Plate, du Cerf, Rouzic, Melban, Bonneau, la Pierre et l'île aux Moines, celle-ci est la plus importante ; il y a quelques années, elle possédait une petite garnison.

La rade de Perros et le littoral du canton sont éclairés par sept phares à feu fixe de 4e ordre ; celui du Pont de Nantouar, de la ferme de Kerjean, du Colombier, de Kerprigent (79^m) et de Ploumanac'h. Le sixième phare à éclats, est situé sur l'île aux Moines, il éclaire les Sept-Iles, et plus à l'ouest, en pleine mer, on aperçoit celui de Triagoz, à éclats également et à feu fixe, qui se dresse sur la roche de Guenbras.

Une voie romaine conduisait de Perros à Carhaix ; dans les environs de Callac où elle passe, elle est nommée encore route de Perros.

L'église de Perros est dans sa partie ouest un intéressant spécimen de l'architecture romane ; la partie est ne date que de la Renaissance, c'est un mélange d'ogival et du style de l'époque. On y remarque les chapiteaux historiés et un ancien bénitier en granit avec cariatides. La porte du midi attire l'attention des visiteurs. Cette église est sous le patronage de saint Jacques et de saint Guirec ou Kirec ; ce dernier a un oratoire situé au milieu d'une grève de Ploumanac'h et baignée chaque jour par la mer.

On voit en Perros la curieuse chapelle de Notre-Dame de la Clarté, à laquelle se rapporte plus d'une légende. Le bénitier à têtes sculptées et les vantaux de la porte représentant les Evangélistes, sont de toute beauté.

Il y a en Perros quatre écoles communales, une de garçons au bourg, créée en 1832, une de filles qui date de 1852. Au Port, une école mixte a été fondée en 1880, et Ploumanac'h en possède une de même nature depuis 1877. De plus, et depuis 1864, une école congréganiste de filles est établie au bourg.

Le bourg est traversé par le chemin de grande communication N° 11.

KERMARIA-SULARD

Superficie : 902 hectares. — Population : 888 habitants.

Le nom de cette commune signifie village ou lieu de Marie, et Sulard ou Julard (de toute joie). L'église paroissiale a, d'ailleurs, la Sainte Vierge pour patronne, et serai ainsi dédiée à *Marie de toute joie*. Mais d'un autre côté, dans les anciens registres de la mairie, on voit écrit souvent Kermaria-Surlair. Le bourg est en effet situé sur le point culminant de la commune.

Le territoire de Kermaria s'étend au sud-est du canton ; il est accidenté, peu boisé. Le sol, de constitution granitique, est recouvert d'une couche arable très fertile. L'agriculture est bien entendue ; la culture du pommier et l'élevage des bestiaux sont les grandes ressources agricoles.

Quelques ruisseaux, sans importance, arrosent la commune et vont se jeter dans la baie de Perros. Kermaria-Sulard, ancienne trêve de Louannec, a été érigée en commune en 1793 ; elle était paroisse distincte depuis 1791.

En 1632, elle fut décimée par la peste.

L'ancienne église, qui appartenait aux XIIe et XIIIe siècles, a été remplacée par une élégante construction qui vient d'être achevée.

Dans le cimetière, on voit une croix en pierre qui porte la date de 1654.

La commune possède le château de Kergoff, nouvellement restauré. Il a appartenu au capitaine de Trogoff, qui se distingua à Navarin. Celui de Kerimel, où naquit Geoffroy de Kerimel, maréchal de Bretagne, fidèle et glorieux compagnon de Duguesclin, a été converti en ferme.

Kermaria possède deux écoles publiques, une de garçons créée en 1833, et une de filles qui date de 1851.

Le bourg est traversé par les chemins de grande communication Nos 16 et d'intérêt commun N° 38.

LOUANNEC

Superficie : 1,391 hectares. — Population : 1,526 habitants.

La commune de Louannec s'étend au fond de la baie de Perros, au sud-est du chef-lieu de canton. Le territoire est assez plat, excepté sur les bords de la mer où il est accidenté et où il offre des sites très pittoresques, avec vue de mer très étendue et très variée.

Quelques petits ruisseaux l'arrosent, notamment le Dourdu qui vient de Kermaria.

Les terres, à base granitique, avec roches amphiboliques, sont fertiles et bien cultivées. L'usage des engrais de mer a permis de défricher toutes les landes, depuis quelques années.

L'église a pour patron saint Yves, mort recteur de cette paroisse le 19 mai 1303. Son souvenir est resté très vivace dans la population. On garde dans la sacristie une chasuble dont il se servait, et on montre sur le chemin de Barac'h à Lannion, désigné sous le nom de *garant sant Hervoan*, (sentier de saint Yves), un dolmen qui, dit-on, lui servit souvent de lit.

Comme monument, l'église n'offre rien de remarquable; elle date du XIVe siècle. Dans le cimetière existe une croix qui date de 1634.

Les vieux manoirs de Barac'h, de Guernabacon et de Coatgourhant, sont convertis en fermes. Mais en revanche, on voit de jolies maisons modernes situées sur le bord de la mer.

Le petit port du Len est fréquenté par les bateaux qui font la pêche du goëmon et du sable de mer.

A Louannec existe depuis longtemps une école communale de garçons; une école communale de filles y a été créée vers 1868.

Le bourg est traversé par le chemin de grande communication No 16.

PLEUMEUR-BODOU

Superficie : 2,572 hectares. — Population : 3,011 habitants.

Le territoire de cette commune, la plus étendue du canton, est situé à l'ouest et s'étend entre Trégastel et Trébeurden. Il est élevé, très accidenté, mais peu boisé. Le défrichement des landes s'effectue sur une grande échelle depuis quelques années.

Un groupe d'îles, dont l'Ile-Grande est la principale et la seule peuplée, forment une section de Pleumeur-Bodou ; elles sont peu éloignées de la côte, et à marée basse on peut y aller à pied sec. Les belles carrières de granit de l'Ile-Grande sont exploitées et fournissent des pierres de taille qui s'exportent au loin en grande quantité.

Sur les grèves, on trouve un sable calcaire contenant jusqu'à 80 0/0 de matières fertilisantes.

L'église paroissiale, sous le patronage de saint Pierre, date de 1844. Spacieuse, elle renferme un autel gothique et une chaire à prêcher soutenue par une statue assez bizarre.

La commune possède trois chapelles : celle de Saint-Uzec, du xive siècle, renfermant une fenêtre en style rayonnant d'une grande hauteur ; celle de Saint-Samson et celle de Saint-Sauveur, dans l'Ile-Grande, qui ne se fait remarquer que par son ancienneté. Il convient de citer en outre la chapelle privée de Saint-Antoine et surtout celle de Sainte-Anne, qui dépend du beau château de Kerduel, retiré dans un site pittoresque et entouré de bois magnifiques ; c'est sur l'emplacement de Kerduel que la légende place le séjour du roi Arthur et de sa cour ; elle ajoute que l'île Agathon (un des petits îlots de Pleumeur) renferme le tombeau du héros fabuleux.

Sur la route du bourg à l'Ile-Grande, on trouve un menhir de 8 mètres de hauteur, surmonté de tous les attributs de la Passion. Dans cette île, on voit aussi un menhir bien conservé et deux autres au hameau de Bringuiller.

Du clocher de Pleumeur-Bodou, qui sert d'amer aux navires, l'œil découvre un immense horizon.

Deux écoles communales existent au bourg, une pour chaque sexe, et depuis quelques années une école mixte a été créée à l'Ile-Grande.

Le bourg est traversé par les chemins d'intérêt commun Nos 44 et 78.

SAINT-QUAY-PERROS

Superficie : 468 hectares. — Population : 584 habitants.

Cette petite commune doit son nom au patron de l'église paroissiale et à sa proximité de Perros-Guirec.

Elle est située au sud de Perros et comprise entre deux

petits ruisseaux, le Grugul et le Kerduel, qui vont se jeter dans la baie de Perros.

Le territoire est accidenté, un peu boisé, et renferme quelques vergers plantés en pommiers. Le granit amphibolique est la base du sol. Les terres sont bien cultivées, les prairies sont bien aménagées.

L'église n'offre aucun intérêt. La chapelle de Saint-Méen, qui date du XVIe siècle, est chaque année, le lundi de la Pentecôte, le rendez-vous de nombreux pèlerins, qui viennent demander la guérison des maladies de peau.

On remarque à Keringant les restes d'un ancien château. Près de Crec'h-Quillié, à 100 mètres environ de la route de Perros à Lannion, on voit un monument celtique assez bien conservé; c'est, croit-on, les restes d'une allée couverte ou d'un cromlec'h. Il se compose d'une allée de douze pierres sur chaque côté, conduisant à une petite élévation où se trouve un dolmen, dont les pierres sont renversées; derrière et couché, se voit un menhir de 3^{m}35 de long.

En 1695, Le Pelletier de Rozambo était seigneur de la paroisse.

Sur le ruisseau de Kerduel, se trouve un pont dit des Quatre-Recteurs, à l'endroit où se rencontrent les communes de Pleumeur-Bodou, de Servel, de Perros et de Saint Quay.

Deux écoles communales, une pour chaque sexe, sont établies à Saint-Quay.

Le bourg est traversé par le chemin de grande communication N° 11.

TRÉBEURDEN

Superficie : 1,340 hectares. — Population : 1,844 habitants.

Trébeurden, veut dire en celtique *Trève ou tribu des petits hommes*. Cette commune, qui occupe le sud-ouest du canton, est bornée à l'ouest et au sud-ouest par la mer. Elle se compose d'un plateau de constitution granitique en général, incliné vers le nord-est. Le sol, assez fertile au nord et à l'ouest, est à peu près stérile; à l'est et au sud, un sous-sol argileux conserve l'eau même sur les plateaux élevés. Un drainage serait nécessaire. Comme à l'Ile-Grande, plusieurs carrières de granit sont exploitées. Les îles Molène et Milliau dépendent de cette commune.

Une partie de la population s'occupe de la navigation, de la pêche côtière ou de la récolte du goëmon.

L'église date de 1835 ; elle a remplacé un édifice du xve siècle, dont les vitraux ont été placés dans la nouvelle construction. La fondation de cette église est attribuée aux moines de Bégard, seigneurs de la terre noble de Penlan.

On compte trois chapelles en cette commune : Notre-Dame de Bonne Nouvelle, avec une très belle fontaine élevée par Jean de Montfort, Notre-Dame de Citeaux-Penvern, du XIIIe siècle, au fond d'une anse, et celle du Christ, près de laquelle on voit une croix monolithe, qu'on croit avoir été une pierre druidique et qui remonterait au IVe siècle.

Peu de communes sont aussi riches en monuments druidiques ; d'abord un tumulus à Kéraliou, près des restes d'un ancien château-fort qui paraît n'avoir été jamais achevé, quatre pierres branlantes ou *roulers*, six beaux menhirs et trois dolmens, ces derniers sont nommés dans le pays *Ty-lia* (maisons de pierre). Le plus vaste est celui de l'île Milliau, qui mesure 9 mètres de long sur 2 mètres ; il sert actuellement de grange.

En 1161, la population de Trébeurden fut cruellement éprouvée par la famine qui désolait la Bretagne ; les habitants ne se nourrirent pendant longtemps que de bouillie faite avec des coquillages qu'on trouvait à marée basse.

On garde à Trébeurden le souvenir de M. Le Luyer, recteur de la paroisse. En 1831, il aide au sauvetage d'un navire jeté sur la côte ; en 1832, pendant le choléra, il se dévoue d'une façon remarquable pour porter aux malades tous les secours dont ils avaient besoin. Enfin, en 1838, il sauve la vie à 200 personnes occupées à la pêche du goëmon qui, surprises par la marée et la tempête, sur l'île Molène, eussent péri inévitablement, si le vénérable prêtre ne fût allé, avec quelques vieux matelots, leur porter des secours. La croix de la Légion d'honneur récompensa, en

1838, tant de dévouement et de courage. On se souvient également de M. Le Licon, maire pendant 50 ans et mort chevalier de la Légion d'honneur.

Le granit, avons-nous dit, domine dans le sol, mais on trouve du syénite rouge, à l'île Milliau, du schiste, mêlé au granit, du quartz, des agates, des cornalines, et sur la grève du jaspe blond à cailloux roulés.

A Trébeurden existent une école communale de garçons, fondée en 1840, et une pour les filles qui date de 1863.

Le bourg est traversé par les chemins d'intérêt commun Nos 44 et 72.

TRÉGASTEL

Superficie : 700 hectares. — Population : 1,141 habitants.

Le nom de Trégastel (*Tré-Castel*) signifierait territoire du château. En effet, il se trouvait un château-fort à Ploumanac'h, qui fut pris en 1594 par le maréchal d'Aumont, sur les troupes de Mercœur ; il n'en reste plus de vestiges.

Trégastel occupe la partie nord-ouest du canton. Le territoire est accidenté à l'est et au sud, il est plat et uni aux bords de la mer. On voit peu de bois. Les terres, à base granitique, sont bonnes sur le bord de la mer. Dans le sud, les terres de landes dominent.

Les petites îles Tanguy, Renot et Cast-Aërès dépendent de cette commune ; elles ne sont pas habitées.

L'église, dédiée à sainte Anne, offre un spécimen du style de transition du roman au gothique.

Deux chapelles existent : celles de Notre-Dame des Roches et de Saint-Golgon.

L'ancien manoir de Kerlavoz est habité par des fermiers.

Sur le bord de la mer, on voit, comme faisant suite aux roches de Ploumanac'h, d'énormes pierres entassées, disséminées de distance en distance dans les terres. Les plus curieuses sont dominées par une grande statue du Christ, tenant la croix. Un ancien recteur de Trégastel y a aménagé trois ou quatre pièces de grandes dimensions.

Tout près on voit les pierres branlantes appelées Coz-Castel.

La station balnéaire qui s'y est fondée récemment, prend chaque année du développement. Une maison vaste, construite il y a peu de temps par les sœurs du Sacré-Cœur, de Saint-Quay-Portrieux, offre aux baigneurs un séjour très agréable.

On trouve en Trégastel un dolmen haut de 7 mètres et plusieurs menhirs.

Deux écoles communales, une pour chaque sexe, sont établies au bourg.

Le bourg n'est traversé que par un chemin vicinal ordinaire.

TRÉLÉVERN

Superficie : 694 hectares. — Population : 1,065 habitants.

Cette commune s'étend sur le bord et à l'est de la baie de Perros. Son territoire forme un plateau élevé, nu et découvert ; les terres, quoique bien cultivées, sont de nature médiocre. Les landes ne sont pas toutes défrichées ; on en voit encore plusieurs couvertes d'ajoncs qui servent de chauffage aux habitants.

On remarque en Trélévern les restes du manoir de Kergouanton, qui date du XVIe siècle.

Vis-à-vis de la petite île Tomé, une batterie défendant la rade de Perros a été longtemps établie. Elle a été enlevée depuis quelques années.

L'église paroissiale, qui n'offre rien de remarquable, est dédiée à sainte Eléonore et à sainte Anne ; cette dernière est l'objet de la vénération des marins que fournit en grand nombre la commune.

Du bourg, on jouit d'un beau coup d'œil sur la mer et la rade de Perros.

Les deux écoles communales réglementaires sont établies au bourg, qui est traversé par le chemin d'intérêt commun N° 38.

TRÉVOU-TRÉGUIGNEC

Superficie : 653 hectares. — Population : 1,034 habitants.

Situé à l'est du canton, le territoire de cette commune est borné au nord par la mer, au sud par Camlez et Penvénan, et à l'ouest par Trélévern. Le bourg n'est qu'à 2 kilomètres de celui de cette dernière commune.

Le territoire, à base granitique, est très accidenté et coupé par des vallons. Il est généralement nu et peu planté. Les terres, bien que de nature médiocre, sont bien cultivées et donnent, comme sur tout le littoral, de bonnes récoltes de pommes de terre. Le défrichement n'a pas eu lieu encore pour toutes les landes.

L'église, reconstruite en 1858, est sous le vocable de saint Samson ; la sonnerie des cloches est renommée dans tout le pays.

On remarque le château du Bois-Riou avec sa chapelle, sous l'invocation de saint Nicolas.

La plage de Trévou-Tréguignec recèle une forêt sous-marine qui est exploitée par les habitants. Plusieurs menhirs existent au Trévou, à l'île Balannec ou port Legoff, à Coatmez et à Rucolie.

Deux écoles ont été créées depuis quelques années dans la commune, une pour chaque sexe.

Le bourg est traversé par les chemins d'intérêt commun Nos 34 et 43.

CANTON DE PLESTIN-LES-GRÈVES
(**9 communes**).

Plestin-les-Grèves ; Lanvellec ; Ploumilliau ; Plouzélambre ; Plufur ; Saint-Michel-en-Grève ; Trédrez ; Tréduder ; Trémel.

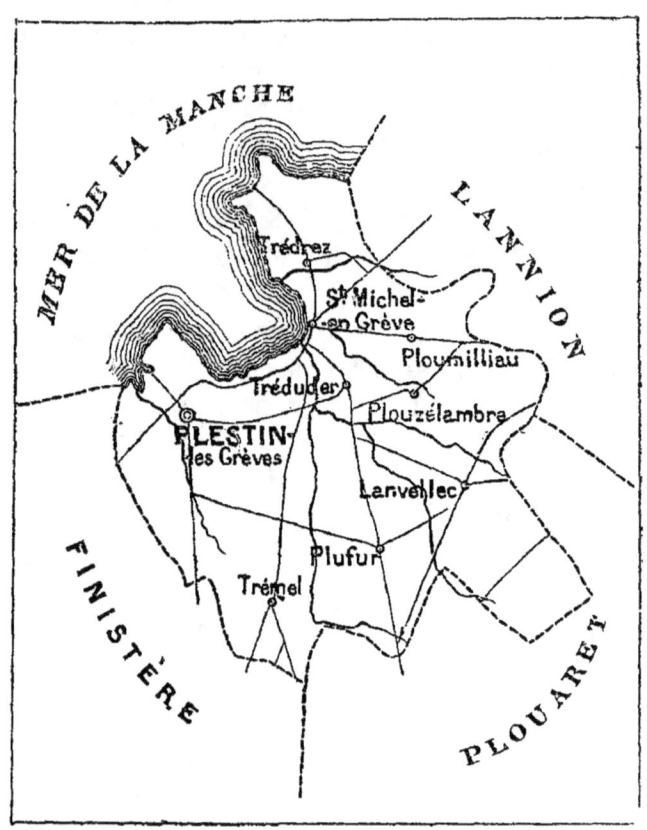

Le canton de Plestin est borné au nord par la Manche ; à l'est par les cantons de Lannion et de Plouaret ; au sud par le canton de Plouaret ; à l'ouest par le département du Finistère, dont la rivière le Douron le sépare. — Il est traversé par les chemins de grande communication N°s 1er, de Saint-Brieuc à Morlaix ; 11, de Perros à Lorient ; 32, de Bégard à Saint-Michel-en-Grève ; 38, de Lannion au Guerlesquin ; 42, de Callac à Toul-an-Héry, et 57, de Plounévez-Moëdec à la grève de Saint-Michel, et par les chemins d'intérêt commun Nos 42, de Bégard à Locquémeau, et 86, de Plouaret à Plestin.

La population de ce canton est de 15,187 habitants ; sa superficie de 14,554 hectares.

Ce canton maritime, accidenté dans toutes ses parties, à l'exception de celle de l'est qui est plane et unie, s'incline par une pente assez prononcée vers le nord. Il est peu boisé dans cette partie qui borde la mer ; mais dans le reste du territoire, on trouve des bouquets d'arbres en futaie et quelques vergers plantés de pommiers. Les sables coquilliers et les varechs, que son littoral lui fournit en abondance, et qui se répandent même assez avant vers le centre du pays, ont beaucoup contribué à fertiliser ses terres, de bonne qualité, déjà bien cultivées et productives en céréales de premier ordre. Les plantes fourragères sont aussi cultivées dans ce canton, qui cependant néglige un peu ses prairies. Quoi qu'il en soit, l'élève des chevaux et du bétail y réussit et fournit de beaux revenus à ceux qui s'y livrent. Il y existe encore beaucoup d'exploitations rurales sous le régime du domaine congéable. — Le canton de Plestin fournit à la marine un nombreux contingent de vigoureux matelots formés à leur pénible profession par la pêche du poisson, celle des sables coquilliers et la récolte des varechs.

PLESTIN-LES-GRÈVES

Superficie : 3,452 hectares. — Population : 4,195 habitants.

Ce chef-lieu de canton est un gros bourg, important par le commerce local qui s'y fait et par le nombre de ses habitants, tous livrés à l'agriculture ou aux transactions qui en résultent.

La commune de Plestin est très étendue ; elle occupe la partie la plus à l'ouest du département et est baignée par la mer au nord, et séparée, à l'ouest, du département du Finistère par la petite rivière le Douron.

Son territoire est accidenté et en pente marquée vers le

nord. Il est bien boisé et planté de pommiers. Les terres, à base schisteuse, sont bien cultivées et fertiles, grâce surtout à l'emploi des sables calcaires qu'on trouve sur la grève, et dont les principes fertilisants ont de 50 à 82 0/0 de leur poids. Toutefois, sur le bord de la mer et couronnant les hautes falaises, des landes se montrent encore ; elles ne peuvent guère être que semées en pins.

L'église, récemment restaurée dans son style primitif, date de 1576. Sous le porche principal, se trouve la statue du Christ au milieu de celles des apôtres ; à l'intérieur, on voit le tombeau de saint Efflam qui date du XVIe siècle ; la statue du saint est couchée sur un sarcophage décoré d'arcades gothiques. Ce monument en a remplacé un autre qui avait été inauguré en 999 par l'évêque de Tréguier.

La paroisse a pour patrons saint Gestin et saint Efflam. Le premier lui a donné son nom, *Plé-Gestin*, et par contraction Plestin. Le second est très vénéré dans le pays. C'était un prince d'Hibernie (Irlande) qui quitta sa patrie vers 480 et vint débarquer dans la grève Saint-Michel, à l'endroit où se trouve la croix que recouvre la mer à chaque marée. Il évangélisa la région et mourut en 512, dans l'ermitage qu'il s'était fait construire près de la chapelle qui porte son nom. Non loin de cette chapelle, sur la grève même, il existe une fontaine, rendez-vous de nombreux pèlerins qui viennent demander aux eaux bienfaisantes, les uns la guérison de leurs maux, d'autres, dit-on, le moyen de reconnaître l'auteur de vols commis à leur préjudice.

On remarque en Plestin plusieurs chapelles, parmi lesquelles, outre celle de Saint-Efflam, il convient de citer celle de Saint-Jacut, près des ruines du château de Lezormel.

Pour aller de Plestin à Saint-Michel-en-Grève, on suit une belle chaussée, dite dans le pays la Lieue de grève. C'est une promenade pleine de charmes ; d'un côté, se déroulent les belles grèves avec la mer immense à l'horizon ; de l'autre, des falaises très élevées, au milieu desquelles se détache un amas de rochers nommé Roc'h-Karlaz.

En face de la pointe de l'Armorique, à 1 kilomètre de la

terre, on voit un autre rocher Roc'h-Ru (roche rouge), où, dit-on, un serpent monstrueux, combattu par saint Efflam, se jeta dans la mer.

Dans un champ nommé Ar-Hastel, on voit un tumulus et près de là, dans un taillis, on en trouve un autre. Un menhir renversé gît près du village de Poulven.

Au hameau du Traou, on aperçoit les traces de la voie romaine qui partait du Yeaudet, en Ploulec'h ; les médailles recueillies en cet endroit font croire à l'existence d'une station romaine.

Plestin possède le petit port de Toul-an-Héry, à 2 kilom. du bourg. Il s'y fait un certain mouvement d'exportation de céréales, de pommes de terre, d'importation de vins, bois, etc. A Saint-Efflam, des carrières d'ardoises sont exploitées.

Le château de Lesmais est digne d'être remarqué.

Quatre écoles avec pensionnats existent à Plestin ; une école communale et une privée pour chaque sexe.

Le bourg est traversé par les chemins de grande communication Nos 1er et 42.

LANVELLEC

Superficie : 1,892 hectares. — Population : 1,744 habitants.

Le territoire de cette commune s'étend au sud-est du canton et est traversé dans le sud par le chemin de fer de Paris à Brest.

Il est arrosé par plusieurs ruisseaux, notamment par le Roudour et celui de Saint-Connay, qui vont se jeter dans la baie de Saint-Michel.

En général, les terres sont de bonne qualité et bien cultivées. On trouve peu de bois ; les pommiers ne sont nombreux que dans le nord-est. Toutes les landes susceptibles d'être cultivées, l'ont été à peu près. De belles carrières de granit sont exploitées en Lanvellec.

Cette paroisse, qui faisait autrefois partie de l'évêché de Dol, a pour patron saint Brandan. L'église date de 1852. Dans l'intérieur, on remarque plusieurs belles sculptures, parmi lesquelles une statue de saint Brandan, dues au ciseau de Le Mérer. Le cimetière possède un bel ossuaire en granit, de style gothique flamboyant.

On trouve en Lanvellec bon nombre de chapelles. La plus intéressante à visiter est celle de Saint-Carré, qui date de 1696, et dans laquelle se voient de belles peintures au lambris et un remarquable rétable au maître-autel.

Les manoirs de Goas-Ru, de Lesnevez et de Kernescop sont actuellement des maisons de fermes ; mais le château moderne de Rosambo mérite d'être visité. Il domine la vallée si pittoresque de ce nom.

Deux écoles communales, une pour chaque sexe, sont établies à Lanvellec.

Le bourg est traversé par les chemins de grande communication Nos 38 et 57, et par le chemin d'intérêt commun N° 86.

PLOUMILLIAU

Superficie : 3,469 hectares. — Population : 3,531 habitants.

Cette commune doit son nom à saint Milliau, patron de la paroisse, roi d'Armorique, assassiné par son frère Rivod, à une époque incertaine.

Le territoire, qui s'étend à l'est du canton, depuis la mer jusqu'aux communes de Ploubezre et de Plouaret, est arrosé par plusieurs cours d'eau sans grande importance. Il est assez uni, excepté au nord-ouest. Les terres sont bonnes, bien cultivées et bien boisées. Les pommiers sont nombreux et bien soignés. Les landes sont à peu près toutes défrichées.

L'église, qui date de 1602, est un monument intéressant de style gothique flamboyant.

Une succursale existe à Kéraudy ; l'église de cette paroisse est dédiée à la sainte Vierge.

On compte quatre chapelles de construction moderne en Ploumilliau.

Les anciens châteaux de Lanascol et de Keranglas sont en ruines ; il reste à peine quelques traces de celui de

Kersenon. On voit un menhir dans les landes de Saint-Jean-Brezéan.

La nature du sol de cette commune est schisto-granitique vers l'ouest ; au nord et à l'est on trouve du granit pur.

Sous le rapport scolaire, Ploumilliau est bien doté ; deux écoles communales, une pour chaque sexe, sont établies au bourg, et le hameau de Kéraudy possède une école communale mixte.

Le bourg est traversé par les chemins de grande communication N° 32, et d'intérêt commun N° 42.

PLOUZÉLAMBRE

Superficie : 784 hectares. — Population : 694 habitants.

Le nom de cette commune s'écrivait anciennement Ploésélempre.

Son territoire s'étend au sud-ouest de Plestin, le long du ruisseau de Pont-ar-Roscoat et jusqu'à la mer.

Le sol, à base granitique, est plat et uni, boisé et planté de beaux vergers, excepté dans la partie nord-ouest qui présente des collines élevées, couvertes de landes.

L'agriculture y est en progrès. L'orge, cultivée sur une grande échelle, il y a quelques années, a fait place au froment et au méteil.

Au sommet des collines qui dominent la rivière de Pont-ar-Roscoat et sur un plateau se trouve la chapelle de Runan-Belard, dédiée à saint Mélard, construite en 1623.

L'église, sous le patronage de saint Sylvestre, remonte au XVe siècle; on y remarque un rétable de la Renaissance. Dans le cimetière, on remarque un beau calvaire en granit datant de la même époque. Il convient de citer la fontaine de Saint-Sylvestre, dont les eaux passaient autrefois pour avoir la vertu de guérir les lépreux.

Plouzélambre compte une école communale de garçons depuis 1853, et une école communale de filles créée en 1871.

Le bourg n'est traversé que par des chemins vicinaux ordinaires.

PLUFUR

Superficie : 1,750 hectares. — Population : 1,651 habitants.

Borné au nord-est par Tréduder, à l'est par Lanvellec, au sud par Plounérin et à l'ouest par Trémel et Plestin, le territoire de cette commune est très accidenté, coupé de quelques vallons au fond desquels coulent des ruisseaux qui vont se jeter dans la baie de Saint-Michel.

Les terres, bien plantées de pommiers, sont fertiles et bien cultivées. Les landes, susceptibles d'être défrichées, l'ont été depuis quelques années.

Dans l'église, dédiée à la sainte Vierge, on remarque un autel en bois sculpté.

Quatre chapelles existent à Plufur ; celles de Saint-Nicolas et de Saint-Yves datent du xve siècle.

A 2 kilomètres à l'est du bourg, on trouve les ruines de l'ancien château-fort du Plessix.

Le sol est en général de nature granitique, toutefois on trouve du schiste micacé au nord-ouest ; dans le nord, on a rencontré du carbure de plombagine très propre à la fabrication des crayons.

Deux écoles communales, l'une pour les garçons et l'autre pour les filles, existent à Plufur.

Le bourg est traversé par le chemin d'intérêt commun N° 86.

SAINT-MICHEL-EN-GRÈVE

Superficie : 469 hectares. — Population : 572 habitants.

Le territoire de cette commune est peu étendu ; c'est la plus petite du canton ; elle s'étend à l'est de la baie qui porte son nom.

Le sol, dans lequel le schiste modifié par le gneiss domine, est peu boisé. Sur les bords de la mer, d'énormes rochers couvrent les pentes qui y descendent. Les terres sont bien cultivées, excepté les hauteurs couvertes de landes.

A l'encontre de la coutume établie de placer les oratoires de saint Michel sur une hauteur, l'église paroissiale, dédiée à cet archange, est située au bord de la grève, et les flots viennent chaque jour battre les murs du cimetière. Cet édifice, couronné d'une jolie flèche, date de 1614.

Une vaste forêt devait s'étendre autrefois de Ploulec'h aux confins du Finistère. Après de fortes tempêtes, la grève de Saint-Michel laisse apercevoir des débris de gros arbres. Sur la route de Ploumilliau, on voit quelques traces d'un camp romain, formé de deux enceintes circulaires.

Dans la chapelle de Sainte-Geneviève se trouve un autel du XIIe siècle, masqué par une boiserie.

Une seule école mixte communale existe dans cette localité.

Le bourg est traversé par le chemin de grande communication N° 1er.

TRÉDREZ

Superficie : 1,065 hectares. — Population : 1,178 habitants.

Cette commune a donné son nom au château de Coat-Trédrez, possédé autrefois par le baron du même nom.

Elle occupe l'extrême nord du canton et s'étend jusqu'auprès de l'embouchure du Guer.

Le territoire est assez uni, excepté dans les parties voisines de la mer, où il est très accidenté et présente des pentes rapides. Les terres cultivées sont productives, mais les landes du nord et de l'est de la commune sont peu susceptibles d'être mises en culture. Des forêts de pins devraient les couvrir.

Les habitants se livrent à la récolte du goëmon, engrais recherché, et à la pêche de la sardine. La mise en boîte de ce petit poisson a lieu dans une usine située sur le bord de la grève, et qui fonctionne depuis 1880. Une centaine d'ouvriers y sont occupés.

L'église, nouvellement restaurée par les soins de deux recteurs, est un édifice du XVe siècle. Elle est dédiée à Notre-Dame de Trédrez et à saint Yves, qui fut recteur de la paroisse. L'archéologue et le touriste admirent ses frises élégantes, le tryptique renfermant un arbre de Jessé, représentant la Vierge entourée des rois de Juda ; le baptistère surmonté d'un baldaquin sculpté, parfaitement fouillé, et un reste de verrières.

Le 19 mai, jour de la fête de saint Yves, est gardé comme une fête solennelle.

La chapelle de Locquémau, dédiée à saint Quémeau, d'où lui vient son nom, mérite d'être visitée. Locquémau était autrefois une trève.

On remarque en Trédrez les belles habitations de Coat-Trédrez, de Kerbuzic et de Kerdepot.

Deux menhirs existent dans le sud-est. A Toul-an-Wennic, on voit des traces d'une voie romaine ; c'est sans doute celle dont nous avons parlé à l'article de Plestin.

L'école communale de garçons et celle des filles sont situées au bourg. Locquémau possède une école communale mixte.

Le bourg n'est desservi que par un chemin vicinal ordinaire le reliant au chemin d'intérêt commun N° 42.

TRÉDUDER

Superficie : 480 hectares. — Population : 531 habitants.

Le territoire de Tréduder s'étend à l'ouest de Plestin et est baigné au nord par la mer. Plusieurs ruisseaux, entr'autres le Roudour et le Saint-Connay l'arrosent ; sur les bords, de belles prairies bien aménagées produisent d'excellents foins.

Presque partout domine dans le sol le schiste micacé, mais au sud du Korvan, sur la route de la grève, on trouve du schiste maclifère, très rare dans nos régions.

Le terrain est très accidenté, bien boisé et planté de pommiers. Une grande partie des landes a été défrichée ; ce qui reste ne peut produire que des pins ou des ajoncs.

L'église paroissiale, dédiée à saint Théodore, est un monument sans grand intérêt qui date du xv° siècle.

Tréduder possède deux écoles communales, une pour chaque sexe.

Le bourg est traversé par le chemin de grande communication N° 57.

TRÉMEL

Superficie : 1,193 hectares. — Population : 1,094 habitants.

Situé au sud-ouest, sur les confins du Finistère, le territoire de Trémel est accidenté à l'est et à l'ouest, sur le bord des ruisseaux qui le limitent dans ces directions.

Cette commune a été formée en 1839 ; c'était autrefois une trève de Plestin, devenue succursale à l'époque du Concordat.

Son église, dédiée à la Vierge, est construite entièrement en granit et date du XVI° siècle. A l'intérieur, on remarque de curieuses frises sculptées ; quatre labbes couronnées d'archivoltes en accolade, un sacraire ou armoire eucharistique.

A Kerguiniou on voit un dolmen, ainsi qu'un menhir qui mesure 5m25 de haut et 8m25 de circonférence.

On voit encore les ruines des châteaux de Kermerzic et de Trébriant.

Le chemin de fer de Paris à Brest traverse l'extrême sud de la commune et la gare de Plounérin a été établie sur le territoire de Trémel. Dans les hameaux avoisinant la gare, beaucoup d'habitants professent la religion protestante. Une école dirigée par un pasteur est établie non loin de là.

Les terres sont de bonne qualité, bien boisées et plantées de pommiers ; les quelques landes qui existent encore sont l'objet d'un défrichement graduel et progressif.

Le bourg possède une école communale pour chaque sexe ; il est traversé par le chemin de grande communication N° 42.

CANTON DE PLOUARET

(**9 communes**).

Plouaret ; Le Vieux-Marché ; Loguivy-Plougras ; Plougras ; Plounérin ; Plounévez-Moëdec ; Pluzunet ; Tonquédec ; Trégrom.

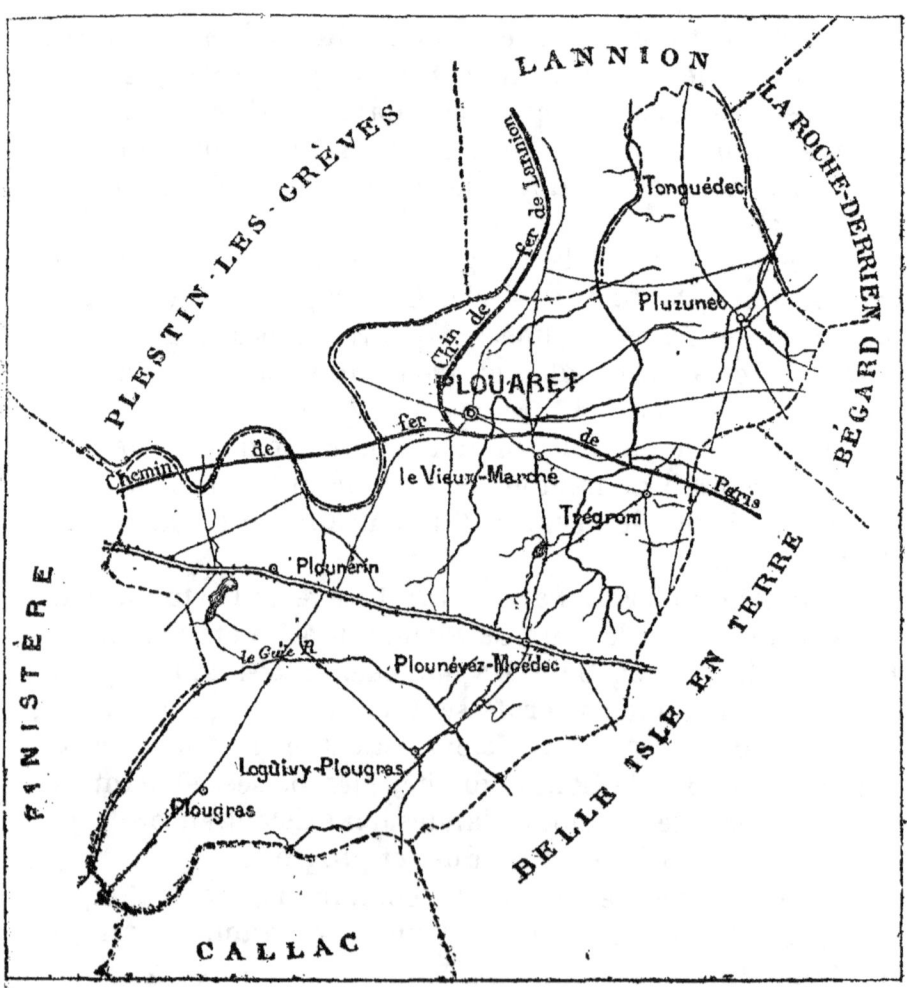

Le canton de Plouaret est borné au nord par le canton de Lannion ; à l'est par les cantons de La Roche-Derrien, de Bégard et de Belle-Isle ; au sud par le canton de Callac ;

à l'est par le département du Finistère et par le canton de Plestin. — Il est traversé par le chemin de fer de Rennes à Brest, avec embranchement de Plouaret à Lannion ; par la route nationale N° 12, de Paris à Brest; par les chemins de grande communication N°s 11, de Perros à Lorient ; 31, de Lannion à Guéméné ; 32, de Bégard à Saint-Michel-en-Grève ; 33, de Callac à Cavan ; 38, de Lannion au Guerlesquin ; 42, de Callac à Toul-an-Héry ; 55, de Lézardrieux à Belle-Isle-Bégard, et 57, de Plounévez-Moëdec à la grève de Saint-Michel, et par les chemins d'intérêt commun N°s 13, du Vieux-Marché à Pluzunet ; 32, de Plounévez-Moëdec à Lannion ; 42, de Bégard à Locquémau ; 77, de Belle-Isle à Guerlesquin, et 86, de Plaudren à Plestin.

La population du canton est de 21,196 habitants ; sa superficie de 24,975 hectares.

Le territoire, plat et assez uni dans sa plus grande partie, est fort accidenté et coupé de nombreux vallons au nord et au sud, mais surtout dans cette dernière partie, où il s'élève beaucoup et devient montagneux et tourmenté. On y observe quelques mamelons élevés de 300 mètres au-dessus du niveau de la mer. Les terres sont de moyenne qualité et le classent parfaitement dans la zone intermédiaire du département ; elles sont assez bien cultivées et l'agriculture est en voie de progrès dans ce canton.

L'élève du bétail est l'une de ses importantes ressources, et il est regrettable que les prairies, qui pourraient être excellentes, soient l'objet d'aussi peu d'intérêt et d'attention. Les chevaux qu'il fournit sont forts, vigoureux et appartiennent à la race puissante que nous avons signalée sur le littoral.

Le canton de Plouaret, bien qu'éloigné de la mer dans quelques-unes de ses parties, se sert des amendements calcaires marins et en obtient les meilleurs résultats. Il est coupé de bonnes voies de communication et arrosé de nombreux ruisseaux.

Le chemin de fer le traverse, et il est dans le cas, avec un peu de bonne volonté de la part de ses habitants, de réaliser de grands progrès. Beaucoup de propriétés sont sous le régime congéable ou convenancier.

PLOUARET

Superficie : 3,014 hectares. — Population : 3,396 habitants.

Cet important chef-lieu de canton est un gros bourg situé à peu de distance de la ligne de Paris à Brest et desservi par une station ou a lieu l'embranchement de la ligne de Plouaret à Lannion.

La commune offre un territoire plat et uni au nord et vers l'ouest. Sur le bord du Guer ou Léguer qui l'arrose à l'est, les accidents de terrain sont nombreux et très accentués. Les pommiers sont bien cultivés dans le nord et l'ouest, et les terres sont bien boisées. De nature granitique, elles sont bonnes et bien cultivées. Toutes les landes susceptibles d'être livrées à la culture, ont été défrichées.

Le commerce de Plouaret est tout local ; la plupart des habitants du bourg se livrent à l'agriculture.

La commune du Vieux-Marché, qui avait été en 1790 chef-lieu de canton, était jusqu'en 1866 une section de Plouaret.

L'église de Plouaret, dédiée à Notre-Dame, est une vaste et assez belle construction du XVIe siècle. On y remarque surtout le portique, la tour qui date de 1554, et la grande et élégante rosace de la Renaissance qui se trouve au-dessus du maître-autel.

La plupart des nombreuses chapelles qui se voyaient en cette commune, ont été abandonnées et sont tombées en ruines.

Deux sires du Pontblanc et celui de Keranrais qui figuraient au nombre des champions du combat des Trente, sont nés à Plouaret, de même que Guillaume de Coëtmohan, sieur de Guernachannay, directeur régent en droit de la Faculté de Paris, qui fonda le 20 avril 1325 le collège de Tréguier à Paris, aujourd'hui collège de France.

Au village de Coat-Roué, on voit un tumulus bien détérioré.

Deux écoles communales importantes existent au bourg, une pour chaque sexe.

Le bourg est traversé par les chemins de grande communication N°s 11 et 32, et d'intérêt commun N° 86.

LE VIEUX-MARCHÉ

Superficie : 2,172 hectares. — Population : 2,589 habitants.

Le nom de Vieux-Marché, en breton, *C'hoz-Varc'had*, prouverait que les marchés de cette localité remontent à une époque reculée et qu'ils étaient d'une certaine importance.

Située à l'ouest de Plouaret et bornée à l'est par le Léguer qui la sépare de Trégrom, Pluzunet et Tonquédec, cette commune est traversée par le chemin de fer de Paris à Brest, sur un parcours de 4 kilomètres environ.

Le territoire est très accidenté et coupé par un grand nombre de ruisseaux. Le Léguer l'arrose sur une longueur de 8,600 mètres.

Le schiste talqueux, avec quartz améthiste, forme la structure du sol dont la couche arable est très diverse comme qualité. Les landes, qui recouvrent les pentes rapides de la vallée du Léguer, sont peu propres à la culture. L'agriculture progresse et les terres sont assez bien plantées en pommiers.

Au Vieux-Marché se tiennent par an plusieurs foires renommées. Les marchés du mercredi de chaque semaine ont une certaine importance.

L'origine de cette localité est fort ancienne, bien qu'elle ne soit paroisse que depuis 1860 et commune que depuis 1866. Jusqu'en 1808, la ville du Vieux-Marché (comme on la désigne dans la région) était chef-lieu de canton. C'était autrefois une seigneurie importante ; son nom est cité dans les anciennes chartes de la province. En 1334, le duc Jean III, duc de Bretagne, la donna à son fils. En 1789, le général La Fayette la possédait du chef de sa mère.

Le tumulus de Kerandouff n'existe plus qu'à moitié, on voit encore cependant un amas considérable de pierres énormes.

On a de grandes présomptions pour croire qu'un camp romain a dû exister au lieu dit le Castel, près la chapelle de Bon-Secours ; d'abord, la voie romaine de Coz-Yeaudet passe non loin de là, et ensuite on a trouvé dans des fouilles récentes nombre de pièces romaines, de même qu'un puits funéraire dans lequel se trouvaient quelques ossements. De plus, en nivelant les places de la ville en 1882, on a mis à découvert un pot en terre contenant 1,200 grammes de monnaies d'argent de Louis IX, de ses successeurs et d'Edouard III, roi d'Angleterre.

L'église, de style ogival, s'élève au centre d'une vaste place, entourée de maisons de bel aspect. Elle est sous le vocable de Notre-Dame de Consolation. Toute construite en pierres de taille, elle est reconnue comme une des plus belles du département. Les fenêtres ogivales du transept sont remarquables, ainsi que les piliers formés de colonnettes réunies en faisceaux, et les contre-forts extérieurs. La chaire, en pierre, fait corps avec le pilier contre lequel elle est adossée.

Elle a remplacé une chapelle qui datait du XV° siecle.

Parmi les quatre chapelles qui existent dans le Vieux-Marché, la plus intéressante est celle des Sept-Saints, bâtie sur un dolmen formant crypte et où l'on voit les statues des sept saints dormants d'Ephèse.

Les anciens manoirs de Keranborgne, de Gueranham, de Kergoz et de Goaz-Froment, sont pour la plupart convertis en fermes.

L'école communale des garçons du Vieux-Marché a été créée en 1864, et celle des filles existe depuis 1863.

Le bourg est traversé par les chemins de grande communication N° 32, et d'intérêt commun N°s 13 et 32.

LOGUIVY-PLOUGRAS

Superficie : 4,768 hectares. — Population : 3,177 habitants.

Cette commune, dont le territoire est le plus étendu du canton, doit son nom (*Loc-Ivy*, pays d'Ivy) à saint Ivy, le patron de l'ancienne église paroissiale. Elle occupe, avec celle de Plougras, toute la partie sud du canton, et est arrosée par la rivière du Guic et par deux autres ruisseaux peu importants.

Les terres de structure diverse, granit, schiste, gneiss, sont de médiocre qualité, et les landes à fond pierreux sont peu cultivées ; elles ne peuvent être utilisées qu'en semis de pins.

Elle comprend la forêt de Beffou, d'une contenance de 900 hectares.

L'ancienne église de Saint-Yves est en ruines. Depuis 1855, la belle chapelle de Saint-Emilion, qui date de 1516, l'a remplacée comme église paroissiale. C'est un édifice remarquable par la hardiesse de sa construction, la richesse des frises sculptées qui le décorent et l'élégance de son clocher ; on remarque en outre un superbe maître-autel du XVIIe siècle ; aussi est-ce avec juste raison qu'elle a été classée parmi les monuments historiques.

Plusieurs autres chapelles, la plupart en ruines, existaient en cette commune ; on voit encore celle de Saint-Yves qui date de 1588

Les nombreux manoirs disséminés en Loguivy sont en ruines. Des fouilles pratiquées au lieu appelé Menec'h-Ru (moines rouges) ont fait découvrir une hache en bronze, deux meules de moulins et des débris de construction. La tradition rapporte qu'en ce lieu s'élevait jadis un monastère habité par les Templiers.

La voie romaine de Tréguier à Carhaix parcourt la commune du nord-est au sud-ouest.

Trois écoles existent à Loguivy-Plougras : deux communales, une pour chaque sexe, et une privée pour les filles.

Le bourg est traversé par les chemins de grande communication N° 11, et d'intérêt commun N° 77.

PLOUGRAS

Superficie : 2,648 hectares. — Population : 1,322 habitants.

Le nom de cette commune s'écrivait au XVe siècle Ploégroix, en latin *Plebs-Crucis*, paroisse de la Croix.

Plougras s'étend au sud-ouest du canton sur les confins du Finistère. Le territoire est plat et uni à l'ouest, accidenté et montueux dans les autres parties. Il est arrosé par le Guic, affluent du Léguer, qui le sépare en partie du Finistère. Les terres sont légères, sablonneuses et de qualité ordinaire ; les cultivateurs se livrent, comme dans tout le sud-ouest du département, à l'élevage des chevaux et à l'engraissement des bœufs. Toutefois, les prairies qu'arrose le Guic, produisent un pâturage donnant au beurre fourni par les vaches qui s'en nourrissent, une qualité exceptionnelle.

Autrefois Plougras était une très grande paroisse de laquelle relevaient les trèves de Lohuec et de Loguivy-Plougras. L'église appartient au xviie siècle et a pour patron saint Pierre. La tour est remarquable par son élégance et la hardiesse de son clocher.

On voit encore les fossés de l'ancien château de Beffou, près duquel se trouve le bel étang de ce nom, qui ne mesure pas moins de 7 hectares.

Cette commune possède des tourbières dans quelques vallons et des carrières d'ardoises exploitées.

On voit non loin de Goastibiou et de Lesplouric des menhirs très élevés.

Deux écoles communales, une pour chaque sexe, existent à Plougras depuis 1844.

Le bourg est traversé par les chemins de grande communication N° 42, et d'intérêt commun N° 77.

PLOUNERIN

Superficie : 2,589 hectares. — Population : 1,719 habitants.

Ce nom vient de *Plou* (peuple ou paroisse), et de saint Nérin, évêque breton, patron de l'église paroissiale.

Situé à l'ouest du canton, Plounérin est traversé par la route nationale de Paris à Brest, et au nord par le chemin de fer sur une longueur totale de 5,500 mètres. Une station y est établie, mais sur le territoire de Trémel.

Le sol, généralement uni, est de constitution granitique

avec quelques roches amphiboliques ; près de la Clarté, on trouve du diorite. Les terres, peu boisées, sont de médiocre qualité ; beaucoup de landes attendent encore le soc défricheur ou la graine de pins qui les rendraient productives.

L'église, qui porte les dates de 1686, 1700 et 1758, n'offre rien de bien remarquable. Plusieurs chapelles existaient autrefois en cette commune ; il en reste trois assez bien conservées, celles de Notre-Dame de Bon-Voyage, de Notre-Dame de la Clarté et de la Trinité ; la première seule présente quelque intérêt.

Le bel étang de Lez-Moal, aux rives sans arbres et d'une contenance de 30 hectares, est souvent visité par les pêcheurs ; il est, dit-on, très poissonneux.

Près du hameau de Quiriot, on trouve un bloc de pierre cubant 300 mètres environ, qu'on croit être un monument celtique.

On voit encore les restes du vieux manoir de Bruillac qui appartenait au xiii° siècle à l'illustre famille Duchâtel. Le château moderne de Kerigoan est digne d'intérêt.

Au bourg de Plounérin, deux écoles communales existent depuis longtemps. Près de la gare, il vient d'en être établi une pour les deux sexes.

Le bourg est traversé par la route nationale N° 12.

PLOUNEVEZ-MOEDEC

Superficie : 4,035 hectares. — Population : 3,303 habitants.

Cette grande commune s'étend au sud-ouest du canton jusqu'aux portes de Belle-Isle-en-Terre. Le bourg, traversé par la route nationale de Paris à Brest, est assez important. Arrosé par le Guic et le Léguer, le territoire est très accidenté, il présente une suite non interrompue de collines et de vallons. Les terres sont généralement légères et sablonneuses, boisées au sud, à l'est et dans une partie du nord. Le sol est en général de nature granitique, à l'ouest on trouve du gneiss ; pendant quelques années on a exploité une carrière de quartz améthiste.

Sur le Guer sont établies deux papeteries, une scierie mécanique, un haut fourneau et quelques autres établissements industriels qui occupent un certain nombre d'ouvriers.

Dans l'église paroissiale, qui est sous le vocable de saint Pierre, on remarque une maîtresse-vître et les statues de saint Pierre et de la Vierge. La tour porte les armes du chevalier Du Parc qu'on croit être son fondateur.

Quatre chapelles existent dans la commune, mais celle de Keramanac'h (ville des moines) du xve siècle, présente seule de l'intérêt ; son riche portail sud, son porche, la tribune en chêne sculpté, avec voûtes et pendentifs, représentant les douze apôtres ; le maître-autel avec son rétable en marbre renfermant une multitude de personnages qui représentent la vie et la mort de Jésus-Christ, et la fenêtre absidiale à beaux meneaux flamboyants excitent l'admiration des visiteurs.

On voit encore les vestiges du château de Marquès, détruit en 1793, et les beaux châteaux modernes de Kerdelahaie, de Pors-en-Parc et du Gollot. Près de Coat-Sec'h, on trouve les traces de la voie romaine de Carhaix à Lannion.

Deux écoles communales importantes existent au bourg, qui est traversé par la route nationale N° 12.

PLUZUNET

Superficie : 2,285 hectares. — Population : 2,375 habitants.

Cette commune tire son nom de saint Idunet, patron de la paroisse. Ce saint vint, croit-on, de la Grande-Bretagne, vers le ve ou vi^e siècle, avec sa sœur sainte Tunvel.

Elle s'étend au nord-ouest de Plouaret, entre le Leguer à l'ouest et le canton de Bégard à l'est. Le Guindy qui l'arrose à l'est, la traverse sur une grande étendue.

Le territoire de Pluzunet est plat et uni, excepté vers l'ouest où le Leguer forme une vallée profonde aux pentes escarpées. Les terres, à base granitique avec quelques amas de quartz, deviennent meilleures, grâce aux amendements marins dont on fait grand usage. Beaucoup d'agriculteurs se livrent avec succès à l'élevage du bétail. Les landes sont à peu près toutes défrichées.

Le bourg est un des plus jolis du département ; la belle place plantée d'ormes et servant de champ de foire, est entourée de maisons bien bâties et d'un bel aspect.

L'église, dédiée à saint Pierre, a été reconstruite en 1847, sauf le clocher qui date de 1669. Elle est entourée d'un vaste cimetière parfaitement tenu.

On ignore l'époque de l'érection de Pluzunet en paroisse, on sait seulement qu'elle avait un recteur en 1532. A Coatanizan se voient encore les vestiges d'un château-fort. La pièce d'eau est aujourd'hui à sec, mais le colombier existe toujours. Le dernier châtelain, le marquis de Montluc, émigra en 1791, et Coatanizan fut vendu comme bien national. La chapelle Saint-Jean dépendait d'une demeure seigneuriale bâtie par la famille de Kerimel.

Les chapelles de Saint-Idrienne ou Idrielle et de Saint-Jean étaient autrefois des lieux de pèlerinages très fréquentés.

Entre Pont-an-Mari et le moulin du Prajou, on a découvert, il y a quelques années, un souterrain formé de trois chambres. On croit que c'était un repaire de brigands. Non loin de Saint-Idunet, on voit une pierre creusée en forme d'auge qui, d'après la tradition, servait de lit au saint personnage qui aurait habité ce lieu. Les mères qui ont des enfants débiles, vont les rouler sur cette pierre, pour leur faire recouvrer leurs forces. Au lieu nommé Losser, le Léguer se précipite d'une grande hauteur avec un bruit qui s'entend de plusieurs kilomètres.

Bien avant la Révolution, Pluzunet possédait des instituteurs, ambulants pour la plupart. Mais c'est en 1817 qu'un maître breveté, M. Le Ballier, fut régulièrement nommé par le recteur de l'Académie.

L'école des filles a été créée en 1849 et reconnue communale en 1854. En 1883, une classe enfantine a été annexée à l'école des garçons.

Le bourg est traversé par les chemins de grande communication N°s 31 et 33, et par les chemins d'intérêt commun N°s 13 et 42.

TONQUEDEC

Superficie : 1,799 hectares. — Population : 1,840 habitants.

Située à l'extrémité nord du canton, la commune de Tonquédec est bornée à l'est par le Guindy et à l'ouest par le Léguer, rivières qui toutes les deux coulent vers le nord.

Le sol renferme un très beau granit rosé exploité notamment à Kermeur. Le territoire est généralement plat et uni, excepté vers l'ouest, où le Léguer coule dans une vallée aux bords escarpés, couverts de bois ou d'ajoncs. L'agriculture y a fait de grands progrès ; les terres, grâce à l'engrais marin qu'on va chercher à Lannion, sont très productives et bien plantées en pommiers. L'élevage des bestiaux se développe en cette commune au grand profit des cultivateurs qui s'y livrent.

Sous le chœur de l'église, dédiée à saint Pierre et restaurée en 1835, se trouvent les tombeaux des Kergrist et des Du Quengo, successivement seigneurs de Tonquédec. Cette église avait été érigée en collégiale en 1447, par Rolland, vicomte de Coëtmen. On y remarque la maîtresse vitre.

Dans le cimetière, on voit les tombeaux de MM. Couppé, ancien député à la Convention, Troguindy et Nicolas, tous les trois décédés maires de la commune.

Mais ce qui attire l'attention des touristes, ce sont les ruines du célèbre et antique château-fort de Tonquédec, placé sur les bords d'une colline dominant le Leguer, à 2 kilomètres à l'ouest du bourg. Ces ruines, à l'aspect imposant, sont les restes d'un des beaux monuments de l'architecture féodale et militaire au xiie siècle. Il était surnommé avec raison le Pierrefonds de la Bretagne.

Le visiteur est immédiatement frappé de l'aspect grandiose et magnifique de ces restes assez bien conservés pour permettre de reconstituer le plan primitif du château.

C'est un polygone irrégulier, entouré de douves, divisé en trois parties et ceint de murailles crénelées de 3 à 4 mètres d'épaisseur. Il était flanqué de grosses tours rondes à l'extérieur et hexagonales à l'intérieur. Les couronnements de ces tours ont été rasés ; mais on monte encore dans deux d'entre elles, jusqu'aux machicoulis, par des escaliers pratiqués dans le mur. A l'endroit opposé à la porte d'entrée et séparé du corps de la place, était le donjon colossal qui ne communiquait avec les autres bâtiments que par un pont levis. Il occupait le sommet d'un triangle à la pointe d'un promontoire qui domine la vallée d'une hauteur de 50 mètres environ. Des souterrains et des cachots voûtés existaient au-dessous des constructions.

Plusieurs légendes se rattachent au château de Tonquédec ; dans le souterrain qui se dirigeait, dit-on, vers Ploubezre, se trouveraient les âmes des Huguenots qui là expient leurs erreurs ; un lièvre gigantesque se montrerait au milieu des ruines, mais aussi inaccessible aux plus fins limiers qu'au plomb du chasseur le plus habile ; une jeune fille tous les sept ans viendrait pleurer sur l'une des tours pendant que midi sonne, etc.

La seigneurie de Tonquédec fut érigée en vicomté vers le XIIe siècle, en faveur des Coëtmen. Les terres passèrent ensuite entre les mains des Quengo, qui les possédèrent jusqu'en 1879 ; à cette époque elle est devenue la propriété de M. de Kerouartz.

C'est en 1622 que le château fut démantelé par ordre de Richelieu.

Près de Kermeur on voit un menhir et près de Kerjan un beau dolmen.

La commune de Tonquédec possède deux écoles communales, celle des garçons a été fondée en 1827 et celle des filles en 1841. Une école privée de filles y existe depuis quelques années.

Le bourg est traversé par le chemin de grande communication N° 31.

TRÉGROM

Superficie : 1,665 hectares. — Population : 1,475 habitants.

La commune de Trégrom est située à l'est du canton et du Vieux-Marché ; elle est séparée au sud de Plounévez-Moëdec par le Leguer qui la traverse sur une grande étendue. Le chemin de fer de Paris à Brest passe au nord et à une petite distance du bourg.

Le territoire, à base granitique avec quelques amas de quartz, est fort accidenté. Une foule de petits ruisseaux y forment une quantité de vallées profondes dominées par des collines élevées. Les terres sont de bonne qualité en général et bien boisées.

L'église, sous le patronage de saint Brandan, est un monument sans intérêt, datant du xve siècle, et qui a été restauré en 1843. Elle renferme le tombeau du marquis de Kersauzon, son fondateur.

On voit en Trégrom trois chapelles : celles du Christ, de Saint-Méloir et de Saint-Tugdual ; la première possède des restes d'une belle verrière (xvie siècle).

Il n'existe plus que des vestiges du château de Coatléguer. Le beau château moderne du Gouer attire l'attention des visiteurs.

Au village de Keranscot se trouvent deux menhirs, et à Kermenou, on voit un tumulus.

Trégrom possède deux écoles communales, une pour chaque sexe.

Le bourg est traversé par le chemin de grande communication N° 33.

CANTON DE TRÉGUIER

(10 communes).

Tréguier ; Camlez ; Coatréven ; Langoat ; Lanmérin ; Miniby-Tréguier ; Penvenan ; Plougrescant ; Plouguiel ; Trézeny.

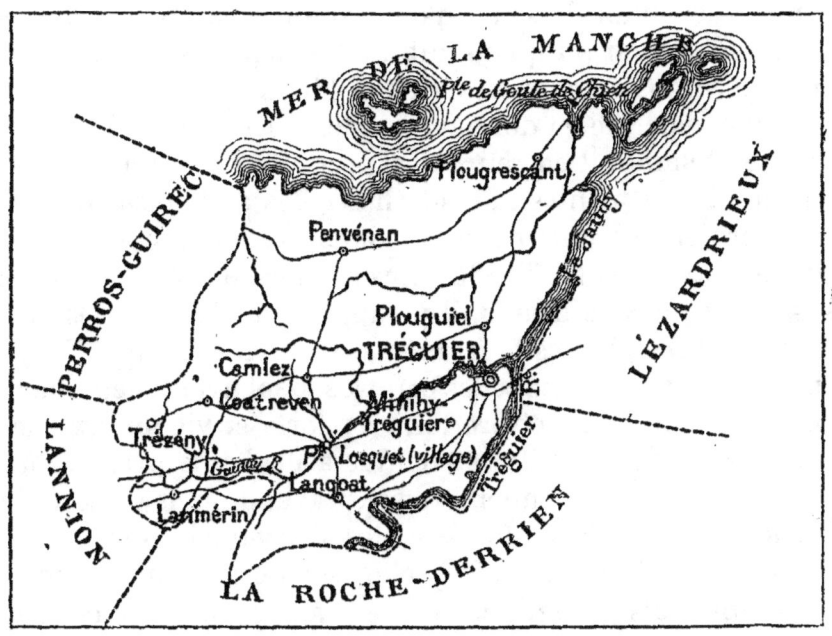

Le canton de Tréguier est borné au nord par la Manche ; à l'est par la rivière de Tréguier, qui le sépare des cantons de Lézardrieux et de La Roche-Derrien ; au sud par le canton de La Roche-Derrien, et à l'ouest par les cantons de Lannion et de Perros-Guirec. — Il est traversé par les chemins de grande communication Nos 1er, de Saint-Brieuc à Morlaix ; 8, de Tréguier à Gouarec ; 16, de Saint-Brieuc à Perros-Guirec, et 55, de Lézardrieux à Belle-Isle-Bégard, et par les chemins d'intérêt commun Nos 23, de Lannion à Plouha ; 33, de Tréguier à la grève de Saint-Guinolé ; 35, de Lannion à Plougrescant ; 38, de Trélévern à Rospez ; 41, de Bégard au Port-Blanc ; 43, de Tréguier à Trévou-Tréguignec ; 37, de Rospez à La Roche-Derrien, et 49, de Tréguier à Plougrescant.

La population du canton est de 17,294 habitants ; sa superficie de 11,473 hectares.

Le territoire de ce canton maritime, accidenté et montueux, est découvert dans sa partie nord, voisine de la mer, boisé et planté de pommiers dans celle du sud. Il offre, de tous côtés, des points de vue aussi beaux que variés, soit qu'on explore son littoral, soit qu'on parcoure les belles vallées qui le sillonnent ou qu'on admire les riches cultures de ses champs. Dans ce canton, en effet, l'homme seconde la nature avec énergie, et donnant à la terre les soins et l'engrais qu'elle réclame, il en retire des produits de premier ordre en céréales et plantes industrielles telles que colzas et lins. Ces derniers surtout peuvent, dans certaines communes, rivaliser avec les textiles les plus estimés de la Flandre. Si ses prés sont insuffisants, il y supplée par les prairies artificielles et les plantes fourragères. Il en résulte que l'agriculture, tout en obtenant des céréales, peut avantageusement élever de bon bétail et produire de forts et vigoureux chevaux de trait recherchés et vendus à de hauts prix. A tous ces avantages qui tiennent au sol, il faut ajouter ceux de la pêche côtière, de la vente des sables, des varechs, des huîtres et surtout de la marine à laquelle le canton fournit de nombreux matelots ; aussi peut-on le classer au premier rang pour l'aisance dans laquelle en général vivent ses habitants.

TRÉGUIER

Superficie : 155 hectares. — Population : 3,193 habitants.

Tréguier, en latin *Trecorium*, en breton, *Lantreguer*, est bâti en amphithéâtre sur la langue de terre qui se trouve à la jonction du Jaudy et du Guindy.

Au VIe siècle, un monastère fut élevé dans la presqu'île de Trécor, par Tugdual, fils du roi Hoël.

En 848, une église cathédrale fut construite sur l'emplacement du couvent et saint Tudgdual en devint le patron.

Des maisons ne tardèrent pas à s'élever autour de l'édifice ; telle fut l'origine de Tréguier.

Par sa position à 7 kilomètres de la mer, cette ville ne tarda pas à devenir prospère, et son érection en évêché au ixe siècle lui donna une importance considérable sur les petits centres des environs.

Son commerce fut favorisé de bonne heure par la création de foires importantes qui existent encore, par l'établissement de tanneries, de corderies, de filature de toiles et de toutes les industries auxquelles a recours la navigation.

Le port de Tréguier arme tous les ans des navires pour la pêche de la morue, et d'autres y font le cabotage. Les huîtrières, qui existent dans la rivière, sont exploitées régulièrement ainsi que dans tous les environs. Plusieurs bateaux se livrent journellement au transport des engrais marins. La ville est bien entretenue ; on y voit une belle place entourée d'un parapet ; la rue principale est la Grand'Rue, mais une des plus jolies est la rue Colvestre. On remarque plusieurs anciennes maisons des xve et xvie siècles qui dominent dans tous les quartiers ; les importantes constructions des Ursulines, du Petit Séminaire, de l'ancien évêché, des Dames Augustines, des Filles de la Croix, etc.

Mais le monument vers lequel se concentre toute l'admiration des visiteurs est la cathédrale, le plus bel édifice religieux des Côtes-du-Nord. Cette église, en forme de croix, mesure 75 mètres de long, $39^m 50$ de largeur aux transepts, le sommet de la voûte est à 18 mètres au-dessus du pavé. Commencée en 1339, elle ne fut terminée qu'au xve siècle ; elle est riche de toutes les beautés de l'architecture de cette époque. Le transept présente une particularité assez rare ; il est surmonté de trois tours, l'une au milieu et une à chaque extrémité. L'une d'elles porte la grande flèche qui atteint 63 mètres au-dessus du sol. Au bout du transept on voit une tour, reste de la cathédrale primitive, appelée tour d'Hastings.

La nef et le chœur, flanqués de basses nefs, sont entourés de chapelles latérales, dont l'une, appelée chapelle du Duc, fut construite pour recevoir la dépouille de Jean V, duc de Bretagne, mort en 1442. Quarante-six stalles en chêne sculpté, datant de 1648, décorent les deux côtés du chœur.

Ce magnifique monument offre un ensemble remarquable d'architecture ogival du genre rayonnant, qui a été suivi en Bretagne pendant de longues années. Les 68 fenêtres qui l'éclairent sont élégantes et richement sculptées.

Près de la porte d'un des bras de la croix, une des entrées principales, on voit un bénitier à cariatides en marbre rose de toute beauté. A l'intérieur, se trouvent plusieurs tombeaux du xive siècle, un bel autel en bois sculpté, une dalle en marbre rose qui indique la sépulture de saint Yves, marquée par un beau monument funéraire qui vient d'être élevé par souscriptions.

Le long du chevet et sur le flanc septentrional de la cathédrale s'étend le cloître canonial, commencé en 1461 et comptant sur ses quatre galeries 42 arcades remplies par des trèfles quadrilatés, supportés par de légères colonnettes surmontées de tympans à jours. De distance en distance, des contreforts ou des arcs-boutants soutiennent la claire-voie.

Avec juste raison, ce bel édifice est depuis longtemps classé comme monument historique. Tréguier a conservé son ancien évêché, belle maison de diverses époques, situé dans un parc dominant le Guindy.

L'histoire nous apprend qu'en 1346, la ville fut dévastée et les églises pillées. En 1386, Olivier de Clisson, qui avait projeté une descente en Angleterre, y avait fait construire pour ses soldats une ville en bois, qui se montait et se démontait à volonté. Pendant la Ligue, Tréguier fut fidèle au Roi ; c'est pourquoi elle fut pillée et ravagée plusieurs fois par les troupes de Mercœur. Enfin, en 1592, une armée espagnole débarqua sur les côtes et acheva de détruire ce que Mercœur avait épargné.

On remarque dans les environs les belles maisons de Keralio, du Bilo et de Kerhir dont les bois bordent la mer.

Un beau pont métallique, nouvellement construit sur les

plans et par les soins du service vicinal met en communication les deux rives du Jaudy.

En outre de son collège, Tréguier possède une école communale de garçons, deux pensionnats de jeunes filles auxquels sont annexées des écoles primaires gratuites.

La ville est traversée par le chemin de grande communication N° 1er, et par les chemins d'intérêt commun Nos 33 et 49.

CAMLEZ

Superficie : 1,165 hectares. — Population : 1,148 habitants.

Son territoire s'étend au sud-ouest de Tréguier sur la rive gauche du Guindy.

Le sol, de nature granitique dans le nord et schisteux au sud, est généralement uni, excepté sur les bords du Guindy. Les terres sont médiocres, peu boisées mais bien cultivées.

Saint Trémeur et sainte Tréphine se partagent le patronage de l'église paroissiale, monument sans intérêt qui date de 1714.

Près de la chapelle de Saint-Nicolas se tient, le 3e dimanche de septembre, un pardon très fréquenté. Dans le cimetière qui avoisine cette chapelle, se trouve la pierre dite de saint Nicolas sur laquelle on couche les jeunes enfants pour qu'ils marchent de bonne heure.

A mi-route du bourg de Camlez à celui de Trévou-Tréguignec se trouve le vieux château de Kerham, aujourd'hui converti en ferme. On voit encore les belles voûtes en pierre de taille qui soutiennent l'édifice, les douves qui l'entouraient et les murs du parc. Cette construction, qui date du xviie siècle, avait été élevée sur l'emplacement du château-fort démantelé par ordre de Richelieu.

Non loin de Luzuron, vieux manoir devenu maison de ferme, on a reconnu une tombe romaine dans un champ appelé *Parc-ar-min-guen*.

Deux écoles communales existent à Camlez, une pour chaque sexe. A l'école des filles, une classe enfantine a été annexée en 1880.

Le bourg est traversé par le chemin d'intérêt commun N° 43.

COATRÉVEN

Superficie : 912 hectares. — Population : 860 habitants.

Le territoire de cette commune qui s'étend au nord du Guindy et sur la rive gauche de cette rivière, est uni et plat, sauf au sud. Les terres à base granitique dans le nord et schisteuse au sud, sont bonnes et bien cultivées. Les prairies, bien aménagées, sont très productives.

L'église est sans intérêt, elle est sous le patronage de saint Pierre.

Au hameau de Lochrist, le plus important de la commune, se trouve la chapelle de Notre-Dame. On remarque la belle habitation de Keranroux. A Coatréven est né Mgr Crocq, décédé évêque de Laranda dans le Tonkin méridional.

L'école communale des garçons date du 11 messidor an III, époque à laquelle fut installé, par le Procureur de la commune, le citoyen Guy-François-Marie Levaly, maître d'école. Celle des filles ne date que de 1875.

Le bourg est traversé par le chemin de grande communication N° 16.

LANGOAT

Superficie : 1,850 hectares. — Population : 2,047 habitants.

Suivant Deric, le territoire de cette commune était autrefois couvert d'une forêt qui s'étendait jusqu'à Hengoat, d'où lui viendrait son nom Land-Coat (pays du bois).

Située au sud-ouest de Tréguier, la commune de Langoat est comprise entre le Jaudy à l'est et le Guindy à l'ouest. Le sol, à base de schiste ardoisier, est très tourmenté et assez nu. Les terres sont de bonne qualité et bien cultivées ; les engrais marins les rendent très productives. Il se tient, de temps immémorial, une foire très suivie pendant les jours des Rogations.

L'église a remplacé en 1771 un édifice du XIIIe siècle. Elle est surmontée d'un assez joli clocher. Au haut de la nef à gauche se trouve un monument funéraire de 1370 que l'on dit être le tombeau de sainte Pompée, patronne de la paroisse, sœur de Hoël Ier, roi de Bretagne, et mère de saint Tugdual, évêque de Tréguier, de saint Léonor et de sainte Sève.

Dans la partie est de la commune, on voit une vaste enceinte fortifiée ayant la forme d'un fer à cheval ; on la nomme Castel-Du (château noir). Dans le pays, on prétend qu'elle est l'œuvre des Anglais qui s'y seraient retranchés en 1345, lorsqu'ils assiégèrent et prirent La Roche-Derrien. Le fort, également en terre, qui existait sur la ferme de Coat-an-fô, et qui a été démoli en 1834 avait, croit-on, servi de moyen de défense aux mêmes ennemis.

Le cimetière renferme le tombeau érigé à M. Le Grand, ancien recteur de l'Académie de Rennes, par ses amis et ses anciens élèves. Cet homme bienveillant et savant autant que modeste, était né à Langoat le 12 janvier 1792 et y fut inhumé en 1839.

Une école communale pour les garçons créée en 1870, une pour les filles qui date de 1860, à laquelle est annexée une classe enfantine, desservent la commune.

Le bourg est traversé par les chemins de grande communication N° 16, et d'intérêt commun N°s 37 et 41.

LANMÉRIN

Superficie : 415 hectares. — Population : 570 habitants.

Appelée autrefois et aujourd'hui encore dans les campagnes Lanvilin, cette commune tire son nom de saint Mérin, moine, venu d'Ecosse au VIIe siècle.

Son territoire, accidenté et bien planté de pommiers, est situé à l'extrémité sud-ouest du canton et sur la rive gauche du Guindy. Il est bien cultivé ; les prairies notamment sont de bonne qualité.

On trouve du schiste talqueux dans l'est et argileux dans l'ouest.

Avant la Révolution française, toutes les terres labourables de Lanmérin étaient sujettes à la dîme rectorale à raison de la 12° gerbe de chaque céréale cultivée ; en était excepté un champ qui était chargé d'une rente d'un demi boisseau de froment « bon blé loyal et rendable au grenier du presbytère ». Cette dîme donnait de si beaux produits qu'on l'appelait le Moulin d'Or.

Est né à Lanmérin, M. Le Tinevez, François, maire de cette commune en 1830 et mort chevalier de la Légion d'honneur.

Deux écoles communales, une pour chaque sexe, existent depuis plusieurs années en cette commune.

Le bourg est traversé par le chemin d'intérêt commun N° 37.

MINIHY-TRÉGUIER

Superficie : 1,207 hectares. — Population : 1,516 habitants.

Le bourg est situé sur les bords du Jaudy, et la commune s'étend à l'ouest jusqu'au Guindy.

Le territoire à base de schiste ardoisier, est très accidenté. Les pommiers et les bois de diverses essences y réussissent bien. Son sol riche, bien fumé et bien cultivé, donne de belles récoltes.

L'église paroissiale est la chapelle de l'ancien manoir de Kermartin, où naquit le 17 octobre 1255 saint Yves Elory, très vénéré dans toute la Bretagne. C'est un élégant édifice en partie du xve siècle ; la tradition locale en attribue la construction à ce saint personnage.

Saint Yves, devenu prêtre, fut nommé official de l'évêque de Tréguier, et ensuite recteur de Trédrez et de Louannec. Après avoir fait de brillantes études de droit à Paris, il se dévoua à défendre les causes des indigents, tout en soignant dans son manoir les nombreux malades que le bruit de ses vertus y attirait. Les hommes de justice l'ont pris pour patron. Il mourut le 19 mai 1303 et fut inhumé dans la cathédrale de Tréguier. Sa canonisation eut lieu en 1347. Son testament est écrit sur un tableau placé dans l'église et l'on conserve les restes de son bréviaire, beau manuscrit sur vélin.

En 1834, le manoir de Kermartin, acquis par Mgr de Quelen, archevêque de Paris, a été reconstruit ; une plaque en marbre, placée au-dessus de la porte, rappelle qu'en ce lieu est né l'illustre Yves.

La paroisse du Minihy a joui pendant longtemps du droit d'asile, d'où lui vient son nom.

On exploite quelques carrières d'ardoises, dont les produits sont de médiocre qualité.

Une seule école mixte existe dans la commune.

Le bourg n'est traversé que par des chemins vicinaux ordinaires.

PENVENAN

Superficie : 1.984 hectares. — Population : 3,167 habitants.

Cette importante commune s'étend au nord-ouest du canton et est baignée au nord par la mer.

Le territoire est accidenté et découvert ; les pommiers s'y répandent de plus en plus, et les landes se défrichent peu à peu. Les terres, à base granitique, sont légères, mais bien cultivées ; elles sont productives.

Le bourg a moins d'importance que le Port-Blanc, bon et assez vaste atterrage situé au nord de la commune et dans lequel de forts navires peuvent trouver un sûr abri.

L'église paroissiale, sous le patronage de la Vierge, a été construite en 1837 ; elle n'offre aucun intérêt.

Six chapelles existent en Penvenan, les plus remarquables sont celles de Saint-Gonval, où l'on voit la statue du saint qui date du xiie siècle, de Saint-Gildas, dans l'îlot de ce nom. Au pardon de cette dernière, qui se tient le jour de la Pentecôte, on conduit les chevaux, et c'est un grand honneur d'y arriver le premier, quelle que soit la hauteur de la mer. Dans un rocher qui était, dit-on, le lit du saint, on voit l'empreinte très exacte d'un corps humain.

Dans l'anse de la Saudraie, on a trouvé en 1829 et en 1838, des débris de mosaïques romaines. Quatre menhirs existaient en Penvenan ; ceux de Keribo et de Guernotier ont été abattus et exploités en 1864 ; les deux qui subsistent encore sont situés l'un près de la limite de Camlez et l'autre près du bourg.

On remarque les belles habitations du Pellinec et de Kerbuelven ; cette dernière a été autrefois la maison de plaisance des évêques de Tréguier.

Deux écoles communales existent au bourg de Penvenan, et une pour les deux sexes au Port-Blanc.

Le bourg est traversé par les chemins d'intérêt commun N°s 35 et 41.

PLOUGRESCANT

Superficie : 1,554 hectares. — Population : 2,134 habitants.

Cette commune s'étend au nord du canton et est comprise en grande partie dans une langue de terre baignée de trois côtés par la mer. Une grande partie de la population se livre à la marine, à la pêche ou à la récolte du goëmon. Aux lieux dits Marie-Charlès et Roc'h-ar-S'querch, on trouve du sable coquillier contenant la moitié de son poids de matières fertilisantes.

Le territoire, dans lequel domine le granit, est accidenté et peu boisé. Les terres sont légères, mais donnent d'excellents produits par un bon système de culture et l'emploi des engrais marins.

Sur le littoral, quatre petits îlots dépendent de Plougrescant : Hevinec, Itronne-Varia, Loaven et Er.

L'église n'offre aucun intérêt ; il n'en est pas de même de la chapelle de Saint-Gonery, qui date du xvi° siècle. Ce joli monument se fait remarquer par les peintures de son lambris, le beau mausolée de Guillaume du Halgoët, une belle armoire en chêne sculpté renfermant un riche reliquaire et une chasuble du xvi° siècle, qu'on dit à tort avoir servi à saint Gonery, qui vivait au x° siècle. On voit aussi une statue en albâtre de la sainte Vierge et une auge en forme de bière, véritable tombeau de saint Gonery.

Il convient également de citer la chapelle de sainte Eliboubanne, mère de ce saint, située dans l'île Loaven et où une procession se rend en bateau le 1er jour des Rogations.

Plougrescant possède deux écoles communales, une pour chaque sexe.

Le bourg est traversé par le chemin d'intérêt commun N° 35.

PLOUGUIEL

Superficie : 1,907 hectares. — Population : 2,271 habitants.

La commune de Plouguiel s'étend sur la rive gauche du Guindy et le bourg n'est qu'à une très faible distance de la mer, à l'ouest de Tréguier.

Le territoire, à base de granit amphibolique est peu boisé, assez accidenté et montueux, notamment à l'ouest sur les bords du petit cours d'eau qui le sépare de Penvenan. Les terres sont bonnes et bien cultivées; les engrais marins contribuent puissamment à développer la fertilité du sol. La population est mi-partie agricole et mi-partie maritime. Beaucoup de marins, de l'Etat ou du commerce, et de pêcheurs sont natifs de Plouguiel.

L'église a été nouvellement reconstruite en style gothique. Elle présente un ensemble assez remarquable; on y voit le tombeau d'un des membres de la famille de Kerousy.

On trouve trois chapelles en Plouguiel, auprès desquelles a lieu chaque année un pardon. Des parties assez curieuses des anciens manoirs du xvie siècle, de Kerousy et de Leshildry existent encore. Celui de Keralio, à peu près de la même époque, est habité par son propriétaire.

A Plouguiel est né le 13 juin 1757 le général Perrichou de Kerverso, décédé le 22 février 1825 aux Invalides, membre du grand conseil de cet établissement.

Deux écoles, une pour chaque sexe, existent depuis longtemps à Plouguiel.

Le bourg est traversé par les chemins d'intérêt commun Nos 33 et 49.

TRÉZENY

Superficie : 324 hectares. — Population : 388 habitants.

Saint Zény ou Sezni, évêque d'Hibernie, disciple de saint Patrice, a donné son nom à cette commune.

Son territoire très restreint s'étend au sud-ouest du canton, au nord de la commune de Lanmérin. Il occupe un plateau assez boisé, incliné légèrement vers le sud. Les terres, de nature schisteuse au sud et granitique au nord, sont bien cultivées et très productives.

L'église est un monument sans intérêt sous le vocable du saint irlandais.

Près des ruines de l'ancien château de Kerguenalegan ou Guernalegan, se trouve une chapelle dédiée à saint Jean-Baptiste, récemment restaurée. Celle de Saint-Julien n'offre rien de remarquable.

Une seule école mixte communale est établie depuis longtemps à Trézény.

Le bourg est traversé par le chemin d'intérêt commun N° 38.

ARRONDISSEMENT DE LOUDÉAC.

Cet arrondissement comprend 9 cantons, savoir : Loudéac, Collinée, Corlay, Gouarec, La Chèze, Merdrignac, Mûr, Plouguenast et Uzel. Ces 9 cantons se subdivisent en 58 communes, ce qui donne, en moyenne, 6 communes par canton. Sa population est de 89,605 habitants et sa superficie de 136,122 hectares.

Il est borné au nord par les arrondissements de Guingamp, Saint-Brieuc et Dinan ; à l'est par l'arrondissement de Dinan et par le département d'Ille-et-Vilaine ; au sud par le département du Morbihan, et à l'ouest par l'arrondissement de Guingamp. — Le canal de Nantes à Brest le parcourt sur une étendue de 32 kilom., et il est traversé du nord au sud par le chemin de fer de Saint-Brieuc à Pontivy.

Dans l'arrondissement de Loudéac, tous les cours d'eau se dirigent vers le midi et se jettent dans l'Océan, soit directement, comme le Blavet, soit indirectement, comme le Lié, l'Oust, le Livet, le Grénédan, le Ninian, le Duc et le Meu, qui sont des affluents de la Vilaine. Il appartient tout entier au versant sud. Son territoire est élevé, fort montueux et très tourmenté dans les cantons de Corlay, Gouarec, Mûr, Plouguenast et Uzel. Dans les autres cantons, les reliefs sont moins abruptes, et quoiqu'assez élevés, ils ont plus d'uniformité et forment souvent de longues ondulations.

Cet arrondissement, bien boisé dans ses parties cultivées, possède en outre les forêts importantes de Loudéac, de la Hardouinaye, de Bosquen et de Quénécan. Il produit du bétail en abondance et des chevaux légers recherchés par le luxe et par l'administration de la guerre pour la remonte de sa cavalerie.

Pendant au moins deux siècles, l'arrondissement de Loudéac fut, dans la majorité de ses cantons, absolument industriel, et la culture des terres n'y était que secondaire. On s'y livrait à la fabrication des toiles dites de Bretagne, qui trouvaient leur principal écoulement en Espagne et dans les colonies espagnoles, et les affaires s'y traitaient annuellement par millions. Aussi, lorsqu'après les années de souffrance que la révolution de 1789 et l'état de guerre prolongé imposèrent au commerce, ce pays, à peine remis, vit tout à coup se tarir, par l'emploi de métiers mécaniques, par l'usage généralisé des tissus de coton, par la concurrence étrangère, les sources de son existence ; et lorsqu'enfin tomba la fabrication qui le faisait vivre, sa misère fut extrême.

Des bras inhabiles à manier la charrue se trouvèrent inoccupés en face d'immenses étendues de terres en friches, couvertes de bruyères arides et considérées comme à jamais stériles. A la stupeur succéda enfin l'énergie ; le tisserand, le blanchisseur, le petit marchand de toiles et de fils se firent cultivateurs, la misère fut bientôt remplacée par l'aisance, et l'on voit aujourd'hui, sur des points nombreux, de belles maisons là où depuis des siècles la bruyère seulement avait poussé. Cette transformation heureuse a fait de bons cultivateurs avec de pauvres industriels.

L'élan est donné, et si une assez grande partie de l'arrondissement est encore couverte de landes incultes où paissent quelques troupeaux de chétifs moutons, il n'y a plus à désespérer. Chaque jour la charrue en attaque une portion et vienne, par le canal de Nantes à Brest, rendu facilement navigable, par le chemin de fer, aboutissant à la mer, par les encouragements bienveillants du gouvernement, la possibilité d'introduire dans cet arrondissement l'élément calcaire qui lui manque, tout changera, tout s'améliorera, et dans peu, ce pays, réputé le plus pauvre du département, rivalisera avec ceux qui sont en possession de la richesse agricole.

La population de l'arrondissement de Loudéac, qui a longtemps souffert, n'est pas en général très vigoureuse ; mais elle est intelligente et commence à retrouver dans le travail agricole, dans une nourriture plus substantielle, la force qui se remarque dans les cantons ruraux où la fertilité du sol permet à la population une alimentation saine et lui procure une aisance convenable.

CANTON DE LOUDÉAC

(**6 communes**).

Loudéac ; Hémonstoir ; La Motte ; Saint-Caradec ; Saint-Maudan ; Trévé.

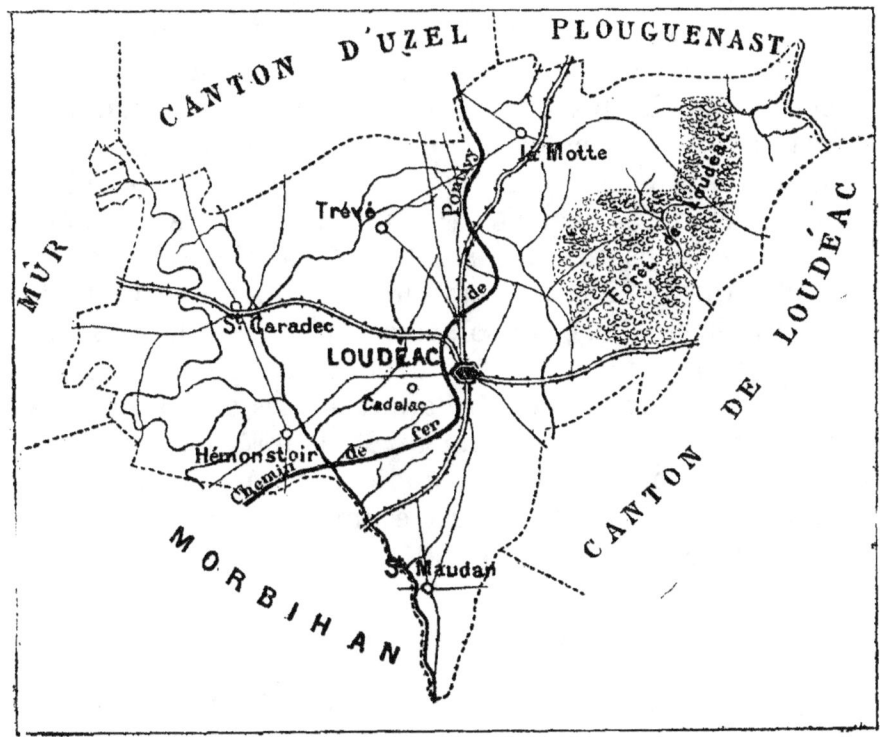

Le canton de Loudéac est borné au nord par les cantons d'Uzel et de Plouguenast ; à l'est par le canton de La Chèze ; au sud par le Morbihan ; à l'ouest par le canton de Mûr. — Il est traversé du nord au sud par le chemin de fer de Saint-Brieuc à Pontivy ; de l'est à l'ouest par la route nationale N° 164 *bis*, de Rennes à Brest ; du sud au nord par la route nationale N° 168, de Quiberon à Saint-Malo ; par les chemins de grande communication N°s 3, du Légué à Lorient ; 7, de Paimpol à Josselin ; 18, de Loudéac à Plancoët ; 41, d'Uzel à Rohan ; 53, de Corlay à La Trinité, et par les chemins d'intérêt commun N°s 46, de Gouarec à Saint-Méen ; 47, de Corlay à Plumieux, et 87, de Saint-Guen à Saint-Thélo.

La population du canton est de 13,823 habitants ; sa superficie de 19,248 hectares.

Le territoire est généralement accidenté dans la partie sud et dans celle du nord-ouest ; dans ses autres parties, il ne présente que de longues ondulations. Il est arrosé par les rivières de l'Oust et du Lié. — Pendant longtemps, ce canton plus industriel qu'agricole, ne présentait pour ainsi dire que des bois et des landes, qui lui donnaient un aspect triste et monotone ; aujourd'hui, le tisserand est devenu cultivateur, et les landes tendent à disparaître sous l'effort de la charrue. Où la bruyère seule occupait la terre, des moissons mûrissent, et la fabrique des toiles n'est plus que l'industrie accessoire du canton qui, puisant ainsi la richesse dans son sol, se verra enfin et de plus en plus à l'abri de toutes les fluctuations qui agitent les pays d'industrie. Si les landes disparaissent, les arbres sont en partie restés, et indépendamment de la forêt de Loudéac, le canton est boisé. Il possède aussi de nombreux vergers, dont les fruits donnent un cidre estimé.

Il appartient à la zone du midi.

LOUDÉAC

Superficie : 8,024 hectares. — Population : 5,899 habitants.

Loudéac, qui se prononce Loudia dans le langage populaire, et qu'on trouve écrit Lodeac dans le plus ancien titre où il en est fait mention (1149), est le chef-lieu de l'arrondissement qui comprend la partie sud du département.

Cette vaste commune, dont la superficie est de près de 8,000 hectares, est la 2e du département sous le rapport de l'étendue. Elle est bornée au nord par Trévé et La Motte, à l'est par La Prénessaye, au sud par Saint-Barnabé et Saint-Maudan, à l'ouest par l'Oust qui la sépare de Saint-

Gonery (Morbihan), et par Hémonstoir et Saint-Caradec. Le chemin de fer de Saint-Brieuc à Pontivy la traverse, une gare est établie près de la ville.

Le territoire de la commune est légèrement ondulé, assez accidenté dans la partie sud-ouest. La ville proprement dite est sur un plateau incliné vers le sud. Les cinq principales rues viennent aboutir à la place de l'Eglise.

Le sol renferme presque partout du schiste talqueux avec roches amphiboliques ; le peu de carrières exploitées ne fournissent que des moellons de peu de consistance. On compte plusieurs sources ferrugineuses. Les eaux de la ville contiennent en plus une légère quantité de soufre.

Ce n'est guère qu'après la Révolution que les paysans de Loudéac commencèrent à cultiver sérieusement les vastes landes servant de chétive pâture aux bestiaux Depuis cette époque, elles ont à peu près toutes disparu. Les nombreux pommiers qui couvrent presque tous les champs produisent un excellent cidre clair, d'un goût droit, de digestion facile et dont la réputation est répandue au loin. Tous les samedis d'automne, le marché est encombré de pommes exportées ensuite à Paris, dans le Midi et même en Espagne.

La forêt, qui s'étend au nord, a une étendue de 2,700 hectares ; elle comprend aussi une partie de la commune de La Motte. On y trouve des cerfs, des chevreuils, des sangliers, des loups et de nombreux renards qui y vivent en si grande quantité que les battues fréquentes n'empêchent pas les récoltes avoisinantes d'être ravagées par tous ces animaux. L'humidité conservée par la forêt donne naissance à de nombreux ruisseaux dont le principal est le Larhon, affluent de l'Oust. Il n'existe qu'un étang dans la commune : celui de la Ville-Audrain.

Grâce aux efforts de la Société hippique, l'élevage du cheval a fait d'immenses progrès, et nos agriculteurs fournissent chaque année à la remonte des chevaux estimés.

La seule industrie du pays est la fabrication des toiles ; elle est bien tombée depuis quelques années, elle n'occupe plus guère que 150 ouvriers qui travaillent chez eux. Cette industrie a été développée dans la localité vers 1570 par quelques Flamands chassés de leur pays par les cruautés du duc d'Albe. Dans le siècle dernier, la vente des toiles sur le marché de Loudéac s'élevait annuellement à plus de 5,000,000 de francs.

Le nom de la paroisse de Loudéac figure pour la première fois en 1149 dans la charte de fondation de l'abbaye de Lantenac, près de La Chèze. Cet acte affecte en dot « les dîmes de la paroisse de Loudéac » aux religieux nouvellement installés par Eudon, comte de Porhoët. Depuis 1603, la châtellenie de Loudéac qui dépendait auparavant du comté de Porhoët, formait un membre particulier du duché de Rohan.

Pendant la Ligue, la ville fut attaquée par 1,500 fantassins et 300 cavaliers qui venaient de s'emparer de Moncontour. Le combat fut acharné de part et d'autre ; selon la tradition, le plus fort de la mêlée eut lieu à 1 kilomètre de Loudéac, aux Trois-Croix. Ce nom rappelle un vieux dicton qui assure que :

> Qui vivra verra
> Les Trois-Croix au milieu de Loudia.

Déjà la gare a été établie près de ce lieu. Le tribunal, construit en 1845, est entouré d'un joli parterre. L'église, de style roman, sous l'invocation de saint Nicolas, date de 1759 ; on y remarque le maître-autel avec quatre colonnes et deux adorateurs en marbre blanc attribués à l'habile sculpteur Corlay. Du sommet de la tour du clocher, récemment construite, on jouit d'une très belle vue.

La chapelle gothique de Notre-Dame des Vertus a été reconstruite en 1880 ; le plan est des plus heureux, et le clocher pyramidal en pierre de taille est élégant et hardi. On remarque dans la commune trois autres chapelles, celle de Saint-Guillaume, celle du Menec, et celle de Saint-Maurice, érigée sur l'emplacement de la maison où naquit ce saint personnage.

On voit encore en Loudéac les restes du château de la Feuillée, consistant en quelques pans de murailles et le manoir de la Ville-Audrain qui est assez bien conservé. Sur la lande de Cadelac, à 1 kilomètre de la ville, existent encore des retranchements appelés le Camp Romain ; c'est une sorte de carré presque régulier de 50 mètres environ de côté et dont les parapets ont 5 mètres de hauteur. Cet emplacement était admirablement choisi comme poste d'observation, on y découvre un horizon de 5 lieues de diamètre.

L'hippodrome de Calouët, à deux kilomètres de Loudéac, a 1,500 mètres de tour ; il est un des meilleurs de Bretagne.

Au coin de la place principale de la ville vivait, au xiie siècle, Eon de l'Etoile, gentilhomme qui se prétendit le Fils de Dieu. Après avoir abusé de tous les plaisirs, il s'était retiré en ermite dans la vaste et merveilleuse forêt de Brocéliande. L'esprit de Merlin lui apparut et lui conseilla d'écouter les paroles du *Credo*, chanté à la messe. Et quand le prêtre eut dit : *Per eum qui venturus est*, etc., il se figura que l'*eum*, c'était lui Eon. Aussitôt, il se croit d'essence divine, il parcourt les campagnes, éblouit les simples par ses richesses *diaboliques*, dit la légende, et commet avec sa troupe toutes sortes d'excès. A la fin l'évêque de Reims le fit saisir. Il fut reconnu « pris du cerveau », mais de peur qu'il ne recommençât sa vie aventureuse, il fut mis en prison. Moins heureux, ses disciples furent brûlés vifs.

A Loudéac sont nés les personnages suivants : Maurice du Haut, dit saint Maurice, décédé en 1191 ; le général Gauthier, créé baron de l'Empire, mort à Wagram en 1809. Son nom est gravé sur l'arc de triomphe de l'Etoile ; le médecin La Vergne, qui s'est beaucoup occupé de la plantation des pins dans les terrains incultes et qui l'un des premiers a cultivé en grand la pomme de terre.

Il y existe deux écoles communales de garçons ; celle qui est dirigée par un instituteur laïque possède un cours primaire supérieur ; une école publique de filles, une école maternelle et deux écoles privées. Les hameaux de Saint-

Guillaume et de la Ville-Donio possèdent chacun une école mixte communale.

La ville de Loudéac est traversée par les routes nationales Nos 164 bis et 168, et par les chemins de grande communication N° 7, et d'intérêt commun N° 47.

HÉMONSTOIR

Superficie : 1,399 hectares. — Population : 745 habitants.

Ce nom semble indiquer qu'un monastère important existait sur le territoire de cette commune. Un certain nombre de vieilles statues qui se trouvent dans l'église paroissiale en proviendrait.

Le territoire est montueux, bien boisé et baigné par l'Oust, qui passe près du bourg et par la rigole alimentaire du canal de Nantes à Brest. Le sol formé de grès quartzeux au nord et à l'ouest et de schiste talqueux dans les autres parties, convient particulièrement à la culture du pommier.

L'église dédiée à saint Arnoul, évêque de Metz, n'offre rien de remarquable.

Hémonstoir ne possède qu'une école communale mixte. Le chemin de fer de Saint-Brieuc à Pontivy traverse la commune.

Le bourg n'est traversé que par des chemins vicinaux ordinaires.

LA MOTTE

Superficie : 2,298 hectares. — Population : 2,211 habitants.

Cette commune tire très probablement son nom d'une *butte* ou *motte* de terre de forme cônique, située à 150 mètres environ à l'est du bourg, dans un ravin pittoresque appelé Douve-Louais ou Douve-aux-Lois. On y a pratiqué des fouilles qui n'ont amené aucune découverte. Trois ou quatre mètres du sommet ont été enlevés, de sorte que cette *motte* peut avoir 8 à 9 mètres de hauteur, sur 120 mètres de circuit à sa base.

Situé au nord du canton, traversé par la route de Loudéac à Plouguenast, le territoire de La Motte est très accidenté, coupé de ravins profonds, très boisé en certaines parties, mais possédant quelques sommets dénudés. Dans la partie sud-est, cette commune renferme les 2/3 de la forêt de Loudéac. On n'y trouve que de petits ruisseaux utilisés pour l'irrigation de fertiles et nombreuses prairies.

Le sol, de nature schisteuse en général, est humide et froid ; l'agriculture y a fait de grands progrès. Les landes ont à peu près disparu. Les pommiers produisent en abondance. Bon nombre d'habitants vivent du commerce des toiles et de leur tissage.

L'émigration se fait sur une assez grande échelle. On estime actuellement à environ 200 le nombre des personnes de l'un et l'autre sexe qui habitent Paris ou les départements voisins.

L'église, sous le patronage de saint Vincent-Ferrier, n'offre aucun intérêt au point de vue architectural. Elle date de 1747. Le maître-autel, en beau marbre de Carrare, est remarquable.

La Motte possède une école communale pour chaque sexe. De plus, au hameau de Saint-Pôtan, existe une école mixte depuis 1868.

Une halte est établie à 3 kilomètres à l'ouest du bourg, sur le chemin de fer de Saint-Brieuc à Pontivy.

Le bourg, situé à proximité de la route nationale N° 168, est traversé par le chemin de grande communication N° 53.

SAINT-CARADEC

Superficie : 2,193 hectares. — Population : 1,651 habitants.

Cette commune doit son nom à saint Caradec, qui est parfois appelé Karadoc, solitaire breton du VI° siècle.

Son territoire est arrosé par l'Oust qui la borne à l'ouest et par la rigole alimentaire du canal de Nantes à Brest. Il est de nature schisteuse, boisé et accidenté dans le sud. Les terres sont de bonne qualité et bien plantées de pommiers fournissant un cidre excellent.

Le bourg comprend une agglomération de 5 à 600 habitants sur les bords de l'Oust. L'importance de cette localité lui valut d'être chef lieu de canton de 1790 à l'an X.

Saint-Caradec faisait autrefois partie de la baronnie de Carcado.

La justice royale se rendait à la ferme du Bot, près le bourg, alors fief et seigneurie. La ferme du Domaine y était représentée par un bureau du contentieux des droits de contrôles de franc-fief, etc., dépendant du ressort royal de Ploërmel.

La paroisse de Saint-Caradec faisait autrefois partie du diocèse de Quimper : L'église est ancienne et bien construite. Dans plusieurs endroits on remarque les armes des Carcado.

A l'intérieur, l'attention des visiteurs se porte sur des colonnes de marbre peu communes, sur les fonts baptismaux et sur la chaire. La chapelle du Saint-Sépulcre, renfermant des statues de grandeur naturelle, mérite d'être visitée.

Dans la commune, on voit encore trois chapelles : celle de Saint-Quidic, de Saint-Marcel et de Saint-Laurent.

On garde à Saint-Caradec le souvenir de Guillaume Coquil, décédé recteur de la paroisse en 1749, laissant une réputation de sainteté. Pendant longtemps les mères sont venues sur sa tombe demander des forces pour leurs enfants.

Au village de Kerbor, se trouvent les ruines du château de ce nom, dont l'histoire tristement célèbre, forme une des légendes locales.

Deux écoles communales, l'une pour les garçons et l'autre pour les filles, existent à Saint-Caradec. Cette dernière a été ouverte en 1841 par Mlle Simon-Suisse, fille de M. Alexandre Simon-Suisse, employé des ponts et chaussées, et nièce du grand philosophe et écrivain Jules Simon.

Le bourg, situé près la route nationale N° 164 *bis*, est traversé par le chemin de grande communication N° 3.

*

SAINT-MAUDAN

Superficie : 667 hectares. — Population : 394 habitants.

Cette commune, située au sud du canton, forme une pointe qui s'avance dans le Morbihan. A l'ouest, coule l'Oust qui la sépare de Queltas, Saint-Gonéry et Saint-Gouvry (Morbihan). Elle doit son nom à saint Maudan ou Maudez, patron de la paroisse.

Le territoire, à base de schiste, est très accidenté, mais les pentes sont douces et régulières. Très boisé dans ses parties basses et cultivées, il est nu et découvert dans les parties en landes qui se défrichent peu à peu ou qui se convertissent en belles futaies de pins.

L'église, qui est moderne, n'offre pas grand intérêt. A la fête patronale, le dimanche le plus près du 14 septembre, beaucoup de pèlerins viennent s'adresser à saint Maudan pour la guérison de la fièvre.

Sur le canal de Nantes à Brest, se trouve l'embarcadère de Saint-Samson, situé en partie sur le territoire de Saint-Maudan.

Une seule école mixte dessert cette commune.

Le bourg est traversé par le chemin de grande communication N° 41.

TRÉVÉ

Superficie : 2,663 hectares. — Population : 2,067 habitants.

Le territoire de cette commune est légèrement ondulé. Le sol est bien boisé et bien planté de pommiers qui fournissent un cidre estimé. L'agriculture a fait des progrès sensibles depuis quelques années, grâce aux engrais que les cultivateurs ne ménagent plus et surtout aux comices agricoles. L'industrie des toiles est encore assez répandue.

Une voie romaine traverse la commune depuis la Quintinaye jusqu'aux Saints-Anges, en Saint-Thélo. On remarque les belles habitations du Bout-de-Lande et les ruines du château de Bonamour auquel il reste une tourelle assez bien conservée.

L'église, dédiée à saint Just, offre peu d'intérêt ; sur la base du clocher relevé en 1868, se trouve la date de 1724.

Une seule chapelle, celle de Saint-Pierre, existe aujourd'hui ; elle aurait été construite en 1736.

La commune possède quatre écoles ; deux au bourg et une mixte dans chaque hameau de Coastquer et de Feuille-Mareuk.

Le bourg est traversé par le chemin d'intérêt commun N° 47.

CANTON DE COLLINÉE

(6 communes).

Collinée ; Langourla ; Le Gouray ; Saint-Gilles-du-Mené ; Saint-Gouéno ; Saint-Jacut-du-Mené.

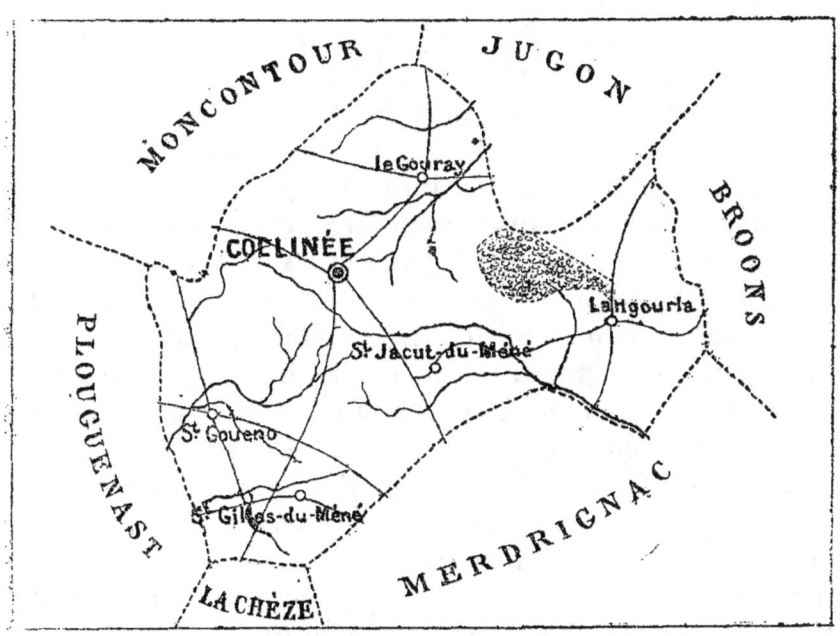

Le canton de Collinée est borné au nord-ouest par le canton de Moncontour et au nord-est par le canton de Jugon ; à l'est par le canton de Broons ; au sud par les cantons de Merdrignac et de La Chèze ; à l'est par le canton de Plouguenast. — Il est arrosé par la Rance et l'Arguenon, et traversé par les chemins de grande communication Nos 6, de Mauron à la baie d'Yffiniac ; 14, de Collinée à Dahouët ; 18, de Loudéac à Plancoët ; 58, de Collinée à Caulnes et 59, de Merdrignac à Plénée-Jugon ; et par les chemins d'intérêt commun Nos 4, de Collinée à la grève de la Grand'ville ; 46, de Gouarec à Saint-Méen ; 50, de Rohan à Collinée et 76, de Miniac à Moncontour.

La population du canton est de 7,992 habitants ; sa superficie de 11,127 hectares.

Le territoire de ce canton, qui fait partie de la zone du midi, comprend une assez grande partie des montagnes du Menez, dont le point culminant, Belair, est peu distant du chef-lieu. Il appartient au versant sud de ces montagnes, et les rivières l'Arguenon et la Rance y prennent leurs sources ; il est de plus arrosé par les ruisseaux de Branac, Fromené, Kermené et Lery. Indépendamment de ces cours d'eau, on voit, sur les plateaux, surgir de nombreuses sources qui, bien employées, pourraient sans nul doute favoriser la création de belles prairies là où ne se trouvent que des terres à peu près improductives. Ce canton, couvert de landes immenses, a été, pendant bien des années, le plus pauvre peut-être du département ; mais le progrès y est apparu : les landes se sont vendues ; elles ont été défrichées en partie ; celles qui restent auront le même sort. Beaucoup de ses habitants, sortis de leur apathie, croient aujourd'hui au bonheur dans le travail agricole, et viennent des capitaux, des engrais, surtout des amendements calcaires, et le canton de Collinée, terre classique de la bruyère, on peut le dire, prendra rang au milieu des cantons productifs du département. — Là aussi la chute du commerce des toiles s'est fait sentir ; mais qu'importe cette catastrophe, si en résumé elle a rendu au sol les bras qui, pendant trop d'années, s'en étaient détournés.

COLLINÉE

Superficie : 705 hectares. — Population : 825 habitants.

Le territoire de ce chef-lieu de canton s'étend en grande partie sur la ligne de faîte des collines du Menez. Il est accidenté, productif et bien planté de pommiers.

Le sol est à base de schiste talqueux ; on rencontre du minerai de fer non exploité encore, à cause de son peu d'abondance.

C'est en cette commune que se trouvent les principales

sources de la Rance et de l'Arguenon, rivières tributaires de la Manche.

Le bourg, où se tient un marché le vendredi et quelques foires, est assez important. L'industrie ne consiste guère que dans la confection de toiles grossières. Des hauteurs situées au sud du bourg, on jouit d'un panorama magnifique.

L'église, sous le patronage de saint Guillaume, offre peu d'intérêt. La cure du canton est au Gouray.

On croit que Simon, dit de Collinée, habile typographe, est né dans la commune. On lui attribue l'invention des caractères italiques. Il imprima vers 1534 un Nouveau-Testament en grec, fort estimé des bibliophiles. Il mourut à Paris en 1547.

Collinée possède deux écoles publiques, une pour chaque sexe, et une école privée de filles.

Le bourg est traversé par le chemin de grande communication N° 6 et le chemin d'intérêt commun N° 50.

LANGOURLA

Superficie : 2,139 hectares. — Population : 1,548 habitants.

Située à l'est de Collinée, cette commune confine au nord-est à l'arrondissement de Dinan.

Le schiste talqueux domine dans le sol ; toutefois, près des hameaux du Chevroche et de la Planconnaie, on trouve des roches amphiboliques et des carrières de granit qui donnent lieu à une assez grande exploitation. La terre est argileuse, difficile à cultiver, mais donnant d'excellents produits. L'agriculture a fait depuis plusieurs années de grands progrès, grâce à l'initiative de MM. Harel de la Rivière, agriculteurs distingués, et dont le nom est vénéré dans le pays. Les landes se défrichent, et les plantations de pommiers se répandent de plus en plus. Dans les forêts, on fabrique le charbon de bois qui est l'objet d'un commerce assez étendu.

Le territoire de Langourla présente dans la partie nord des sites remarquables ; notamment à Couélan, d'où l'œil embrasse les belles forêts du Parc et de Bosquen.

Au hameau de Saint-Joseph, situé à 206 mètres d'altitude, s'élevait, il y a quelques années, un hêtre gigantesque qui s'apercevait des environs de Dinan.

Près de la chapelle se tient tous les ans, le lundi de la Pentecôte, un pardon renommé. On y voit encore les anciennes halles qui ont servi longtemps de maison d'école.

Suivant la tradition, à l'endroit occupé actuellement par l'école des garçons, s'élevait autrefois un couvent de Bénédictins, auquel était attaché un hôpital.

Au village des Portes, près du bourg, existait jadis une prison seigneuriale dont on retrouve encore quelques vestiges.

L'église, dédiée à saint Pierre, a été reconstruite en 1873 ; elle est vaste et d'un bel aspect.

On remarque la petite chapelle de Saint-Eutrope, formée par le clocher hexagonal de l'ancienne église, et celle de Saint-Gilles qui date du xve siècle, bâtie au milieu de la vallée de ce nom.

Le château de Langourla est situé sur le territoire de Saint-Vran. Celui de Couélan, élégante construction édifiée en 1867, est entouré d'un très beau parc.

Non loin du bourg, au village de la Coude, on voit un menhir de 7^m de hauteur sur 5 de circonférence ; au Blanc-Mouton existe un dolmen. La pierre branlante du Chevroche a été l'objet de recherches et d'études de la part des archéologues.

Deux écoles existent à Langourla depuis longtemps ; celle des garçons a été ouverte en 1835, et celle des filles date de 1840.

Le bourg est traversé par les chemins de grande communication N° 59, et d'intérêt commun N° 74.

LE GOURAY

Superficie : 2,997 hectares. — Population : 2,015 habitants.

Le territoire du Gouray occupe la partie nord du canton et s'enfonce en pointe entre les arrondissements de Saint-Brieuc et de Dinan.

Il est très accidenté, bien boisé dans la vallée de l'Arguenon qui coule dans cette commune du sud-ouest au nord-est ; les terres labourables sont bien plantées de pommiers. La forêt de Bosquen couvre 486 hectares du territoire.

Au sud on trouve du schiste talqueux avec roches amphiboliques, tandis qu'à l'ouest on voit des carrières d'un beau granit qui sont exploitées depuis longtemps. A Carbilan se trouve du minerai de fer qui autrefois alimentait les hauts fourneaux de la Hardouinais et du Vau-Blanc ; les carrières d'ardoises, situées à l'est, sont abandonnées.

La paroisse du Gouray faisait autrefois partie du district de Broons ; elle fut érigée en commune en 1790 et diminuée de la section des Bois qui s'étendait au sud de Saint-Jacut jusqu'à Saint-Vran.

Les noms des hameaux de la Ville-Heu-du-Sang, de la Ville-Martel et de la Ville-lieu-de-Fer indiqueraient, au dire des habitants, qu'il s'y est accompli, à une époque reculée, quelques faits d'armes ou quelques massacres. Ces hameaux se trouvent en effet près du vieux château de la Motte-du-Parc, criblé de meurtrières, dont le seigneur, baron du Pont, fut longtemps en guerre avec le comte de Moncontour.

L'église du Gouray, construite en 1856, avec le granit du pays, est sous le vocable de saint Etienne. C'est un beau et vaste monument couronné d'une flèche très élancée. C'est le siége de la cure cantonale.

Près du village de l'Epine, dans une pièce de terre nommée le Meurtiaux, se voit un dolmen assez bien conservé. Sur le Croquelin se trouve aussi, posée sur d'énormes blocs de granit, une pierre concave et oblongue qui passe pour être, selon la légende, le berceau de la fée Margot.

La commune du Gouray a vu naître en 1794 et mourir en 1884 M. Pierre Perret, ancien représentant à la Constituante de 1848, chevalier de la Légion d'honneur, maire de cette commune pendant de longues années. C'est sous son administration que furent bâties les écoles et tracés les chemins vicinaux. Aussi gardera-t-on le souvenir de cet homme de bien, qui lutta toute sa vie pour la défense et le triomphe des intérêts populaires.

L'école des garçons a été fondée en 1833 et celle des filles en 1866 ; à cette dernière une classe enfantine a été annexée en 1884.

Le bourg est traversé par le chemin de grande communication N° 18.

SAINT-GILLES-DU-MENÉ

Superficie : 1,292 hectares. — Population : 717 habitants.

Cette commune occupe la partie sud du canton. Son territoire, de même nature que les autres communes du canton, est très accidenté, peu boisé et couvert de landes qui se défrichent peu à peu ou se boisent. Il est arrosé par le Fromené, ruisseau qui porte ses eaux au Lié.

La principale ressource agricole de la commune consiste dans l'élevage du bétail.

L'église, construite il y a quelques années, est sous le patronage de saint Gilles.

Il convient de signaler le vieux manoir de Bocenit qui a conservé deux belles portes de la Renaissance.

A Saint-Gilles existent deux écoles, une pour chaque sexe.

Le bourg est situé à proximité du chemin d'intérêt commun N° 50.

SAINT-GOUÉNO

Superficie : 2,008 hectares. — Population : 1,538 habitants.

Cette commune doit son nom à saint Gouéno qui, d'après la légende, y serait venu construire une église vers 670.

Le territoire, granitique au sud et schisteux au nord, est très accidenté ; dans la partie nord on voit des mamelons assez élevés, notamment celui qui est couronné par la chapelle de Notre-Dame-des-Sept-Douleurs. La partie ouest forme un vaste plateau coupé de plusieurs ruisseaux qui se dirigent vers le Lié et arrosent de riches vallées où l'on élève et engraisse avec succès un nombreux bétail, surtout des bœufs : c'est la principale ressource agricole du pays.

L'agriculture a fait de grands progrès dans cette commune depuis quelques années ; les landes, susceptibles d'être défrichées, sont presque toutes en culture.

L'église, sous le vocable de saint Gouéno ou Gouëznou, évêque de Léon, date de 1861. Elle présente un ensemble remarquable.

Non loin de la chapelle des Sept-Douleurs on voit les ruines du château de la Ville-Délée. On y remarque les restes d'une énorme tour au milieu de laquelle se trouve un escalier qui, dit-on, devait aboutir à un souterrain.

L'école des garçons est placée à un kilomètre du bourg ; pendant plusieurs années, ce local, construit en 1843, a servi d'école mixte.

L'école des filles a été créée en 1863.

Le bourg est traversé par les chemins d'intérêt commun Nos 46 et 76.

SAINT-JACUT-DU-MENÉ

Superficie : 1,987 hectares. — Population : 1,349 habitants.

Le territoire élevé et découvert de cette commune s'étend à l'est de Collinée et est sillonné par plusieurs petits ruisseaux, tributaires de la Rance.

Les terres, à base de schiste, sont légères et de médiocre qualité ; mais l'agriculture a réalisé en cette commune de notables progrès. Les landes qui couvraient Saint-Jacut avant 1830 ont été défrichées, grâce à un système philantropique et d'économie politique bien entendu. Les terres incultes furent données à des pauvres, à des mendiants, avec obligation pour eux d'en payer la valeur fixée, dans un délai de cinq ans. Les résultats furent très satisfaisants ; la population s'est accrue et le nombre des familles dénuées de ressources a notablement diminué.

L'église est un vaste édifice construit en 1844, elle est

sous le patronage de saint Jacut, fils de Fracan, prince de Domnonée.

Il convient de signaler la chapelle de Bon-Reconfort, qui date de 1640, et celle du Parc, de la même époque, près du château de ce nom ; c'est dans cette dernière qu'a été retrouvée la statue en bois de Gilles de Bretagne, possédée aujourd'hui par le musée de Saint-Brieuc.

Le bois qui l'avoisine possède des futaies d'une grosseur peu commune.

La voie romaine de Vannes à Corseul sépare Saint-Jacut de Saint-Vran sur un parcours de 3 kilomètres.

Du haut de La Hutte-à-l'Anguille (295^m), on peut voir à la fois la Manche et l'Océan.

Deux écoles, une pour chaque sexe, existent déjà depuis quelque temps à Saint-Jacut.

Le bourg n'est traversé que par des chemins vicinaux ordinaires.

CANTON DE CORLAY

(5 communes).

Corlay ; Le Haut-Corlay ; Plussulien ; Saint-Martin-des-Prés ; Saint-Mayeux.

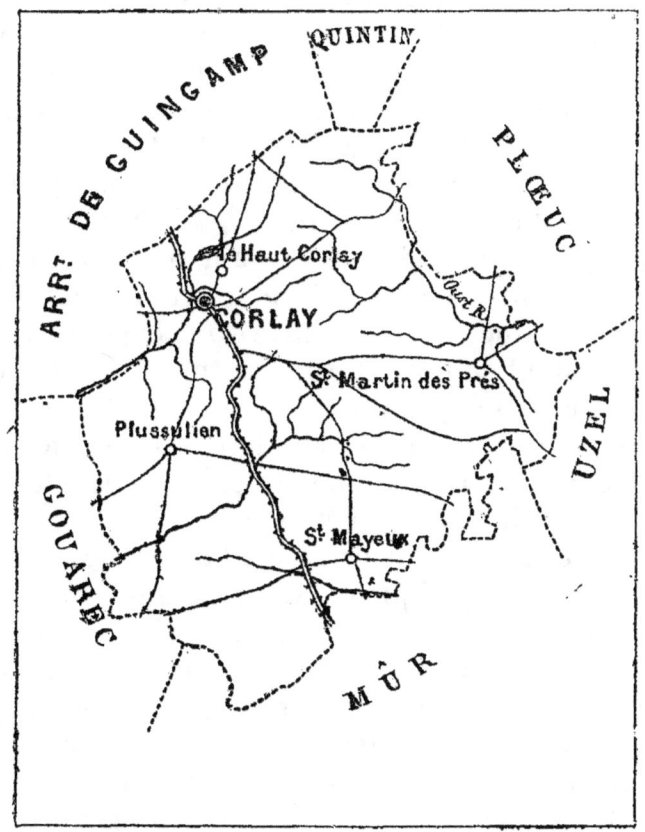

Le canton de Corlay est borné au nord par le canton de Quintin ; à l'est, par les cantons de Plœuc, Uzel et Mûr ; au sud, par le canton de Mûr, et à l'ouest, par les cantons de Gouarec et de Saint-Nicolas-du-Pélem. — Il est arrosé par le Sulon et par le Daoulas, affluents du Blavet, et traversé par la route nationale N° 167, de Vannes à Lannion ; par les chemins de grande communication N°s 10, de Saint-Brieuc à Quimper ; 44, de Corlay à Jugon ; 45, de Mellionnec à Corlay, et 53, de Corlay à La Trinité ; et par les chemins d'intérêt commun 46, de Gouarec à Saint-Méen ; 47, de Corlay à Plumieux ; 52, de Quintin à Mûr, et 71, de Saint-Nicolas à Uzel.

La population du canton est de 6,967 habitants ; sa superficie de 11,222 hectares.

Le territoire de ce canton est élevé, très montueux, généralement bien boisé et renfermant beaucoup de landes vagues et de terrains incultes. Particulièrement adonné à la culture pastorale, il élève et engraisse de nombreux bestiaux, et les chevaux dits de la Montagne, que l'on nomme aussi corlaisiens, chevaux très estimés pour leur vigueur, leur sobriété et aussi pour leurs formes qui tendent à prendre de jour en jour plus d'ampleur et d'élégance. D'excellentes prairies naturelles, qu'un travail bien dirigé rendrait plus productives et meilleures, occupent les nombreux vallons dont ce canton est sillonné. Des cours d'eau partant des cimes du Feubusquet, ainsi que d'autres sommets moins élevés, l'arrosent et le fertilisent, et nous citerons à ce sujet les rivières de Sulon, du Daoulas et de l'Oust. — L'exportation du bétail constitue la principale ressource du canton, couvert d'habitations des plus minimes, nous dirons quelquefois du plus misérable aspect. Il s'y trouve cependant des capitaux importants acquis par la vente du bétail, qui, tôt ou tard, espérons-le, seront rendus au sol qui les a produits, afin d'en retirer par la culture et par des améliorations intelligentes, de nouveaux et puissants éléments de richesse. Il existe encore, dans le canton de Corlay, beaucoup de domaines congéables.

CORLAY

Superficie : 1,380 hectares. — Population : 1,525 habitants.

Cette petite ville est en droit de s'enorgueillir d'une origine reculée, bien qu'il n'en soit fait mention, dans les documents connus, qu'au XIIe siècle. A cette époque, elle avait déjà ses seigneurs particuliers, parmi lesquels on remarque le chevalier Henri de Corlay qui fit construire en 1198 le premier château détruit pendant les guerres de la succession de Bretagne. Il fut rebâti en 1485 par Jean, vicomte de Rohan.

Ce château était de forme carrée, flanqué d'une tour ronde à chaque angle. Le portail de l'entrée principale était défendu par une cinquième tour dite *Tour des Amours*; l'étang et de larges douves l'entouraient de toutes parts. Un souterrain, à deux embranchements, dont l'un conduisait à Castel-Coz, près de Kerfoliet, avait été pratiqué sans doute pour sortir de la place en cas de siége ou pour y introduire des secours ou des vivres ; un ébranlement qui se produisit il y a quelques années sur la place du marché aux bestiaux, a justifié la tradition.

Pendant les guerres de religion, le château de Corlay fut pris et repris plusieurs fois par les ligueurs et les royalistes. En 1594, le trop fameux ligueur Guy Eder, baron de Fontenelle, s'empara du château et de la ville qu'il fit fortifier. A peu près sûr de l'impunité, à l'abri des murailles, il exerça avec son audace accoutumée de si grands ravages dans les environs, que son souvenir odieux est conservé dans la mémoire du pays, mais on y associe celui de sa compagne, digne, paraît-il, d'un meilleur époux et que la légende fait revenir de temps à autre la nuit visiter le vieux château. Enfin, en 1599, Henri IV le fit démolir.

Dans les bâtiments de construction plus moderne qui touchent aux ruines, sont installés la gendarmerie et le dépôt du haras.

En 1789, la paroisse de Corlay faisait partie de l'évêché de Quimper. Les princes de Rohan-Guémené y exerçaient les droits de haute justice, comme l'attestent deux fourches patibulaires qui étaient placées à Tréguestin, sur une éminence qui a conservé le nom de *butte de la justice*.

L'église paroissiale, qui vient d'être restaurée, est sous le patronage de saint Sauveur ; elle date de 1575 et son portail est assez remarquable ainsi que la base de la tour.

Plusieurs seigneuries s'étendaient sur le territoire de Corlay : celles des Vaux, de Kergolay, du Vaugaillard, et surtout celle de Kersaudi qui appartenait à la famille de la Rivière, dont l'un des membres a été le compagnon d'armes de Duguesclin et qui a donné plusieurs gouverneurs de Saint-Brieuc.

On remarque la jolie chapelle de Sainte-Anne des XVe et XVIIe siècles, et, comme monument druidique, un dolmen désigné sous le nom de Tombeau-de-Gargantua.

C'est à Corlay qu'est né P. Corgne, chanoine de Soissons, écrivain du XVIIIe siècle qui rédigea, dit-on, les actes de l'assemblée du clergé en 1765.

Le territoire de la commune de Corlay, à base schisteuse, est très accidenté ; partout des collines et des vallons, de bonnes prairies, mais peu de bois. Les terres, de nature légère, sont rendues productives par une bonne culture et l'emploi judicieux des engrais.

La petite rivière du Sulon, affluent du Blavet, sort de l'étang de Corlay et se dirige vers le sud-ouest.

Les agriculteurs s'adonnent tout particulièrement à l'engraissement des bestiaux, surtout à l'élevage des chevaux corlaisiens, appelés quelquefois chevaux de Bretagne, race très estimée pour sa vigueur, sa sobriété et dont les formes s'améliorent sous l'influence du dépôt d'étalons qui est établi à Corlay.

Tous les ans se tiennent à Corlay des courses de chevaux très importantes et très suivies ; ce sont, sans contredit, les plus intéressantes de Bretagne.

Sous le rapport de l'instruction primaire, Corlay possède deux écoles publiques importantes qui datent de 1836 et de 1840, et une école privée de filles fondée en 1854.

La ville est traversée par la route nationale N° 167, et par les chemins de grande communication N°s 10 et 45.

LE HAUT-CORLAY

Superficie : 2,564 hectares. — Population : 1,135 habitants.

Cette commune est appelée en breton Coz-Corlay (vieux Corlay). Son territoire s'étend au nord de Corlay et est limité au nord par le canton de Quintin et à l'ouest par celui de Saint-Nicolas-du-Pélem.

Le bourg, très peu important, est situé à 1 kilomètre de Corlay, sur une éminence qui domine la ville.

Le territoire est très élevé, très accidenté ; on y voit de nombreux pommiers. La rivière de l'Oust y a sa principale source, ainsi que le Sulon, les ruisseaux du Dieux et de la Ville-Blanche.

Les terres sont légères en général, mais fertiles. Le schiste forme le fond du sol ; toutefois, on n'en exploite qu'une ou deux carrières.

L'église est sous le patronage de Notre-Dame-de-Bon-Secours ; c'est un monument sans importance. Deux chapelles méritent d'être citées : celle de Sainte-Geneviève et celle de la Croix. Dans cette dernière on voit un caveau renfermant les sépultures des Bocozel, ses fondateurs, dont le château, depuis longtemps en ruines, était situé non loin de la chapelle.

On trouve encore des fragments de la voie romaine de Carhaix à Corseul. Au bois de la Hue-au-Gal, qui couvre la chaîne de collines située au nord de la commune, on remarque les traces d'un camp romain de forme quadrangulaire ayant 100^m de côté.

Sous le rapport scolaire, Le Haut-Corlay ne possède qu'une école mixte, située au hameau de la Croix.

Le bourg n'est traversé que par un chemin vicinal ordinaire.

PLUSSULIEN

Superficie : 2,247 hectares. — Population : 1,429 habitants.

Saint Julien, premier évêque du Mans, dont la fête se célèbre le 2e mardi de juin, a donné son nom à cette commune.

Le territoire, à base de schiste, est accidenté dans le sud-est et assez plat par ailleurs. Il est bien boisé, et les landes que l'on voyait jadis sont en grande partie cultivées. L'élevage des bestiaux, notamment du cheval, est la principale branche agricole.

On remarque de beaux sites sur le cours des rivières du Pont-Meur, du Daoulas et du Sulon.

Il est difficile de fixer la date exacte de la fondation de cette paroisse. Une inscription placée sur l'une des cloches de la chapelle de Séledin, portant le millésime de 1653, indique que cette chapelle dépendait de Plussulien.

La vieille église, de style roman, a fait place en 1875 à un monument gothique assez remarquable. Elle est dédiée à saint Julien.

La chapelle de Séledin ou Saluden, sous le patronage de Notre-Dame, a été bâtie en 1640 ; brûlée en 1783, elle fut reconstruite la même année. Non loin de là une tradition populaire place un ancien établissement de Templiers, dont on ne voit pas de traces.

Une seule école mixte, créée en 1854, dessert cette commune.

Le bourg est traversé par les chemins de grande communication N°s 45, et d'intérêt commun N° 71.

SAINT-MARTIN-DES-PRÉS

Superficie : 2,030 hectares. — Population : 1,274 habitants.

Le territoire de cette commune, situé à l'est du canton, est montueux au sud et à l'ouest, mais il renferme une grande plaine dans la belle et fertile vallée de l'Oust. De magnifiques prairies (d'où lui vient son nom), permettent aux agriculteurs de s'adonner avec succès à l'élevage des bestiaux. L'engraissage des bœufs est l'industrie agricole toute spéciale de cette commune. Les foires, qui se tiennent à la Porte-aux-Moines le 30 juin et le 29 septembre, sont très suivies.

Saint Martin, de Tours, est le patron de l'église paroissiale, monument qui date de 1702 et qui renferme un rétable assez bien sculpté, dans le style grec.

Plusieurs chapelles se trouvent encore en Saint-Martin : celles de Saint-Benoît, de Saint-David, de Saint-Roch, de

Sainte-Barbe et de Saint-Jean-Baptiste. Les pèlerinages à cette dernière sont très suivis.

Tanguy, abbé de Landévenec, aumônier de la reine Marie de Médicis, est né à Saint-Martin des-Prés. Le sol renferme du schiste argileux et talqueux et des amas amphiboliques vers le sud.

Deux écoles communales, une pour chaque sexe, existent depuis quelque temps dans cette commune.

Le bourg est traversé par le chemin de grande communication N° 53.

SAINT-MAYEUX

Superficie : 3,001 hectares. — Population : 1,604 habitants.

Cette commune tire son nom de saint Mayeux, abbé de Cluny, patron de la paroisse. Son territoire, qui occupe le sud du canton, est très élevé dans la direction de l'est à l'ouest ; on y voit plusieurs sommets élevés, notamment celui du Signal (316^m) et celui de Boscol (299^m). La principale vallée, dite de Saint-Maurice, est très fertile. Les terres, généralement bien travaillées au milieu de landes qui se défrichent peu à peu, sont légères et manquent d'humidité. On remarque les bois importants de Couëdic et de Poulancre.

L'église a été construite en 1835 ; la tour, qui date de 1780, est celle de l'ancienne abbaye de Bon-Repos, apportée pierre à pierre et rétablie telle qu'elle était au lieu où elle fut primitivement élevée ; une belle croix en granit orne le cimetière.

Au lieu appelé Roch-ar-Leinn se trouvent trois menhirs.

Au point de vue géologique, le sol de Saint-Mayeux est composé de schiste talqueux ou argileux. On y voit, en certains endroits, du grès poudingue, et vers l'ouest du quartz.

L'école des garçons date de 1830 et celle des filles de 1845.

Le bourg est traversé par les chemins d'intérêt commun N°s 46 et 47.

CANTON DE GOUAREC

(8 communes).

Gouarec ; Laniscat ; Lescouët ; Mellionnec ; Perret ; Plélauff ; Saint-Gelven ; Saint-Igeaux.

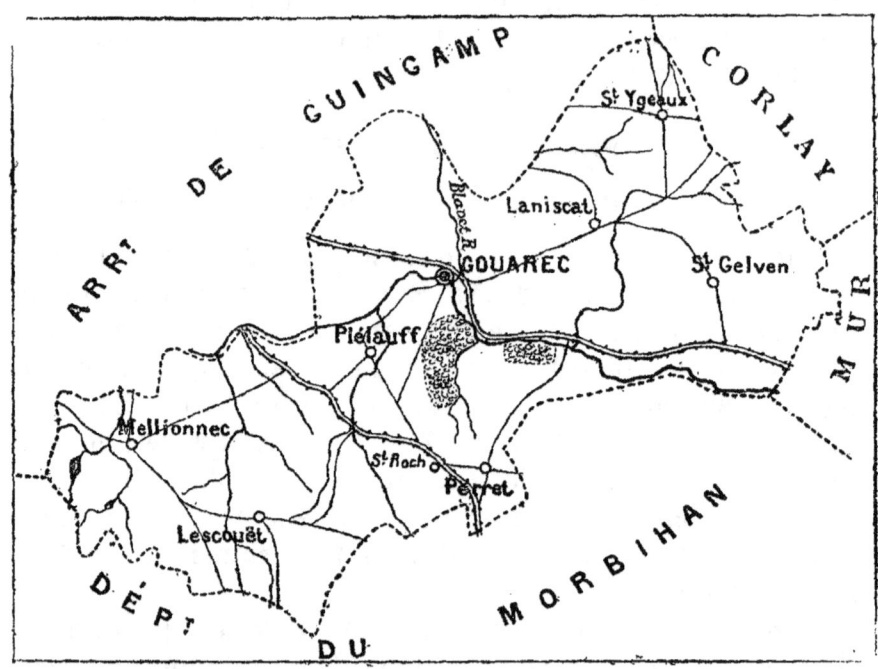

Le canton de Gouarec est borné au nord et au nord-ouest par le canton de Saint-Nicolas, dont le Blavet et le Sulon le séparent ; à l'est par les cantons de Corlay et de Mûr ; au sud par le département du Morbihan et à l'ouest par le canton de Rostrenen. — Il est traversé par le canal de Nantes à Brest ; par les routes nationales Nos 164, d'Angers à Brest, et 164 bis, de Rennes à Brest ; par les chemins de grande communication Nos 8, de Tréguier à Gouarec ; 31, de Lannion à Guémené ; 45, de Mellionnec à Corlay, et 46, de Guingamp à Guémené ; et par les chemins d'intérêt commun Nos 46, de Gouarec à Saint-Méen ; 51, de Sainte-Tréphine à Mûr, et 71, de Saint-Nicolas à Uzel.

La population du canton est de 8,120 habitants ; sa superficie de 14,169 hectares.

Le territoire de ce canton, généralement granitique ou sur grès, est montagneux à peu près dans toutes ses parties, excepté cependant sur quelques points au nord, où il présente une constitution schisteuse et un aspect moins tourmenté. Le sol est un peu plus fertile dans cette dernière partie que dans les autres. — Ce canton se livre particulièrement à l'élève et à l'engraissement du bétail, et le dixième environ de sa superficie est couvert de prairies de bonne culture qui doubleraient de produits si l'on utilisait plus intelligemment les nombreux cours d'eau qui les arrosent. On y trouve encore de vastes étendues improductives, et les bois ne se remarquent même que sur les terres en culture. Le Blavet le traverse et la vallée de cette rivière canalisée offre les sites les plus agrestes et les plus pittoresques. Rien ne peut rendre l'aspect sauvage des masses de roches qui surplombent en certains lieux et semblent menacer à chaque heure de se précipiter au fond des vallées qu'elles dominent d'une façon si imposante. La vallée du Blavet, enfin, est sans contredit l'une des plus intéressantes à parcourir de toute la Bretagne. — Il existe encore, dans le canton de Gouarec, beaucoup de terres régies par le domaine congéable ou convenancier. — Ce canton appartient à la zone du midi.

GOUAREC

Superficie : 641 hectares. — Population : 809 habitants.

Ce petit chef-lieu de canton est bien situé, non loin des belles vallées du Blavet et du Sulon réunis qui vont prêter leur cours au canal de Nantes à Brest.

Le territoire, en général très accidenté, présente des sites pittoresques, admirés des étrangers. Le sol, schisto-argileux, est d'assez bonne qualité, et les champs sont entourés de bois de belle vigueur dans les parties cultivées. Ce qui reste de landes est peu susceptible d'être mis en culture. La principale branche agricole est l'élevage et la vente des porcs.

Près du bourg se trouve un embarcadère du canal de Nantes à Brest qui favorise grandement le commrce dans cette région privée jusqu'à ce jour de chemins de fer.

L'église, sous le patronage de Notre-Dame de la Fosse, est moderne et n'offre rien de bien intéressant. Par contre, on remarque parmi les constructions de la localité, le presbytère, la belle habitation de Kerlaurent et l'établissement des sœurs hospitalières de Saint-Augustin, notamment, la belle chapelle y attenant. Cette maison d'éducation a été fondée vers 1825.

On doit citer encore l'ancienne chapelle tréviale de Saint-Gilles (car Gouarec était autrefois trêve de Plouguernével), située près du cimetière qui renferme le tombeau de Y.-M. Audren, évêque constitutionnel de Quimper, auteur de divers ouvrages politico-religieux et successivement député à l'Assemblée législative et à la Convention.

Une tradition affirme que saint Samson et saint Magloire sont nés à Gouarec ; elle prétend qu'un couvent de Templiers, dits moines rouges, existait près de la chapelle de Saint-Gilles.

Gouarec possède, outre le pensionnat et l'externat de jeunes filles des dames Augustines, une école publique de garçons.

Le bourg est traversé par la route nationale N° 164 *bis*, et les chemins de grande communication N°s 8 et 45.

LANISCAT

Superficie : 2,456 hectares. — Population : 1,565 habitants.

Le territoire de cette commune occupe la partie nord-ouest du canton et est arrosé par le Sulon à l'ouest et le Daoulas à l'est, tous les deux affluents du Blavet.

Très montueux, à grandes ondulations, le sol, de nature schisto-argileuse, est assez fertile et boisé au nord et à l'ouest. Il est peu productif et de nature médiocre au sud et à l'est.

Les landes, susceptibles d'être défrichées, diminuent de jour en jour.

L'église paroissiale, qui porte la date de 1691, est couronnée par une tour en granit de construction remarquable et hardie, édifiée en 1725. Elle est dédiée à saint Gildas dont la vie légendaire est peinte en deux tableaux sur le lambris du chœur. Il convient de citer les chapelles de Saint-Mathurin, de Saint-Gildas et de Rosquelfen. Cette dernière a été pendant longtemps l'église tréviale ; tout près on trouve du minerai de fer et quelques carrières de grès. Les châteaux de Correc, du Liscuit et de Keriolay sont en ruines.

Deux écoles communales, une pour chaque sexe, sont établies depuis plusieurs années à Laniscat.

Le bourg est traversé par les chemins de grande communication N° 45, et d'intérêt commun N°s 46 et 51.

LESCOUET

Superficie : 1,873 hectares. — Population : 817 habitants.

C'est au sud du canton, sur les confins du Morbihan, que nous trouvons cette petite commune qui faisait partie autrefois de l'évêché de Vannes.

Le territoire, de nature granitique, est en général accidenté, bien boisé dans ses parties cultivées, mais nu dans celles qui ne le sont pas. Les terres sont de médiocre qualité, toutefois on trouve d'assez bonnes prairies. La plupart des terrains sous landes sont peu susceptibles d'être mis en culture.

L'église est moderne ; elle est dédiée à saint Guénaël, abbé de Landévenec.

Il convient de citer les ruines du château de Crenard et le bois qui les entoure, les chapelles de Saint-Roch, de Notre-Dame du Mont-Carmel (appelée Carmez dans le pays) et de Saint-Adrien. Cette commune ne possède encore qu'une école communale où sont reçus les deux sexes.

Le bourg n'est traversé que par des chemins vicinaux ordinaires.

MELLIONNEC

Superficie : 2,422 hectares. — Population : 1,200 habitants.

Comme Lescouët, cette commune était autrefois attachée au diocèse de Vannes. Son territoire occupe l'extrémité ouest du canton et en même temps de l'arrondissement de Loudéac.

Les terres, à base granitique, sont sablonneuses et de médiocre qualité ; malgré de constants défrichements, les landes sont encore nombreuses. La plupart étant impropres à la culture seraient fructueusement semées en pins ou sapins.

L'église n'offre rien de remarquable ; elle est sous le patronage de saint Jean.

Le beau château de Trégarantec, bâti en 1629, est entouré de bois superbes et d'une magnifique pièce d'eau.

On trouve les chapelles de Saint-Julien et de Notre-Dame de Pitié. Près de cette dernière, il se tient tous les ans, le 29 janvier, un pardon auquel sont conduits tous les chiens du pays. Près de Kergoualc'h, on voit les restes d'une enceinte fortifiée attribuée aux Romains.

L'ancienne école mixte de Mellionnec a été dédoublée depuis quelques années. Chaque sexe possède actuellement une école.

Le bourg est traversé par les chemins de grande communication Nos 32 et 45.

PERRET

Superficie : 1,222 hectares. — Population : 676 habitants.

Cette localité était autrefois une trève de Silfiac et dépendait de l'évêché de Vannes.

Le territoire de Perret est élevé et très accidenté, principalement vers les Forges et dans le nord sur les bords du Blavet. Dans le sol domine le schiste modifié par le granit, mais à l'est et au sud on découvre du grès. Le schiste maclifère et ardoisier est répandu aux environs de l'étang des Salles.

Le point culminant de la commune est la lande du Course, située au nord, où l'on exploite une carrière de pierres réfractaires à une hauteur de 284^m. Il y a sur beaucoup de points du minerai de fer, et l'on peut juger, par les fouilles qui ont été faites pour son extraction, que les forges des Salles, situées en partie dans les Côtes-du-Nord, ont dû fonctionner pendant très longtemps ; depuis plusieurs années elles sont éteintes.

Les terres sont médiocres, à l'exception de celles qui entourent les principaux hameaux. La partie nord-est de la commune est recouverte de bois taillis sur une surface d'environ 30 hectares, dépendant de la forêt de Quénécan, située en grande partie dans le Morbihan. Les landes occupent encore un tiers du territoire ; elles sont susceptibles d'être cultivées ou plantées.

L'église, qui date de 1758, a pour patron saint Nicodème ; le cimetière, au centre duquel elle se trouve, est entouré de magnifiques ifs âgés de plusieurs siècles.

La chapelle de Guermanhé, dédiée à la Vierge, date du XIVe siècle ; elle est bâtie sur une éminence non loin du bourg, à une altitude de 268^m ; elle est entourée de grands arbres qui s'aperçoivent de très loin.

Aux Forges, se trouve également une chapelle qui est desservie régulièrement. Le bel et grand étang des Salles est situé en partie en Perret, mais l'autre partie et les ruines du château du même nom sont en Sainte-Brigitte (Morbihan).

Le 31 janvier 1794, Boishardy, chef du parti royaliste, attaqua les Forges des Salles avec 1,200 hommes, y détruisit un atelier de fabrication de salpêtre, massacra les ouvriers, pilla la maison du maire et s'empara de tout ce qu'il put trouver, notamment de 40 fusils, de deux pièces de canon et d'un baril de poudre.

L'école des garçons s'est tenue longtemps au hameau des Forges ; elle existait avant 1833. En 1870 elle a été transférée au bourg. Elle a été remplacée aux Forges par une école mixte privée.

Le bourg n'est traversé que par des chemins vicinaux ordinaires.

PLÉLAUFF

Superficie : 2,551 hectares. — Population : 1,430 habitants.

Le nom de cette commune en breton est Pellan, et on l'explique ainsi dans le pays : *her barrez Pellan*, la paroisse la plus éloignée de Vannes ; elle dépendait de ce diocèse avant la Révolution.

Son territoire s'étend au sud de Gouarec et est borné au nord-ouest par le canal de Nantes à Brest ; il est très accidenté. De nature granitique, avec schiste modifié, les terres sont légères et en général médiocres. Près d'un tiers des landes ne sont pas susceptibles d'être mises en culture.

Une partie de la forêt de Quénécan s'étend en Plélauff sous le nom de bois de Gouarec ; elle y occupe près de 400 hectares.

L'église reconstruite, il y a une trentaine d'années, est sous le vocable de saint Pierre. On voit les ruines des chapelles de Saint-Ivit, de Sainte-Marie-Madeleine et de Saint-Mélaine qui, dit-on, est né en Plélauff, au hameau de Kernabat.

On remarque les belles habitations de la Ville-Neuve et du Liscouët. Dans le bois de Gouarec, on trouve les restes d'un monument appelé dans le pays *Bonnet rouge*, et dont l'origine n'a pas encore été expliquée.

Aux hameaux de Nivit, de Kerauter et de Kerivallan, et près de la butte de Sentinello, se trouvent des monuments celtiques.

Plélauff possède une école communale pour chaque sexe.

Le bourg est traversé par le chemin de grande communication N° 45.

SAINT-GELVEN

Superficie : 1,733 hectares. — Population : 901 habitants.

Cette localité était autrefois une trève dépendant de Laniscat ; elle a été érigée en commune par une loi du 28 juin 1851.

Le territoire, arrosé au nord-ouest et à l'ouest par le

Daoulas et un de ses affluents, est très accidenté, surtout au sud, sur les bords du Blavet canalisé.

Quelques parties sont productives et bien boisées, le reste du territoire est nu et découvert.

Les terres, de nature schisto-argileuses, sont fort médiocres ; les landes recouvrent encore une grande étendue de territoire, et la plupart sont peu susceptibles d'être cultivées ; elles devraient être semées en pins ou sapins.

Dans la vallée si agreste et si pittoresque du Daoulas, se trouvent les magnifiques carrières de schiste ardoisier du Liscuit qui fournissent des dalles de grandes dimensions.

On exploite en outre, dans la commune, quelques autres carrières d'ardoises.

Entre le bourg et le village des Granges, on voit au milieu d'une lande les restes d'un dolmen.

L'église est sans intérêt. Sur les bords du Blavet on remarque les ruines de l'abbaye de Bon-Repos, fondée en 1184 pour des moines de l'ordre de Citeaux, par Alain III, vicomte de Rohan et par sa femme Constance de Bretagne, sœur du duc Conan IV. Michel Mazarin, frère du cardinal, était en 1647, abbé commandataire de cette abbaye.

Les chapelles de Saint-Modez et de Saint-Pierre n'offrent plus que des ruines.

Deux écoles communales, une pour chaque sexe, existent à Saint-Gelven.

Le bourg est traversé par le chemin d'intérêt commun N° 51.

SAINT-YGEAUX

Superficie : 1,271 hectares. — Population : 722 habitants.

Comme Saint-Gelven, cette commune est une ancienne trève de Laniscat, dont elle a été distraite en 1850. Son territoire s'étend au nord du canton, resserré entre le Daoulas à l'est et le Sulon à l'ouest. Il est peu accidenté, bien boisé au sud, mais nu et découvert au nord.

Les terres, à base schisto-argileuses, sont assez bonnes ; une culture bien entendue les rend productives. Les landes ont à peu près complétement disparu. Les cultivateurs se livrent avec succès à l'élevage du bétail.

On remarque dans l'église, dédiée à saint Ignace, les trois fenêtres principales qui appartiennent aux xv° et xvi° siècles. Il convient de citer une belle croix en granit, placée dans le cimetière, et la modeste chapelle de Notre-Dame de Fichant.

Saint-Igeaux possède depuis peu une école pour chaque sexe.

Le bourg n'est traversé que par des chemins vicinaux ordinaires.

CANTON DE LA CHÈZE

(9 communes).

La Chèze ; Le Cambout ; Coëtlogon ; La Ferrière ; La Prénessaye ; Plémet ; Plumieux ; Saint-Barnabé ; Saint-Etienne-du-Gué-de-l'Isle.

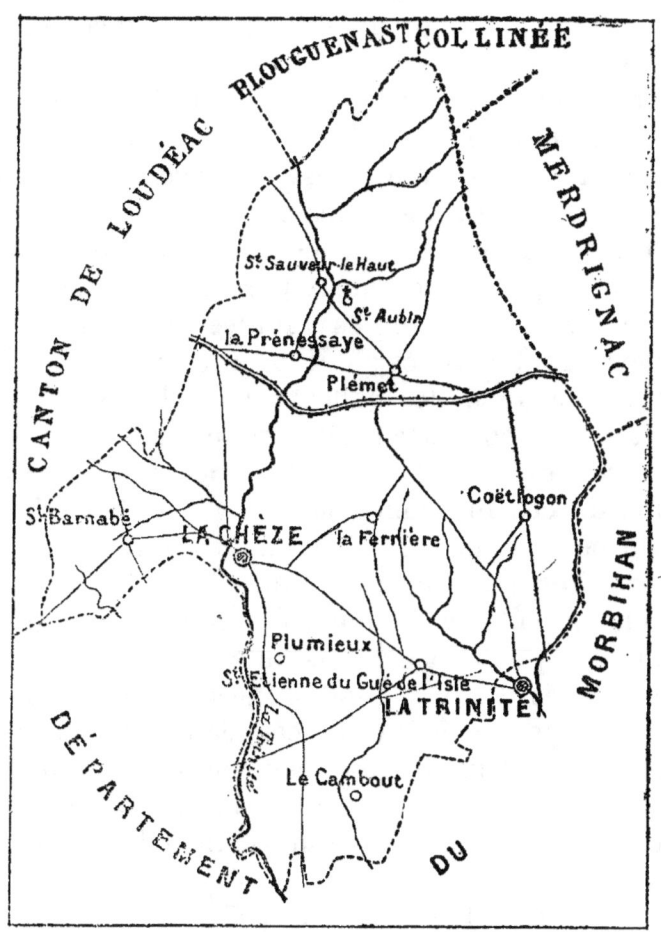

Le canton de La Chèze est borné à l'ouest et au nord-ouest par le canton de Loudéac ; au nord par les cantons de Plouguenast et de Collinée ; à l'est par le canton de Merdrignac et par le Morbihan ; au sud-est et à l'ouest par le Morbihan ; le Lié l'arrose du nord au sud et le sépare du Morbihan dans l'ouest ; la Trinité le limite dans l'est du canton de Merdrignac et du Morbihan ; traversé par la route nationale N° 164 bis, de Rennes à Brest ; par les chemins de grande communication Nos 7, de Paimpol à Josselin ; 18, de Loudéac à Plancoët ; 30, de La Chèze à Saint-Brieuc, et 53, de Corlay à La Trinité ; par les chemins d'intérêt commun Nos 45, de Rohan à Saint-Méen ; 47, de Corlay à Plumieux ; 50, de Rohan à Collinée, et 84, de Plémet à Eréac.

La population du canton est de 11,724 habitants ; sa superficie de 18,677 hectares.

Le territoire de ce canton est fort accidenté ; mais les coteaux y ont une forme allongée et onduleuse particulière à la formation cambrienne. Il est arrosé par de nombreux cours d'eau, et particulièrement par le Lié, la Trinité ou le Ninian. Les pentes les moins rapides et les sommets les moins élevés sont cultivés ; des prairies naturelles d'assez bon rapport occupent les vallées ; mais la majeure partie du sol est encore couverte de landes immenses qui servent à nourrir de nombreux et chétifs moutons. Le canton, à l'exception de ces moutons, ne se livre guère à l'engraissement du bétail et tire sa principale ressource de la culture des terres, sans tenir encore grand compte des progrès réalisés en agriculture. Aujourd'hui il n'est pas très productif, mais il possède de puissants éléments de richesse dans ses vastes landes communales, et déjà, nous le savons, de grandes étendues de ces terres incultes viennent d'être aliénées, et l'avenir, un avenir prochain, espérons-le, verra changer l'aspect et la fortune de ce territoire.

Le canton de La Chèze est compris dans la zone du midi.

LA CHÈZE

Superficie : 253 hectares. — Population : 429 habitants.

Bien que chef-lieu de canton, La Chèze est une toute petite ville située dans la vallée du Lié, au sud-est de Loudéac. Elle doit son origine au château-fort construit au xiiie siècle par un comte de Porhoët, Eudon III. En 1484, ce château, dont il ne reste plus que des ruines, fut attaqué par le prince d'Orange. En 1820, un pâtre trouva, à 500 mètres des remparts, plusieurs objets en or, parmi lesquels on remarquait une couronne et une jugulaire.

Une notable partie de la population se compose d'ouvriers et de marchands ; les marchés et les foires de cette localité sont assez suivis. Les halles sont vastes. L'industrie y est représentée par une tannerie assez importante.

Le territoire, à base schisteuse, est très accidenté, il convient mieux aux prairies qu'à la culture des céréales.

L'église est une construction du xviiie siècle, dédiée à Notre-Dame de Pitié ; elle fut édifiée, dit-on, par les soins du Père Grignon de Montfort. La cure du canton est à Plémet.

Le chef-lieu communal est traversé par le chemin de grande communication N° 7.

LE CAMBOUT

Superficie : 1,793 hectares. — Population : 1,038 habitants.

Ancienne trève et succursale de Plumieux, cette commune n'a été créée qu'en 1866 ; son territoire comprend la partie sud du canton, formant comme un cap qui s'enfonce dans le Morbihan. Très élevé et accidenté, le territoire est en général de nature schisteuse ; vers le sud on trouve du grès et des cailloux roulés. Les terres sont légères et de médiocre qualité. Beaucoup de landes ne sont pas encore défrichées.

Une église neuve, dédiée à sainte Anne, vient de remplacer l'ancienne chapelle qui était devenue paroissiale depuis 1857.

On remarque les restes de l'ancien château du Cambout, demeure des seigneurs de ce nom.

Depuis 1871, Le Cambout possède une école publique de garçons, et l'école communale des filles date de 1873.

Le bourg n'est traversé que par des chemins vicinaux ordinaires.

COËTLOGON

Superficie : 1,632 hectares. — Population : 730 habitants.

Comme la précédente, cette commune a été formée en 1870 d'une partie de Plumieux. Son territoire, arrosé par le Ninian, affluent de l'Oust, comme le Lié et le Duc, est élevé et accidenté. Les terres, de médiocre qualité, sont en général à base de schiste ; vers le sud on trouve du diorite ; aux environs du bourg elles sont fertiles. Il reste encore beaucoup de landes à défricher. On se livre avec succès à l'élevage des bestiaux. Le bois taillis de Coëtlogon a une étendue d'environ 200 hectares.

La chapelle de Saint-Thuriau, rebâtie en 1864, tient lieu d'église paroissiale ; elle n'offre rien de remarquable. A 100 mètres du bourg, existait l'ancien château de Coëtlogon. Il y a quelques années, on en voyait encore les ruines, notamment une partie de la façade principale. A leur place s'élève une habitation moderne.

Ce château avait été détruit par un incendie en 1720, et sa reconstruction fut commencée le 8 mars 1728, comme l'atteste une pierre trouvée dans les fondations. C'est là que sont nés : 1° Alain-Emmanuel, marquis de Coëtlogon, célèbre marin, mort en 1730 ; six jours avant son décès, il avait été nommé maréchal de France ; 2° Louis-Marcel de Coëtlogon, décédé évêque de Saint-Brieuc en 1680.

A 500 mètres du bourg, au lieu dit les Douves, on voit les traces d'une enceinte fortifiée, attribuée aux Romains.

Tout près de l'ancien château, dans un endroit appelé l'Avenue, a eu lieu en 1793 un engagement très meurtrier entre les colonnes mobiles du Morbihan et les royalistes. Près de 2,000 hommes des deux partis restèrent, dit-on, sur le champ de bataille, sur 6,000 hommes engagés dans le combat.

Coëtlogon possède une école spéciale de garçons depuis 1883, par suite du dédoublement de l'école mixte créée en 1874.

Le bourg n'est traversé que par des chemins vicinaux ordinaires.

LA FERRIÈRE

Superficie : 1,570 hectares. — Population : 694 habitants.

Cette commune occupe à peu près le centre du canton, et son territoire est arrosé par plusieurs ruisseaux qui, réunis, contribuent à former le Ninian. C'est une ancienne trève de La Chèze. Le territoire est élevé et à longues ondulations.

Les landes en occupent encore une trop grande étendue, mais tous les ans elles diminuent, grâce à l'esprit d'initiative de certains cultivateurs. Les terres sont en général légères et de fertilité ordinaire.

Le sol est à base de schiste talqueux ; il contient en certains endroits du minerai de fer, jadis exploité, mais que le faible rendement en métal a fait abandonner.

L'église est sous le vocable de la Vierge. Quelques parties datent du XIII° et du XIVe siècle. Les trois belles verrières portant les dates de 1546 et de 1551 méritent d'être placées au premier rang pour la beauté et la richesse des couleurs. Les visiteurs admirent les sculptures de l'autel de la chapelle Saint-Laurent et surtout le christ avec groupe, placé en face de la chaire.

C'est sur le territoire de La Ferrière, sur les bords du Lié, que se trouvait l'abbaye de Lantenac ; on voit encore une partie de son cloître. Elle fut fondée en 1150, par Eudon II, comte de Porhoët et gendre de Conan III, duc de Bretagne. Jusqu'à la Révolution, époque où elle fut vendue et convertie en ferme, elle a vu passer vingt générations de moines bénédictins. Les pierres de la chapelle, en partie démolie, ont servi à la construction d'une maison de Loudéac ; on y voit encore la sacristie, avec les statues de quelques saints, et le sarcophage d'Aliénor de Rohan.

L'ancien manoir de Quillien est depuis longtemps transformé en maison de ferme.

Sur la lande de Verga on voit des traces de retranchements qu'on croit être romains.

Malgré sa population, la commune de La Ferrière ne possède qu'une école communale mixte.

Le bourg est traversé par le chemin d'intérêt commun N° 50.

PLÉMET

Superficie : 4,097 hectares. — Population : 3,672 habitants.

Cette importante commune, dont le territoire occupe tout le nord-est du canton, est traversée par la route de Rennes à Brest.

Son territoire est élevé et très accidenté ; il forme une suite de longs coteaux avec pente générale, est et ouest. Il est arrosé à l'ouest par le Lié, à l'est par le Ninian et nombre de ruisseaux affluents. Quelques étangs s'y trouvent, parmi lesquels il convient de citer celui du Vaublanc.

Le sol de Plémet est presque entièrement composé de schiste talqueux, de micaschiste et de schiste décomposé. Ça et là on rencontre du granit, du grès, quelques roches amphiboliques, un peu de minerai de fer, enfin à un kilomètre environ du bourg, dans la partie nord et nord-est, des gisements importants de kaolin.

Les terres sont assez boisées ; les céréales y sont bien cultivées, mais le chanvre donne une récolte importante. Les landes, anciens terrains communaux, sont actuellement toutes défrichées. On remarque les beaux bois de Bodiffet et de Launay-Guen, et quelques autres bois taillis.

Les hauts fourneaux du Vaublanc qui, il y a quelques années, occupaient un si grand nombre d'ouvriers, sont maintenant éteints. Cette industrie a été remplacée par l'extraction et la préparation du kaolin, qui est ensuite expédié dans les principales fabriques de faïence.

On peut y préparer journellement 100 tonnes de kaolin par jour et presser 15 à 20 tonnes.

Une briqueterie de terre réfractaire, utilisant les déchets de la préparation du kaolin, y a été adjointe, il y a quelques années.

De 1790 à l'an IX, Plémet a été chef-lieu de canton ; la cure et la gendarmerie y ont été conservées.

L'église paroissiale, sous le vocable de saint Pierre, est très grande et n'est remarquable que par sa simplicité. Il existe en cette commune quatre chapelles, dont deux, celles du Vaublanc et de Saint-Jacques, attirent l'attention ;

celles de Saint-Sauveur-le-Bas et de Saint-Lubin sont anciennes.

Une légende rapporte que cette dernière, qui date de 1720, aurait été construite avec des pierres apportées par la fée Margot, des bords du Lié.... Elle les aurait détachées des rochers pittoresques d'Hélouvry, où elle avait fait sa demeure.

Margot rendait, dit-on, bien des services aux cultivateurs et aux pauvres gens. Elle gardait des troupeaux, mettait des attelages de bœufs à la disposition de ceux qui n'en avaient pas, mais par contre elle était souvent accusée d'enlever les jeunes enfants.

Il convient de citer les châteaux modernes de Launay-Guen et de Bodiffet. Ce dernier, nouvellement restauré et entouré de belles plantations, attire l'attention des visiteurs.

Dans le cimetière de Plémet reposent dans de magnifiques mausolées les restes de M. Aimé Carré-Kérisouët, ancien maître des forges du Vaublanc, chevalier de la Légion d'honneur, ancien maire de Plémet et ancien conseiller général, de M. Ernest Carré-Kérisouët, ancien député, et de son frère. On y voit aussi le tombeau de la famille Le Breton, qui possède Bodiffet.

En dehors de ces personnages dont le nom reste vivant parmi la population de Plémet, le cimetière renferme les restes de M. l'abbé Hervé, chapelain de Saint-Lubin à l'époque de la Révolution et qui, par le bien qu'il fit, fut surnommé le Bon Père.

Sous le rapport scolaire, Plémet possède six écoles : deux communales au bourg, à celle des garçons est annexé un cours complémentaire avec pensionnat, de plus une école privée de filles créée en 1825, avec une école maternelle. Au Vaublanc, existent deux écoles publiques.

Le bourg est traversé par les chemins de grande communication N° 53, et d'intérêt commun N°s 50 et 84.

PLUMIEUX

Superficie : 3,882 hectares. — Population : 1,703 habitants.

Cette commune qui tire son nom de saint Mieux, disciple

de saint Méen, dont nous avons déjà parlé, a perdu de son importance, surtout au point de vue de l'étendue du territoire, depuis que le Cambout et Coëtlogon, ses anciens hameaux, ont été érigés en communes distinctes.

Située au sud-est de Loudéac et de La Chèze, Plumieux s'étend vers l'est sur les confins du Morbihan. Son territoire est très accidenté et formé de coteaux allongés. Beaucoup de landes, dont plusieurs pourraient être cultivées, recouvrent encore un grand espace. Les terres, à base schisteuse, sont légères et de qualité très ordinaire. Le Ninian l'arrose à l'est et plusieurs ruisseaux tributaires du Lié sillonnent la commune dans la direction du nord au sud.

L'église, sous le vocable de saint Pierre, est un monument très ordinaire.

A Plumieux est né M. Le Vexier, magistrat distingué, décédé en 1848.

Au village de Chef-du-Bos, on trouve des traces de la voie romaine de Corseul à Vannes.

Deux écoles publiques existent à Plumieux, une pour chaque sexe.

Le bourg est traversé par les chemins d'intérêt commun Nos 43 et 47.

LA PRÉNESSAYE

Superficie : 1,697 hectares. — Population : 1,607 habitants.

Le chef-lieu de cette commune est situé à 800 mètres environ du Lié, qui la borne à l'est, sur le penchant d'un coteau exposé au midi. Le territoire accidenté de cette commune, surtout vers le Teil, s'étend à l'est de Loudéac et est traversé par la route de Rennes à Brest. Les terres cultivées sont généralement bonnes ; les nombreuses prairies qui y sont aménagées produisent un foin estimé. Les landes sont à peu près toutes défrichées.

Le sol est de nature schisteuse, mais à l'est du bourg on trouve, à 80 mètres au-dessus du cours du Lié, des cailloux roulés et même des agglomérats de galets. On trouve aussi du minerai de fer qui a été exploité, mais abandonné par suite de son peu de richesse.

La seule industrie de La Prénessaye consiste dans la fabrication de pipes dites marnots (pipes bretonnes) et dans la confection de fuseaux.

Au lieu dit Malabry se tient tous les ans une foire importante.

L'église, rebâtie en 1850, n'offre rien de remarquable ; elle est dédiée à saint Jean-Baptiste. Le territoire de La Prénessaye ressortissait des juridictions de La Chèze, de La Tronchais et de Launay. On voit encore quelques ruines du manoir de La Tronchais.

L'oratoire de Saint-Sauveur-du-Haut n'est qu'une partie de l'église paroissiale démolie en 1802. Au hameau de Querrien existe encore une chapelle, ancienne collégiale, dédiée à Notre-Dame de Toutes-Aides, fondée en 1656, par l'évêque de Saint-Brieuc, Denis de la Barde, en faveur de quatre chapelains. Elle aurait été édifiée pour perpétuer la mémoire de l'apparition de la Vierge à une enfant de 11 à 12 ans, nommée Jeanne Courtel. Elle est surmontée d'une belle tour en pierre. Le 8 septembre s'y tient un pardon ; la veille un feu de joie est allumé et les pèlerins en recueillent pieusement les charbons.

Depuis 1830, une école de garçons existe à La Prénessaye. L'école communale des filles a été créée en 1853.

Le bourg n'est traversé que par des chemins vicinaux ordinaires.

SAINT-BARNABÉ

Superficie : 2,271 hectares. — Population : 1,858 habitants.

Saint Barnabé apôtre, patron de l'église paroissiale, a donné son nom à cette commune dont le territoire s'étend au sud de Loudéac et de La Prénessaye, et qui est limité au sud par le Morbihan. C'était une trève de Loudéac. Elle est arrosée à l'est par le Lié et à l'ouest par l'Arbon. Les terres sont bien boisées et de bonne qualité, mais les landes y sont encore très étendues ; elles servent au pacage des moutons.

L'église a été reconstruite en 1865.

La nature du sol est argilo-schisteuse, avec quelques gisements amphiboliques.

Une seule école mixte publique existe encore à Saint-Barnabé ; elle a été créée en 1843.

Le bourg n'est traversé que par des chemins vicinaux ordinaires.

SAINT-ÉTIENNE-DU-GUÉ-DE-L'ISLE

Superficie : 1,489 hectares. — Population : 792 habitants.

Le territoire de cette commune s'étend à l'est du Lié et au sud de Loudéac. Son territoire accidenté et à longues ondulations, est boisé et bien planté en pommiers produisant un excellent cidre.

Le sol renferme du schiste talqueux et des cailloux roulés.

L'église est sous le vocable de saint Etienne ; c'est un monument sans importance.

Le château actuel du Gué-de-l'Isle est une vaste construction du XVIIe siècle, flanquée à chaque extrémité d'une tourelle à six pans et entourée de fossés remplis d'eau. Il a remplacé un château-fort bâti au XIe siècle, par Eudon Ier, comte de Porhoët.

La commune de Saint-Etienne ne possède encore qu'une école mixte communale.

Le bourg est situé à proximité du chemin de grande communication N° 7.

CANTON DE MERDRIGNAC

(9 Communes.)

Merdrignac ; Gommené ; Illifaut ; Laurenan ; Loscouët-sur-Meu ; Mérillac ; Saint-Launeuc ; Saint-Vran ; Trémorel.

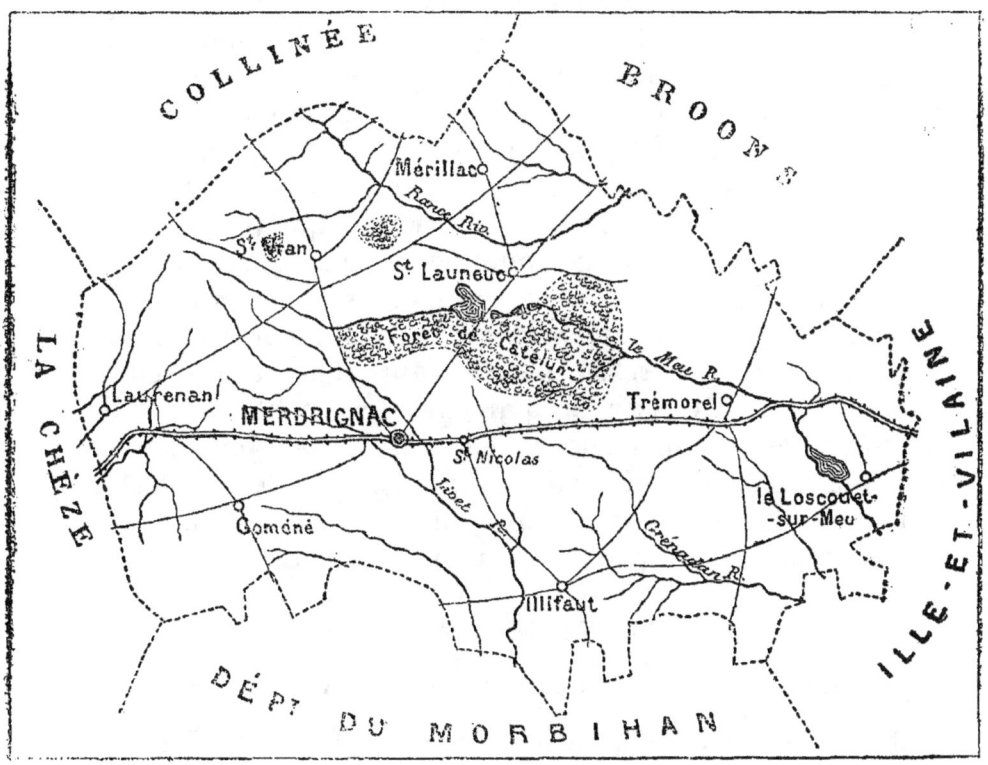

Le canton de Merdrignac est borné au nord-ouest par le canton de Collinée ; au nord par les cantons de Collinée et de Broons ; à l'est par le canton de Caulnes et par le département d'Ille-et-Vilaine ; au sud par le département du Morbihan et à l'ouest par le canton de La Chèze. — Il est limité dans l'ouest par la rivière de la Trinité et arrosé par la Rance, le Meu, le Livet et le Grénédan ; traversé de l'est à l'ouest par la route nationale N° 164 *bis*, de Rennes à Brest ; par les chemins de grande communication Nos 6, de

Mauron à la baie d'Yffiniac ; 40, de La Trinité-Porhouët à Dinan, et 59, de Merdrignac à Plénée-Jugon, et par les chemins d'intérêt commun Nos 45, de Rohan à Saint-Méen ; 46, de Gouarec à Saint Méen ; 69, de Broons à Mauron ; 76, de Miniac à Moncontour, et 84, de Plémet à Eréac.

La population du canton est de 13,158 habitants ; sa superficie de 24,976 hectares.

Le territoire de ce canton, sillonné par de nombreux ruisseaux et par la Rance, le Meu, le Livet, le Damet, la Courbe, le Pont-Colleu, la Trinité, le Pont-de-Bois et le Grénédan, présente de nombreuses prairies susceptibles de donner les meilleurs produits. Plat et argileux dans une partie, accidenté et souvent rocailleux dans l'autre, il est boisé et fournit beaucoup de pommiers. Son agriculture est stationnaire et en général on n'y cultive que peu de froment. La forêt de la Hardouinaye s'étend sur plusieurs communes de ce canton, notamment sur celles de Merdrignac, Saint-Launeuc, Saint-Vran ; sa superficie est de plus de 2,300 hectares. Les terres, appartenant aux cultivateurs, sont divisées en parcelles fort petites, ce qui, peut-être, est un obstacle à l'élève du bétail pour lequel cependant le pays est évidemment convenable. De vastes landes s'y trouvent encore particulièrement dans l'ouest.

Ce canton est compris dans la zone du midi.

MERDRIGNAC

Superficie : 5,712 hectares. — Population : 3,292 habitants.

Quelques géographes attribuent à cette petite ville une origine très ancienne ; ils la considèrent comme l'un des *Fanum Martis* des anciens itinéraires. On a trouvé dans la commune, notamment au Plessix, des débris de construction qu'on peut attribuer à l'époque gallo-romaine. D'un autre côté, les anciennes voies de Corseul à Vannes et de Carhaix à Rennes se croisaient à peu de distance de l'endroit où se trouve actuellement la ville ou le bourg. Il est toutefois certain que l'importance de Merdrignac doit être attribuée en grande partie à la halle que le duc de

Retz y fit construire vers le milieu du xvᵉ siècle ; ce qui a donné naissance aux foires et marchés importants qui s'y tiennent.

Le territoire en est très étendu, et ne présente pas de grandes élévations. Il est arrosé par de nombreux ruisseaux, notamment le Livet, qui, réunis, forment le Duc. La forêt de la Hardouinaye est comprise en grande partie en Merdrignac.

Le sol renferme beaucoup de schiste talqueux ; vers l'est, on trouve des poudingues tertiaires.

Les terres sont fortes et de bonne nature. Les pommiers y réussissent très bien et fournissent un cidre estimé. Les landes ont été vigoureusement défrichées depuis quelques années.

La ville même de Merdrignac ne renferme que 872 habitants ; elle est bien située sur la route nationale de Rennes à Brest. Son commerce est assez important, surtout celui du blé, des peaux et du tan ; ce dernier est fourni en grande partie par la forêt de la Hardouinaye.

L'église est un vaste monument sous le vocable de saint Nicolas. Comme paroisse, Merdrignac dépendait autrefois de l'évêché de Saint-Malo et l'église paroissiale se trouvait au Vieux-Bourg, à 1,500 mètres de la ville.

On remarque les chapelles de Sainte-Philomène, de Saint-Brieuc et de Sainte-Brigitte. Cette dernière dépendait d'un prieuré fondé au xiiᵉ siècle par Guy de la Hardouinaye, et était desservie par des chanoines de Sainte-Geneviève de Paris. La congrégation des Filles de la Croix possède à Merdrignac un établissement d'éducation créé en 1840, et auquel est annexée l'école communale des filles.

Il ne reste plus aucun vestige du château de la Vieille-Cour, qui fut la résidence des seigneurs de Merdrignac et de la Hardouinaye.

En 1746, le prince Joseph Stuart, cousin du dernier prétendant de cette famille au trône d'Angleterre, vint après la défaite de Culloden, habiter le manoir de Kerilvala. Il y vécut jusqu'en 1784, n'ayant pour compagnon de sa solitude et de ses infortunes que son fidèle ami lord Saint-Pill.

La forêt de la Hunaudaye renferme deux étangs. C'est près du plus important qu'existait l'usine de la Hardouinave, dont les hauts fourneaux sont éteints depuis plusieurs années.

Outre l'école et le pensionnat de filles, Merdrignac possède une importante école publique de garçons.

Le bourg est traversé par la route nationale N° 164 *bis*, et les chemins de grande communication N°s 6 et 40.

GOMMENÉ

Superficie : 2,539 hectares. — Population : 1,265 habitants.

Cette commune, dont le nom signifierait *gueule du mené*, s'étend au sud-ouest de Merdrignac et est limitée au sud par le Morbihan.

Le territoire comprend nombre de coteaux allongés et assez élevés, du haut desquels on jouit d'un panorama très étendu. Il est arrosé par plusieurs ruisseaux, affluents du Duc ou du Ninian. Les terres sont assez fertiles, bien boisées et plantées de nombreux pommiers. Les vastes landes qui recouvraient le sol ont diminué, mais une grande étendue du territoire est encore inculte.

Les cultivateurs s'adonnent avec succès à l'élevage du bétail, et l'agriculture est en voie de progrès grâce à l'élan donné par quelques propriétaires intelligents du pays, et par l'ancienne ferme-école des Aulnays-Gommené, créée et longtemps dirigée par M. Volci-Chapotin.

La paroisse de Gommené dépendait autrefois de l'évêché de Saint-Malo. L'église, dédiée à la sainte Vierge, est construite dans le style ogival ; on y remarque des pendentifs bien sculptés.

Il existe deux chapelles rurales, Sainte-Anne et Saint-Guénaël ; cette dernière a été reconstruite en 1874.

Non loin des villages de la Guennay et de la Tellionnais, se trouve sur une petite éminence un menhir élevé et de forme conique ; en 1866, on a pratiqué des fouilles aux alentours, mais sans résultats. Près de la Ville-Menot se voient quelques grosses pierres qui semblent être les vestiges d'une grotte ou galerie. La légende dit que des fées en ont apporté les pierres sur leur tête.

A Catenoy ou Costenouët on trouve du minerai de fer qui était exploité à l'époque où fonctionnaient les forges du Vaublanc.

La commune possède deux écoles publiques ; l'école des garçons a été créée en 1849, et celle des filles en 1858.

Le bourg est traversé par le chemin d'intérêt commun N° 76.

ILLIFAUT

Superficie : 2,671 hectares. — Population : 1,382 habitants.

Le territoire de cette commune s'étend dans la pointe sud du canton et au sud-est de Merdrignac. A l'ouest il est arrosé par le Duc et au nord-est par le Meu et ses affluents. Il était autrefois compris dans le diocèse de Dol.

Le sol, de nature schisto-talqueuse, est plat et bien boisé, mais encore recouvert d'assez nombreuses landes dont l'étendue diminue de jour en jour et qui donnent un maigre pâturage à de nombreux moutons. Les terres sont fertiles ; les prairies produisent un foin estimé.

L'église, dédiée à saint Samson, offre peu d'intérêt.

Entre les villages de Pehedic et de la Clinardais on voit les restes d'un tumulus important, et à Grénédan les ruines du château de ce nom, détruit en 1793.

Deux écoles communales existent à Illifaut.

Le bourg est traversé par les chemins de grande communication N° 6, et d'intérêt commun N° 45.

LAURENAN

Superficie : 3,090 hectares. — Population : 1,541 habitants.

Le territoire de cette commune, qui s'étend à l'ouest du canton, est très élevé et sillonné de nombreux ruisseaux qui, réunis, forment le Ninian.

Le sol, de nature schisteuse en général, contient vers le sud du granit qui est exploité. Les terres sont légères et pierreuses ; une assez grande étendue du territoire est encore couverte de landes.

L'église, sous le patronage de saint René, qui a remplacé saint Renan, évêque irlandais du ive siècle, auquel la commune doit son nom, n'offre d'intéressant que le vitrail du maître-autel.

Près du hameau de Derrien se trouvent les ruines du vieux château féodal de Launay-Guyen ; non loin du château, sur une lande appelée Lande de la Justice, se trouvait, avant 1789, la potence qui servait aux exécutions capitales.

A Tertignon, on remarque une vieille chapelle restaurée depuis la Révolution.

C'est près de la chapelle de Saint-Unet que se tiennent deux foires importantes, où l'on amène les nombreux moutons élevés dans les environs.

On aperçoit, au lieu dit la Croix-Bouillard, des traces très apparentes de la voie romaine de Vannes à Corseul.

C'est à Laurenan qu'est né Joseph de Larlan, docteur en Sorbonne, décédé archidiacre de Cornouaille.

Il y a, dans cette commune, deux écoles publiques, une pour chaque sexe. L'école mixte fondée en 1840, a été dédoublée il y a quelques années.

Le bourg est traversé par les chemins d'intérêt commun N°s 76 et 84.

LE LOSCOUET

Superficie : 2,228 hectares. — Population : 1,215 habitants.

Le territoire de cette commune qui, autrefois, était trève de Trémorel, est situé à l'est du canton sur les confins du département d'Ille-et-Vilaine. Il est plat et humide, assez fertile et bien boisé. Le Meu et plusieurs ruisseaux, ses tributaires, le traversent du nord-ouest au sud-est. Le bel étang de Grénédan est formé par cette rivière ; il mesure presque 3 kilomètres de circuit. Il renferme une île de près d'un hectare de superficie, jointe à la terre ferme par une chaussée.

Le sol est à base de schiste-talqueux.

L'église, qui date en partie de 1584 et de 1634, est sous le vocable de saint Lunaire, évêque breton du vi[e] siècle. Elle renferme quelques pierres tombales, dont l'une porte la date de 1500 et le nom de Jean Yvon. Ce personnage aurait offert l'emplacement sur lequel elle est bâtie.

Non loin du bourg, sur le bord du Meu, se trouvent les restes d'un château dont le seigneur, d'après la tradition locale, fit don, ainsi que des terres qui en dépendaient, à l'abbé de Saint-Méen, vers l'an 1000, à charge par celui-ci de distribuer chaque quinzaine du pain aux pauvres du Loscouët et d'en recevoir gratuitement les infirmes à l'hospice de Saint-Méen.

Depuis longtemps Le Loscouët possède ses deux écoles communales.

Le bourg est traversé par le chemin d'intérêt commun N° 45.

MÉRILLAC

Superficie : 1,386 hectares. — Population : 774 habitants.

Le territoire de cette commune, de nature schisteuse, est assez accidenté et très boisé ; sur les bords de la Rance se trouvent de nombreuses prairies qui ne sont pas entretenues avec tout le soin désirable. Les terres sont argileuses et produisent beaucoup de blé ; elles pourraient être améliorées par les engrais marins et calcaires dont l'emploi n'est pas encore très répandu. On ne voit plus que très peu de landes ; le pommier réussit bien et le cidre est estimé.

L'église, dédiée à saint Pierre, a été reconstruite en 1802.

On trouve quelques filons de minerai de fer de bonne qualité, mais d'extraction difficile, qui n'est plus exploité.

Depuis 1865 l'école mixte publique a été dédoublée.

Le bourg est traversé par le chemin d'intérêt commun N° 84.

SAINT-LAUNEUC

Superficie : 1,162 hectares. — Population : 546 habitants.

Cette commune doit son nom au patron de l'église paroissiale, saint Launeuc, Lunaire ou Lormel, évêque d'Aleth au vi⁰ siècle. Jusqu'en 1804, elle ressortissait de l'évêché de Dol.

Le territoire, plat et uni, est très boisé et bien planté en pommiers qui produisent un excellent cidre. La Rance au nord et le Meu au sud, arrosent et limitent la commune.

L'église, dont la construction remonterait au xiii⁰ siècle, n'offre rien de remarquable ; elle possède un *sacrarium* datant de la fondation de l'église.

A la Bruyère, où se trouve le château de ce nom, existe une chapelle dédiée à Notre-Dame de Bon-Secours. La forêt de Castallin, appelée depuis très longtemps la forêt de la Hardouinaye, couvre une partie de la commune. On y trouve les ruines du château où Gilles de Bretagne, frère du duc régnant François Ier, et de Pierre, comte de Guingamp, fut, dit-on, étranglé avec un drap de lit par Olivier de Méel, assassin aux gages du duc, dans la nuit du 24 au 25 avril 1450. La plupart des matériaux de cette forteresse ont été employés à des constructions voisines. Cependant on y voit encore quelques voûtes et quelques pans de murs.

C'est en Saint-Launeuc que se trouvait une belle usine métallurgique dont les hauts fourneaux ont été abandonnés depuis plusieurs années. Elle est remplacée aujourd'hui par un moulin à tan.

Jusqu'en 1820, Saint-Launeuc a fait partie du canton de Broons, alors qu'Eréac appartenait à Merdrignac. « Les » Broonais n'avaient pas voulu des blancs d'Eréac, mais » bien des bleus de Saint-Launeuc, » dit-on encore dans le pays.

L'école mixte qui datait de 1853, a été partagée en deux écoles spéciales en 1883.

Le bourg est traversé par les chemins de grande communication N° 40, et d'intérêt commun N° 46.

SAINT-VRAN

Superficie : 1,162 hectares. — Population : 516 habitants.

Cette commune tire son nom de saint Véran, évêque de Cavaillon au vi⁰ siècle, patron de la paroisse. Le saint, dit la légende, serait arrivé dans un chariot traîné par des bœufs qui ont laissé l'empreinte de leurs pieds sur des pierres que l'on montre encore au Vieux-Bourg, près de l'emplacement de l'ancienne église.

C'est au nord de Saint-Vran que passe la ligne de partage des eaux de la Manche et de l'Océan. Le territoire est très élevé et très montagneux vers le nord-ouest, est plat au sud-est. Les bords des vallées du Meu et de la Rance sont très pittoresques et présentent des vues charmantes. Dans les montagnes nous rencontrons des sites grandioses, mais sauvages, ornés pour ainsi dire de nombreux menhirs, dont quelques-uns de belles dimensions.

Le sol, à base schisteuse, est argileux et froid en général, cependant sur les rives de la Rance, il est sablonneux avec sous-sol granitique.

Dans le bois de Beluette, des carrières de minerai de fer ont été exploitées. Le tissage de la toile qui occupait autrefois un grand nombre de personnes est bien diminué.

Comme paroisse, Saint-Vran a toujours dépendu de l'évêché de Saint-Brieuc. Les plus vieux registres d'état civil conservés datent de 1670 et indiquent que cette commune ressortissait de la sénéchaussée de Josselin, puis de Ploërmel et enfin de Jugon.

L'église neuve a été livrée au culte en 1880, elle est d'un bel aspect.

On remarque en Saint-Vran les chapelles de Saint-Lin et de Saint-Lambert près desquelles se tient, tous les ans, un pardon bien suivi ; le premier de ces saints est invoqué pour la guérison des rhumatismes et de la goutte et le second protège les *jeunes porcs* de maladie et empêche les *corbeaux* et *corneilles* de dévaster les semailles.

Il convient de citer le tumulus de Rolard, avec sa chambre dite des fées. Il est couronné d'un château entouré de beaux jardins. On voit également les ruines du château de Langourla, sur le bord de la Rance ; la chapelle possède une belle rosace flamboyante provenant de l'ancienne église de Laurenan.

Deux écoles publiques existent depuis 1863 ; précédemment une seule école mixte desservait la commune et avait remplacé en 1856 une école publique de garçons qui avait été établie en 1849.

Le bourg est traversé par les chemins de grande communication N°s 6 et 59, et d'intérêt commun N° 46.

TRÉMOREL

Superficie : 3,376 hectares. — Population : 1,599 habitants.

Situé à l'est de Merdrignac et au nord-est du canton, le territoire de Trémorel est formé de longs coteaux à pente douce qui s'abaissent vers l'ouest. Il est arrosé par le Meu et quelques ruisseaux qui en sont tributaires.

Le bourg est situé non loin de la route nationale de Rennes à Brest et est très peu important, eu égard à la population totale de la commune.

Les terres sont fertiles et bien cultivées, les pommiers sont l'objet de soins particuliers et sont très productifs. Comme dans la plupart des communes du canton, le sol de cette commune est à base de schiste-talqueux.

L'église paroissiale, qui dépendait autrefois de l'évêché de Saint-Malo, est dédiée à saint Pierre et à saint Paul ; elle offre peu d'intérêt.

Trémorel a vu naître, en 1680, Lous-Joachim Gillet, chanoine régulier de la congrégation de France et qui devint bibliothécaire de Sainte-Geneviève à Paris. Il était d'une grande érudition ; on lui doit, entre autres ouvrages, une excellente traduction de l'historien Josèphe.

Sous le rapport scolaire, cette commune est dotée de deux écoles publiques, dont une pour chaque sexe.

Le bourg est traversé par le chemin d'intérêt commun N° 69.

CANTON DE MUR

(5 Communes).

Mûr; Caurel; Saint-Connan; Saint-Gilles-Vieux-Marché; St-Guen.

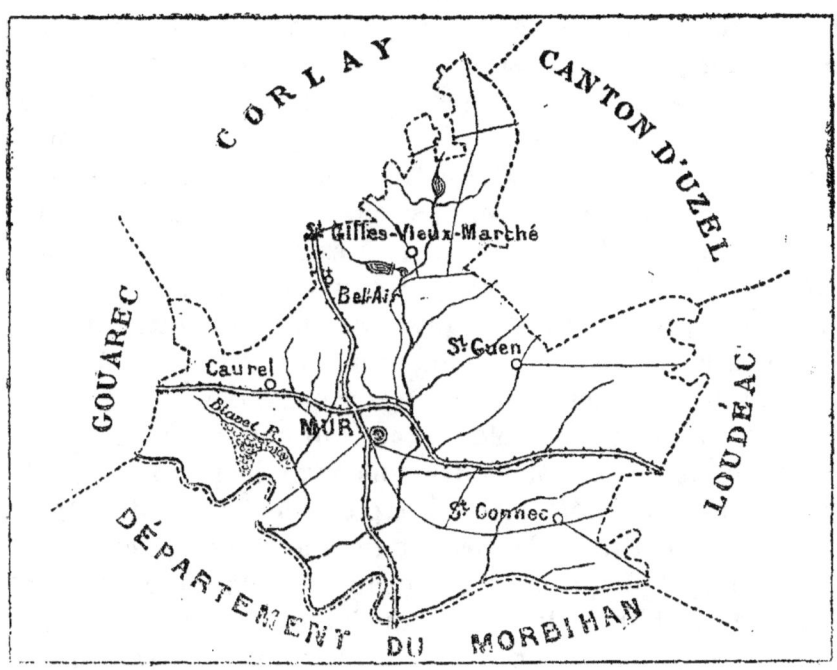

Le canton de Mûr est borné au nord par le canton de Corlay; à l'est par les cantons d'Uzel et de Loudéac; au sud par le Morbihan, dont le canal de Nantes à Brest le sépare en partie; à l'ouest par le canton de Gouarec; traversé par les routes nationales N°s 164 *bis*, de Rennes à Brest, de l'est à l'ouest, et 167, de Vannes à Lannion, du sud au nord; par le chemin de grande communication N° 35, de Moncontour au Blavet; par les chemins d'intérêt commun N°s 46, de Gouarec à Saint-Méen; 47, de Corlay à Plumieux; 52, de Quintin à Mûr; 71, de Saint-Nicolas à Uzel, et 87, de Saint-Guen à Saint-Thélo.

La population du canton est de 6,158 habitants; sa superficie de 9,366 hectares.

Le schiste et le grès sont les roches dominantes dans ce canton, et la couche arable y est formée de détritus de végétaux mêlés à des schistes décomposés. C'est une constitution différente dans son ensemble du reste du département. Le canton de Mûr a, au surplus, une physionomie toute spéciale, et son territoire fort accidenté, profondément coupé en tous sens par des vallées sinueuses, offre sur une infinité de points les sites les plus agrestes, les plus riches et les plus pittoresques. Entouré de mamelons élevés qui le limitent et qui s'étagent vers l'horizon, arrosé par de nombreux cours d'eau, c'est un pays à visiter et intéressant au plus haut point quand vient la belle saison. En outre du Blavet canalisé, nous citerons, parmi les cours d'eau qui l'arrosent, les petites rivières de Quémer, Flouric, Gourvaux, Coëtmeur et Kerbigot. Son agriculture, sans être très avancée, n'est pas non plus absolument stationnaire, et ses prairies sont assez intelligemment entretenues. Enfin, indépendamment des bestiaux, on y élève des chevaux de la race légère dite de la Montagne, qui ont toutes les qualités que nous avons plusieurs fois signalées, notamment dans le canton de Corlay. — L'exploitation des ardoisières est, avec l'agriculture, la principale industrie du canton ; elle n'attend, pour prendre un grand développement, que des capitaux et une direction intelligente. — Il se trouve encore, dans cette circonscription, beaucoup de terres régies par le domaine congéable ou convenancier.

Le canton de Mûr appartient à la zone du midi.

MUR

Superficie : 3,070 hectares. — Population : 2,528 habitants.

Mûr a été jusqu'au xiv° siècle le siége de la juridiction de ce nom.

Son territoire, très accidenté, composé d'une grande quantité de mamelons du haut desquels on domine de profondes vallées, est arrosé par le Poulancre, petit affluent du Blavet, qui sort de la commune de Saint-Mayeux. Au sud-ouest, le Blavet canalisé le sépare du Morbihan.

Les terres sont en général d'assez bonne qualité, mais elles sont plus fertiles dans le sud que dans les autres parties. L'agriculture a fait de grands progrès dans cette commune, depuis quelques années, grâce surtout à l'initiative d'agriculteurs intelligents.

On remarque la belle propriété de Kermur, où 160 hectares de terre environ sont cultivés d'après des procédés rationnels.

L'église, sous le vocable de saint Pierre, est un monument d'aspect satisfaisant.

Les chapelles rurales de Saint-Jean, de Notre-Dame de Pitié et de Sainte-Suzanne sont desservies à certains jours. La dernière, dont la construction remonte au xviie siècle, a été fondée par un membre de la famille de Rohan. Admirablement placée dans une enceinte murée et plantée de chênes séculaires, elle se fait remarquer par l'élégance de son clocher et surtout par les peintures de son lambris, représentant l'histoire de sa patronne. On y remarque en outre une belle descente de croix en bas-relief. Le pardon qui s'y tient le 6 juillet de chaque année, attire un grand nombre de pèlerins ; c'est une véritable fête locale, civile et religieuse.

Le sol de la commune est schisteux en général ; vers l'ouest on trouve du grès. L'extraction des ardoises occupe un grand nombre d'ouvriers ; elles sont de très bonne qualité ; il y a lieu de regretter que l'exploitation ne soit pas faite plus en grand et avec plus de méthode.

Sur le canal de Nantes à Brest, l'embarcadère de Penerpont facilite les transactions du pays.

Du vieux château de Launay, on n'aperçoit plus que les traces des douves. A Botrain, on voit deux menhirs.

Deux écoles publiques existent depuis longtemps au bourg ; à l'école des filles a été annexée récemment une école maternelle.

Le bourg de Mûr est traversé par la route nationale N° 167, le chemin de grande communication N° 35, et celui d'intérêt commun N° 52.

CAUREL

Superficie : 1,298 hectares. — Population : 995 habitants.

Le territoire de cette commune occupe tout l'ouest du canton ; il est séparé du Morbihan par le canal de Nantes à Brest ; le bourg est traversé par la route de Rennes à Brest. Le sol, qui renferme du schiste ardoisier exploité, avec grès au nord et au sud, est très tourmenté. Les terres sont légères, et une assez grande étendue est peu ou mal cultivée.

L'ancien bois de Caurel mesure encore environ 200 hectares ; on y trouve beaucoup de chênes séculaires.

L'exploitation des ardoisières occupe un assez grand nombre d'ouvriers. Les ardoises travaillées sont expédiées par le canal dans toutes les directions.

La Vierge est la patronne de l'église paroissiale qui date du XVIIe siècle. On remarque à deux kilomètres du bourg, la jolie chapelle de Saint-Golven, évêque de Léon, datant de 1668.

Près de Belair on voit un beau menhir.

Caurel possède un groupe scolaire, comprenant une école publique pour chaque sexe.

Le bourg est traversé par la route nationale N° 164 *bis*.

SAINT-CONNEC

Superficie : 1,093 hectares. — Population : 613 habitants.

Le nom de cette commune vient de saint Gonery, patron de la paroisse, appelé dans le pays saint Connec.

Son territoire, qui s'étend au sud-est du canton, forme un plateau assez élevé. Il est traversé par le ruisseau de Coëtmeur, affluent du Blavet. A l'est passe la tranchée d'alimentation du canal de Nantes à Brest.

Le sol, à base de schiste avec quelques grès et du quartzite, est assez fertile, bien boisé et planté de pommiers. Les landes se défrichent et il y a tout lieu d'espérer que dans peu de temps, il ne restera dans la commune aucune terre inculte. Les cultivateurs se livrent avec succès, depuis quelques années, à l'élevage des bestiaux.

Saint-Connec est une ancienne trêve de Mûr ; elle ne possède encore qu'une école communale spéciale aux garçons, créée en 1844.

Le bourg n'est traversé que par des chemins vicinaux ordinaires

SAINT-GILLES-VIEUX-MARCHÉ

Superficie : 2,174 hectares. — Population : 974 habitants.

Cette commune tire son nom de saint Gilles, patron de l'église paroissiale, et d'un marché important, aboli depuis longtemps, qui se tenait sur l'emplacement du bourg.

Elle occupe la partie nord du canton et comprend un territoire très tourmenté, très montagneux, traversé par de nombreuses et profondes vallées, arrosées par les ruisseaux de Poulancre, de Gourvaux et de la Martyre, qui forment de vastes étangs. On trouve du grès vers le sud, mais en général le sol est formé de schiste talqueux. Les terres cultivées sont assez fertiles, bien boisées ; les meilleures sont plantées de pommiers. Bien des terrains incultes de peu de valeur couvrent encore cette commune.

On remarque le château du Quellenec (en français la Houssaie). Cet ancien fief relevait directement de la châtellenie de Corlay, et faisait partie du duché de Rohan. Les terres s'étendaient jusqu'en Merléac et Saint-Guen. Dans la belle et pittoresque vallée de Poulancre se trouve le château de ce nom, ancienne possession des Rohan, et non loin de là les ruines de quelques hauts fourneaux éteints depuis deux siècles.

Saint-Gilles-Vieux-Marché était trêve de Saint-Mayeux avant 1789, et faisait partie du diocèse de Quimper. Par décret du 1er frimaire an XII, elle fut érigée en commune distincte. En 1841, elle fut accrue d'une partie de Merléac.

L'église date de 1585. A l'occasion de la fête patronale, le premier dimanche de septembre, on conduisait les petits enfants à l'église, et on offrait à saint Gilles un coq pour les garçons et une poule pour les filles.

La tour inachevée était arrivée à ce degré d'avancement en 1791.

Près du bourg, sur le bord du ruisseau de Poulancre, se trouvait un monticule, rasé en 1847, et qu'on a cru être un *tumulus* ou une *motte féodale*. En nivelant le terrain pour y planter une croix, on a trouvé des pièces d'argent à l'effigie d'Alain Fergent.

Le presbytère est, dit-on, construit sur l'emplacement d'un camp romain.

Enfin à 1 kilomètre du bourg, sur la route de Merléac, on voit un menhir de 3 mètres de hauteur en pierre schisteuse.

Saint-Gilles possède depuis 1861 une école de garçons ; une école de filles y vient d'être créée.

Le bourg est traversé par les chemins d'intérêt commun N°s 47 et 52.

SAINT-GUEN

Superficie : 1,731 hectares. — Population : 1,048 habitants.

C'est vers le nord-est du canton et limité à l'est par la rigole d'alimentation du canal de Nantes à Brest, que s'étend le territoire de cette commune qui était autrefois une trève de Mûr. Saint Guen, évêque de Cornouaille, qui lui a donné son nom, vivait au ve siècle.

Comme dans les autres communes du canton, le caractère constitutif du sol est le schiste talqueux. Le territoire est élevé à grandes ondulations et à pentes rapides vers le nord.

Les terres, arrosées par de nombreux ruisseaux, sont généralement fortes, boisées et bien plantées de pommiers de bonne qualité.

L'église paroissiale est sous le patronage de sainte Marie-Magdeleine. Il existe en outre deux chapelles fort bien entretenues : celle de Saint-Elouan, construite en l'honneur de ce saint breton, par M. Galerne, recteur de Mûr en 1656, et celle de Saint-Tugdual, datant du xvie siècle, qui renferme les restes d'un jubé et d'une verrière de cette époque.

Il convient de signaler l'habitation moderne de Coëtdrezo.

Deux écoles publiques, une pour chaque sexe, existent depuis quelque temps à Saint-Guen.

Le bourg est traversé par le chemin de grande commucation N° 35.

CANTON DE PLOUGUENAST

(5 communes).

Plouguenast ; Gausson ; Langast ; Plémy ; Plessala.

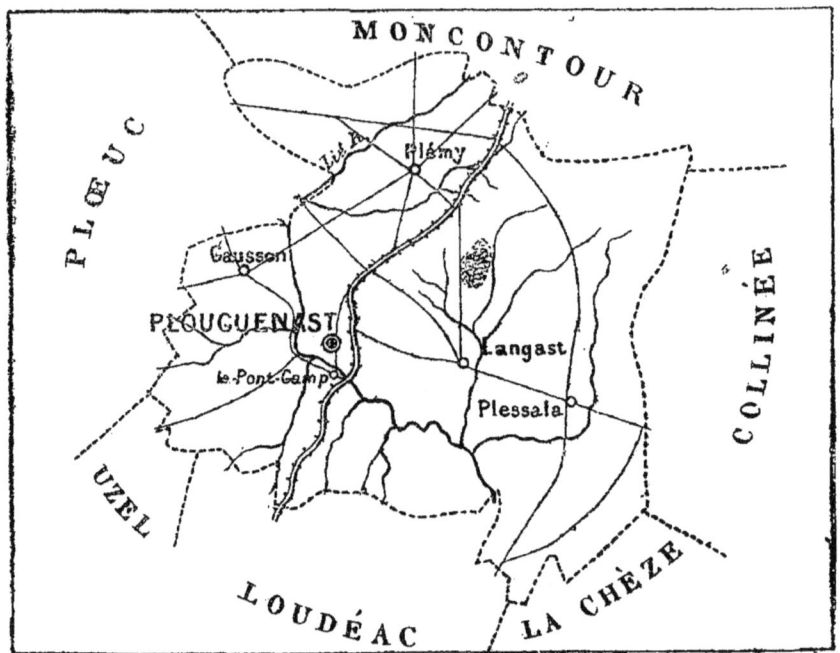

Le canton de Plouguenast est borné au nord par le canton de Moncontour ; à l'est par celui de Collinée ; au sud par les cantons de La Chèze et de Loudéac ; à l'ouest par les cantons d'Uzel et de Plœuc. — Il est arrosé par le Lié et par ses affluents et traversé du sud au nord par la route nationale N° 168, de Quiberon à Saint-Malo ; par les chemins de grande communication N°s 18, de Loudéac à Plancoët ; 27, du Pontgamp à la grève de Cesson ; 30, de La Chèze à Saint-Brieuc ; 35, de Moncontour au Blavet, et 44, de Corlay à Jugon, et par les chemins d'intérêt commun N°s 1er, de Plaintel à Langast ; 46, de Gouarec à Saint-Méen, et 50, de Rohan à Collinée.

La population du canton est de 12,521 habitants ; sa superficie de 16,380 hectares.

Le territoire du canton de Plouguenast, encore en partie couvert de vastes landes, qui lui donnent un aspect triste et pauvre, est accidenté, élevé et coupé par de nombreuses vallées arrosées de cours d'eau dont le principal est le Lié.

Son industrie presqu'unique est l'agriculture, et sa plus importante ressource, l'élève des bestiaux de l'espèce bovine. Les cultivateurs de ce canton n'ont pas tiré peut-être de leur sol tout ce qu'il peut leur donner. Espérons que l'exemple, les bons conseils et l'introduction facile des amendements calcaires produiront enfin leur effet sur ces esprits, jusqu'ici peu accessibles au progrès. — Le canton possède une race de petits chevaux dont l'origine paraît identique à celle des corlaisiens, et qui pour se perfectionner, n'a besoin que d'un peu d'attention et de constance.

Ce canton appartient à la zone du midi.

PLOUGUENAST

Superficie : 3,512 hectares. — Population : 3,228 habitants.

Deux centres importants se disputent l'honneur d'être le chef-lieu communal ; Plouguenast, proprement dit, ou le Vieux-Bourg et le Pontgamp. Jusqu'en 1845, l'église paroissiale se trouvait au Vieux-Bourg, bien que des réclamations nombreuses et réitérées eussent été faites, depuis 1768, pour qu'elle fût construite au Pontgamp, principal centre du commerce local, qui la possède aujourd'hui : elle est dédiée à saint Pierre et saint Paul. La tour n'est pas encore achevée.

Le territoire de cette commune, qui occupe à peu près le centre du canton, est très accidenté ; il est arrosé par le Lié et de nombreux ruisseaux qui fertilisent de magnifiques prairies. L'agriculture a fait, depuis quelques années, de grands progrès à Plouguenast ; un cinquième des terres seulement serait en landes ou en bois. De plus, les cultivateurs se livrent avec succès à l'élevage des bestiaux. Pendant la belle saison, bon nombre d'hommes quittent le pays pour aller dans l'Anjou et la Vendée faire la moisson.

Les landes de Fanton, dont le défrichement avait été entrepris plusieurs fois, ont été mises à peu près entièrement en culture, grâce aux efforts et à l'intelligence de MM. Mullar. Leurs efforts ont été couronnés de succès.

Les landes, traversées par la route nationale de Quiberon à Saint-Malo, sont maintenant couvertes, sur une grande étendue, par de beaux bois de pins ou de sapins.

Les autres terres sont légères, mais bien plantées surtout en pommiers. Le sol est, en général, granitique, cependant on trouve du schiste au sud, et des roches amphiboliques au nord.

L'ancienne église du Vieux-Bourg, récemment restaurée, possède quelques vitraux estimés du XIIIe ou XIVe siècle. On remarque encore son rétable et une balustrade en bois sculpté.

Les anciennes maisons nobles de la commune étaient : celle de Gomné, qui avait le droit de haute et basse justice ; celle du Pontgamp, de la Ville-Danne et de la Touche-Brondineuf. Ce dernier château fut assiégé et pris en 1587, par le duc de Mercœur.

Près de la chapelle de Saint-Théo on voit un tumulus et au hameau de Cornéan les traces d'un camp romain.

En dehors des écoles publiques du bourg créées, celle des garçons en 1831 et celle des filles en 1847, la commune possède encore trois écoles de hameau, l'une à Saint-Théo, l'autre à Cornéan et la troisième au Vieux-Bourg.

Le bourg est traversé par la route nationale N° 168.

GAUSSON

Superficie : 1,672 hectares. — Population : 1,692 habitants.

Situé à l'ouest du canton, le territoire de cette commune formait autrefois une trève de Plœuc. Il est arrosé à l'est par le Lié qui le sépare de Plémy et de Plouguenast.

Le sol, granitique en général, avec schiste vers le nord, est très tourmenté vers les limites du territoire ; le plateau central est assez uni. Les terres sont fortes mais de qualité médiocre, elles sont bien boisées et bien plantées de pommiers. Les landes sont encore très étendues en cette commune.

L'église, sous le vocable de saint Etienne, porte plusieurs dates du siècle dernier. Sa dernière restauration a eu lieu en 1833 ; c'est un édifice sans intérêt.

La chapelle de Saint-Nicolas, dite aussi chapelle Avenel, appartient au XVIe siècle ; elle est digne de remarque. Sa maîtresse vitre contient les restes d'un arbre de Jessé dont le dessin est remarquable.

Près du village de Bossillet, on trouve quelques vestiges de retranchements.

Deux écoles publiques, une pour chaque sexe, existent depuis longtemps à Gausson.

Le bourg est traversé par le chemin de grande communication N° 27.

LANGAST

Superficie : 2,045 hectares. — Population : 1,355 habitants.

Deux kilomètres seulement séparent le bourg de cette commune du chef-lieu de canton. Son territoire est très accidenté et arrosé par le Lié et quelques-uns de ses affluents qui coulent dans des vallées profondes. Il renferme encore une grande étendue de terrains vagues.

Les terres cultivées sont de qualité ordinaire ; les cultivateurs s'occupent beaucoup d'élevage. Le marché qui se tenait autrefois à Langast, n'existe plus.

Cette paroisse faisait partie du diocèse de Dol. L'église, sous le patronage de saint Gall (d'où lui vient son nom sans doute, par altération Lan-Gall), est un curieux édifice du XVe siècle.

La belle verrière de la maîtresse vitre représente diverses scènes de la vie de saint Antoine, dont le culte est très ancien à Langast ; plusieurs croix en forme de tau, dites croix de Saint-Antoine, parsemées dans la commune, tendent à le prouver.

La chapelle Saint Jean, à 200 mètres du bourg, est très ancienne ; on y remarque de belles sculptures. La métairie du Bourg a été occupée autrefois par des moines ; on y voit encore des cellules et un souterrain ; le Tertre du Château est un monticule entouré de retranchements, édifié, dit-on, par les Romains. A Saint-Thébault se trouve un menhir.

Langast possède depuis 1850 une école de garçons et une école de filles, toutes les deux sont publiques.

Le bourg est traversé par les chemins d'intérêt commun Nos 1 et 46.

PLÉMY

Superficie : 4,006 hectares. — Population : 2,944 habitants.

Le territoire de cette commune forme une pointe qui s'avance au nord entre Moncontour et Plœuc. Il comprend la ligne de faîte du partage des eaux de la Manche et de l'Océan. Malgré les défrichements opérés depuis quelques années, une assez grande étendue de terrain est encore sous landes. L'élevage des bestiaux a pris une grande extension et une partie des habitants parcourent les foires pour en opérer l'achat ou la vente.

Plusieurs petits cours d'eau sans importance arrosent la commune.

Saint Pierre et saint Paul sont les patrons de l'église paroissiale, reconstruite en 1858, excepté la tour. Elle renferme les restes de Mathurin Cochon, tué au village de la Tantouille, en 1798, pendant la chouannerie ; on a prétendu qu'il s'était opéré des miracles sur son tombeau. En démolissant l'ancienne église, on a trouvé un tombeau qu'on croit être celui d'un membre de la famille de Rieux, fondateur de l'église.

Il existe deux chapelles où se dit la messe alternativement le dimanche ; celle de Notre-Dame de la Croix et celle de Saint-Laurent.

Beaucoup de manoirs féodaux existaient autrefois en cette commune. Nous citerons ceux de Brangolo, du Bouillon, du Vauclair ; il reste encore de très belles ruines de ce dernier, dont le domaine était enclos par un mur de 5,000 mètres de pourtour. Au village de la Ville-Pierre, il y eut un prêche calviniste, dont le pasteur abjura en 1755.

Il convient de citer deux tumulus près d'Avaleuc, et trois menhirs au Dreny. Au lieu dit le Tertre-à-la-Pie, à 4 kilomètres du bourg et vers l'est, on remarque une enceinte fortifiée dont l'intérieur a une superficie d'environ 48 ares, Sur un point fort élevé et près d'un chemin appelé la Coutume, on a recueilli, lors des fouilles pratiquées en 1852, une grande quantité de coins en bronze.

La fontaine de la Ville-Bouvier est formée d'une seule pierre, semblable à des fonts baptismaux.

On trouve du schiste au sud qui était autrefois exploité ; au village de Carfort, vers le nord, on extrait un beau granit.

L'école des garçons, au bourg, a été créée en 1830, celle des filles en 1826 ; en 1881, l'école privée mixte de Saint-Laurent, qui existait depuis 1876, est devenue publique.

Le bourg est traversé par le chemin de grande communication N° 35.

PLESSALA

Superficie : 5,145 hectares. — Population : 3,302 habitants.

C'est la commune la plus étendue du canton, elle en occupe toute la partie est. Au nord passe la chaine du Menez, couverte de landes à peu près incultes et dont le défrichement n'est guère avancé.

Les terrains productifs sont bien cultivés et bien boisés ; ils sont à base de granit en général, cependant au nord on trouve du schiste et un peu partout des roches amphiboliques.

Les deux écoles du bourg sont insuffisantes pour recevoir tous les enfants de la commune, et trop éloignées d'une notable partie de la population pour qu'elles puissent être fréquentées par tous ; aussi, se préoccupe-t-on d'en créer deux dans des sections éloignées.

L'église, dédiée à saint Pierre, a été reconstruite il y a quarante ans environ ; c'est un monument qui offre peu d'intérêt.

Des chapelles existent à la Hautière et à Saint-Udy. L'emplacement du vieux château de Crénole n'est plus marqué que par les douves qui l'entourent.

Le plus haut point du Menez (la Coudre) est en Plessala ; il s'élève à 304 mètres.

Le bourg est traversé par les chemins de grande communication N° 30, et d'intérêt commun N° 46.

CANTON D'UZEL

(**7 communes**).

Uzel ; Allineuc ; Grâce ; Merléac ; Le Quillio ; Saint-Hervé ; Saint-Thélo.

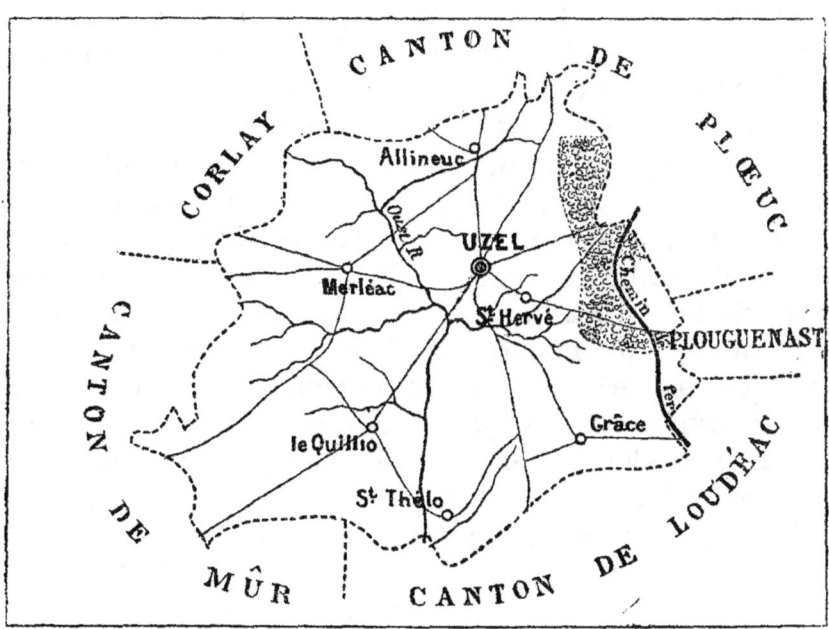

Le canton d'Uzel est borné au nord par le canton de Plœuc ; à l'est par les cantons de Plœuc, Plouguenast et Loudéac ; au sud par les cantons de Loudéac et de Mûr ; à l'ouest par les cantons de Mûr et de Corlay. — Il est arrosé par l'Oust et traversé par le chemin de fer de Saint-Brieuc à Pontivy, par les chemins de grande communication N°s 3, du Légué à Lorient ; 7, de Paimpol à Josselin ; 35, de Moncontour au Blavet ; 41, d'Uzel à Rohan ; 44, de Corlay à Jugon, et 53, de Corlay à la Trinité, et par les chemins d'intérêt commun N°s 1er, de Plaintel à Langast ; 46, de Gouarec à Saint-Méen, et 50, de Rohan à Collinée.

La population du canton est de 9,149 habitants ; sa superficie de 10,932 hectares.

Le territoire de ce canton, traversé par la belle et riante vallée de l'Oust, est très accidenté, très montueux et se compose d'une infinité de collines et de mamelons élevés, de toutes les formes et quelquefois à pentes rapides. Il présente les sités les plus pittoresques, les vallées les plus paisibles, et la grande quantité de bois dont il est couvert lui donne, en certains points, l'aspect d'une forêt. Il est productif et généralement cultivé, et sans avoir atteint la perfection, son agriculture est loin d'être stationnaire. Pendant des siècles, ce canton fut industriel, et la fabrication de ses toiles était assez importante pour donner des produits qui, dit-on, dépassaient annuellement un million et s'écoulaient en Espagne. Tout s'est modifié, et après avoir subi une gêne affreuse, lorsque vers 1825, le commerce des toiles est tombé, les industriels se sont faits agriculteurs. Nous ne les en plaindrons pas et nous répéterons ce que nous avons dit ailleurs en d'autres termes, la terre ne manque pas à ceux qui veulent la cultiver, et leur existence, qui certainement n'est pas plus dure, est plus heureuse en réalité que celle des populations soumises aux fluctuations de l'industrie.

Ce canton fait partie de la zone du midi.

UZEL

Superficie : 679 hectares. — Population : 1,521 habitants.

Cette petite ville est très pittoresquement située sur le sommet d'une colline assez élevée, et de ses environs, notamment du champ de foire, on jouit d'un superbe panorama. Ses origines se confondent vraisemblablement avec celles du château dont les ruines occupent le centre de l'agglomération.

Le commerce de détail de toutes denrées est encore très actif à Uzel, malgré la chute de la fabrication des toiles dont Uzel, Quintin et Loudéac étaient les principaux centres. D'aucuns prétendent que l'industrie du tissage de la toile aurait été apportée dans le pays en 1567, par des Flamands, que les cruautés du duc d'Albe avaient forcé de s'expatrier;

d'autres affirment que des métiers nombreux fonctionnaient dès le xiiie siècle.

Situé en grande partie entre l'Oust à l'ouest et le chemin de fer de Saint-Brieuc à Pontivy à l'est, le territoire d'Uzel est très accidenté, bien cultivé, productif et boisé. La base des terres est formée de schiste argileux.

L'église, dédiée à saint Nicolas, a été achevée vers 1815 ; elle n'offre rien de bien remarquable comme architecture. A l'intérieur, on remarque la belle chaire à prêcher.

Sur la route de Saint-Brieuc, à 500 mètres environ de la ville, on trouve la chapelle de Bonne Nouvelle, du xvie siècle. A l'occasion du pardon qui a lieu le dimanche de la Trinité, des fêtes publiques bien suivies se tiennent en cet endroit.

La seigneurie d'Uzel appartint longtemps à la famille de Budes. Elle passa ensuite dans les familles du Marcheix, de Malestroit et de Coëtquen. C'est en faveur de cette dernière qu'elle fut érigée en vicomté l'an 1538. Elle devint ensuite et jusqu'en 1760 la propriété des Durfort de Duras, ducs de Lorges, qui la vendirent à la famille Boschat.

Les armes de la ville sont d'azur à trois besants d'or.

A Uzel sont nés : 1° Jean-François Revel, colonel, tué à la tête de son régiment, au fort d'Oliva (Espagne) en 1808 ; 2° J.-M. Lavergne, colonel de dragons, mort à Quintin en 1853, à l'âge de 58 ans ; 3° Hervé-Jean Le Sage, doyen du chapître de Saint-Brieuc, et dernier survivant des moines de Beauport, décédé à Paris à l'âge de 78 ans.

Sous le rapport scolaire, Uzel possède une école communale pour chaque sexe et une classe enfantine.

La ville d'Uzel est traversée par les chemins de grande communication Nos 3, 35 et 53, et d'intérêt commun N° 85.

ALLINEUC

Superficie : 2,409 hectares. — Population : 1,677 habitants.

Situé au nord d'Uzel et du canton, le territoire d'Allineuc est très accidenté, nu et découvert sur les hauteurs, mais boisé sur les versants et dans les vallées où l'on trouve des prairies bien soignées.

Le sol, à base générale de schiste talqueux, est bon et fertile sur les bords de l'Oust et aux environs du bourg.

C'est à Allineuc que se trouve le vaste réservoir de Bosmeléac, destiné à alimenter le canal de Nantes à Brest. Ce réservoir contient près de 4,000,000 de mètres cubes d'eau, et s'étend latéralement à l'Oust et à la Perche sur une longueur de 4 kilomètres. La digue qui le contient, construite en 1832, est un beau travail ; elle joint Allineuc à Merléac. La rigole qui porte les eaux au canal mesure, jusqu'au point de partage d'Hilvern, dans le Morbihan, près de 63 kilomètres. Elle passe sous 120 ponts et est plantée sur une longueur de 58 kilomètres.

Dans le mont de Barra, on trouve la curieuse grotte, appelée grotte de Corrandon ; près du village des Douves, se voient les traces d'un ancien château fortifié, et non loin du bourg, au hameau de Leffo, on remarque des restes de monuments druidiques.

L'église d'Allineuc est sous le patronage de saint Pierre et de sainte Anne. Cette commune possède, en outre, deux chapelles, celles de Saint-Adrien et de Notre-Dame de Délivrance.

Il convient de citer la belle propriété de la Porte-d'Ohain, avec ses magnifiques dépendances. Dans la chapelle du château sont déposés les restes de A. de Roquefeuille, capitaine de cavalerie, tué glorieusement en 1859, à la bataille de Solférino.

Deux écoles communales, une pour chaque sexe, existent à Allineuc.

Le bourg est traversé par le chemin d'intérêt commun N° 85.

GRACE

Superficie : 795 hectares. — Population : 1,103 habitants.

Le territoire très élevé de cette commune qui était autrefois une trève de Loudéac, s'étend au sud-est du canton et est traversé sur une grande étendue par le chemin de fer de Saint-Brieuc à Pontivy. La halte de La Motte dessert

Grâce. Les terres, à base de schiste talqueux, sont bien boisées et bien plantées en pommiers ; les landes ont à peu près disparu, soit qu'elles aient été livrées à la culture ou semées de pins ou de sapins.

La fabrication des toiles, qui occupait autrefois beaucoup d'ouvriers, se réduit actuellement à quelques métiers dont les produits sont encore recherchés.

L'église est dédiée à la Vierge sous le vocable de Notre-Dame de Grâce ; elle porte la date de 1733. On y remarque les sculptures qui décorent les trois autels.

Grâce possède depuis longtemps une école communale pour chaque sexe.

Le bourg est traversé par le chemin de grande communication N° 41.

MERLÉAC

Superficie : 2,996 hectares. — Population : 1,586 habitants.

Cette commune faisait autrefois partie du diocèse de Quimper. Elle s'étend à l'ouest du canton et est séparée d'Uzel par le cours de l'Oust.

Le schiste talqueux domine dans le sol ; mais on y trouve des roches amphiboliques, des filons de quartz et du minerai de fer d'alluvion non exploité.

Le territoire est fort accidenté, il est coupé par des vallées profondes et bien plantées, dont la plupart sont très pittoresques, notamment celle où est située la belle propriété de Bizoin, entourée d'arbres de la plus belle venue et qui a été possédée par Glais-Bizoin, ancien député et ancien membre du Gouvernement de la Défense nationale.

L'agriculture a fait, dans cette commune, de grands progrès depuis quelques années.

L'église, dédiée à saint Pierre, n'offre aucun intérêt ; il n'en est pas de même de la chapelle de Saint-Jacques, au village de Saint-Léon. C'est un spécimen très pur de l'architecture du XIVe siècle. Elle a été intelligemment restaurée il y a une trentaine d'années. Les uns en attribuent la construction à Jean Validire, dit de Saint-Léon, confesseur du duc Jean V et ensuite évêque de Saint-Pol de Léon et de Vannes ; d'autres affirment, d'après les écussons des Rohan, qui y sont semés à profusion, qu'elle a été construite par un des membres de cette célèbre famille. L'amas de roches superposées qu'on voit à Kervégan, prétendu à tort monument druidique, mérite cependant d'être visité.

On remarque les ruines des manoirs du Breil, du Houle et du Vaugaillard ; les restes de ce dernier méritent l'attention.

Deux écoles communales au bourg, une pour chaque sexe, sont créées depuis longtemps. Il y a quelques années une école mixte a été installée à Saint-Léon.

Le bourg est traversé par les chemins de grande communication N° 53, et d'intérêt commun N° 46.

LE QUILLIO

Superficie : 1,615 hectares. — Population : 1,274 habitants.

Situé au sud de Merléac et traversé par l'Oust et la rigole alimentaire d'Allineuc, le territoire de cette commune est très accidenté et composé d'une infinité de mamelons séparés par des vallées profondes. Les terres, à base schisteuse, sont bonnes, bien cultivées et fertiles, notamment celles qui sont situées sur les bords de l'Oust. L'industrie principale a consisté longtemps dans le blanchissage des toiles travaillées dans les environs.

D'après la tradition, le territoire du Quillio comme celui de Grâce faisait autrefois partie de la forêt de Lorge.

L'église est un édifice du xvie siècle ; elle est sous le patronage de Notre-Dame de Délivrance. On y remarque d'abord son joli porche, son autel principal qui provient de l'ancien abbaye de Bon-Repos ; les sculptures qui le décorent, surmontée d'une crosse colossale, attirent surtout l'attention.

Trois chapelles existent dans la commune du Quillio: Saint-Nicodème, Saint-Maurice et Notre-Dame de Lorette. Près de cette dernière, située sur un point élevé, se tient un pardon renommé, le 8 septembre de chaque année.

Non loin de ce lieu, on remarque un cromlec'h formant une enceinte rectangulaire de 15 mètres de long sur 8 de large. C'est le seul que l'on connaisse ayant cette disposition.

Vers l'ouest, on trouve plusieurs amas de rochers fort curieux dont l'un est nommé Roche-de-Merlin. Près du bourg existe une fontaine d'eau minérale.

Depuis longtemps, le Quillio possède une école communale pour chaque sexe.

Le bourg est traversé par les chemins de grande communication N° 35, et d'intérêt commun N° 47.

SAINT-HERVÉ

Superficie : 982 hectares. — Population : 813 habitants.

Cette commune doit son nom au saint solitaire si célèbre dans toute la Bretagne. Son territoire, ancienne trève de Loudéac, est accidenté, mais les pentes sont légères. Il est traversé par le chemin de fer de Saint-Brieuc à Pontivy ; tout près du bourg se trouve la gare d'Uzel.

L'agriculture a fait de grands progrès dans cette commune ; les terres sont bien cultivées, bien boisées et plantées de pommiers donnant un cidre de bonne qualité. Une partie de la population se livre encore au tissage des toiles fines.

L'église, sous le vocable de saint Hervé, présente peu d'intérêt. Dans le cimetière se trouve un tombeau devenu l'objet de la vénération publique, c'est celui de l'abbé Levedez, mort, dit-on, en odeur de sainteté.

On remarque le magnifique château de Beauregard qu'entourent de belles plantations.

A Saint-Hervé sont nés : Le Deist de Kérivalan, mort en 1814, maître à la Chambre des Comptes de Bretagne, et Le Deist de Botidoux, mort à Saint-Brieuc le 29 novembre 1823, ancien constituant de 1789 et auteur d'une traduction estimée des Commentaires de César.

Comme dans toutes les communes du canton, le schiste talqueux domine dans le sol.

Deux écoles publiques, une pour chaque sexe, existent depuis longtemps à Saint-Hervé.

Le bourg est traversé par les chemins de grande communication Nos 3 et 35.

SAINT-THÉLO

Superficie : 1,456 hectares. — Population : 1,168 habitants.

La commune de Saint-Thélo occupe le sud du canton sur la rive gauche de l'Oust. Son territoire, très accidenté et très boisé, est arrosé par de nombreux cours d'eau. Les terres de la vallée de l'Oust, surtout, sont fertiles et bien plantées de pommiers.

L'église est dédiée à saint Thélo ou Theliaw, évêque de Landaff, dans le pays de Galles, et qui a donné son nom à la commune. C'est un monument du siècle dernier offrant peu d'intérêt.

Il convient de citer les chapelles de Saint-Pierre et des Saints-Anges, constructions modestes mais bien entretenues.

A deux kilomètres du bourg, sur la route de Saint-Brieuc à Lorient, on remarque une belle croix en granit élevée par les soins de l'abbé Raffray, mort à Saint-Brieuc, chapelain des sœurs de la Providence, en 1847.

Une école communale de garçons et une école de filles existent depuis plusieurs années dans la commune.

Le bourg est traversé par le chemin d'intérêt commun N° 47.

FIN.

TABLE DES MATIÈRES

TABLE DE L'APERÇU GÉNÉRAL

	Pages		Pages
Administrations diverses.....	41	Huîtrières	30
Administration religieuse....	16	Industrie.................	31
— sanitaire.....	44	Institutions de prévoyance....	39
Agriculture.................	33	Instruction primaire.........	46
Aliénés (*Etablissem. pour les*)	38	— secondaire.......	46
Aperçu général.............	1	Justice....................	41
Asile des incurables.........	39	Langage...................	47
Assistance publique.........	38	Langues, mœurs, coutumes..	47
Aspect, sol, montagnes......	3	Marine....................	42
Bienfaisance (*Bureaux de*)..	39	Médecine..................	47
Bois et forêts...............	14	Mendicité..................	40
Caisse d'épargne et de prévoyance	40	Mer (côtes, îles, baies, etc)...	12
		Minéralogie................	13
Canaux.....................	11	Mœurs.....................	47
Chambres de commerce......	30	Montagnes.................	3
Chemins de fer..............	23	Paupérisme	40
— d'intérêt commun...	27	Petites Sœurs des pauvres....	39
— vicinaux de grande communication...	27	Phares et fanaux...........	30
		Ponts et chaussées).........	43
Climat......................	2	Ponts suspendus...........	28
Commerce et industrie.......	29	Ports......................	13
Conférences de Saint-Vincent de Paul...................	39	Postes.....................	44
		Production................	33
Congrégations religieuses....	17	Règne animal...............	15
Commerce...................	33	— végétal.............	14
Contributions directes.......	43	Répression (*Etablissem. de*)..	40
— indirectes.....	43	Rivières et cours d'eau......	5
Coutumes...................	49	Routes départementales......	26
Département (*Dénominat. du*)	1	— nationales.........	25
Divisions administratives...	15	Saints personnages nés dans le département..........	22
Douanes....................	43		
Eaux minérales.............	13	Situation géographique du département................	1
Enfants assistés.............	28		
Enseignement...............	45	Société de charité maternelle.	39
Enregistrement et domaines..	43	Sociétés de secours mutuels..	39
Etangs.....................	10	Sol........................	2
Evêché.....................	16	Sourds-muets...............	47
Finances...................	43	Stations de sauvetage.......	43
Forêts......................	14	Télégraphes................	44
Géologie....................	2	Usages.....................	47
Guerre.....................	42	Voies de communiciation....	23
Hospices et hôpitaux........	39		

TABLE ALPHABÉTIQUE

DES

ARRONDISSEMENTS, CANTONS ET COMMUNES

DU DÉPARTEMENT DES CÔTES-DU-NORD

(Le Département des Côtes-du-Nord compte 628,326 habitants).

TABLE DES ARRONDISSEMENTS

ARRONDISSEMENTS	PAGES	ARRONDISSEMENTS	PAGES	ARRONDISSEMENT	PAGE
Saint-Brieuc..	51	Guingamp...	249	Loudéac.....	424
Dinan.......	159	Lannion.....	339		

TABLE DES CANTONS

CANTONS	PAGES	CANTONS	PAGES	CANTONS	PAGES
Bégard.......	260	Lamballe....	86	Plestin.......	389
Belle-Isle.....	267	Lannion	341	Plœuc.......	137
Bourbriac....	275	Lanvollon....	100	Plouagat.....	302
Broons.......	178	La Roche....	353	Plouaret.....	399
Callac.......	282	Lézardrieux..	366	Ploubalay....	241
Caulnes......	187	Loudéac.....	426	Plouguenast..	487
Châtelaudren.	69	Maël-Carhaix.	293	Plouha.......	144
Collinée......	436	Matignon....	212	Pontrieux....	310
Corlay.......	444	Merdrignac...	470	Quintin......	150
Dinan (N. s.)	161	Moncontour..	109	Rostrenen....	320
Etables.......	78	Mûr.........	480	St Brieuc(M. N)	53
Evran........	195	Paimpol.....	119	Saint-Nicolas.	328
Gouarec.....	451	Perros.......	377	Tréguier.....	412
Guingamp...	251	Plancoët.....	224	Uzel.........	494
Jugon	202	Pléneuf......	131		
La Chèze....	460	Plélan.......	234		

TABLE DES COMMUNES

COMMUNES	PAGES	COMMUNES	PAGES	COMMUNES	PAGES
Allineuc	496	Corseul	227	Lamballe	87
Andel	89	Créhen	228	Lancieux	243
Aucaleuc	170	Dinan (E. O.)	163	Landébaëron	263
Bégard	261	Dolo	204	Landébia	229
Belle-Isle	268	Duault	287	Landec (La)	236
Berhet	355	Eréac	181	Landehen	91
Binic	80	Erquy	133	Lanfains	140
Bobital	171	Etables	79	Langast	490
Boqueho	72	Evran	196	Langoat	417
Bodéo (Le)	140	Faouët (Le)	103	Langourla	438
Bouillie (La)	216	Ferrière (La)	464	Langrolay	244
Bourbriac	276	Fœil (Le)	153	Languédias	236
Bourseul	226	Gausson	489	Languenan	230
Bréhand	111	Glomel	323	Langueux	63
Bréhat (île de)	122	Gouarec	452	Laniscat	453
Brélévenez	344	Gommené	473	Lanleff	146
Brélidy	313	Gommenech	102	Lanloup	147
Bringolo	304	Goudelin	305	Lanmérin	418
Broons	179	Gouray (Le)	439	Lanmodez	370
Brusvily	171	Grâce	497	Lannebert	103
Buhulien	345	Grâces	255	Lannion	342
Bulat-Pestiv	284	Guenroc	189	Lanrelas	181
Calanhel	285	Guingamp	252	Lanrivain	333
Callac	283	Guitté	190	Lanrodec	306
Calorguen	172	Gurunhuel	269	Lantic	81
Cambout (Le)	462	Harmoye (La)	139	Lanvallay	165
Camlez	416	Haut-Corlay	447	Lanvellec	392
Canihuel	330	Hémonstoir	431	Lanvézéac	358
Caouënnec	346	Hénanbihen	214	Lanvollon	101
Carnoët	286	Hénansal	215	Laurenan	474
Caulnes	188	Hengoat	358	Léhon	167
Caurel	483	Hénon	112	Lescouët	454
Cavan	356	Hermitage (L')	141	Lescouët	205
Chapelle-Bl	191	Hillion	63	Leslay (Le)	154
Chapelle-Neu	273	Hinglé (Le)	172	Lézardrieux	367
Châtelaudren	70	Illifaut	474	Locarn	295
Chèze (La)	461	Jugon	203	Locquenvel	270
Coadout	254	Kerbors	369	Loguivy-lez-L	346
Coatascorn	357	Kerfot	123	Loguivy-Plou	403
Coatréven	417	Kergrist-Moël	324	Lohuec	288
Coëtlogon	463	Kerien	277	Loscouët (Le)	479
Coëtmieux	90	Kérity	124	Louannec	381
Cohiniac	73	Kermaria-Sul	380	Louargat	271
Collinée	437	Kermoroch	262	Loudéac	427
Corlay	445	Kerpert	331	Maël-Carhaix	294

COMMUNES	PAGES	COMMUNES	PAGES	COMMUNES	PAGES
Maël-Pestivien	288	Plénée-Jugon.	207	Plourhan. ...	82
Magoar......	278	Pléneuf......	132	Plourivo.....	127
Malhoure (La)	91	Plérin.......	59	Plouvara.....	76
Mantallot. ...	359	Plerneuf.....	75	Plouzélambre.	324
Maroué......	93	Plésidy......	279	Pludual......	148
Matignon. ...	213	Pleslin.......	244	Pluduno.....	231
Méaugon (La)	58	Plessala......	492	Plufur.......	395
Mégrit.......	182	Plessix-Baliss.	230	Plumaudan...	191
Mellionnec...	455	Plestan......	208	Plumaugat...	192
Merdrignac..	471	Plestin......	390	Plumieux....	466
Mérillac.....	476	Pleubian.....	371	Plurien......	135
Merléac......	498	Pleudaniel...	373	Plusquellec...	290
Merzer (Le)..	104	Pleudihen....	168	Plussulien....	448
Meslin.......	94	Pleumeur-B..	382	Pluzunet.....	407
Minihy-Trégr.	419	Pleumeur-G..	374	Pommeret...	96
Moncontour..	110	Plévenon....	219	Pommerit-J..	360
Morieux.....	94	Pléven.......	231	Pommerit-le-	
Motte (La)...	431	Plévin.......	298	Vicomte...	105
Moustérus....	256	Plœuc.......	138	Pont-Melvez..	279
Moustoir (Le).	296	Ploëzal......	314	Pontrieux....	311
Mûr.........	481	Plorec.......	237	Pordic......	61
Notre-D.-d.-G.	217	Plouagat.....	303	Poterie (La)..	92
Noyal........	95	Plouaret.....	401	Pouldouran..	361
Pabu........	256	Plouasne.....	198	Prat.........	361
Paimpol.....	120	Ploubalay....	242	Prénessaye (la)	467
Paule........	297	Ploubazlanec.	124	Quemper-G...	316
Pédernec.....	263	Ploubezre...	347	Quemperven..	363
Penguily.....	113	Plouëc.......	315	Quessoy......	113
Penvenan....	420	Plouër.......	173	Quévert......	174
Perret.......	455	Plouëzec.....	126	Quillio (Le)..	499
Perros-Guirec.	378	Ploufragan...	60	Quintenic....	96
Peumerit-Q...	334	Plougonver...	272	Quintin......	151
Plaine-Haute.	155	Plougras.....	404	Quiou (Le)...	197
Plaintel......	142	Plougrescant..	421	Roche-Derrien	354
Plancoët.....	225	Plouguenast..	488	Rospez......	350
Planguenoual.	134	Plouguernével	325	Rostrenen....	321
Pléboulle.....	217	Plouguiel....	422	Rouillac.....	183
Plédéliac.....	205	Plouha......	145	Ruca........	220
Plédran......	65	Plouisy......	257	Runan.......	316
Pléguien.....	105	Ploulech.....	349	Senven-Léhart	281
Pléhédel.....	148	Ploumagoar..	258	Servel.......	351
Pléhérel.....	218	Ploumilliau..	393	Sévignac.....	183
Plélan-le-Petit	235	Plounérin....	405	Squiffiec....	265
Plélauff......	457	Plounévez-M..	406	Saint-Aaron..	97
Plélo........	74	Plounévez-Q..	326	Saint-Adrien.	280
Plémet......	465	Plounez......	127	Saint-Agathon	259
Plémy.......	491	Plourach.....	289	Saint-Alban..	135

— 507 —

COMMUNES	PAGES	COMMUNES	PAGES	COMMUNES	PAGES
Saint-André-des-Eaux...	199	Saint-Juvat...	200	Treffrin......	300
Saint-Barnabé	468	Saint-Launeuc	476	Tréfumel.....	201
Saint-Bihy....	156	Saint-Laurent	265	Trégastel ...	386
Saint-Brandan	157	Saint-Lormel.	232	Tréglamus...	273
Saint-Brieuc (N. M.).....	55	Saint-Maden..	193	Trégomeur...	76
		St-Martin-des-Prés.......	449	Trégomar....	98
Saint-Caradec	432	Saint-Maudan	434	Trégon......	246
Saint-Carné..	174	Saint-Maudez	237	Trégonneau..	266
Saint-Carreuc.	114	Saint-Mayeux.	450	Trégrom.....	411
Saint-Cast....	221	Saint-Méloir..	238	Trégueux....	67
Saint-Clet....	318	St-Michel-de-Plélan	238	Tréguidel....	106
Saint-Connan	334			Tréguier. ...	413
Saint-Connec.	483	Saint-Michel-en-Grève...	395	Trélévern....	387
Saint-Dénoual	222			Trélivan.....	177
Saint-Donan..	65	St-Nicolas-du-Pélem.....	329	Trémargat...	326
St-Etienne-du-Gué-de-l'Isle	469			Trémel	398
		St-Nicodême..	291	Tréméloir....	77
Saint-Fiacre..	306	Saint-Péver...	308	Trémereuc...	246
Saint-Gelven .	457	Saint-Pôtan..	222	Trémeur.....	185
Saint-Gildas..	158	St-Quay-Perr.	383	Tréméven....	107
St-Gilles-du-Mené......	441	St-Quay-Port.	83	Trémuson....	62
		Saint-Rieul...	98	Trémorel.....	479
St-Gilles-V.-M	484	Saint-Samson.	175	Tréogan.....	301
Saint-Gilles-les-Bois....	318	Saint-Servais.	292	Tressaint.....	170
		Saint-Solen...	169	Tressignaux..	107
St-Gilles-Plig .	335	Saint-Thélo..	504	Trévé........	434
Saint-Glen...	115	Ste-Tréphine..	337	Tréveneuc....	84
Saint-Gouéno.	441	Saint-Trimoël.	116	Trévérec.....	108
Saint-Guen...	485	Saint-Vran...	477	Trévron.....	177
Saint-Hélen..	169	Taden.......	176	Trévou-Trég .	388
Saint-Hervé..	500	Tonquédec....	409	Trézény.....	423
Saint-Igeaux .	458	Tramain.....	210	Trigavou.....	247
Saint-Igneuc..	209	Trébédan....	239	Troguéry.....	364
St-Jacut-de-la-Mer.......	245	Trébeurden..	384	Uzel.........	495
		Trébrivan....	299	Vicomté-sur-Rance (La).	166
St-Jacut-du-Mené......	442	Trébry.......	116	Vieux-Bourg..	154
		Trédaniel....	117	Vieux-Marché	402
St-Jean-Kerd .	307	Trédarzec....	375	Vildé-Guing..	239
St-Jouan-de-l'I	193	Trédias......	184	Yffiniac......	68
Saint-Judoce..	199	Trédrez......	396	Yvias........	129
Saint-Julien..	66	Tréduder.....	397	Yvignac.....	185

TABLEAU DES COMMUNES DU DÉPARTEMENT

CLASSÉES

PAR ARRONDISSEMENTS ET PAR CANTONS.

Arrondissement de Saint-Brieuc.

Saint - Brieuc (Nord).
La Méaugon.
Plérin.
Ploufragan.
Pordic.
Trémuson.
Saint - Brieuc (Midi).
Hillion.
Langueux.
Plédran.
Saint-Donan.
Saint-Julien.
Trégueux.
Yffiniac.
Chatelaudren
Boqueho.
Cohiniac.
Plélo.

Plerneuf.
Plouvara.
Trégomeur.
Tréméloir.
Etables.
Binic.
Lantic.
Plourhan.
Saint-Quay.
Tréveneuc.
Lamballe.
Andel.
Coëtmieux.
La Malhoure.
Landehen.
La Poterie.
Maroué.
Meslin.
Morieux.
Noyal.

Pommeret.
St-Aaron.
St-Rieul.
Trégomar.
Lanvollon.
Gommenec'h.
Lannebert.
Le Faouët.
Le Merzer.
Pléguien.
Pommerit-le-Vicomte.
Tréguidel.
Tréméven.
Tressignaux.
Trévérec.
Moncontour.
Bréhand.
Hénon.
Penguily.

Quessoy.
St-Carreuc.
St-Glen.
St-Trimoël.
Trébry.
Trédaniel.
Paimpol.
Bréhat.
Kerfot.
Kérity.
Ploubazlanec
Plouëzec.
Plounez.
Plourivo.
Yvias.
Pléneuf.
Erquy.
Planguenoual
Plurien.
Saint-Alban.

Ploeuc.
La Harmoye.
Lanfains.
Le Bodéo.
L'Hermitage.
Plaintel.
Plouha.
Lanleff.
Lanloup.
Pléhédel.
Pludual.
Quintin.
Le Fœil.
Le Leslay.
Vieux-Bourg
Plaine-Haute
Saint-Bihy.
St-Brandan.
Saint-Gildas.

Arrondissement de Dinan.

Dinan (Est).
Lanvallay.
Léhon.
Pleudihen.
Saint-Hélen.
Saint-Solain.
Tressaint.
Dinan (Ouest)
Aucaleuc.
Robital.
Brusvily.
Calorguen
Le Hinglé
Plouër.
Quévert.
Saint-Carné.
Saint-Samson.
Taden.
Trélivan.

Trévron.
Broons.
Eréac.
Lanrelas.
Mégrit.
Rouillac.
Sévignac.
Trédias.
Trémeur.
Yvignac.
Evran.
Le Quiou.
Plouasne.
Saint-André
St-Judoce.
Saint-Juvat.
Tréfumel.
Jugon.
Dolo.

Lescouët.
Plédéliac.
Plénée-Jugon.
Plestan.
St-Igneuc.
Tramain.
Matignon.
Hénanbihen.
Hénansal.
La Bouillie
N.-D.-du-Guildo.
Pléboulle.
Pléhérel.
Plévenon.
Ruca.
Saint-Cast.
St-Denoual.

Saint-Pôtan.
Plancoet.
Bourseul.
Corseul.
Créhen.
Landébia.
Languenan.
Plessix-Balis.
Pléven.
Pluduno.
Quintenic.
Saint-Lormel
Plélan-le-P.
La Landec.
Languedias.
Plorec.
Saint-Maudez
Saint-Méloir.
S-Michel-de-P

Trébédan.
Vildé-Guing.
Ploubalay.
Lancieux.
Langrolay.
Pleslin.
Saint-Jacut.
Trégon.
Tréméreuc.
Trigavou.
S.-Jouan-de L'Isle.
Caulnes.
Guenroc.
Guitté.
La Chap.-Bl.
Plumaugat.
Plumaudan
Saint-Maden

Arrondissement de Guingamp.

GUINGAMP.	Gurunhuel.	Duault.	PLOUAGAT.	Saint-Clet.
Coadout.	Locquenvel.	Lohuec.	Bringolo.	ROSTRENEN.
Grâces.	Louargat.	Maël-Pestivien	Goudelin.	Glomel.
Moustérus.	Plougonver.	Pestivien.	Lanrodec.	Kergrist-M.
Pabu.	Tréglamus.	Plourac'h.	Saint-Fiacre.	Plouguernév.
Plouisy.	BOURBRIAC.	Pusquellec,	S.-Jean-Ker-	Plounévez-Q.
Ploumagoar.	Kérien.	St-Nicodème.	daniel.	Trémargat.
St-Agathon.	Magoar.	Saint-Servais	Saint-Péver.	S.-NICOLAS-DU
BÉGARD.	Plésidy.	MAËL-CARHAIX	PONTRIEUX.	PÉLEM.
Kermoroc'h.	Pont-Melvez.	Locarn.	Brélidy.	Canihuel.
Landebaëron.	Saint-Adrien	Le Moustoir.	Ploëzal.	Kerpert.
Pédernec.	Senven-Lé-	Paule.	Pouëc.	Lanrivain.
St-Laurent.	hart.	Plévin.	Quemper-G.	Peumerit-Q.
Squiffiec.	CALLAC.	Trébrivan.	Runan.	St-Connan.
Trégonneau.	Calanhel.	Treffrin.	S.-Gilles-les-	S.-Gilles-Pl.
BELLE-ISLE.	Carnoët.	Tréogan.	Bois.	S.-Tréphine.

Arrondissement de Lannion.

LANNION.	Hengoat.	Pleumeur-G.	Ploumilliau.	Pluzunet.
Brélevenez.	Lanvézéac.	Trédarzec.	Plouzélambre	Tonquédec.
Buhulien.	Mantallot.	PERROS-GUIR.	Plufur.	Trégrom.
Caouennec.	Pom.-Jaudy.	Kerm.-Sulard	S-Mich.-en-G.	TRÉGUIER.
Loguivy-lez-L.	Pouldouran.	Louannec.	Trédrez.	Camlez.
Ploubezre.	Prat.	Pleum.-Bod.	Tréduder.	Coatréven.
Ploulec'h.	Quemperven.	Saint-Quay.	Trémel.	Langoat.
Rospez.	Troguéry.	Trébeurden.	PLOUARET.	Lanmérin.
Servel.	LÉZARDRIEUX.	Trégastel.	Le V.-Marché	Minihy-Trég.
LA ROCHE-DER.	Kerbors.	Trélévern.	Loguivy-Pl.	Penvenan.
Berhet.	Lanmodez.	Trévou-Trég.	Plougras.	Plougrescant
Cavan.	Pleubian.	PLESTIN.	Plounérin.	Plouguiel.
Coatascorn.	Pleudaniel.	Lanvellec.	Pl.-Moëdec.	Trézény.

Arrondissement de Loudéac.

LOUDÉAC.	CORLAY.	LA CHÈZE.	Illifaut.	PLOUGUENAST.
Hémonstoir.	Haut-Corlay.	Coëtlogon.	Laurenan.	Gausson.
La Motte.	Plussulien.	La Ferrière.	Le Loscouët.	Langast.
St-Caradec.	Saint-Martin.	La Prénes-	Mérillac.	Plémy.
St-Maudan.	Saint-Mayeux	saye.	St-Launeuc.	Plessala.
Trévé.	GOUAREC.	Le Cambout.	Saint-Vran.	UZEL.
COLLINÉE.	Laniscat.	Plémet.	Trémorel.	Allineuc.
Langourla.	Lescouët.	Plumieux.	MUR.	Grâce.
Le Gouray.	Mellionnec.	St-Barnabé.	Caurel	Le Quillio.
St-Gilles-du-	Perret.	St-Etienne-	Saint-Connec	Merléac.
Mené.	Plélauff.	du-Gué.	Saint-Gilles-	Saint-Hervé.
Saint-Gouéno.	Saint-Gelven.	MERDRIGNAC.	du-Mené.	Saint-Thélo.
St-Jacut-du-M.	St-Ygeaux	Gommené.	Saint-Guen.	

Saint-Brieuc. — Imp. Francisque Guyon.

www.ingramcontent.com/pod-product-compliance
Lightning Source LLC
Chambersburg PA
CBHW071707230426
43670CB00008B/934